普通高等教育“十一五”国家级规划教材

Business
Administration
Classics

21世纪工商管理系列教材

Business
Administration
Classics

物流与供应链管理（第3版）

Logistics and Supply Chain Management

宋华 于亢亢 编著

中国人民大学出版社
·北京·

前言
PREFACE

随着经济全球化和信息经济的到来，市场的竞争格局发生了根本性的变化，致使供应链和物流运作成为现代企业管理的重要内容，集成化和流程化的供应链物流管理思想把我们的视野从割裂的采购、生产和分销活动管理拓展到有效解决信息孤岛和业务孤岛的现代物流管理，进一步发展成为强调高度核心能力集成的供应链管理，它代表了现代经济不断发展的趋势和潮流，同时也是企业提升绩效、塑造核心竞争能力的源泉。我国已经成为世界加工和制造业的中心，特别是在经济持续快速发展的进程中，供应链物流管理日益凸显其对国民经济的重要作用，并且得到了全社会和企业界的高度重视，这不仅是因为我国的物流和供应链管理水平较低，导致工业和商业领域产生了巨大的成本，这种成本的削减无疑对我国企业绩效的提升是至关重要的，而且现代物流和供应链管理也是企业核心竞争能力的体现，是一种业务流程的再造，它牵引了企业商流、物流、信息流和资金流的重大变革。正是从这个意义上讲，物流管理的发展以及推动全社会对物流管理的重视，无疑对于发展我国的物流管理、进一步推动经济体制改革具有举足轻重的作用。

自 2000 年以来，随着现代物流和供应链管理理论在国内外的蓬勃发展以及管理实践的不断进步，新的管理理论和方法大量涌现。本书第 1 版面市以来，得到了广大读者的欢迎和首肯，在第 2 版中，还特别增加了物联网、服务供应链、物流融资等方面学者的研究新进展和企业的创新实践。尽管如此，由于篇幅的限制，特别是自身知识的局限性，仍然觉得没有能够将某些体现最新的物流与供应链管理理论和实践的内容完整反映出来。因此，在第 2 版的基础上，结合后来的研究和教学，第 3 版从以下几方面补充和完善了原有的理论体系，也可以看做前一版本的发展。第一，调整了全书结构，将 15 个章节分为 4 篇，分别是理念篇（第 1 章至第 3 章）、运营篇（第 4 章至第 8 章）、系统篇（第 9 章至第 12 章）、物流新要素篇（第 13 章至第 15 章）；第二，对每个章节的结构也进行了调整，采用理论阐述与案例分析相结合的方式，更加突出教学互动，例如在章节开始前提出知识要求和技能要求，给出引导案例并提出讨论问题，在每章节正文结束后附有案例分析、问题讨论等模块，提高学生运用所学理论知识分析和解决实际问题的能力；第三，在运营篇介绍了预测与需求管理、采购管理、库存管理、仓储管理、运输与配送管理这些物流与供应链核心流程，相比前一版更加简明扼要；第四，系统篇统筹了整合运营与计划、物流信息系统、物流成本与控制、物流与供应链绩效的核心内容，突出理论上的基础性和全面性；第五，在第 2 版最后一章“供应链物流战略变革与新实践”的基础上，新版物流新要素篇扩展了相应内容，对物联网、物流金融，以及电子商务中的物流进行了详尽的阐述，尽可能吸收本学科领域的最新理论与实践方法，及时反映本学科的最新发展趋势。

本书是普通高等教育“十一五”国家级规划教材，主要面向本科、MBA和其他各层次学生以及企业高层管理者，全面介绍现代物流与供应链管理的相关内容。本书作为物流方面的教材，力求体现理论上的前沿性，希望能将反映现代物流与供应链管理领域的前沿内容和成果传输给读者，同时又与企业实践紧密结合，力求既要深刻认识相应的理论与思想，又有利于通过国际先进企业的实践经验，学习、推行现代管理方法。由于作者水平有限和该领域的迅猛发展，书中难免有错误和不足之处，欢迎广大读者批评指正。

在本书完稿之际，还要感谢新疆财经大学王海芳博士，中国人民大学博士生张立国、陈思洁、杨璇、卢强等为本书再版和修订做出的贡献，同样衷心感谢所有鼓励、支持我完成此书的老师、家人和朋友。

宋　华
于中国人民大学

目录 CONTENTS

理念篇

运营篇

系统篇

物流新要素篇

M

理念篇

物流与供应链管理 第1章

知识要求

通过本章的学习，掌握

- 物流价值与现代物流的兴起
- 现代物流的职能和特征
- 供应链与供应链管理

技能要求

通过本章的学习，能够

- 了解物流的价值
- 熟悉物流的概念、职能和特征
- 掌握供应链管理的概念、目标和关键要素

引导案例

Dorman公司供应链优化案例

Dorman公司成立于1918年，是美国著名的汽车售后维修市场零部件供应商。公司目前通过设立在中国大陆、中国台湾、印度等地的办事处，每年采购价值数亿美元的汽车维修零部件产品，经由美国本土、加拿大和瑞典的数个仓储配送中心向北美及北欧市场的汽车零部件连锁卖场、快修店和售后维修点提供多达千种的各类售后维修零部件产品。

进入21世纪后，Dorman公司的供应链管理遇到了一系列的同题，面临新的挑战。

(1) 供应链中间环节过多。Dorman公司每年的零部件采购量按照金额计算，目前有超过80%来自美国以外，而其中又有超过九成来自中国大陆、中国台湾、韩国等为代表的亚太地区。但是，到2004年底，Dorman公司在美国本土以外仅有一个采购办事处，设立在韩国釜山，雇员只有5人。中国大陆和台湾地区的大量采购都由当地的外贸公司代理。增加的中间商环节带来了采购成本高、生产商货款支付不及时、产品质量和交付期无法保证等一系列问题，导致供应链效率很低，并且潜在风险也较高。

(2) 订货提前期较长。Dorman公司产品涉及多种汽车易损易耗件，车型种类繁多，以产品零件号计算每年有超过两万种零部件在售，每天发给供应商的订单数量数以百计。因此，客户需求统计及预测信息能够及时准确地传送到供应链中生产商的一端，对于公司来说至关重要。但在亚太地区，由于公司主要通过外贸代理商采购而不

是直接和零部件生产商打交道，这就造成了公司无法获知生产商实际产能、库存和发货周期等信息；而另一方面，终端生产商也无法获知上游顾客的即时需求信息。需求及供应信息的不对称导致订货提前期较长，供应链的风险大增，效率低下。

（3）物流及库存管理混乱。Dorman公司的产品主要针对汽车售后维修替换市场，种类繁多，客户需求多变。2002年以前，库存管理主要采用手工方式，较为原始，信息技术运用严重不足，造成大量不必要的库存积压，库存周转率低下。分布在北美的10多个仓储配送中心散乱无序，零部件产品库存混乱，运输网络无科学规划，物流成本极高。

针对供应链系统中存在的上述同题，经过仔细的内部分析及规划，从2003年开始，Dorman公司采取了一系列措施，通过对供应链的整合、流程及网络再造、信息技术运用等手段和方法，期望能够优化整个供应链系统，提升供应链的效率，进一步加强公司在市场上的竞争力。

（1）供应链的整合。针对供应链中间环节过多的问题，Dorman公司决定设立亚太采购中心，将原本通过中国大陆和中国台湾的外贸代理商来完成的采购业务，转由亚太采购中心直接负责，消除供应链中不必要的中间商环节。Dorman公司亚太采购中心直接与中国大陆、中国台湾、韩国和东南亚等地区的供应商建立联系，通过规范的供应商审核、定点、定价和订货流程，建立企业和供应商之间的业务关系，并逐步优化，最终形成一个优秀的合格供应商资源库，完成企业既定的采购项目，从而达到降低采购产品价格、提高采购产品质量和提高供应商服务质量的目的。

（2）信息共享帮助缩短订货提前期。在建立了和供应商紧密联系的合作关系后，Dorman公司可以准确地了解各供应商的实际产能和生产周期等重要信息。与此同时，客户的需求信息也能够及时地直接传送给亚太地区的供应商。根据产品的订购量和重要程度，Dorman公司还将供应商分成不同等级。对于重要的供应商，建立战略合作关系，充分共享供应链需求信息，采用与整车厂相同的需求预测系统，每个月向战略供应商更新一次半年度需求预测信息；同时，由于售后零部件品种多、单种数量少的特点，对于部分需求预测量较低的产品，采用一次按年需求量下单、供应商预备库存的模式，做到了最大限度缩短订货提前期，满足终端客户的需求。

（3）仓储物流体系变革。针对公司在北美的10多个仓储配送中心散乱无序、物流成本极高的状况，从2004年开始，Dorman公司管理层决定重新对仓储配送及物流运输网络进行科学规划。根据公司主要大客户的地区仓储物流中心的分布，Dorman公司仅在北美地区保留了4家仓储配送中心，每家分别辐射客户的5～10处仓储物流中心。在物流方面，公司和UPS建立了战略合作关系，将全球供应商的海运、空运物流业务外包。在陆路运输方面，也选择了一家美国本土第三方物流供应商，实现了物流网络和成本的最优化。

（4）企业信息管理系统的建立。首先，亚太采购中心分别在中国大陆和台湾地区筛选了专门的条码标签供应商，以批量采购价格向亚太地区的200多家供应商提供优质的标签和条码产品。接下来，Dorman公司将要求供应商向其仓储配送中心发送货盘和包装箱时使用无线射频识别（RFID）技术，下一步在所有单件产品中使用这项技术。此外，公司在2004年导入了在汽车零部件行业广泛运用的企业资源计划（ERP）

系统——QAD公司的MFG/PRO软件。MFG/PRO的供应链管理工具的设计不仅能处理某个分销中心的信息需求，而且能处理从采购到分销再到客户的整个产品供应链的信息需求。对于Dorman来说，用最快捷准确的方式，将客户需求、供应商采购、包装、仓储物流和发运信息串接，从而有效提高公司的运营效率和客户满意度，MFG/PRO发挥了非常重要的作用。

资料来源：余力：《Dorman公司供应链优化案例的探讨》，载《江苏科技信息（学术研究）》，2010（2）。

问题

（1）Dorman公司的问题是如何解决的？

（2）现代物流管理对企业提升竞争力有何意义？

第1节　物流价值与现代物流的兴起

一、物流价值

物流是连接生产与消费的必要环节。没有物流，商品价值、货币价值和使用价值都将无法实现。在以商品全球化为主要标志之一的经济全球化时代，一个企业乃至一个国家的竞争力不取决于能生产多少产品，而取决于能生产多少满足消费者和市场需求的产品，更取决于现代物流能力。因为任何一个产品都只有通过物流环节，到达消费者手中，才能使其成为商品，并具有商品价值、货币价值和使用价值。由此引发企业间的竞争由工业经济时代的生产能力竞争转向经济全球化时代的生产能力乘以流通能力竞争。

第二次世界大战以后，主要国家的经济发展面对的是一个“无限的市场”，快速、准确地实现产品向客户转移就能够获得利润。企业界采用物流技术和物流管理方式之后，能够有效地增强企业的活力，提升企业的竞争优势，从而增加企业利润。在产业革命之后，经济领域对于原材料消耗、劳动生产率提高这两个利润源泉的挖掘已经有100多年的历史，寻找新的利润源越来越迫切。物流作为“第三利润源泉”就是在这种情况下被发现的，是对物流效益价值的发现。物流是当前企业最重要的竞争领域之一。物流管理是企业降低产品成本、缩短交易时间、提高经济效益的重要途径之一，是企业的“第三利润源泉”。物流成本往往在生产企业占到全部营销成本的13.6%以上，所以物流成本与营销成本息息相关，日益受到管理人员的重视。一些经济学家认为，物流具有节约成本费用的潜力，并将物流管理形容为“成本经济的最后防线”和“经济领域的黑暗大陆”。物流决策不协调，将导致过高的营销成本代价。

近年来，经济全球化促使世界各国打破贸易壁垒，调整关税，全球贸易量和现代物流业有了突飞猛进的发展。现代物流业通过提高物流速度和效率来创造价值的同时，也在不断地通过创新、整合资源、降低物流成本来创造价值。资料显示，美国现代物流业基于对构成物流成本的库存费用、运输费用和管理费用进行全面、深入的分析，通过加强供应链协同商务、建立信息集成系统、合理计划、降低库存量和提高管理效率等措施来降低物流成本，使美国物流成本占美国国内生产总值（GDP）的比重由20世纪90年代初的11.6%下降到20

世纪末期的10%。与此同时，业界也普遍认为我国物流业通过整合，物流成本下降的空间在10%或更多。

二、物流价值体现

1. 系统价值

物流并不是多个功能、环节的简单叠加，而是各个功能、环节相互联系、整体运作的综合体。早在第二次世界大战期间，美军为了有效提高物资保障能力，采用托盘、叉车等后勤设备，贯穿了军事物资从单元组合（集装）的装卸活动到高效连贯地搬运、运输、储存，直至按军事目标到达目的地为止的整个过程，为战争提供了有效的后勤支持。这促使人们认识到作为一种系统活动的物流能够实现之前由许多活动才能完成的多项功能，这是人们认识物流系统价值的开始。物流系统功能的核心和本质是整合和优化，实现运输、储存、配送等环节整体最优化，物流整体服务水平最大化，物流成本最低化。

2. 经济活动价值

第二次世界大战以后，大量军事技术和军事组织方式转移到民间的经贸往来中，物流系统的思想和相关技术、管理方法也成功地实现了“军转民”。这就使人们认识到物流不仅有非常重要的军事价值，而且具备非常重要的经济活动价值，可以在经济领域广泛地采用，为企业增加一些新的管理思想和结构模式。这样，物流成功地从军事活动的价值转变为经济活动的价值。

3. 成本价值

1973年第一次石油危机之前，石油、矿石、煤炭等资源一直保持廉价、稳定的供给，重生产、轻流通的现象普遍存在，企业把主要精力放在技术革新、设备改造、扩大产品数量上，对物流的认识并不充分，即便重视也是从保证销售的目的出发，把它作为辅助性的工作。第一次石油危机后，世界范围内的原材料价格的猛涨和人工费用支出的不断增加使传统的第一、第二利润源变成了企业的成本负担。企业界和经济界充分利用物流系统技术和物流管理方式，应对原材料、能源、人力资本上涨的压力，使人们认识到物流领域有非常大的降低成本的空间。

4. 环境价值

物流在有效降低企业运营成本的同时，能够节省物流装备，实现资源的优化配置。物流系统化使物流装备可以得到全面、系统的开发，装备的效率大大提高，装备的能耗大大降低。因此，物流对改善环境、降低污染、实现可持续发展有重大的作用，这就使许多饱受现代城市病之苦的工业化城市十分重视利用物流系统这种经济形态，以改善分立的、混乱的交通，降低交通阻塞带来的运输损失，减少环境污染，优化企业外部供应环境。

5. 企业发展战略价值

这个发现实际上是对物流价值服务和顾客经济价值的发现。20世纪80年代后，企业开始重视长期的战略性发展。这种战略性发展有两个重要支持要素，一是有效的供应链，以增强企业的本体能力；二是全面客户服务。在物流领域出现了共同配送方式、准时供应系统、零库存系统等，这些新的物流方面的系统服务成功地使企业获得了更长远的战略性发展。

6. 国民经济价值

1997 年，东南亚爆发经济危机。以物流为重要支柱产业的新加坡、中国香港具有较强的抗御经济危机的能力。例如，1998 年，受金融风暴影响较大的马来西亚经济增长为－6.8％，泰国－8％，东盟－9.4％；与之相比较，中国香港情况相对较好，为－5％，而新加坡当年实现了 1.5％的正增长。这个发现的重要性在于，它说明了物流不仅对于微观企业有重要意义，而且对于一个国家和地区的经济发展也非常重要。实践证明物流作为一个产业，在国民经济中有非常重要的地位，能够起到完善经济结构、提高国民经济总体质量和抵御危机的作用。

7. 新经济价值

20 世纪 90 年代，全球经济发展进入了信息经济时代，电子商务作为一种综合技术，是对传统面对面交易方式的严峻挑战，给各国和世界经济带来巨大的变革并产生深远的影响。但是电子商务只能完成商流、信息流和资金流在网上的交互，作为交易背后的物资流通需要完善的物流系统加以保障。物流效率的低下必然导致电子商务效率的低下。例如，1999 年，亚马逊 1/5 的网上订单由于缺乏物流的保证没有在圣诞节前送达指定地点。电子商务的兴起使人们进一步认识到了物流新的经济价值所在。

三、现代物流兴起的原因

近十几年来，信息技术的发展和企业组织结构的变化冲击了原有的生产经营体系，为企业生产经营体制的变革带来了动力和发展的基础。一方面随着现代管理信息系统的发展，企业通过计算机处理大量数据和分析数据的能力加强，改变了企业的经营系统和市场拓展的方式；另一方面，企业网络化的形成又使原有的依靠自身力量开发产品和市场的方式业已陈旧，出现了集团式、群体化的战略行动和竞争范式，这些都促使了新时代企业生产经营体制的变革与发展。现代物流的兴起是推式经营体制向拉式经营体制过渡的过程，为克服推式经营体制的种种弊端推动了现代物流的兴起。

（一）推式经营体制

推式经营体制是建立在市场预测基础上的商品生产经营体系，具体来讲，就是企业根据市场研究和过去销售的分析来制定当前商品的开发、生产和销售，并确定相应的绩效。根据以上做出的决策，企业进一步将这种目标逐步从生产商分解到下游的分销中心（D.C.）和零售商，并决定各阶段所要求的作业内容和流程（见图 1—1）。推式经营着眼于风险的系统管理和控制，推式经营的风险是一种市场风险，即由于根据预测生产供给的商品量与实际市场需求量之间的差异而产生的风险，或者说是由于商品滞销而产生的风险。这种风险的产生与推式经营体制的特点密切相关，即从本质上看，推式经营体制是一种追求规模经济性的经营体制，它所表现出来的特点是大规模集中生产、大规模物流设施和大规模流通库存，其优势在于能充分享受规模经济所带来的利益，即通过大量生产、伴随大规模物流体制而实现的批量商品处理和商品运输，实现单位产品成本的下降，但是与此同时，也产生了大量预期生产而形成的交易费用，这种类型的费用包括膨胀的商品储存和维持费用、由于市场预测的失败或失误而产生的商品滞销或供过于求的生产经营沉淀成本，以及为促进商品销售而不断增加的商品促销费用。显然，这些交易费用是高昂的，已经成为企业进一步发展的阻碍，或者说是一种削弱企业竞争力的主要因素，因此，在推式经营体制下，如何克服大规模营销产生的交易费用是企业经营管理的重要课题。

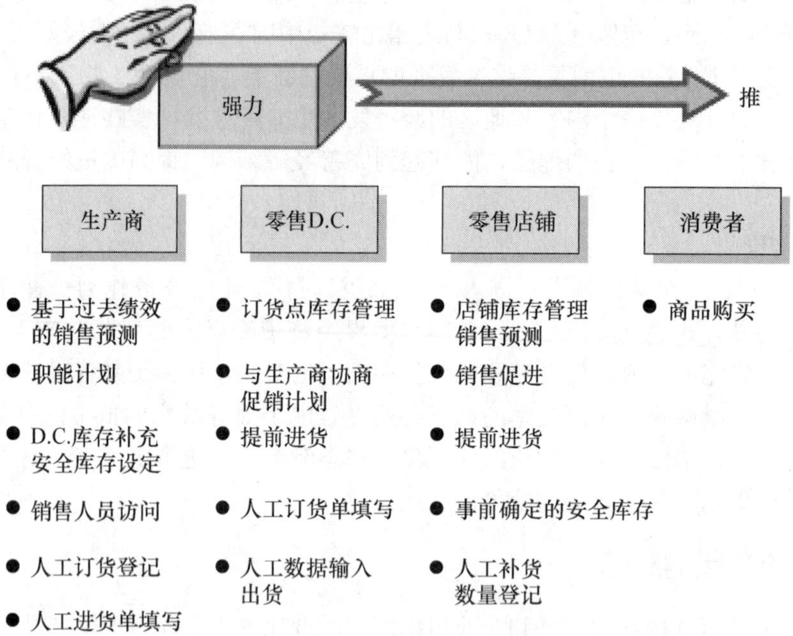

图 1—1　推式经营体制

推式经营体制所存在的问题不仅源于制度安排上的不足，还与近十几年来市场环境的变化密切相关，也就是说推式经营体制所赖以存在的条件和基础，在当今发生了根本性的变革，这些变革表现在：

（1）消费者需求行为的变化。对推式营销体制构成挑战的一种变革性环境要素是消费者需求行为的变化，即消费者需求的不确定性程度有不断增大的趋势。如今由于哪类消费者需要哪类产品是不确定的，因此，在生产上带来了多品种少量生产方式，而为了使这种生产方式具有效率，就必须正确迅速地了解市场上需要什么类型的产品、生产多少等问题，而且为了杜绝缺货或商品的滞销，需要充实流通阶段的商品管理和进发货管理，要做到这一点就必须推动销售前沿、物流管理现场与生产现场的协同作业或管理经营活动的同步化，显然，在推式经营体制下的渠道控制是无法做到的。

（2）流通构造的变化。推式经营体制之所以能在原来的经济社会中存在，并能合理地发挥绩效，一个重要的条件是生产商在整个流通环节中处于支配地位，从某种意义上讲，生产商强大的谈判力决定了它有能力做到对整个流通过程的纵向控制，并通过这种准组织的形式来实现生产商所策划的经营战略。但是，随着近十几年流通产业的高度发展，现代通信和销售技术的突飞猛进，以及大众营销时代的终结，处于流通终端、直接面向市场的零售业出现了飞跃性的变革，从而改变了原来的权力均衡格局。这种变革表现在零售业当中，无论是商品进货、顾客创造，还是信息的蓄积交换等，都出现了朝规模经济的方向发展。零售业的这种变化使得生产商与零售商之间原有的控制与被控制的关系发生了变革，即从原来的生产商的渠道控制和管理为重点转向构建渠道企业间垂直的合作关系或长期的伙伴关系，并通过多方的互动作用，尽快地应对消费市场所显现的趋势或变化。

(3) 产品线的融合与经营网络的形成。对推式体制产生冲击的一个技术性因素是，传统的产品范围或产业边界逐渐打破，引起了产品线的融合与新的扩展。20 世纪 80 年代，由于产业之间存在极高的市场壁垒，家用电器、计算机、通信产品、游戏机市场之间界限鲜明，缺乏有机的联系。在这样的市场结构下，企业要实现广泛的产品线和持续的改良性创新是比较容易的，而且相对稳固的产业结构为企业实施封闭式的渠道控制系统提供了制度框架，即使在这一阶段存在着企业间的合作和协同作业，这种合作也主要表现为以专利技术和纯代加工（OEM）贸易为主要形式的建立在谈判力大小基础上的纵向合作。但是到了 80 年代末，特别是进入 90 年代以后，电子产品市场各子市场之间在技术、市场等方面的界限越来越模糊，市场的融合创造了一个崭新的市场空间——多媒体市场或信息产品市场。信息产品的生产经营过程实际上是文本信息、图像信息以及计算机数据数字化的综合创造过程，它要求生产商综合电子产品、计算机等各方面的生产技术和经营诀窍，显然这是任何单一企业所无法承担的，因此，这时企业间的协作更多地表现为不同产业间的水平联盟，从而形成了一种以互补、共同发展为目标的企业间关系。显然，这种技术要素所推动的新型经营体制已经彻底打破了推式经营体制下建立的以单一厂商为主导的控制性营销制度。

由此可以看出，推式经营体制随着其不断地发展和深化越来越显现出固有的缺陷和不足，要求有一种新型的营销制度来促进生产经营效率的提高，这种新型的营销制度就是与推式经营体制相对应的拉式经营体制。

（二）拉式经营体制

从以上对推式经营体制的介绍不难看出，要想克服上述存在的问题，并且顺应环境和竞争发展的要求，企业必须改变以往的经营理念，即从强调以正确的价格提供正确的商品转向不仅以正确的价格（right price）提供正确的商品（right commodity），而且必须做到在正确的操作成本（right cost）前提下，在正确的时间（right time）送到正确的地点（right place），这就是国际社会上所强调的 5R 原则。但是要能真正做到这一点，还必须实现“四流”的完美结合，所谓“四流”指的是商流、物流、信息流和资金流，任何一个要素不能够及时到位，必然会产生各种各样的问题，最终影响企业的经营绩效。以上 5R 和四流完美结合都最终有赖于拉式经营体制的建立。

所谓拉式体制强调的是拉式，即将销售时点的信息同步地传输给商品策划、设计、生产以及在库地点，从而通过销售时点的信息实现设计、生产、物流、经营等决策的一体化，其形式表现为商品的生产、在库数量以及商品的具体事项等都是按照顾客的需求来决定的（见图 1—2）。当然，这里需要明确的是虽然拉式强调的是同步或生产、物流、经营作业的自动化，但是作为商业系统而言，是不可能完全、真正达到同步化的。这是因为企业从客户处了解其需求并从事生产，然后发货到顾客接受商品或服务这一系列过程中必然存在一段前置时间（lead time）。拉式经营体制所追求的是尽最大可能缩短从客户需求的了解到生产这段前置时间，或者说，企业的生产经营尽管是根据客户的要求来进行的，但是必须保证这种生产经营要符合特定时间、特定地点、特点数量的顾客需求。

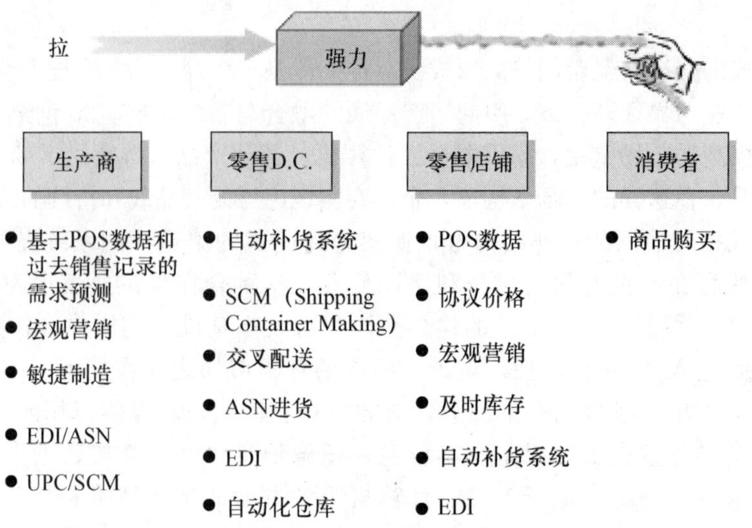

图 1—2 拉式经营体系

第 2 节 现代物流的职能与特征

一、物流的概念

我们在上一节中简要阐述了物流的价值、物流价值的体现以及现代物流兴起的原因。从中可以看出，要想真正建立起有效的经营体制，生产、营销和物流必须综合起来，以市场为导向，加以综合管理和协调，而其中物流是当今企业管理中很重要的一个方面，这也是长期以来在管理活动中较为忽视的一个领域。那么究竟什么是现代物流管理的实质呢？我们知道物流一词从 physical distribution 发展到 logistics 的一个重要变革，是将物流活动从被动、从属的职能活动上升到企业经营战略的一个重要组成部分，因而要求将物流活动作为一个系统整体加以管理和运行，也就是说，物流本身的概念已经从对活动的概述和总结上升到管理学的层次。

具体来说，物流的概念是随着交易对象和环境变化而发展的，因此需要从历史的角度来考察。物流在英语中最初为 physical distribution，这个名称是日本在 20 世纪五六十年代引用的，当时日本的企业界和政府为了提高产业劳动率，组织了各种专业考察团到国外考察学习，公开发表了详细的考察报告，全面推动了日本生产经营管理的发展。在这些考察团中，有一个由 12 名专家学者组成的“流通技术专业考察团”，从 1956 年 10 月下旬到 11 月末，在美国各地进行了实地考察，首次接触到了物流这个新事物。在美国，早在第一次世界大战后的 20 年代，学者克拉克就已将 physical distribution 这一概念作为企业经营的一个要素加以研究，到第二次世界大战期间，美国陆军中开始用“logistics management”来指代物流，战后其理论、方法也为企业和理论界所认同并广泛运用，称为商业物流或销售物流（business logistics），以力求合理有效地组织商品的供应、保管、运输、配送，而且实践证明取得了相当大的成效。日本考察团在详细了解这一新鲜事物后，于 1958 年撰写了“劳动生产率报告 33 号”，刊登在《流通技术》杂志上，第一次提到了 physical distribution（PD）。该报告中所提到的 PD 概念马上被产业界接受，尽管 PD 这个外来语后来经历了若干年才正式译为“物的流通”（1964年），但当时的日本正处于经济发展的黎明期，物流革新思想不仅渗透到产业界，还渗透到了整个日本社会。

物流在概念上随着时间的推移有一定的变化，亦即广义（logistics）与狭义（physical distribution）的区分。最初的物流概念主要侧重于商品物质移动的各项机能，即发生在商品流通领域中的在一定劳动组织条件下凭借载体从供应方向需求方的商品实体定向移动，是在流通的两个阶段（G—W，W—G）发生的所有商品实体的实际流动。显然这种物流是一种商业物流或销售物流，它作为一种狭义的物流具有明显的中介性，是连接生产与消费的手段，直接受商品交换活动的影响和制约，具有一定的时间性，只有存在商品交换时才会出现，不会永恒存在。

但是进入80年代以后，随着经济社会的高速发展，物流所面临的经济环境有了很大的变化，这表现为经济规制的缓和使经济自由的空间越来越大；信息技术的急速发展和革新，不仅使业务的效率化和作为决策支持的信息系统的构建成为可能，同时也使部门间、企业间的结合或一体化成为可能；企业合并和市场集中化的发展使原来的经济结构发生了改变，这种变化要求物流必须具备以最低的成本提供较高的顾客服务的能力；由于经济全球化的发展，随着商品向世界市场的提供，物流逐步跨越了国境，正因为如此，在要求物流能对生产和销售给予有效支援的同时，应该具备在不同国家间充分发挥其业务优势的能力。在这种背景下，原来狭义的物流概念受到了前所未有的挑战和批判，一是传统的狭义物流观念只重视商品的供应过程，忽视与生产有关的原材料和部件的供应物流，而后者在增强企业竞争力方面居于很重要的地位，因为原材料以及部件的供应直接关系到生产的效率、成本和创新，例如日本丰田公司的生产管理就首先从原材料和部件生产、供应入手；二是传统的物流是一种单向的物资流通过程，即商品从生产者手中转移到消费者手中，而没有考虑商品消费之后包装物或包装材料等废弃物品的回收以及退货所产生的物流活动；三是传统物流只是生产销售活动的附属行为，并主要着重于物质商品的传递，忽视了物流对生产和销售在战略上的能动作用，特别是以日本为主的准时（just-in-time）生产管理体系在世界范围内的推广，使得以时间为中心的竞争愈益重要，并且物流上的活动行为直接决定生产决策。

与上述环境的变化和对传统物流的批判相对应，1984年美国物流管理协会正式将物流这个概念从physical distribution改为logistics，并将现代物流定义为“为了符合顾客的需求，将原材料、半成品、完成品以及相关的信息从发生地向消费地流动的过程，以及为使保管能有效、低成本地进行而从事的计划、实施和控制行为”。这个定义的特征是强调顾客满意度、物流活动的效率性，以及将物流从原来的销售物流扩展到了供应、企业内生产和销售物流，伴随其物流活动涉及供应商、生产者、流通商和专业物流服务提供商。此后物流的概念又不断得到发展，1991年11月荷兰乌德勒支市举办了第九届物流国际会议，在这届会议上，人们对物流的内涵进行了更多的拓展，不仅接受了欧美的现代物流（logistics）概念，认为物流应包括生产前和生产过程中的物质、信息流通过程，而且向生产之后的市场营销活动、售后服务、市场组织等领域发展，如有些报告中指出：“什么是物流？这个概念的现代含义如此之新，以致在辞典中尚没有明确的定义。现代物流应该是指企业生产和经营的整个过程中所有实物、信息的流通和相关的服务活动，它涉及企业经营的每一个领域。”显然，物流概念的扩展使物流不仅包括与销售预测、生产计划的决策、在库管理、顾客订货的处理等相关的生产物流，还延伸到了与顾客满意相关的各种营销物流活动。最近，美国物流管理协会又扩展了原有的物流定义，将之修正为“物流是指为了符合顾客的必要条件所发生的从生产地到销售地的物质、服务以及信息的流动过程，以及为使保管能有效、低成本地进行而从事的计划、实施和控制行为”。对物资和服务的修正业已表明物流活动是从商品使用、废弃到回收的整个循环过程。

综上所述，现代物流的目的是提高企业的收益（销售额的提高和利益的扩大），即通过经营重要资源的时间（快速送达）、物流质量（优良地运送、无差错运送）、备货（所需要的商品和数量）、信息（在库信息、断货信息、运送中信息、送达信息）等物流服务品质的提高，从原材料的供应开始到商品的生产以及最终顾客的让渡整个过程的物流成本的降低，来实现企业的高收益。基于此，我们认为所谓现代物流（logistics）是指为了实现顾客满意，连接供给主体和需求主体，克服空间和时间阻碍的有效快速的商品、服务流动的经济活动过程。

二、现代物流的职能

现代物流职能的构成要素除了实现物质商品空间移动的输送以及时间移动的保管这两个中心要素外，还有为使物流顺利进行而开展的流通加工、包装、装卸、信息等要素（见表1—1），以下就这六个要素分别加以探讨。

表1—1　物流职能的分类与内容

物流职能	分类	内容
输送	运输 配送	长距离、线性机能，物流的交通机能 短距离、面的机能，物流的准入机能
保管	储藏 保管	长时间保管、储藏型保管 短时间保管、流通型保管
流通加工	加工作业 生产加工 促销加工	商品检验、分拣、放置、备货、分配 组装、细分、切断、规格化 价格贴附、单位化、商品组合
包装	工业包装 商业包装	输送、保管包装，外部包装、内部包装，品质保证为主体 销售包装、单个包装，市场营销为主体
装卸	入货卸货	从物流设施到交通机关的活动 从交通机关到物流设施的活动
信息	物流信息 商流信息	数量管理：运行，货物追踪，入库、在库、出库管理 品质管理：温度、湿度管理 作业管理：自动分拣、数码备货 订货、发货：POS，EOS，VAN，EDI 金融：银行联网

1. 输送

输送是使物品发生场所、空间移动的物流活动。输送系统是由包括车站、码头的运输节点、运输途径、交通机关等在内的硬件要素，以及交通控制和营运等软件要素组成的有机整体，通过这个有机整体发挥综合效应。具体来看，输送系统中运输主要指长距离两地点间的商品和服务移动，而短距离少量的输送常常称为配送。

2. 保管

保管具有商品储藏管理的意思，它有时间调整和价格调整的机能。保管通过调整供给与需求之间的阻隔促使经济活动稳定地开展。最近，相对于以前强调商品价值维持或储藏目的的长期保管，更注重为了配合销售政策上的流通目的而从事短期的保管。保管的主要设施是仓库，在商品出入库信息的基础上进行在库管理。

3. 流通加工

流通加工是在流通阶段所进行的为保存而进行的加工或者同一机能形态转换而进行的加工。具体包括切割、细分化、钻孔、弯曲、组装等轻微的生产活动。除此之外，还包括单位化、价格贴附、标签贴附、备货、商品检验等为使流通顺利进行而从事的辅助作业。最近，流通加工作为提高商品附加价值、促进商品差别化的手段之一，其重要性越来越强。

4. 包装

包装是在商品输送或保管过程中，为保证商品的价值和形态而从事的物流活动。从机能上看，包装可以分为为保持商品的品质而进行的工业包装和为使商品顺利抵达消费者手中、提高商品价值、传递信息等以销售促进为目的的商业包装两类。

5. 装卸

装卸是跨越交通机关和物流设施而进行的，发生在输送、保管、包装前后的商品取放活动，包括商品放入、卸出、分拣、备货等作业行为。装卸合理化的主要手段是集装箱和货盘。

6. 信息

通过收集与物流活动相关的信息，使物流活动能有效、顺利地进行。最近，随着电子计算机和信息通信技术的发展，物流信息出现高度化、系统化的发展，目前订货、在库管理、所需品的出货、商品进入、输送、备货等六个要素的业务流已实现了一体化。信息包括与商品数量、质量、作业管理相关的物流信息，以及与订货、发货和货款支付相关的商流信息。如今，大型零售店、24小时店（便民店）为了削减流通成本、扩大销售，大多已连接销售时点信息管理（Point of Sale，POS）和电子数据交换（Electronic Data Interchange，EDI）系统，从而使物流信息快速普及。

上述职能体现在企业物流作业活动上是不尽相同的，每个企业具体的活动因不同的企业、不同的组织结构以及不同的企业物流战略而显示出一定的差异性，但是从总体上讲，企业物流作业活动主要反映在客户服务、需求预测、分拨系统管理、库存控制、物料搬运、订单处理、零配件和服务支持、工厂和仓库选址、区位分析、采购、包装、退货处理、运输管理和仓储管理等。按照美国学者巴罗的划分，企业物流作业活动可以划分为关键性活动（即每个物流渠道都会发生的物流活动）和支持性物流活动（视各企业具体情况而定的物流活动）。

其中关键性活动包括：

- 客户服务标准。主要是与营销部门合作，确定客户对物流服务的需求；确定客户对服务的反应；设定客户服务水准。
- 运输。包括运输方式和运输服务的选择；集运；运输路线；车辆调度；设备选择；理赔程序；运价审核。
- 库存管理。包括：原材料和产成品的储存政策；短期销售预测；储存点的产品组合；储存点的个数、规模和选址；及时管理、拉动管理战略。
- 信息流动和订单处理。包括销售订单和库存之间的关系；订单信息的传输方式；订购规则。

支持性物流活动包括：

- 仓储。包括：仓容决策；仓库布局和站台设计；仓库的结构；存货的摆放。

- 物料搬运。包括：设备选择；设备更新政策；订单拣货步骤；货物的存取。
- 采购。包括：供应商的选择；采购时间安排；采购数量。
- 保护性包装。主要是为以下活动而设计：搬运；储存；防止损失。
- 与生产或运作部门合作，明确总量；明确生产的顺序和时间。
- 信息维护。包括信息收集、存储和处理；数据分析；控制过程。

三、现代物流的特征

通过前面对现代物流概念的探索和延伸，我们可以看出现代物流管理的特征表现在以下方面。

1. 现代物流管理以实现顾客满意为第一目标

现代物流是在企业经营战略基础上从顾客服务目标的设定开始，进而追求顾客服务的差别化战略（见图 1—3）。在现代物流中，顾客服务的设定优先于其他各项活动，并且为了使物流顾客服务能有效地开展，在物流体系的基本建设上，要求物流中心、信息系统、作业系统和组织构成等条件的具备与完善。具体来讲，物流系统必须做到：第一，物流中心网络的优化，即要求工厂、仓库、商品集中配送、加工等中心的建设（规模、地理位置等）既要符合分散化的原则，又要符合集约化的原则，从而使物流活动有利于顾客服务的全面展开；第二，物流主体的合理化，从生产阶段到消费阶段的物流活动主体，常常有单个主体和多个主体之分，另外也存在着自己承担物流和委托物流等形式的区分，物流主体的选择直接影响到物流活动的效果或实现顾客服务的程度；第三，物流信息系统的高度化，即能及时、有效地反映物流信息和顾客对物流的期望；第四，物流作业的效率化，即在配送、装卸、加工等过程中应当运用什么方法、手段使企业最有效地实现商品价值。

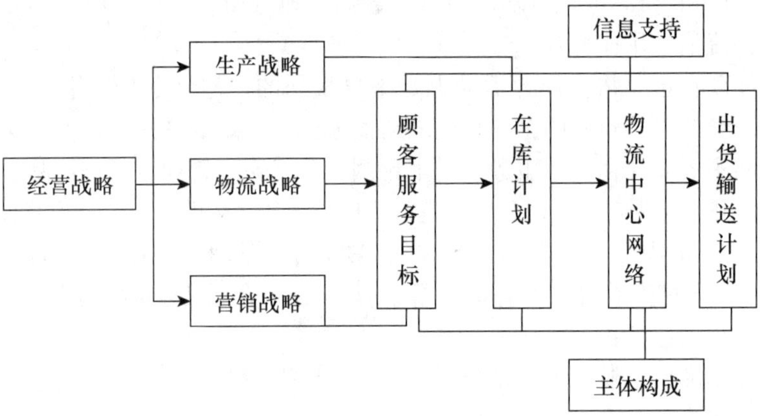

图 1—3 现代物流经营战略

从上述物流系统构成的原则中可以看出，现代物流通过提供顾客所期望的服务，在积极追求自身交易扩大的同时，强调实现与竞争企业顾客服务的差别化，即在决策物流的重要资源时间、物流品质、备货、信息等物流服务质量时，不能从供给的角度来进行，而是在了解竞争对手的战略基础上，努力提高顾客满意度。

2. 现代物流着重的是整个流通渠道的商品运动

以往我们认为的物流是从生产阶段到消费阶段商品的物质运动，也就是说，物流管理的主要对象是销售物流和企业内物流，而现代物流管理的范围不仅包括销售物流和企业内物流，还包括供应物流、退货物流以及废弃品物流。这里需要注意的是，现代物流管理中的销售物流概念也有新的延伸，即不仅是单阶段的销售物流（如厂商到批发商、批发商到零售商、零售商到消费者的相对独立的物流活动），而且是一种整体的销售物流活动，也就是将销售渠道的各个参与者（厂商、批发商、零售商和消费者）结合起来，保证销售物流行为的合理化。

3. 现代物流管理以企业整体最优为目的

在当今商品市场的革新与变化，如商品生产周期的缩短、顾客要求高效经济的输送、商品流通地域的扩大等发展趋势下，如果企业物流仅仅追求“部分最优”或“部门最优”，将无法在日益激烈的企业间竞争中取胜。从原材料的供应计划到向最终消费者移动的物的运动等各种活动，不仅仅是部分和部门的活动，而是将各部分和部门有效结合发挥综合效益。也就是说，现代物流所追求的费用、效益观，是针对供应、生产、销售、物流等全体最优而言的（见图1—4）。在企业组织中，以低价格购入为主的供应理论，以生产增加、生产合理化为主的生产理论，以追求低成本为主的物流理论，以增加销售额和扩大市场份额为主的销售理论等理论之间仍然存在分歧与差异（见表1—2），跨越这种分歧与差异，力图追求全体最优的正是现代物流理论。例如，以现代物流管理观来看，海外生产的展开或多数工厂生产的集约化，虽然造成了输送成本的增加，但是由于这种生产战略有效降低了生产成本，提高了企业竞争力，因而是可取的。但是，应当注意的是，追求全体最优并不是可以忽略物流的效率化，物流部门在充分知晓供应理论、生产理论和销售理论的基础上，在强调全体最优的同时，应当与现实相对应，彻底实现物流部门的效率化。

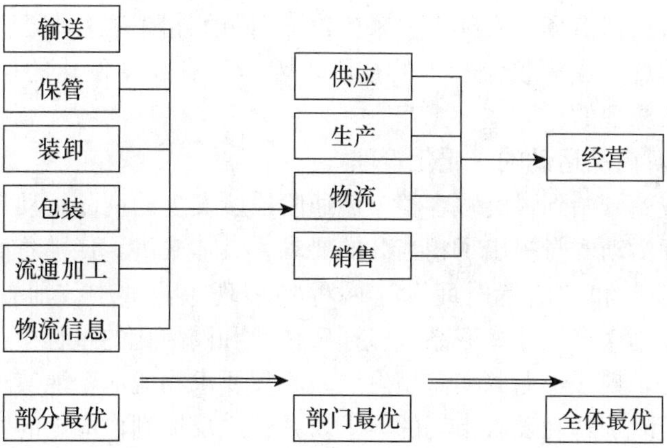

图1—4　物流系统化与现代物流管理的关系

表1—2　各部门理论

供应理论	生产理论	物流理论	销售理论
低价格购入 短时间购入 大订货单位 在库数量少	生产增加、生产合理化 较长的生产循环线 固定的生产计划 大量生产	降低成本 大订货单位 充裕的时间 低在库水准 大量输送	销售额增加、市场份额扩大 高在库水准 进货迅速、顾客服务水准高 多品种

4. 现代物流管理重视效率更重视效果

现代物流管理具体在哪些行为方面有所变化呢？首先在物流手段上，从原来重视物流的机械、机器等硬件转向重视信息等软件要素。在物流活动领域方面，从以前以输送、保管为主的活动转向物流部门的全体，即向包含供应在内的生产、销售领域或批发、零售领域的物流活动扩展。从管理面来看，现代物流从原来的作业层次转向管理层次，进而向经营层次发展。另外，在物流需求的对应方面，原来强调的是确保输送力、降低成本等企业内需求的对应，现代物流则强调物流服务水准的提高等市场需求的对应，进而发展到重视环境、交通、能源等社会需求的对应。以上论述表明，原来的物流以提高效率、降低成本为重点，而现代物流不仅重视效率方面的因素，更强调整个流通过程的物流效果，也就是说，从成果的角度来看，有些活动虽然使成本上升，但如果有利于整个企业战略的实现，那么这种物流活动仍然是可取的。

5. 现代物流是一种以信息为中心的拉式商品供应体系

如上所述，现代物流认为物流活动不是单个生产或销售部门或企业的事，而是包括供应商、批发商、零售商等关联企业在内的整个统一体的共同活动，因而现代物流通过这种供应链强化了企业间的关系。具体地说，这种供应链通过企业计划的连接、企业信息的连接、在库风险承担的连接等机能的结合，使供应链包含流通过程中的所有企业，从而使物流管理成为一种供应链管理（第 2 章将详细介绍）。如果说部门间的产、销、物结合追求的是企业内经营最优的话，那么供应链管理则通过所有市场参与者的联盟追求流通生产全过程效率的提高，这种供应链管理带来的一个直接效应是产需的结合在时空上比以前任何时候都要紧密，并带来了企业经营方式的改变，即从原来的推式经营（生产建立在市场预测基础上的经营行为）转向拉式经营（根据市场的实际需求来生产），同时伴随着这种经营方式的改变，在经营、管理要素上，信息已成为物流管理的核心，因为没有高度发达的信息网络和信息的支撑，拉式经营是无法实现的。

6. 现代物流是对商品运动的一元化管理

现代物流从供应商开始到最终顾客整个流通阶段所发生的商品运动是作为一个整体来看待的，因此这对管理活动本身提出了相当高的要求。具体来讲，伴随着商品实体的运动，必然会出现“场所移动”和“前置时间”这两种物理现象，其中“前置时间”（lead time, throughput time）在当今产销紧密联系、流通整体化和网络化的过程中，已成为一种重要的经营资源。究其原委，现代经营的实需型发展，不仅要求物流活动能实现经济效率化和顾客服务化，而且必须及时了解和反映市场的需求，并将之反馈到供应链的各个阶段，以保证生产经营决策的正确和再生产的顺利进行，所以，缩短物流时间不仅决定了流通全过程的商品成本和顾客满意，同时也通过有效的商品运动为生产提供全面、准确的市场信息，只有这样才能创造出流通网络或供应链价值，并保证商流能持续不断地进行。应当看到，现在倡导的产、销、物三者的结合，本质也在于此。那么，如何才能实现物流时间的效率化呢？从物流时间形态来看，主要有从订货到送达消费者手中的时间、在库的时日数、材料工程滞留时间、计划变更允许日、新产品开发时间长度、汽车滞留时间等，任何局部问题的解决都无法真正从根本上实现时间的效率化，只有从整体全面地把握控制相关的各种要素和生产经营行为，并将之有效地联系起来，才能实现缩短时间的目标。显然，这要求物流活动的管理应超越部门和局部的层次，实现高度的统一管理。现代物流所强调的就是如何有效地实现一元化管理，真正把供应链思想和企业整体观念贯彻到管理行为中。

第 3 节　供应链与供应链管理

随着互联网、信息系统和物流的发展，传统的企业管理模式已经不能适应新的市场竞争要求，在这种状况下，供应链管理应运而生。供应链管理不仅要求企业在正确的时间，将产品、服务和信息送达正确的地点，而且要在正确的操作成本下，做到正确的质量、正确的数量。要实现这种能力，仅仅关注一个企业内部的物流管理是不够的，它需要从整体流程的观念（即从原材料提供厂商到向消费者配送或担当售后服务的企业为止）来进行管理，这种观念就是供应链或供应链管理的特点。

一、供应链与供应链管理的概念

（一）供应链

供应链是围绕核心企业，通过对信息流、物流、资金流的控制，从采购原材料开始，经过中间产品以及最终产品，最后由销售网络把产品送到消费者手中的正向和逆向的整体运行系统，它是将供应商、制造商、分销商、零售商直到最终用户连成一个整体的功能网链结构模式。它是一个范围更广的企业结构模式，包含所有加盟的节点企业，从原材料的供应开始，经过链中不同企业的制造加工、组装、分销等过程直到最终用户（见图 1—5）。它不仅是一条连接供应商到用户的物料链、信息链、资金链，而且是一条增值链，物料在供应链上因加工、包装、运输等过程而增加价值，给相关企业都带来收益。

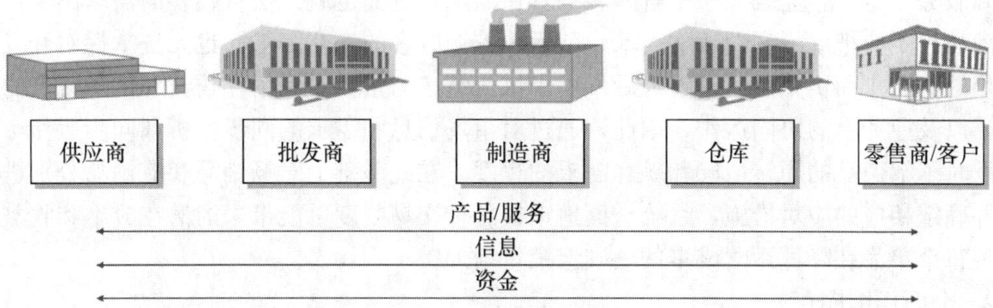

图 1—5　供应链基本构成

从结构形式上看，供应链由所有加盟的节点企业组成，其中一般有一个核心企业，节点企业在需求信息的驱动下，通过供应链的职能分工与合作（生产、分销、零售等），以资金流、物流以及服务流为媒介实现整个供应链不断增值。

（二）供应链管理

与供应链的概念相对应，所谓供应链管理，就是为了满足顾客的需求，规划和管理供应采购、生产、营销和所有物流活动，尤其是渠道成员的协调和合作，包括供应商、中间商、第三方提供商、客户等。从本质上讲，供应链管理是对企业内外供应和需求的全面整合。供应链管理的范围包括物流管理、生产运营管理、营销销售管理、产品规划、资金管理、信息技术的协调等活动，管理对象是在此过程中所有与商品流动及信息流动有关的活动和相互之间的关系。

（三）物流管理与供应链管理的区别

供应链管理源于物流管理，但其内涵和外延又超越了物流管理（我们在这里谈的物流管理是企业物流，而非宏观物流和社会大物流），两者之间既有区别又有联系。从概念的内涵和外延来看，供应链管理涉及生产领域和流通领域，而物流管理主要集中于物资流通过程的管理；物流管理只整合了物流和信息流，供应链管理进一步将商流和资金流整合在一起。可以说，供应链管理包含了物流管理，物流管理是供应链管理的重要组成部分，是供应链管理的一个子集。另外，从目标导向来看，物流管理的目标是以最低的成本产出最优质的服务，对于不存在供应链管理环境的企业来讲，企业间是简单的业务合作关系，物流管理是为实现单个企业的战略目标服务的；对于供应链管理环境下的企业，合作企业之间是战略伙伴、战略联盟的关系，这时的物流管理实际上是供应链物流管理，是以供应链目标为指导，实现企业内部物流和接口物流的同步优化。供应链管理是将供应链上所有节点的企业作为一个整体，以提升整条供应链运作绩效为导向，目标是提升客户价值和客户满意度，实现供应链成员共赢，获取供应链整体竞争优势。

二、供应链管理的目标

1. 实施有效的单品管理

品类和品种管理长期以来一直是企业管理中的难点和重点，对于企业而言，如果不能及时供应或采购畅销产品或服务的话，必然就会出现断货，这不仅会引起顾客的不满，而且还会增加机会成本，并且使企业的经营系统失真。这是因为当出现断货时，顾客只能购买替代产品和服务，这样企业就无法了解顾客的真正需求，进而也就无法从顾客的需求出发供应和采购商品。不能把握顾客的真实需求，就无法挖掘顾客的潜在需求，也无法掌握对开发新产品有用的信息。而实施供应链管理后，由于供应链参与企业做到了在物流和信息流上的充分共享，以及业务上的协同运作，因此，通过对市场信息和需求的同步分析和同步运作，企业能够及时了解商品的周转情况和顾客需求的程度，在此基础上对畅销品和滞销品分别进行分析，并确定相应的应对措施，系统全面地审核各种交易制度可能带来的潜在成本和收益，最终实现每个单品在降低运营成本的基础上销量增加。

2. 全面压缩库存

在传统的管理理论中，库存是企业抵御风险的一种手段，它起到了蓄水池的作用，然而随着柔性化经营的不断发展，特别是准时化经营不断推广之后，人们逐渐认识到过量的库存往往是企业经营低效率的表现，它把企业日常经营中潜在的问题都掩盖起来，在数据信息不准确的情况下，企业的经营决策往往是风险巨大的，商品滞销和断货的可能性都很大，所以，此时只有通过库存将风险控制在一定范围之内。但是，在供应链管理环境下，参与各方掌握了全面的库存信息和市场信息，加上协同化的物流管理，使得库存实现了全面压缩，真正保证了库存的商品是畅销品和未来发展潜量大的商品，与此同时完全杜绝了滞销品的库存存在。

3. 缩短供应链前置时间

供应链前置时间指的是企业从下单到交货的所有时间，它反映了企业对市场的敏捷响应能力。如果供应链参与方不能全面掌握库存情况，商品缺货就会增加，制造商就会不断因要求追加生产而调整生产计划，其结果一方面厂家和供应商的仓库不断积压停止生产的零部件和商品，另一方面追加生产的产品和零部件库存的调配又将花费很多时间，这样整个前置时间很长，企业对市场和需求的响应能力较差。在供应链管理中，共同掌握整个库存情况和销售信息是极其重要的，同时还必须将最新的数据提供给供应链全体成员，这样不仅消费者认定的所需时间缩短了，而且对于制造商，依据最新数据制定生产计划就可以将变更减到最低程度，从而建立一个稳定的供应体系。

4. 实现系统低成本运作

以往在产业链运作过程中，供需双方都是从自身的角度来理解和管理成本，一方面供方或需方试图通过自己的预测控制供应生产成本，另一方面供需双方相互博弈，以实现自身利益的最大化。此外，行业内部也有驱动业务复杂化的因素，这就是因缺货引起的生产计划的变更。由于生产计划变更，导致生产现场混乱，调整生产计划以及紧急调配库存又引起供货商的混乱等，业务负担比想象的大，由此引起的成本很高。而供应链管理机制通过信息共享以及综合业务管理，把从供货商到零售商的所有业务重新设计为最佳状态，真正实现了系统低成本运作。

5. 改善现金流动

在以往的经营体制下，由于企业不能有效地应对市场，造成滞销品大量存在，这不仅加大了库存负担，产生了大量的占压资金，而且由于生产和经营计划的不断变更和无效经营，也使得现金流日益减少，其结果是库存增加，运转资金不足，贷款增加，相应的利息负担也越来越大。在供应链管理环境下，通过建立包括销售趋势和整个库存在内的供应体系，可实现全面减少库存，从而将以前的库存变为现金，改善现金流，形成良性循环的局面。

三、供应链管理的关键要素

供应链管理起始于顾客，它解决的是如何响应顾客的需求和预期，合理安排供应链服务的战略和目标，通过供应、生产和整个供应链体系的合理运作，使供应链参与者实现共同利益，提升供应链竞争力。因此，从供应链管理的关键要素看，供应链管理成功与否有赖于如下四个要素（见图 1—6）：顾客服务战略、需求管理战略、采购生产战略以及供应链整合战略。顾客服务战略是指如何根据不同顾客的需求合理制定相应的财务目标和服务战略。需求管理战略解决的是企业如何根据制定的顾客服务战略建立合理的渠道、需求规划以及供应链结构，以使顾客需求与企业向市场所提供的产品和服务之间形成有效衔接。采购生产战略决策的是在什么地方以及如何生产产品和服务，它对企业的产品和服务成本结构以及相应的风险有重大的影响。最后，供应链整合战略确立了企业供应链参与方信息、财务、生产运作和决策的协调，这些参与方包括零售商、批发商、经销商、分销商、制造商、供应商和供应链服务提供商。

（一）顾客服务战略

确立供应链管理的顾客服务战略，包括三个步骤：顾客服务细分、成本分析以及收益管理（见图 1—7）。

1. 顾客服务细分

顾客服务战略始于有效地识别独特的企业顾客细分市场，只有有效地区分不同的顾客群体和需求特征，才能对应地制定供应链战略和策略。在顾客服务细分方面，有很多技

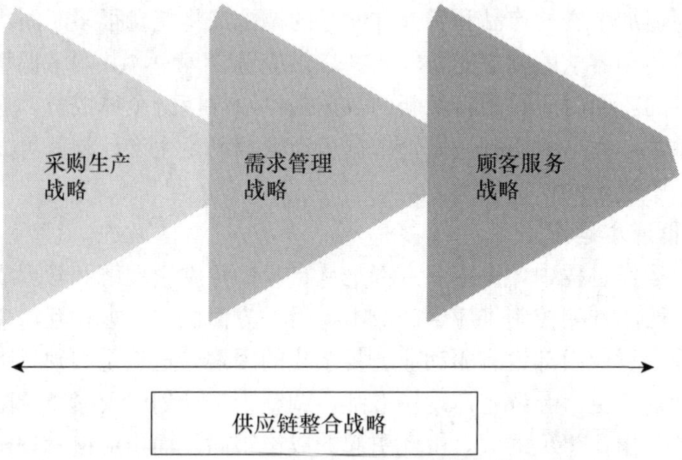

图1—6 供应链管理关键要素

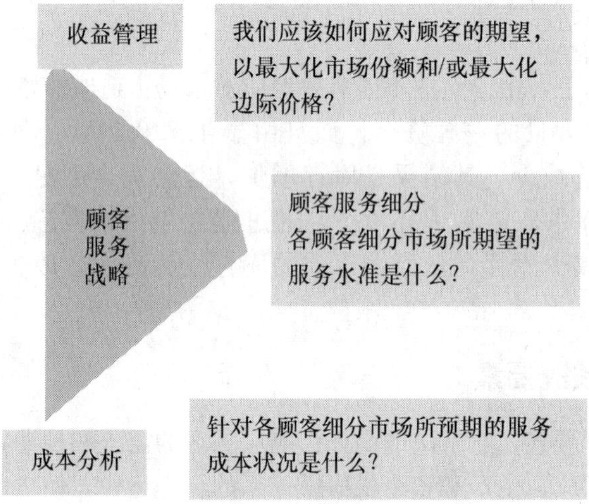

图1—7 顾客服务战略的三要素

术和方法可以用来识别服务需求和预期，包括调查、抽样、人口统计分析和大规模顾客信息数据库分析等，这个过程的输出是各相关顾客/产品/地域群体的顾客服务需求和期望。

2. 成本分析

接下来，需要分析企业现有顾客服务的成本结构，以及为满足顾客细分所要求的服务水准而产生的费用。那些实施作业成本法的企业通常发现这是一项非常重要的任务，没有作业成本分析的能力，这种分析必定是无法实施的。

3. 收益管理

最后，企业必须基于所识别的需求和期望决策相应的企业增长和发展战略。这是制定企业顾客服务战略的关键要素，但遗憾的是，它却常常被忽视。试想一下在供应链战略中没能充分重视这一要素所产生的影响，假设一个企业精确地度量了服务需求和各细分顾客市场的预期，再假设实施这些服务所产生的费用也是非常清楚的，最后假定企业采取行动以实现所预期的服务水准，一个根本性的问题仍然没有解决，即顾客对新水准的服务会做出什么样的反应。

收益管理是顾客对一定水准的服务做出行为上的反应，从而影响市场份额以及价格的决策过程。这种行为上的反应包括购买、再购买（通常称为顾客忠诚）以及参考行为（影响其他顾客的购买行为）。企业需要明了顾客会对企业的行为做出哪些积极的回应，是否能使企业拥有更多的市场份额，或者相对于竞争对手拥有更高的价格支配力，甚或同时实现上述两个目标。一般收益管理的分析工具包括因子分析、回归分析、动态聚类分析和其他多元统计分析技术。

（二）需求管理战略

企业需求管理战略的制定主要有三个方面：渠道设计、需求规划和供应链构造（见图 1—8）。

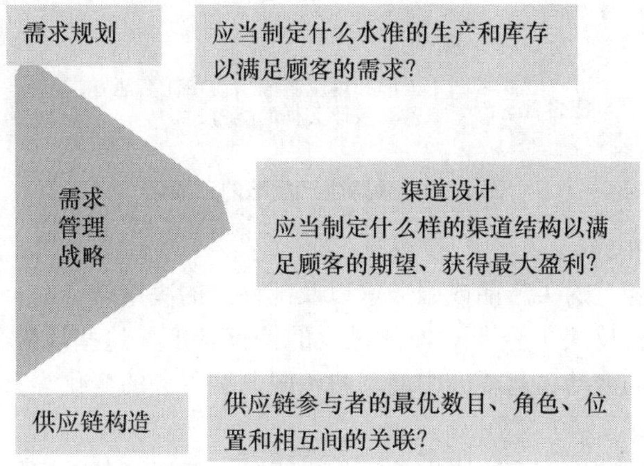

图 1—8　需求管理战略的三要素

1. 渠道设计

将企业的产品和服务传递到最终顾客手中有多种渠道形式。这包括通过间接渠道还是直接渠道。大多数企业通过零售商、批发商、经销商和分销商销售它们的产品和服务，现代信息和通信技术的发展，诸如互联网推动了直销渠道的发展，使得企业能将产品和服务直接销售给最终顾客。此外，在分销渠道的构成中，还包括按库存分销、按订单分销、按最小库存分销等多种形式，因此，渠道结构的选择是至关重要的，它将直接影响所提供的顾客服务水准和与之相关的分销成本。

2. 需求规划

在大多数企业中，决策生产和库存水准以满足终端顾客的要求是企业中一项重要的职能（通常预测活动、分销资源计划（DRP）、制造资源计划（MRP）和库存控制等行为在这里统称为需求规划）。这一过程对于成功满足终端顾客的需求、在企业内部以及整个供应链最小化成本和资产是至关重要的。如今大量的新软件工具能帮助企业提高需求规划的能力，包括 Manugistics、SAP 等。很多进行需求规划管理的工具不仅适用于企业内部，也适用于整个供应链参与者。

3. 供应链构造

决策最优的参与者数目、位置以及各供应链参与者的角色是企业整体供应链战略中的关键要素。对这些要素的决策不仅对企业能否实现供应链绩效具有较大的影响，而且决定了以工具、设备和其他资产为形式的财务资本。

（三）采购生产战略

采购生产战略的制定需要考虑自制或采购决策、能力管理和制造管理，如图 1—9 所示。

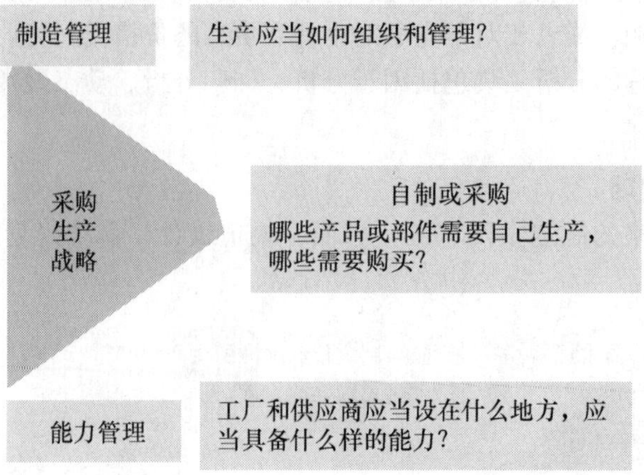

图 1—9　采购生产战略的三要素

1. 自制或采购的决策

关于是自己生产还是购买产品或服务（以及部件）的决策既会对企业产品或服务的成本结构产生影响，同时也反映了企业对外部风险的抵御程度，这些风险包括劳动力成本的变化、劳工纠纷、汇率的变动、运输的中断、政治限制和税务的变化等。

2. 能力管理

企业必须决策工厂和供应商应当在地理上处于什么位置，各既定的网点应当具备什么水准的能力。这一点与本节前面谈到的供应链构造有一定的关系，能力管理注重的是在对应包括劳动力成本的变化、汇率的变动、运输的中断、政策限制和税务的变化等风险的条件下，具体工厂和供应商位置和能力的决策。

3. 制造管理

在生产规划和控制系统方面，以往单纯的追求生产效率和能力的做法，在供应链管理中不再行之有效。企业要想在竞争中获胜，需要有一套新的观念、流程和技术来帮助它们适应这种新的状况，从而保证它们的生产过程能达到顾客满意和效率之间的最优均衡点。这包括生产计划如何安排和组织，是按库生产还是按单生产等。

（四）供应链整合战略

将企业供应链参与者连接在一起是企业供应链整体战略中很关键的一步，对以下三个问题的回答构成了供应链整合战略的基础。

1. 企业供应链整合的程度如何

将供应链伙伴有效地整合在一起是供应链管理的关键要素之一，然而，在供应链管理过程中，需要考虑与供应链伙伴整合的程度应该为多大，供应链伙伴需要本企业如何适应它们的需要。该问题的答案取决于共享的价值创造，这种共享的价值可能直接取决于顾客服务的改善以及供应链成本绩效的改善，或者这种价值间接地取决于企业的定位及其所选择的供应链伙伴之间的合作状态，而这种合作可能使竞争企业很难获得相同的收益。一般而言，不同的行业以及相同行业中不同的企业基于自己所服务的细分市场、提供的产品和服务以及所涉及的地域市场，会制定各不相同的供应链整合战略。

2. 需要什么形式的供应链整合

从本质上讲，供应链整合有四种形式：信息、决策、财务和运作。

（1）信息整合是指供应链参与企业之间就有价值的信息进行共享。

（2）决策整合支持供应链参与企业之间的规划与控制职能。例如，在各分销库存中储存什么产品，什么时候分销商需要再订货，订购多少，等等。

（3）财务整合改变了供应链支付的条款和条件。例如，制造商可以接受零售商在销售产品后付款，而不是要求立即支付。

（4）运作整合涵盖了供应链参与者之间物质和人力资产的共享。例如，供应链为了及时向下游客户企业提供相应的产品，可以采取供应商管理库存的形式供货，这样除了节约供应链参与者工厂和设备的固定成本外，还使得双方能对生产变化及时做出响应，缩短循环周期和降低成本。

3. 供应链整合有哪些类型

供应链整合的类型可以有两种，一种是实体形式的供应链整合，即供需之间通过实体网络的建立来形成供应链体系；另一种是虚拟形式的供应链整合，这种由现代信息技术所支撑的虚拟连接被认为既实现了供应链整合的效益，又避免了垂直整合所产生的问题。

案例分析

宝洁与沃尔玛的供应链联盟

宝洁（P&G）和沃尔玛之间的产销合作源于20世纪80年代中期宝洁公司的销售副总经理罗·普利切特（Lou Pritchett）所推动的战略转换和调整。80年代以前，宝洁作为美国大型生产商，拥有强大的经营实力和销售队伍，在销售政策上也一直采取强硬的态度，常常利用自身在产业链中的垄断地位和权力严格地控制下游的经销商和零售商，并迫使后者在日常经营中贯彻自己所制定的营销战略和各种相应的规定，因此，长期以来，在美国市场上人们借用P&G来形容宝洁公司是充满“强压和吼叫”（Push & Grunt）的公司。特别是当时宝洁考核销售人员的业绩主要是用确保汰渍和碧浪等产品的市场份额作为衡量尺度，所以，销售人员为保证自己的业绩和不断增长的市场份额，用尽各种手段强迫经销商或零售商大规模销售宝洁公司的产品。非常具有讽刺意味的是，就连后来推动新型产销合作关系的宝洁公司副总经理普利切特，也坦言自己在做销售人员时，常常是“带着手枪”不停地追赶零售店主。所以，当时在美国的零售业中经常能听到各店主对宝洁公司的人员高喊“欢迎贵公司的产品和死鬼一起到我店”，从中不难看出零售企业在当时对宝洁公司的销售人员极其反感，这也从一个侧面反映了当时美国市场中以生产商为主导的产销关系是如何紧张。

然而，上述情况到了80年代却面临着巨大的挑战，进而迫切要求变革传统的以权力为基础的生产商主导型流通体制。这首先是因为到了80年代随着零售业的集中和大规模发展，零售企业在流通产业链中处于弱小地位的状况发生了翻天覆地的变化。例如，从70年代末开始，美国零售业中就一直在进行超大规模的兼并，如1979年德国大型零售资本坦盖尔曼集团收购了美国有名的企业M&P（超市业中居第3位）（持股比例为51%，约1.2亿美元）；连锁店界第3位的斯卡格茨收购了超市业界第6位的美洲公司（收购后的企业仍叫美洲公司，约 3.2 亿美元）；1982 年，超市业界第 2 位的克鲁加以 6 亿美元收购了第 11 位的迪龙，创下了当时超市业界收购额的最高纪录；此后两年，即 1984 年，美洲公司以 10.9 亿美元轻而易举地将第 6 位的耶尔公司兼并了。所有这些都表明 80 年代既是美国零售业剧烈动荡的时代，也是它迅速发展的时期，这为大型零售企业夺回产销买卖谈判中的主动权奠定了基础。对产销关系的变革产生推动作用的另一个因素是零售业中信息化的高速发展，也就是说，进入 80 年代以后，美国的零售企业不仅仅在规模上有了巨大发展，更是在信息化的建设和运用上出现质的飞跃，这表现在 POS、电子订货系统（EOS）等现代零售管理系统开始进入零售店铺，并带来了零售经营翻天覆地的变革，即零售企业不仅经营绩效有了巨大提高，而且准确、及时地掌握了市场上的关键信息和顾客需求，从而相对于远离市场的生产商占据了信息上的优势地位。在上述背景和原因下，宝洁公司再像以前那样采取压迫式的销售方式显然已经行不通，其结果只能是市场占有率逐年下降，企业的长远发展面临挑战。普利切特正是意识到了这个问题，决意改革原有的企业运作方式，以寻求同零售业中大规模、高度信息化的企业改善日益紧张的关系，建立一种长期、平等和互动式的合作关系。

开始普利切特试图寻求与当时排名第一的折扣店凯马特（Kmart）建立长久的关系，但是，他的请求遭到了凯马特的断然拒绝。在这种状况下，宝洁公司只好把目光转向当时正处于高速发展期的沃尔玛。可是对于普利切特来讲，与沃尔玛的合作仍然有难以克服的障碍，那就是由于长期以来两个企业之间的矛盾非常尖锐，所以普利切特很难接近沃尔玛的创始人山姆·沃顿（Samuel Walton）。显然，处于这样的环境，宝洁公司与沃尔玛之间的合作关系根本无法建立。

非常有趣的是，在沃尔玛创始人萨姆·沃顿的自传中描述过当时这两家企业之间的紧张关系，他在书中谈到"我们之间经常发生激烈的争吵，我经常说'不再进你们公司的产品'来威胁宝洁公司。每当我说这话，他就反击：'如果连我们的产品都没有还能叫销售吗?'接着我又说：'把你们的产品移到货架的两边，像高露洁这种产品放到你们的旁边，而且就比你们的产品便宜一美分怎么样?'听完这话，他一边走向对面的我，一边说：'这些话仅是说说而已。'……事实上当时我们不得不经营宝洁公司的产品，而且，对于宝洁公司来讲，我们存在不存在对它无所谓……我想宝洁公司的员工一次都没有到我们公司来过，我们的采购员和他们的销售人员矛盾异常激烈。"

从以上沃顿的自述中可以看到，普利切特要想通过正常的渠道与萨姆·沃顿达成合作关系几乎是不可能的。在这种形势下，普利切特委托其青少年时期一个阿肯色州的朋友乔治·普林克斯莱与萨姆·沃顿接触，以寻求见面的机会。1987 年 7 月深知沃顿对正式会晤（特别是与宝洁公司的会晤）十分厌恶的普林克斯莱，通过邀请沃顿去阿肯色州斯普林湖旅游，为两家公司划时代的会晤牵线搭桥。

出发当天，由于沃顿的旧塞斯纳飞机出了故障，比约定的会见时间晚了 3 个小时，而此时执意要与沃尔玛合作的普利切特和好友普林克斯莱一直等着沃顿的出现。据说当时沃顿到了集会地与他们共赴斯普林湖时恰恰坐在普利切特的旁边，并对普利切特说："你只用告诉我你正在做什么事。"而让普利切特后来十分惊异的是，事后宝洁公司的所有管理者都认为当时沃顿的问话非常粗鲁，这也足以反映宝洁公司长期以来所具有的优越感。

应当讲，尽管宝洁公司为了企业的长远发展主动积极地寻求与沃尔玛的合作，但是从另一个方面讲，这种意识和要求也强烈地、深深地潜藏于沃尔玛的发展观念中，这是因为80年代以后，美国市场面临着来自国外企业的强大挑战，零售企业仅凭其自身的实力和规模，仍难以应对这种国际化的竞争，因此，迫切需要产销之间紧密结合、相互补充、相互促进，形成新的竞争优势以应对日益恶劣的市场环境。所以，在旅途中沃顿也向普利切特表达了他对当时沃尔玛所面临问题的认识，具体讲，当时沃顿面临的一个最大问题是在香皂市场，沃尔玛既要从事商品的配送，又要进行商品的销售，其结果大大提高了成本，在与国外企业的竞争中处于不利的地位，如果要把这部分成本转嫁给消费者，又不利于企业的长远发展，因此，沃顿认为要全面提升美国企业的竞争力，只有产销之间紧密合作，切实地解决上述问题才能够实现，而这种想法无疑与普利切特不谋而合。正是在这种背景下，双方在旅游结束时，基本达成了意向性的合作协议，而且彼此对对方产生了好感，形成了一致的对企业未来发展的设想，并同意回去后双方管理人员进一步进行具体的磋商，以研究出可行的合作方法，可以说沃顿与普利切特的这次会晤为美国推动供应链管理和构建新型的产销合作关系拉开了序幕。

以沃顿与普利切特的会晤为契机，两个美国大型企业正式开始了合作的历程。当时，双方各10名成员聚集到沃尔玛总部商讨今后所面临的问题、主要的合作形式和方法。正如沃顿所说的，“3个月之内为了构建新型的生产商和零售商之间的产销关系，宝洁和沃尔玛建立起一个协作的团队。为了推动我们的业务发展，通过联盟的形式，借助于计算机开始实现信息的共有。宝洁公司可以调用沃尔玛的销售和库存数据，并以此为依据制定出有效率的生产和出货计划。不仅仅是单纯的财务管理，而是通过利用新型的信息技术对整个业务活动实行全方位的管理，进而双方进入到一种新的境地”。

作为实施合作的主要组织机构，宝洁公司和沃尔玛双方组建由财务、流通、生产和其他职能部门构成的约70人的专门合作团队，派往沃尔玛实行协作管理。根据专门合作团队的策划，沃尔玛于1989年开始对宝洁公司的纸尿裤产品实行供应链管理，即构建准时化的自动订发货系统，其具体的形式是双方企业通过EDI和卫星通信实现联网。借助于这种信息系统，宝洁公司除了迅速知晓沃尔玛物流中心的纸尿裤库存情况外，还能及时了解纸尿裤在沃尔玛各门店的销售量、库存量、价格等数据，这样不仅能使宝洁公司及时制定出符合市场需求的生产和研发计划，同时也能对沃尔玛的库存实行单品管理，做到连续补货，防止出现商品结构性的机会成本（即滞销品库存过多，与此同时畅销品断货）。而沃尔玛则从原来繁重的物流作业中解放出来，专注于经营活动，同时在通过EDI从宝洁公司获得信息的基础上，及时决策商品的货架和进货数量，并由MMI系统实行自动进货（MMI系统是英文Manufacture Manage Inventory的缩写，其含义是沃尔玛将物流中心或仓库的管理权交给宝洁公司代为实施，所有权仍属于沃尔玛），这样不仅沃尔玛不用从事具体的物流活动，而且由于双方企业之间不用就每笔交易的条件（如配送、价格问题等）进行谈判，大大缩短了商品从订货经进货、保管、分拣、补货到销售的整个业务流程的时间。

具体作业流程是沃尔玛的各门店都制定了一个安全库存水平，一旦现有库存低于这种水平，设在沃尔玛的计算机通过通信卫星自动向宝洁公司的纸尿裤工厂订货，宝洁公司在接到订货后，将订购商品配送到各门店，并实施在库管理。与整个商品前置时间缩短相适应，两个企业之间的决算系统也采用了电子资金转账（Electronic Funds Transfer，EFT）系统，通过这种系统企业之间的财务结算就不需要传统的支票等物质形式来进行，而是通过计算机、终端等电子设备来完成。显然，EFT系统的导入不仅提高了企业之间的结算效率，而且大大降低了两个企业的间接成本，因为一方面对于宝洁公司来讲，EFT加速了资金的回笼，提高了资金周转率；另一方面对于沃尔玛来讲，由于及时化的商品管理制度，保证了货款的支付在商品销售完成以后进行，所以，也加速了它的资金周转，提高了资金效率。

宝洁与沃尔玛之间的产销联盟所产生的另一个重大积极作用是彻底打破了当时在美国流通领域占统治地位的以双环节为主的多环节流通体制。所谓双环节流通体制，是指商品的流通过程往往要经过批发商和零售商两个环节，甚至有的产品还要经过代理商、经纪商等三环节、四环节，而这种多环节的流通体制所产生的问题不仅仅在于大大增加了流通费用和相应的成本，更在于它放大了整个产业链中的波动幅度，增加了生产商的经营风险，即供应链中的“长鞭效应”。在宝洁公司与沃尔玛实行产销联盟以后，沃尔玛店铺中宝洁公司的纸尿裤商品周转率提高了70%，与此相对应，宝洁公司的纸尿裤销售额也提高了50%，达到了30亿美元，从此以后，沃尔玛就一直采用单环节的直接交易形式，为其全面控制流通成本、塑造新的竞争优势打下了基础。

综上所述，不难看出宝洁公司与沃尔玛的产销联盟对沃尔玛一方来讲，所产生的绩效可以归纳为：(1) 交易成本的削减；(2) 在库成本和风险的减少；(3) 无纸贸易带来的间接费用的削减；(4) 人员整理、再配置等人力费用的下降；(5) 多环节流通费用的削减等。对于宝洁公司一方来讲，这种产销联盟的绩效表现为：(1) 交易成本的下降；(2) 借助MMI系统使企业营销计划的制定和实现变得非常容易；(3) 通过自动订货系统使削减在库成本和风险的努力成为可能；(4) 产销联盟战略的实施提高了工厂的生产率，构建了柔性化的生产体制，削减了原材料的调达成本，降低了由于价格波动而产生的机会损失；(5) 消除中间流通环节，节约了流通成本。

由于宝洁公司和沃尔玛在纸尿裤产品合作上的巨大成功，此后双方将合作的领域逐渐扩大到其他主要产品，到1991年宝洁公司在美国市场销售额（153亿美元）中的11%都是通过沃尔玛实现的，到1992年这个数据上升到了20%（即156亿美元中的20%）。对于沃尔玛而言，因为其革新型销售体制的建立，1990年在零售额上一举超过了原来处于第一位的凯马特，成为美国第一大零售商。从1993年3月开始，沃尔玛与所有的商品供应商都建立了EDI系统，形成了以沃尔玛为核心的产销协作网络。

问题讨论：

1. 宝洁与沃尔玛合作想要实现的目标是什么？
2. 宝洁与沃尔玛是如何构建供应链的？
3. 供应链绩效的表现是什么？

□ 本章小结

物流管理对企业成本降低、客户价值和企业战略目标的实现都具有重要意义。激烈的竞争和产业全球化的加剧，对更加迅捷、可靠的物流服务的不断要求，都成为提升企业物流的重要促动因素。供应链管理是在物流管理基础上进一步发展而成的概念，它不仅包括对物质产品、相关服务和信息正向和逆向的全程管理，同时还包括对企业间关系、供需规划以及资金流的全面管理。因此，供应链管理所包含的要素有顾客服务战略、需求管理战略、采购生产战略，以及供应链整合战略。

在供应链发展战略中，主要是识别现有组织中存在的问题，在此基础上推动企业内部流程的再造，以及企业间流程的融合，最终实现价值网络的构建。

第三方物流和第四方物流 第2章

知识要求

通过本章的学习，掌握

- 物流外包的概念
- 第三方物流的概念和特征
- 第四方物流的概念和特征

技能要求

通过本章的学习，能够

- 分析物流外包的必要性
- 评价第三方物流的能力
- 评价第四方物流的能力

引导案例

第四方物流：利和经销的价值链物流模式

利和经销是利丰集团旗下利丰经销于2004年业务重组整合成立的公司，核心业务包括物流、营销和制造，凭借在亚洲建立起的稳固物流及科技基础，为传统分销行业创立了以“价值链物流”提供综合分销服务的模式。

利和经销通过物流业务无缝连接其营销和制造业务，形成一条端对端的价值链。利和经销没有将经销看做推销或销售品牌，而是一系列的服务，包括为客户提供清晰的、具体的及可实现的方案，使经销在物流过程中形成增值的价值链。利和经销与客户合作时采取一种灵活的方法，使顾客可以从利和经销的服务清单中定制适合自己在本土或全球销售的服务。这种独特的价值链物流模式可以为客户提供一种或多种服务，甚至是一站式端对端的综合分销方案。

利和经销业务属于“先进的供应链管理”（advanced supply chain management）的范畴，意指为客户指挥和协调其供应链，并提供一系列虚拟物流（virtual logistics）服务及信息技术支持，是客户供应链中的管理核心。虚拟物流是指利和经销不直接拥有任何“硬件”，如货仓、货品、船队及车队等资产，而是利用信息技术和其他国际业务联系，把全球的物流合作伙伴联结起来，形成一个覆盖全球物流领导者的网络，为客户提供效益最大的供应链方案。

虚拟物流是一个新概念，它是利用信息网络技术来进行物流运作与管理，实现企业间物流资源共享和优化配置。虚拟物流主要有六个优点：

(1) 没有固定资产，降低了运营成本；

(2) 可根据客户的需求进行资源调配，如根据客户的生产和销售地点以及前置时间等，选取最合适的运输和仓储供货商，进行合理的流程编排；

(3) 结合供货商网络和信息系统增强物流的灵活性和反馈性；

(4) 具有灵活性，较容易合并货量，以达到规模经济的效果；

(5) 可以快捷地与物流供货商组成战略联盟，不受约束地寻找每种物流服务的最佳供货商，以提供最优的供应链管理方案；

(6) 具有中立性，避免了物流供货商发生的直接竞争。

如果把“虚拟物流”和“虚拟生产”结合，便会形成一种崭新的“虚拟供应链”模式，把供应链效益提升到新领域。虚拟生产即不直接拥有工厂，但与工厂保持紧密联系，并协调各个工厂内的工序和工厂间的合作，以保证生产出来的产品能为客户提供最大的成本效益。虚拟供应链的运作就好比把利丰贸易的虚拟生产与利和经销的虚拟物流两个业务联结在一起。利丰贸易处理客户的采购和生产管理工作，是供应链上游的活动；而利和经销则负责与物流配送相关的规划，主要集中在供应链的下游活动，形成一个极其灵活的虚拟企业协作网络，使客户能够对市场需求的转变作出快速反馈，并在最短时间内提供合适的产品，达到最迅速、高质量及低成本的供应链管理境界。

利和经销形成了为客户提供专业管理与信息技术合一的物流方案，不仅为客户处理物流中实物的运输，还担当专业顾问的角色，评估客户的供应链，找出弱点并提出合适的建议。其形成的“供应链优化评估”(supply chain optimization review, SCORE) 方法，可以针对客户供应链上游活动评估分析：前置时间、物料储存供应、生产规划的灵活性、产品设计和质量、生产商的最少订货数量及信息流程等；可以针对客户供应链下游活动评估分析：市场反应、销售预测、储存地点及存货量、货品供应情况、运输及分销规划、过期货品及减价货品积压等问题。经过评估，利和经销会整合和重组客户供应链的结构，加强供应链中各环节的效率及服务质量，并订立操作及表现指标，以不断监察供应链的运作。

利和经销为客户提供一系列由采购处理到配送的物流管理服务，其中主要业务是集成流程服务和库存管理服务：

集成流程服务主要是为客户安排“一条龙”式的供应链活动。利和经销可以说是一个货运及分销服务的“超级买家”，运用其与众多供货商的关系、专业知识及虚拟物流网络，组合成最能节省成本及最高效率的、以供应链管理为基础的流程。具体包括多式联运服务，形成点到点的运输安排，客户无须处理中间环节；利用专门清关服务商，以自动清关手续为客户提供快捷的清关服务等。

库存管理服务主要为客户提供一系列货品流程规划与管理服务，它不仅对客户的储存制度进行革新，还为客户的供货商及顾客提供服务，如为工厂制定与生产/采购相关的货品储存计划，以及为零售店重新计算补货次数等，务必使企业间达到双赢的目的，从而提高整个供应链系统的效率。

要解决客户的物流瓶颈和重整供应链实物流程，就必须利用信息技术将物流要素进行整合，提升传统物流水平，加速货品流通，降低储存成本，提高客户的效率。

利和经销与全球顶尖的供应链软件商 Manugistics 合作，配合利丰贸易的专业供应链管理知识，共同开发了一套先进的、适合亚洲物流环境的供应链管理系统，称为 ViTAL（Visible iSCM Transactional Lifeline）。该系统的主要功能是提升供应链中各流程的透明度，加强数据处理的能力，以及应用一系列先进的供应链管理软件。及时获得和处理供应链中的信息是企业取得竞争优势的一个重要因素，而应用先进软件则可加快信息的反馈和准确度。ViTAL 的应用正是提高供应链活动透明度、准确度及速度的一项重要工作。

问题

（1）利和经销的虚拟物流价值何在？

（2）如何构建价值链物流模式？

第1节 物流外包

随着现代企业物流和供应链管理的蓬勃发展，企业对物流服务和供应链管理服务的要求越来越高，也越来越急迫。虽然如今绝大多数企业都已经意识到物流管理和供应链管理是企业提升竞争力的重要手段，也是企业有效控制成本的重要方法，但并不是每一个企业都能够自己建设和发展物流、供应链管理系统，这不仅是因为建立和管理现代化的物流、供应链管理体系需要巨额的投资，而且由于物流、供应链管理需要相当高的管理技能和专业化知识，这并非一般的企业能够完全做到的。正因为如此，伴随着企业对物流、供应链管理的高度重视，物流外包成为企业解决物流、供应链管理问题的普遍方式，并逐渐发展形成了专业化的物流服务提供商——第三方物流，而且在此基础上，又形成了物流行业中崭新的供应链服务提供商——第四方物流。

一、物流外包

物流外包是企业业务外包的一种主要形式，也是供应链管理环境下企业物流资源配置的一种新形式，即生产或销售等企业为集中精力增强核心竞争能力，而将其物流业务以合同的方式委托给专业的物流公司（如第三方物流）运作，是一种长期的、战略的、相互渗透的、互利互惠的物流业务委托和合约执行方式。物流外包完全不同于传统意义上的外委、外协，其目的是通过合理的资源配置，发展供应链，打造企业的核心竞争力。随着全球经济一体化进程的加快，信息技术在物流领域的应用和发展，对一体化多渠道市场需求的增长，以及物流服务供应商服务能力的扩充和完善，物流业务外包服务逐步被社会认识、了解和认可。

二、物流外包的原因

企业是一系列资源和能力的结合体，大多数产品和服务都是通过一系列的活动生产出来并实现价值增值的。典型的价值链包括基本活动和辅助活动。每一项活动都需要很多相关的资源和能力，没有任何一家企业可以拥有足够的资源和能力完成所有的基本活动和辅助活动，承担整个价值链中多个阶段的业务活动，这对企业来讲是非常困难的。因此，在这种情况下，企业常常会选择将部分业务外包给其他接包企业去完成，或者说从外部供应商采购完成。

物流业务外包已经成为企业赢得竞争优势、节约物流成本以及提升客户服务水平的重要策略。具体来说，企业选择物流业务外包主要有以下几个原因。

（1）为得到更加专业化的服务，从而降低营运成本，提高服务质量。当企业的核心业务迅猛发展时，需要企业的物流系统跟上核心业务发展的步伐，但企业原有的自理物流系统往往因为技术和信息系统的局限而相对滞后。与企业自理物流相比，专业物流企业可以集成小批量送货的要求来获得规模经济效应，在组织企业的物流活动方面更有经验、更专业化，从而有利于企业降低营运成本，改进服务质量，提高运作灵活性。

（2）为解决资源有限的问题，从而更专注于核心业务的发展。资源的有限性往往是制约企业发展的主要“瓶颈”。特别是在当今时代，技术和需求的变化十分复杂，即使对于一个实力非常强大、经验非常丰富的跨国企业集团来说，完全依靠自身资源发展也是不经济的。物流外包策略对于企业有限资源的合理利用非常重要，国内外的许多企业正是通过利用物流外包，突破原有的资源“瓶颈”，保持了快速的发展。

（3）为提高企业的运作柔性，从而有效适应不确定环境变化。企业通过大量的非核心业务外包，尤其是物流业务外包，可以围绕核心业务精简组织机构，形成更加灵活并具有高度应变性的扁平式结构，有利于企业核心业务的发展并适应越来越变化频繁的不确定环境。

（4）为降低企业经营风险，实现与合作伙伴分担风险。首先企业通过物流业务外包，可以与合作伙伴建立战略联盟，利用其战略伙伴的优势资源，缩短产品从开发、设计、生产到销售的时间，降低由于技术和市场需求的变化造成的产品风险；其次，企业物流外包过程中，战略联盟各方实现了优势互补，有利于提升新产品和服务的质量，提高新产品开拓市场的成功率；最后，企业通过物流外包可以与其战略伙伴共同开发新产品，共担风险，降低了新产品开发失败给公司造成巨大损失的可能性。

第 2 节　第三方物流

一、第三方物流

在物流行业中，第三方物流（third party logistics，3PL）作为一种实业形式，逐渐得到了认可和广泛关注。第三方物流由于具有多种多样的形式和运作方式，迄今为止仍然很难作出明确的界定。按通常的理解，“第三方物流类似于外协或契约物流”“一公司使用另一公司进行所有或部分物流管理和产品分销”“外协所有或部分公司的物流功能，相对于基本服务，契约物流服务提供复杂、多功能物流服务，以长期互益的关系为特征”。从总体上看，我们认为第三方物流是一种委托企业与物流企业之间的中介组织在特定时间段内按照特定的价格向使用者提供个性化的系列物流服务，并且这种物流服务是建立在现代电子信息技术基础上的，它是企业之间的联盟关系。

二、第三方物流的特征

根据第三方物流的概念，第三方物流的主要特征包括：

（1）第三方物流是建立在现代电子信息技术基础上的。信息技术的发展是第三方物流出现的必要条件，信息技术实现了数据的快速、准确传递，提高了库存管理、装卸运输、采购、订货、配送发送、订单处理的自动化水平，使订货、包装、保管、运输、流通加工实现一体化；企业可以更方便地使用信息技术与物流企业进行交流和协作，企业间的协调和合作有可能在短时间内迅速完成；同时，电脑软件的飞速发展使混杂在其他业务中的物流活动的成本能精确计算出来，还能有效管理物流渠道中的商流，这就使企业有可能把原来在内部完成的作业交由物流公司运作。常用于支撑第三方物流的信息技术有：实现信息快速交换的EDI技术、实现资金快速支付的EFT技术、实现信息快速输入的条形码技术和实现网上交易的电子商务技术。

（2）第三方物流是合同导向的一系列服务。第三方物流有别于传统的外协，外协只限于一项或一系列分散的物流功能，如运输公司提供运输服务，仓储公司提供仓储服务。第三方物流则根据合同条款规定的要求，而不是临时需求，提供多功能甚至全方位的物流服务。一般来讲，第三方物流为委托客户企业提供的服务有基本业务、附加值业务以及高级物流服务（见表2—1）。

表2—1　第三方物流的服务功能

基本业务	附加值业务	高级物流服务
仓储	订单处理	库存分析报告
长途运输	货物验收	库存控制
市内配送	仓库再包装/加工	分销中心的建立
装卸	代理货物保险	供应链的设计建立
	送货代收款	
	货物回收/替换	

（3）第三方物流是个性化物流服务。第三方物流服务的对象一般都较少，只有一家或数家，服务时间却较长，往往长达几年。这是因为需求方的业务流程各不相同，而物流、信息流是随价值流流动的，因而要求第三方物流服务按照顾客的业务流程来定制。

（4）企业之间是联盟关系。依靠现代电子信息技术的支撑，第三方物流与企业之间充分共享信息，这就要求双方相互信任，才能达到比单独从事物流活动更好的效果，而且，从物流服务提供者的收费原则来看，它们之间是共担风险、共享收益；再者，企业之间所发生的关联并非一两次的市场交易，在交易维持一定时期之后，可以相互更换交易对象，在行为上，各自既非采取自身利益最大化行为，也非完全采取共同利益最大化行为，而是通过契约结成优势互补、风险共担、要素双向或多向流动的中间组织，因此，企业之间是物流联盟关系。

三、第三方物流的类型

绝大多数的第三方物流企业都宣称自己为综合性的物流服务供应商，然而按照其提供物流服务的内容和范围，第三方物流企业的类型主要包括运输型、仓储/配送型、发运人型、财务型和信息型。

运输型。这一类型企业往往源于传统商业运输行业。该类型的企业包括Ryder、Menlo物流、施耐德物流、FedEx物流和UPS物流等，它们中的大多数是大型运输企业的子公司和主要部门。在发展过程中，这些企业逐步超出了运输活动的范围，能够提供更为综合性的物流服务。

仓储/配送型。从传统意义上讲，绝大多数仓储/配送型供应商都处于公共或合同仓储业，但同时又延伸到了更为广泛的物流服务范围。该类型企业包括 DSC 物流（DSC Logistics）、USCO 和 Exel 等。基于传统定位，这些企业已经参与到存货管理、仓储、配送等物流活动之中。而且，这些依靠其设施进行运作的企业向整合物流服务的过渡并没有运输供应商那样复杂。这一类型还应包括很多从较大的企业物流组织中蜕变而来的第三方物流企业，其中较为突出的是 Caterpillar Logistics Services，Intral Corporation，IBM。

发运人型。这一类型企业由中间人角色发展为发运人或经纪人，进入更为广泛的第三方物流服务领域。该类型企业包括 Kuehne&Ngel，Fritz，C. H. Robinson 和 Hub 集团等。从本质上讲，这些企业不拥有资产，非常独立，主要同广泛的物流服务供应商打交道。它们在将物流服务打包以满足顾客需求方面具有很强的能力。

财务型。这一类型企业提供的服务包括运费支付与审计，成本计算与控制，用于监督、预约、跟踪和管理存货的物流管理工具等。该类型企业包括 Cass 信息系统（Cass Information Systems）（Cass 商业公司的一个分支机构）、商业交通公司（Commercial Traffic Corporation，CTC）、通用信息服务公司（GE Information Services）和 FleetBoston 财务公司（FleetBoston Financial Corporation）等。

信息型。这一类型企业是一种新型的、创造性的第三方物流供应商。该类型企业伴随着 B2B 和电子商务市场的快速增长而出现，有效地向那些需要购买运输和物流服务的企业提供网络平台或信息对接、协调管理。该类型的代表企业包括 Transplace（以互联网为基础的企业）、Nistevo（基于互联网的协同物流网络的顶尖供应商）等。

四、第三方物流的局限性

第三方物流作为专业化物流的一种形式，因其能提供良好的物流服务而在国内外得到了蓬勃发展，并且得到了各行各业的广泛认同。但是，随着企业管理和服务能力的不断延伸，特别是企业经营面临的业务内容越来越复杂，活动越来越细，客观上要求企业在物流管理上不仅仅是针对一项或几项活动进行有效的运作和管理，而是能有机地整合各种物流活动和相应的业务以及信息，从事全方位、系统化的管理，这种能力显然不是从事商品买卖的企业自己所能具备的。但是，作为专业物流服务提供商的第三方目前也不具备这种提供一站式全程服务的能力。例如，虽然很多第三方物流企业能为委托客户企业提供仓储、运输以及物流分销中心的管理等，但是很少有第三方物流企业能完成所有的物流服务和系统化管理，诸如物流信息技术的开发和管理、销售前后客户服务水准的确立以及订单执行等功能。正因为如此，虽然目前第三方物流在最大程度上提供了一系列个性化的物流服务，但是委托客户从发展的角度看，仍然有不尽满意的方面。例如，1994 年 Anderson 咨询公司对英国 250 多个组织进行调查时发现，委托客户普遍认为第三方物流企业只实现了当初预期目标的 1/3。

正是上述原因的存在，目前第三方物流虽然为委托客户企业节约了大量的物流运作成本，使这些企业可以集中于主要业务活动，但是，从整个供应链管理的角度看，其成本节约的程度是有限的，还没有达到真正意义上的系统成本最优。主要原因在于没有几家第三方物流企业能提供完全一站式综合物流供应链管理服务，势必造成委托客户企业自己组织和协调不同第三方物流运作以及企业内部部分业务或物流的运作，这样无形中增加了委托客户企业的管理成本和协调成本，在整个供应链层次仍然有很多无效率的环节。作为委托客户企业的管理者，仍然有大量的时间耗费在第三方物流体系的建立、关系的维持以及资源配置管理上。

第三方物流的另一个局限是虽然大多数第三方与委托客户企业是一种长期的战略联盟关系，但是潜存着目标不统一、合作绩效边际递减的可能。之所以会出现这种状况，仍然是因为大多数第三方不能承揽全部的物流和供应链管理服务，所以在业务管理的目标导向上就有可能与企业的整体管理目标不尽一致，甚至发生冲突。在这种情况下，常常出现物流业务外包初期绩效比较明显，可是随着时间的不断推移，各种问题开始慢慢显现，使得物流外包绩效逐渐下降，阻碍了物流供应链整体绩效的改善。

第3节　第四方物流

一、第四方物流

Anderson咨询公司最早提出第四方物流（fourth party logistics，4PL）的概念，并拥有其名称的专用权，其他公司虽然因为前者拥有了商标权，而没有直接使用这个名称，但是也都用"总承包商"或"领衔物流服务商"来取代该术语。第四方物流的内涵按照约翰·加托纳（John Gattorna）的定义是，"第四方物流供应商是一个供应链的集成商，它对公司内部和具有互补性的服务供应商所拥有的不同资源、能力和技术进行整合和管理，提供一整套供应链解决方案"。

对于这个定义，我们应该从如下几个基本内涵去把握：

（1）第四方物流既不是委托企业全部物流和管理服务的外包，也不是完全由企业自己管理和从事物流，而是一种中间状态，这一点与第三方物流的外包性质是有所不同的。之所以如此，其原因在于物流业务的外包有它一定的优势，例如它能减少委托企业在非核心业务或活动方面的精力和时间、改善顾客服务、有效地降低某些业务活动的成本以及简化相应的管理关系等。但是与此同时，企业内部的物流协调与管理也有它的好处，即它能够在组织内部培育物流管理的技能，对客户服务水准和相应的成本实施严格的控制，并且与关键顾客保持密切的关系和直接面对面的沟通。正是出于以上两方面的考虑，第四方物流并没有采用单一的模式来应对企业物流的要求，而是将两种物流管理形态融为一体，在统一的指挥和调度之下，将企业内部物流与外部物流整合在一起。

（2）由前一个性质所决定，第四方物流组织往往是主要委托客户企业与服务供应组织（如第三方物流、IT服务供应商以及其他组织）之间通过签订合资协议或长期合作协议而形成的组织机构（见图2—1）。在第四方物流中，主要委托客户企业有两重身份，一是它本身就是第四方物流的参与者，因为第四方物流运作的业务中包含委托客户企业内部的物流管理和运作，这些活动需要企业直接参与并且加以控制；二是主要委托客户企业同时也是第四方物流企业的重点客户，它构成了第四方物流企业生存发展的基础或市场。由上述两重身份所决定，在第四方物流组织中，主要委托客户企业不仅有资本上的参与，而且将内部的物流运作资产、人员和管理系统交付给第四方物流企业使用，第四方物流企业在使用这些资产、系统的同时，向主要委托客户企业支付一定的费用。

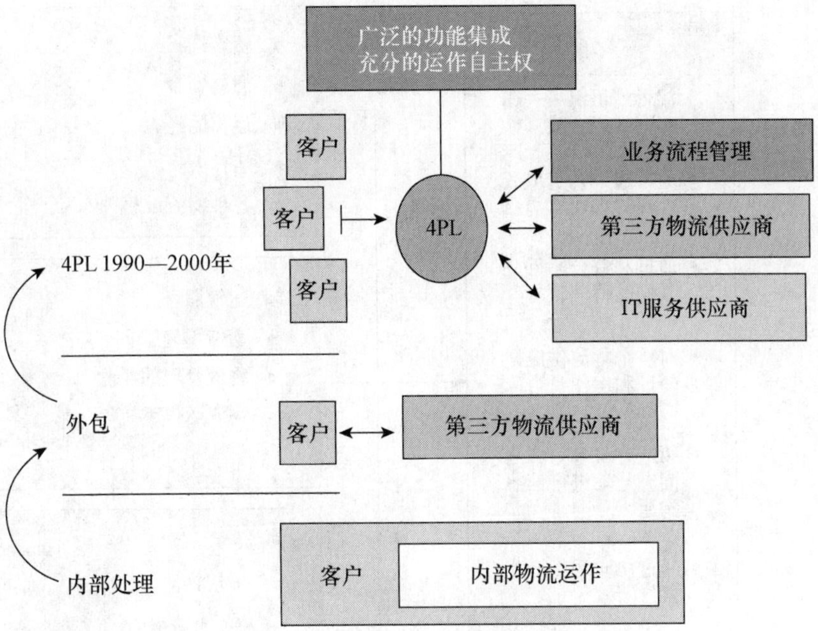

图 2—1　物流外包行业发展的演变历程

（3）第四方物流是委托客户企业与众多物流服务提供商或 IT 服务供应商之间唯一的中介。由于第四方物流要实现委托客户企业内外物流资源和管理的集成，提供全面的供应链解决方案，仅仅依靠一个或少数几个企业的资源是无法应对这种要求的，它势必在很大程度上广泛整合各种管理资源，这样第四方物流内部可能在企业关系或业务关系的管理上非常复杂。尽管如此，对于委托客户企业而言，它将整个供应链运作管理的任务委托给的对象只是第四方物流，所以，任何因为供应链运作失误而产生的责任，一定是由第四方物流承担，而不管实际的差错是哪个具体的参与方或企业造成的，这是第四方物流全程负责管理的典型特征。

（4）第四方物流大多是在第三方物流充分发展的基础上产生的。从前几个内涵可以看出，第四方物流的管理能力应当是非常高的，它不仅要具备某个或几个业务管理方面的核心能力，更要拥有全面的综合管理能力和协调能力，其原因是它要将不同参与企业的资源进行有机整合，并根据每个企业的具体情况，进行合理安排和调度，从而形成第四方物流独特的服务技能和全方位、纵深化的经营诀窍（见图 2—2），这显然不是一般的企业所能具备的。从发展的规律看，第四方物流的构成主体除了主要委托客户企业外，高度发达和具有强大竞争能力的第三方物流企业才是第四方物流企业孕育的土壤，这些企业由于长期从事物流供应链管理，完全具有相应的管理能力和知识，并且目前优秀的第三方物流企业已经在从事各种高附加值活动的提供和管理，具备了部分综合协调管理的经验，所以，这类企业才有可能发展成为第四方。相反，没有第三方物流市场的充分发展，特别是优秀第三方物流企业的形成和壮大，第四方物流是很难形成的，这不是通过简单的企业捏合就能实现。这里有必要强调，有些人将提供信息解决方案的 IT 服务供应商或企业软件供应商等同于第四方，这是完全错误的观点，虽然第四方物流中往往有 IT 方案供应商的参与，也需要建立大量的信息系统，但是正如我们在前面探讨的那样，第四方物流企业是一种全方位物流供应链管理和运作服务的提供商，而且它与委托客户是一种长期持续的关系，双方牢牢地捆绑在一起，并且具备集成各种管理资源的能力，这不是单一的 IT 服务供应商所能涵盖的。

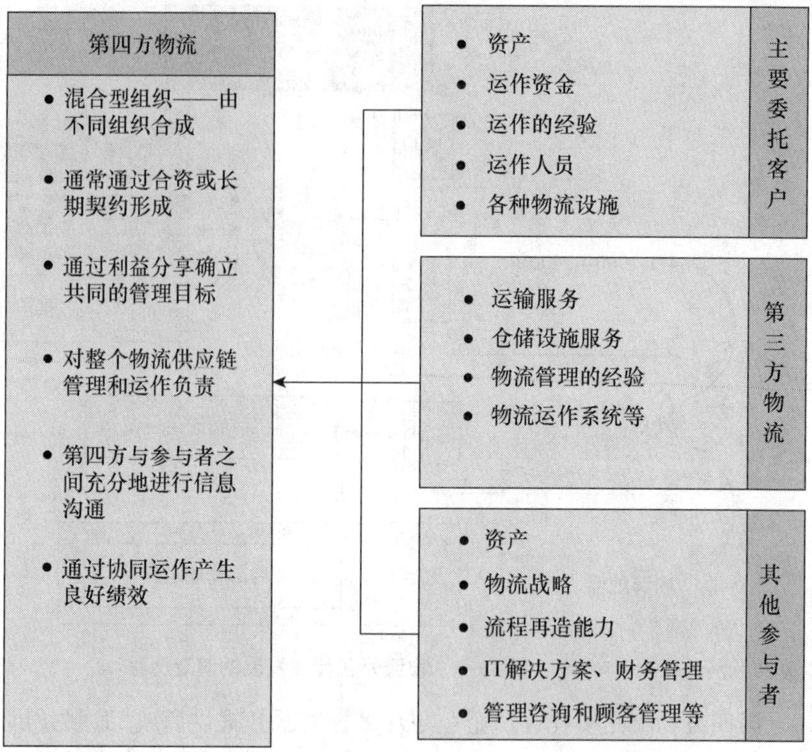

图 2—2　第四方物流的能力构成

二、第四方物流的功能

从第四方的概念和基本内涵中可以看出，第四方物流在现实的运作过程中表现出来的功能特点有（见图 2—3）：

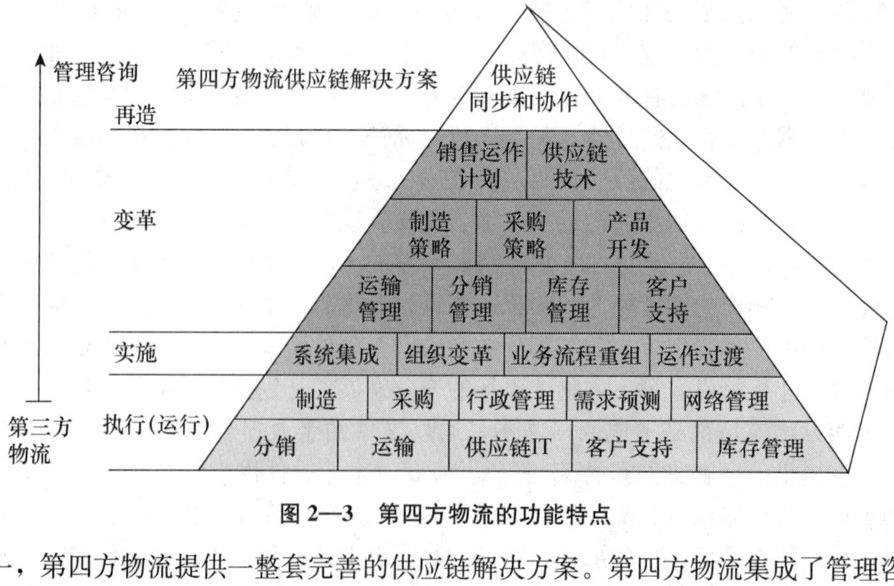

图 2—3　第四方物流的功能特点

第一，第四方物流提供一整套完善的供应链解决方案。第四方物流集成了管理咨询和第三方物流服务商的能力。更重要的是，一个前所未有的、使客户价值最大化的统一的技术方案的设计、实施和运作，只有通过咨询公司、技术公司和物流公司的齐心协力才能够实现。

第二，体现再造、供应链过程协作和供应链过程再设计的功能。第四方物流最高层次的方案就是再造。供应链过程中真正的显著改善要么是通过各个环节计划和运作的协调一致来实现，要么是通过各个参与方的通力协作来实现。再造过程就是基于传统的供应链管理咨询技巧，使得公司的业务策略和供应链策略协调一致；同时，技术在这一过程中又起到了催化剂的作用，整合和优化了供应链内部和与之交叉的供应链的运作。

第三，变革方面，通过新技术实现各个供应链职能的加强。变革的努力集中在改善某一具体的供应链职能，包括销售和运作计划、分销管理、采购策略和客户支持。在这一层次上，供应链管理技术对方案的成败至关重要。领先和高明的技术，加上战略思维、流程再造和卓越的组织变革管理，共同组成最佳方案，对供应链活动和流程进行整合和改善。

第四，实施流程一体化、系统集成和运作交接。一个第四方物流服务商帮助客户实施新的业务方案，包括业务流程优化，客户公司和服务供应商之间的系统集成，以及将业务运作转交给第四方物流的项目运作小组。项目实施过程中应该对组织变革多加小心，因为“人”的因素往往是把业务转给第四方物流管理的成败关键。最大的目标是避免把一个设计得非常好的策略和流程实施得非常无效，而局限了方案的有效性，影响了项目的预期成果。

第五，执行、承担多个供应链职能和流程的运作。第四方物流开始承接多个供应链职能和流程的运作责任。其工作范围远远超越了传统的第三方物流的运输管理和仓库管理的运作，包括：制造、采购、库存管理、供应链信息技术、需求预测，网络管理、客户服务管理和行政管理。尽管一家公司可以把所有的供应链活动外包给第四方，但通常第四方只是从事供应链职能和流程的一些关键部分。

第六，第四方物流通过其对整个供应链产生影响的能力来增加价值。第四方充分利用了一批服务提供商的能力，包括第三方、信息技术供应商、合同物流供应商、呼叫中心、电信增值服务商等，再加上客户的能力和第四方自身的能力。总之，第四方物流通过提供一个全方位的供应链解决方案来满足当前公司所面临的广泛而复杂的需求。这个方案关注供应链管理的各个方面，既提供持续更新和优化的技术方案，同时又能满足客户的独特需求。

三、第四方物流发展过程中面临的问题

第四方物流是当今物流发展的趋向，它是现代物流、供应链管理高度发展的产物，它体现了企业在竞争日益激烈的环境中系统控制成本和管理运作的努力，代表了未来物流发展的方向。但是，这并不意味着第四方物流在目前状况下，能够马上取代第三方物流，成为主导的物流服务主体，并且在全球范围内广泛开展、普遍接受。从某种意义上讲，第四方物流目前只是处于探索、试验的阶段。

1. 第四方物流要求极强的物流经营管理能力

第四方物流目前尚不具备广泛开展的条件，其主要原因在于第四方物流是一种综合供应链服务提供商，它为行业中的企业提供全面、综合的管理解决方案和运作服务，因此，进入门槛很高。美国和欧洲的经验表明，要想进入第四方物流领域，企业必须在一个或几个方面已经具备很强的核心能力，并且有能力通过战略合作伙伴关系很容易地进入其他领域。欧美

物流专家的研究表明，成为第四方物流的前提条件有：

- 世界水平的供应链策略制定、业务流程再造、技术集成和人力资源管理能力；
- 在集成供应链技术和外包能力方面处于领先地位；
- 在业务流程管理和外包的实施方面有一大批富有经验的供应链管理专业人员；
- 能够同时管理多个不同的供应商，并具有良好的关系管理和组织能力；
- 全球化的地域覆盖能力和支持能力；
- 对组织变革问题的深刻理解和管理能力。

很显然，第四方物流不仅控制和管理特定的物流服务，而且需要对整个物流过程提出策划方案，并通过电子商务将这个过程集成起来，这不是当前大多数企业所能立刻实现的。

2. 第四方物流形成和发展中面临较多的阻碍

（1）第四方物流形成的第一个障碍是主要委托客户企业的信息难以共享的问题。第四方物流的组织结构中大多包含了行业的主要委托客户企业，只有这样第四方物流才能更有效地将物流内外资源进行整合。但是，这也成为了第四方物流发展的阻碍，因为大多数企业不愿意与自己的竞争者或其他企业成立合资形式的机构，来实施物流管理和服务，因为这种形式潜存着企业内部管理运作的机密被泄露给外部，或者外部企业渗透到企业内部运作管理的风险。正因为如此，大多数企业宁可选择彻底的外包或内部物流来组织物流供应链服务，而不愿意选择第四方物流来管理它的全部业务。在这种状况下，第四方物流企业只有在建立的过程中，合理地设计组织结构、流程、规制形式以及协调性的企业关系体系，建立起有效的“防火墙”机制，以确保任何委托客户企业物流运作的机密不会泄露，例如建立独立、完全保密的物流供应链信息系统等，才有可能为进一步发展奠定基础。

（2）第四方物流形成遇到的第二个障碍来自委托客户与第四方物流签订的长期合作协议。尽管从理论上讲，只有建立长期、持续的交易关系，才能保证系统、综合的供应链管理和物流服务，但是对于委托客户企业而言，它也隐藏着转换成本很高的风险。由于很多具体的物流运作和管理是由第三方代理提供，所以，一旦客户对部分业务产生不满，想寻求更高绩效的物流服务提供商，这种契约就将成为委托客户企业最大的阻碍。当然，要避免这种状况出现，只有第四方在当初组建的时候，就已经将行业中最强的第三方资源整合进来，并且对各第三方的作用和贡献做出明确评判，同时参与第三方也要明确做出承诺，第四方也能有效地加以监控和管理，这样才能使长期契约成为发挥供应链管理绩效的有力工具。

（3）第四方物流发展的第三个障碍存在于行业性质的差异和变迁。从一定意义上讲，第四方物流企业是行业供应链集成商，它是在结合行业已有的环境、条件和状况下，通过整合各种不同的管理资源使行业运作绩效最优化，所以，第四方物流企业应当是行业经营和管理的专家，对所在行业有深刻的理解和把握的能力。但是，不同的行业性质和结构大相径庭，这就要求第四方物流企业能根据各行业的不同提供相应的解决方案和组织管理资源，并且能够随时根据行业的变迁程度和情况及时进行调整。所以，第四方物流的形成前提条件非常高，要求既具备行业经营的能力，又具有柔性化经营的能力。

3. 第四方物流运作过程中面临的问题

在第四方物流为委托客户企业提供服务的过程中，有两个问题需要高度关注：

（1）第四方物流业务流程再造或重组过程中对物流运作绩效的影响。由于第四方物流重新整合委托企业内外的管理资源和物流活动，因此，涉及业务流程的再造或重组，这样就有可能在一段时间内造成委托客户企业物流运作的振荡或波动，而这种振荡或波动的幅度越大，对第四方物流企业也就越不利。所以，在第四方物流为委托客户企业提供解决方案和管理的过程中，必须有非常细致、周到的转变计划或实施计划，同时建立起与委托客户企业长期持续有效的沟通机制，只有这样，才能在充分发挥物流运作绩效的基础上，使委托客户企业真正认同第四方物流企业的作用。

(2) 第四方物流运作过程中的组织独立性问题。在第四方物流企业形成的过程中，虽然为了实现对特定客户的内外资源进行整合，而出现与委托客户企业合资的状况，但是这并不意味着第四方物流企业是从属于委托客户企业的。第四方物流是处于内部物流与外包的中间状态，这是为了充分发挥这两种形态的优点，同时克服相应的缺点，如果出现了组织地位的倾斜，就会使原有的优势不复存在。此外，作为第四方物流，它不仅仅是为一家企业服务，而是为少数几家企业共同服务。正因为如此，如果第四方物流企业难以保证自己企业的独立性，就很难吸引其他客户企业进入，其自身发展的空间就受到了极大限制。所以，这是第四方物流企业在合资组建和运作过程中最大的难题之一。

4. 第四方物流应用发展的主要行业

从第四方物流发展前景和可能性看，第四方物流可能孕育的行业主要是行业集中度较低、边际利润较小、物流管理为企业非核心业务的行业。只有行业集中度较低，行业中分布的企业分散，通过第四方物流整合的意义才更大，发挥出来的绩效更为明显，规模效益表现得更强；边际利润较小，意味着企业的成本压力更大，竞争的紧迫性更明显，而在这种状况下靠单个企业的力量来实现成本降低是不太可能的，只有通过综合各种业务、实施全程的供应链管理，才有可能通过系统成本或交易成本的降低，最终实现企业的目标，而这些正是第四方物流才能发挥的作用；物流业务非主导性是第四方物流生存的前提，因为在这种情况下，委托客户才会把全部物流供应链业务交给相对独立的第四方物流，否则只会存在完善的企业内物流，或部分非关键业务的第三方物流外包，而不可能有第四方物流存在。

综合以上所有因素可以看到，第四方物流的发展需要早期的领先者的探索和试点行动，需要市场上的信誉和信息系统的高度透明才能够实现。在目前供应链管理技术尚未发育成熟，供应链/物流管理专长稀缺，企业组织变革管理的能力较差，同时整个物流的基础设施落后的情况下，大多数物流企业还不具备第四方物流的服务能力。因此，第四方物流的发展必须在第三方物流行业高度发达和企业供应链业务外包极为流行的基础上才能够发展起来。

案例分析

菜鸟10年不盈利的背后：意在第三方物流?

“我们是一家互联网公司。”无论是菜鸟网络如何强调并非要做工业地产，而是希望通过线上大数据的运用和线下仓储的布局，构建一个智能物流生态产业链，但它在全国大范围拿地，已经逐步建立起了外界对于其“急速扩张的物流地产开发商”的印象。

“事实上，在北上广等一线城市，高端物流仓储已经是供不应求，以上海为例，高端物流仓储的供给目前只占到所有需求的1/4。”国际五大地产顾问之一的DTZ戴德梁行工业及物流地产服务部主管苏智渊介绍，在物流地产如此紧俏的情况下，之所以菜鸟网络能够轻松地大面积拿地，正是因为菜鸟网络通过可能的区域结算中心落地，以税收落地为“诱饵”给地方带来可观税收，获得与政府谈判的筹码，进而取得条件优惠的土地。

“但这种模式的问题在于，电商物流不可能无限地切分结算中心去拿地，一旦失去税收落地的优势，名头再响的电商企业也同样会面临如何继续获取土地的难题。”苏智渊表示。

意在第三方物流？

CEI：是什么原因造成高标准物流仓储建设拿地难？为什么菜鸟网络拿地并没有想象那么难？

苏智渊：所谓高标准物流仓储，指的是区别于传统意义上的简易仓储物流的一种高端物流仓储，这种仓储必须具备3个条件：仓高8米以上、有卸货月台、单体建筑面积在1万平方米以上。这类物流仓储变得紧俏是10年以内的事情。在北上广等一线城市，高标准物流仓储的需求量和城市人口是成正比增长的。目前，这些地方的高标准物流仓储只满足了1/4的市场需求，远远没有达到真正的需求饱和度。

高标准物流仓储的紧缺，和过去3年地方政府对于工业用地的严格管控有关。物流用地也是工业用地中的一种。特别是普洛斯、丰树等传统物流开发商，从地方政府获取物流用地的难度越来越大，这种土地瓶颈直接导致物流地产开发出现供给短缺。

此外，也和电商物流的迅猛发展有关。最近几年，包括阿里巴巴在内的电商物流的需求激增，因为高标准物流仓储效率高，有配套的卸货月台，能提供更快捷的物流流转，电商为了追求物流流转速度，基本都会选择高标准物流仓储。

按常理来讲，物流对地方政府带来的税收只有营业税，同样一块地皮，物流给地方政府带来的税收远远不如建造一家制造企业多。目前，传统意义上的物流地产公司已经很难在地方政府拿到地了。

而电商现在却成为嫁接物流的一个非常好的概念。地方政府希望通过物流基地把电商公司吸引过来，这样能为当地增加一大笔税收，也就是说，菜鸟网络通过可能的区域结算中心落地，以税收落地为“诱饵”给地方带来可观税收，获得与政府谈判的筹码，进而取得条件优惠的土地。

CEI：菜鸟网络的税收落地，对于地方政府而言能否切实可行实现增加税收？

苏智渊：这个目前还说不好，需要看具体情况。阿里巴巴这种大型电商为地方政府带来的税收应该是非常可观的，如果能够把阿里巴巴的结算中心拆分出来落到当地，对于当地政府有很大吸引力。关键在于菜鸟和地方政府签订的是什么样的协议。

CEI：目前菜鸟网络在天津、武汉、浙江和成都等地都储备了土地，在你看来这是马云为菜鸟网络所做的长久规划还是像被质疑过的“圈地”之举？

苏智渊：我觉得两种可能性都有。过去几年，淘宝的发展受到物流影响已经是众所周知的事实。在此背景下马云下决心亲手打造自己的物流系统，不再依赖传统第三方物流公司的平台。从这个角度看，菜鸟网络应该是切实地在为建设物流仓储而准备。

但从实际拿地规模来看，菜鸟网络在全国几大城市都拿地1 000亩以上，按照物流地产常理推断，这样的拿地规模应该是超出其自用物流仓储范围的。除了建设菜鸟网络的物流仓储网络，剩余的地产有可能是为了以后引入电商公司做准备，也就是物流地产。至于是打算完全作为物流用途还是有可能部分用作其他用途，按照目前形势来看，这些地用做商住的可能性不大，所以可能性更大的还是做第三方物流。

10年不盈利背后

CEI：马云曾公开表示菜鸟网络10年内不会盈利，这说明什么？电商物流的盈利模式一般都是什么样的？

苏智渊：我相信阿里巴巴现在所做的任何事情都并非只为单一的目的，包括旗下的金融、物流等其他产品，都是在架构一个大数据的体系。所以考量菜鸟网络能否短期盈利不能简单地从菜鸟网络本身来看。

马云说的10年内不盈利，应该是指不会从物流设施租金里面套回报。目前，在物流地产市场上，物流仓库租金回报年收益率为8%左右，照此计算，普通物流地产盈利最基本也需要10年。

但事实应该并非如此简单，马云做菜鸟网络更大的目的在于提升淘宝的效率，一旦物流建设起来，淘宝甚至阿里巴巴的整体效率应该能够得到较大提升。菜鸟网络的潜在价值，对于马云来说是不言而喻的。马云做菜鸟网络，更多的是快速占领效率高地，一旦效率处于领先地位，整个品牌竞争力都会得到大幅提升。

从另外一个角度看，马云这种说法并不符合国际上物流地产商的实际运作方式。像普洛斯、嘉民等知名传统物流地产商，虽然租金回报也在8%左右，但这些物流地产商只要满租率达到一定水平，就会把地产和现金流在海外市场出售给与其捆绑的长期持有基金，快速套现，再去运营新地产项目。阿里巴巴一定会考虑类似的架构，这样其物流地产盈利周期肯定用不了10年，最慢3～5年已经足够了。当然前提是菜鸟网络必须从一开始就做好捆绑海外基金的打算。

CEI：马云的3 000亿元投入到国内物流地产，会对这个领域带来什么变化？菜鸟网络能否借助大数据，对高标准物流仓储短缺提供解决办法？

苏智渊：对于中国物流领域而言，3 000亿元不是一个小数字，因为马云并没有公布这部分资金的确切用途，如果是纯粹用于物流地产，那菜鸟网络将很快成为中国物流地产领域的领军企业。

讨论智能骨干网络对物流行业的影响，必须先了解电商物流和传统物流的区别。电商物流和传统意义上的物流是不同的，传统物流一般分为城市配送型物流和交通枢纽型物流。交通枢纽型物流一般是由第三方物流公司来做的，通常在海港城市、空港城市周围都有这种高标物流仓库。

而电商物流更多是偏向于城市配送物流系统，所以选址更多考虑如何更方便配送到城市中，通常以短拨配送为主，所以电商物流通常更贴近中心城市，包括上海外环到郊环、北京五环到六环等是最适合电商物流的区域。

从现在来看，菜鸟网络的物流骨干网络更多的是建立在淘宝基础上的偏消费类的物流电商平台。马云一直想做广义上的物流，阿里巴巴旗下本身就有阿里物流平台，初衷就是要整合物流领域的众多资源，现在这个平台已经整合归入菜鸟网络旗下。

菜鸟整合全国物流平台并不是容易的事情，因为菜鸟以前没有涉及过物流类的业务。大量第三方物流公司的运输体系数据基本都掌握在企业手里，而它们一般都不倾向于分享这些数据，包括德邦物流等大的物流公司，都有物流数据交互平台。

曾经也有很多人或者公司想把这些平台整合起来，但直到现在为止，还没有成功整合出一个全国意义上的、被各方接受的公共平台。只要做不到数据共享，这个大数据概念就名存实亡了。菜鸟在做的事情是有意义的，但如何打破行业壁垒，需要走的路还很长。

资料来源：郑元春：《菜鸟10年不盈利的背后：意在第三方物流?》，载《中国经济和信息化》，2014-10-08。

问题讨论：

1. 菜鸟网不盈利的背后是为了第三方物流吗？
2. 菜鸟网应该如何整合物流平台？

□ 本章小结

在供应链管理中第三方物流发挥了重要的作用，特别是第四方物流发挥了整合供应链管理的作用，它们是专业化的服务提供商。

物流客户服务 第3章

知识要求

通过本章的学习，掌握

- 物流客户服务的基本含义及重要性
- 物流客户服务的基本构成
- 物流客户服务的四个要素
- 物流客户服务细分与差异化战略

技能要求

通过本章的学习，能够

- 对物流客户服务绩效进行评价
- 对物流客户服务管理水平进行决策
- 细分物流客户
- 制定差异化的物流服务战略

引导案例

全球三大服装零售连锁物流

短短几年间，全球前三大服装连锁商西班牙 Inditex 集团（ZARA）、美国 GAP、瑞典 Hennes&Mauritz（H&M）齐聚中国。

ZARA：唯快不破

以收入计算，世界最大服装连锁公司目前是西班牙 Inditex 集团，ZARA 是它的主力，贡献了七成以上的销售额。

ZARA 的生产基地在西班牙，只有最基本款式的服装在亚洲等低成本地区生产。ZARA 设立了 20 个高度自动化的染色、剪裁中心，而把人力密集型的工作外包给周边 500 家小工厂甚至家庭作坊。

ZARA 的商业模式是在最短的时间内将最新国际流行时尚传递给消费者，但价格却比阿玛尼等国际大品牌低很多，ZARA 可以做到设计、生产、交付在 15 天内完成。这个故事曾被《哈佛商业评论》称为"ZARA 的 15 天神话"。之后，这批新衣服无论运到世界任何地方，最慢 72 小时内一定抵达门店。ZARA 在全世界的每个终端都必须做到两周内更换一次新货，真正做到货如轮转，而这种"快时尚"正是最吸引中国服装企业之处。

快速同样体现在门店扩张上。2006 年 2 月进入中国的 ZARA 目前拥有的门店数量与早其 4 年进入中国的日本服装连锁零售公司优衣库几乎相等。

不过，销售火爆的ZARA并非没有软肋。质量，是它最常被攻击的地方。“ZARA的特点是永远走在潮流的前列，目标顾客是那些很会穿衣服的时尚女性，这部分人群最喜欢跟风，对质量的要求就相对靠后。”业内人士说。

年轻平价的H&M

和它的竞争对手ZARA相比，H&M同样特别注重流行。H&M的所有服饰都由公司内的近百名设计师设计。此外，它还利用明星效应创造流行，让名人设计服装，吸引追星一族。只不过，它吸引的客户群明显比ZARA年轻许多。

和竞争对手不同的是，H&M公司不设自己的工厂，完全依靠订单采购。基于采购成本的考虑，H&M将60%的生产放在亚洲，其余则在欧洲进行。分析师估计约1/3的H&M产品在中国生产。一般而言，常规款式的时装和童装在亚洲生产，量小且流行性强的服装通常给欧洲的供应商。于是，H&M设计了两条供应链：管控亚洲生产的高效供应链、管控欧洲生产的快速反应供应链。

和ZARA相比，H&M的产品从设计到最终生产的时间晚了5天左右。不过，这5天的代价却让H&M赢得了成本优势，它的服装售价比ZARA便宜了30%～50%。一些基本款的服装售价比日本服装连锁商优衣库更低，因此更能体现平价概念。在价格方面，H&M更有竞争力和吸引力。

GAP的中国战法

采用“少量、多款、平价”的理念，对流行时尚做出快速反应，是ZARA和H&M的共同点。与它们相比，GAP稳扎稳打了许多。

抓住顶级品牌的时尚趋势，融入自己的设计元素，最后成衣，这个周期在ZARA是15天，H&M是21天，而GAP是90天。在进军新市场的策略上，GAP也是花了几年时间来决定是否进入中国市场。此外，和前两者的时尚相比，GAP尤其擅长经营牛仔裤、卡其裤、T恤这类休闲随意风格的服装。

GAP的优势在于商品质量以及购物体验。GAP对店面的设计要求完全遵照方便顾客轻松找到自己想要的服饰的原理，摆设上也是照此原则。现有服装连锁门店的一些缺点，比如灯光不佳、试衣环境不好、排队过长、某些尺码易断货的情况，GAP将全部避免。

作为一个市场晚来者，GAP对付竞争对手的另一个杀手锏是电子商务，它与上海奕尚网络信息有限公司达成合作，在线购物网站已经开始运转，在全国范围内提供免费送货服务，产品价格与门店价格相同。这一步使其领先于竞争对手。

资料来源：见中国物流与采购网。

问题

（1）ZARA，H&M，GAP三家企业的商业模式有何不同？

（2）物流客户服务的重要性体现在哪些方面？

第1节 客户服务

在供应链物流管理领域，顾客被视为整个管理活动的主要驱动力，这使得那些以客户支持为导向的组织成为供应链物流管理的焦点。企业想要成功地在其诸多的细分市场中牢牢吸引住客户，不仅必须关注其销售的产品，还要重视其售前、售中、售后所提供的所有物流支持活动。因此，如何有效地服务客户，在维持高效率客户服务的同时，使企业能有效地控制成本，取得良好的绩效，成为供应链物流战略决策的重要内容。本章主要介绍物流客户服务的概念及基本要素、物流客户服务的基本原则以及物流客户服务相关的一些管理问题。

一、客户服务的概念

物流管理不仅仅是为了节约成本，物流对提高客户服务水平及获取企业持续竞争优势具有极其重要的意义。客户服务是物流供应链管理的驱动力，将正确的产品在正确的时间、以正确的品质、无破损地送达正确的客户，是承认客户服务重要性的物流系统的基本原则。

定义“客户服务”是很困难的，不同的人、不同的企业对客户服务有不同的理解。人们通常将“客户服务”理解为企业提供给其产品或服务购买者的某种事物。营销学家认为产品有三个层次：(1) 核心产品或服务，这是购买者真正要购买的部分；(2) 有形产品，即实体产品或服务的本身；(3) 外延产品，客户所购买的有形产品或服务的附加价值，但同时也是产品整体价值的一部分，如安装、保修和售后服务。这里，我们将物流客户服务理解为能够为购买者增加价值的外延产品的一部分，企业可通过提供较高水平的物流客户服务取得竞争优势。

通常可以从三个层次理解客户服务：

(1) 作为活动的客户服务。这一层次将客户服务作为企业满足客户需求必须完成的特定任务。订单处理、收款和开票、产品返回和索赔处理都是这一层次客户服务的典型例子。负责处理客户问题和投诉的客户服务部门也代表了这一层次的客户服务水平。

(2) 作为绩效指标的客户服务。这一层次就具体绩效指标强调客户服务，如完成订单及时运送的百分比、在可接受的时间限制内订单处理的数量。虽然这一层次是第一个层次的延伸，但企业必须通过绩效指标确保服务实现真正的客户满意。

(3) 作为价值观的客户服务。这一层次将客户服务上升为整个企业的活动，即通过更好的客户服务使客户满意。这一观点与许多现代企业强调质量和质量管理相一致。这种理解认为客户服务渗透整个企业及其所有活动，而不仅仅是将客户服务视为一项活动或一组绩效指标。

多数企业是处于客户服务的最低层次，即将客户服务仅仅看做一项活动。从这个角度出发，物流中的客户服务活动处于相互影响的层次。例如，零售店铺接受客户退回的产品并没有增加产品的价值，它仅仅是满足客户的一种方式。除了可能使客户更加方便地退货之外，该层次的客户服务通常很难为客户带来价值增值。

关注客户服务的绩效指标是非常重要的，因为它提供了物流系统运行情况的评价方法，也为企业提供了评价改进情况的基准。当企业试图实施一个持续改进的项目时，这些指标尤为重要。但是这种层次的客户服务参与还不够。

最后一个层次，将客户服务作为企业价值观，扩展了客户服务在企业的作用。然而，这仍然是不够的，除非将价值增值作为企业客户服务价值观的目标。

总结上面的观点，本书所使用的客户服务定义是："客户服务是为供应链提供竞争优势并带来价值增值从而使最终用户的总价值最大化的过程。"

客户服务问题涉及许多方面并且十分复杂。企业必须通过有效的物流管理完全控制大量的客户服务要素。成功地实施高水平的物流客户服务无疑是使企业有别于其竞争者从而实现个性化的战略方法。

二、物流客户服务的构成

众所周知，现代物流管理的实质就是在客户满意的基础上，向物流需求方有效率、有效果、迅速地提供产品，也就是说，现代物流管理以客户满意为第一目标，在企业经营战略中首先确立客户服务的目标，然后通过客户服务实现差别化的战略。基本物流客户服务主要包括以下几个方面。

1. 运输服务

运输是物流客户服务的基本内容之一。物流的主要目的就是要满足客户在时间和地点两个条件下对一定货物的要求，时间的变换和地点的转移是实现物流价值的基本因素。企业既可以通过拥有自己车辆的方式自己设计运输系统，也可将这项物流业务外包给第三方专业物流公司。专业的物流公司一般自己拥有或掌握一定规模的运输工具，具有竞争优势的第三方物流经营者的物流设施不仅仅在一个点上，而是一个覆盖全国或一个大的区域的网络。因此，第三方物流服务公司首先可能要为顾客设计最合适的物流系统，选择满足顾客需要的运输方式，然后具体组织网络内部的运输作业，在规定的时间内将客户的商品运抵目的地，除了在指定交货点的交货需要客户配合外，整个运输过程，包括最后的市内配送都可由第三方物流经营者完成。

2. 保管服务

保管是物流服务的第二大职能，它实现了物流的时间价值。对于企业来说，保管功能是通过一定的库存来实现的。与运输一样，企业既可以构建自己的仓库，或租用仓库，来对产品进行管理，也可以交给第三方物流来完成这项服务。

3. 配送服务

配送是物流服务的第三大职能。配送是将货物送交收货人的一种活动，目的是要做到收发货经济，运输过程更为完善，保持合理库存，为顾客提供方便，降低缺货的危险，减少订发货费用。

4. 装卸服务

这是为了加快商品的流通速度而必须具备的功能，无论是传统的商务活动还是电子商务活动，都必须配备一定的装卸搬运能力，第三方物流公司应该提供更加专业化的装载、卸载、提升、运送和码垛等装卸搬运机械，以提高装卸搬运作业效率、缩短订货周期和减少作业对商品造成的破损。

5. 包装服务

物流的包装作业的目的不是要改变商品的销售包装，而在于通过对销售包装进行组合、拼配、加固，形成适于物流和配送的组合包装单元。

6. 流通加工服务

流通加工的主要目的是方便生产或销售，专业化的物流中心常常与固定的制造商或分销商进行长期合作，为制造商或分销商完成一定的加工作业。例如，贴标签、制作并粘贴条形码等。

7. 信息处理服务

现代物流系统的运作已经离不开计算机，可以将物流各个环节及各种物流作业的信息进行实时采集、分析、传递，并向货主提供各种作业明细信息及咨询信息。信息处理服务是相当重要的。

三、物流客户服务的要素

根据上面客户服务的定义，我们可以知道客户服务问题是非常复杂的，并且良好的客户服务还要涉及企业的多个职能部门。但仅从物流职能的角度看，客户服务有四个维度：时间、可靠性、信息沟通和便利。

1. 时间

从卖方角度看，客户服务的时间要素通常是指订货周期。而买方通常把时间要素称为前置时间或补货时间。无论从哪个角度或者是用哪个术语，都有几个基本因素在影响时间要素。前置时间主要包括订单处理、订单准备和订单运送时间。通过有效管理这些活动从而确保订货周期有合理的长度和稳定的持续时间，卖方企业改善了提供给买方的客户服务。

由于改进所有影响前置时间的要素的费用可能会很大，因此企业可能对一个方面进行改进而使其他方面在现有的水平上运营。例如，投资于自动化的物料搬运设备对企业来说在财务上可能是不明智的。为了弥补人工订单处理所带来的时间耗费，企业可以用网络订单传送方式代替传真方式，用公路运输代替铁路运输。这将使企业无须增加在自动化的物料搬运设备上的资本投入就可以减少前置时间。

2. 可靠性

对一些客户来说，可靠性可能比缩短前置时间更重要。如果前置时间稳定，那么客户可以使存货水平最低。也就是说，如果客户完全确信前置时间是 10 天，就可以根据 10 天的平均需求（习惯耗用）调整存货水平，而不需要安全库存来防止因前置时间波动而导致的缺货。可靠性不仅仅包括前置时间的变动性。一般来说，可靠性是指以有规则、稳定的前置时间，以安全的状况，按客户订单要求的商品规格、质量为客户运送货物。

（1）周期时间：前置时间的可靠性直接影响客户的存货水平和缺货成本。可靠的前置时间可以减少客户面对的某些不确定性。卖方提供可靠的前置时间，能够使买方实现存货、缺货、订单处理和生产调度总成本的最小化。

（2）安全运送：订单的安全运送是每一个物流系统的最终目标。正如前面所提到的，物流功能是销售功能的终点。如果商品破损或丢失，客户就不能如期使用商品，从而会加大客户的存货、生产和营销成本。

例如，如果货物破损，客户可能会因放弃已确定的销售或生产而导致缺货成本增加。为了防止这些成本的出现，客户必须提高存货水平。因此，不可靠运送会使买方产生较高的存货持有成本或者放弃利润或生产。这种状况对一个注重通过某些准时化方式消除或最小化存货的企业来讲是不可接受的。除了成本，不可靠运送还会导致客户承担向承运人申请理赔的费用或向卖方退回破损商品进行修理、退款的费用。

（3）订单的准确性：可靠性还包括订单的准确性。如果卖方在履行订单时出现了错误，客户或许面临潜在的销售丧失或生产丧失，或许会重新订货。如果客户是营销渠道的中间商，缺货会直接影响卖方。

3. 信息沟通

订单履行中的两个重要物流活动是客户订单信息传递到订单履行部门和根据订单进行拣货。在订单信息阶段，电子数据交换或网络通信技术的应用能够减少订单信息从订单到仓库栈单转录时的错误。为了减少订单拣货员的失误，卖方应当简化产品识别的方法，如使用产品代码。

与客户沟通并向客户提供信息同样对提高物流服务水平至关重要，没有客户沟通，物流管理人员就无法提供最有效和最经济的服务。信息沟通渠道必须是持续开放和易于接近所有客户的。信息沟通必须是一个双向的通路，卖方必须能够将重要的物流服务信息传递给客户。例如，供应商会谨慎地告知买方可能的服务水平降低以便买方能够做出必要的运营调整。此外，许多客户需要得到关于货物物流的实时信息，如装运期、承运人或运送路径等，以根据这些信息来规划运营。

4. 便利性

便利性也可以称为物流服务水平灵活性。从物流运营的角度来看，有一个或几个适用于所有客户的标准服务水平是最为理想的，但这是以所有客户的物流需求都相同为假设前提，而事实并非如此。例如，有的客户可能要求卖方采用铁路运输运送所有货物；而有的可能要求用卡车运送货物；还有的客户可能要求特殊的交货时间。物流服务需要因包装、客户要求的运输方式和运输工具、路径和交货时间的不同而不同。

便利性考虑客户需求的差异。通常，卖方根据客户规模、销售区域和客户购买的产品线将客户需求分组。这种市场细分使物流管理人员能够确认客户服务需求并尽可能经济地满足这些需求。

由于客户给企业带来的销售丧失成本不同，便利性要求企业对不同客户采用不同水平的客户服务。例如，购买企业30%产品的客户要比购买企业产品不到0.01%的客户带来的销售丧失成本高；竞争程度高的销售区域会比竞争程度低的销售区域要求更高的服务水平。企业投入市场的不同产品线的获利能力会限制企业提供的服务水平，企业或许会为低利润的产品线提供较低的服务水平。物流管理人员要确保服务水平政策的灵活性，但是同时应当将这种灵活性应用于容易识别的客户组，并且必须考虑盈利（增加的销售额、利润或减少的利润损失）与每种具体情况下独有的服务水平所带来的成本之间的权衡。

四、物流客户服务的重要性

理论上讲，物流客户服务之所以在企业经营中如此重要，主要有以下几点原因。

（1）在细分化市场经营时期，供应链物流服务已成为企业差异化战略的重要一环。长期以来，物流并没有得到高度重视。在大众营销阶段（mass marketing），由于消费呈现出单一、大众化的特征，经营是建立在规模经济基础上的大量生产、大量销售，因而物流机能只是停留在商品传递和保管等一般性业务活动上，物流从属于生产和消费，从而成为企业经营活动中的附属职能。但是，进入细分化市场经营阶段，市场需求出现多样化和分散化，而且，发展变化十分迅速。在这种状况下，企业经营比以前任何时期都要艰难，即只有不断符合各种不同类型、不同层次的市场需求，并且迅速有效地予以满足，才能使企业在激烈的竞争和市场变化中求得生存和发展。而差别化经营战略中的一项主要内容是顾客服务上的差异，所以，作为顾客服务重要组成部分的物流客户服务也相应具有了战略上的意义，也就是说，物流客户服务是差异化的重要方式和途径。

（2）物流服务水准的确立对经营绩效具有重大影响。物流服务水准的决策是构建物流系统的前提条件，在物流开始成为经营战略重要一环的过程中，物流服务越来越具有经济性的特征，即物流服务有随市场机制和价格机制变化而变化的倾向，或者说，市场机制和价格机制的变动通过供求关系既决定了物流服务的价值，又决定了一定服务水准下的成本，所以，物流服务的供给不是无限制的，否则，过高的物流服务水平势必损害经营绩效，不利于企业收益的稳定。因而，制定合理或企业预期的物流服务水准是企业战略活动的重要内容之一，特别是对于一些例外运输、紧急输送等物流服务需要考虑成本的适当化或流通主体相互分担的问题。

（3）物流服务方式的选择对降低流通成本具有重要意义。低成本战略历来是企业营销竞争中的重要内容，而低成本的实现往往涉及商品生产、流通的全过程，除了原材料、零部件、人力成本等各种有形的影响因素，物流服务方式等软性要素的选择对成本也具有相当大的影响力。合理的物流方式不仅能提高商品流通效率，而且能从利益上推动企业发展，成为企业利润的第三大来源。特别值得注意的是，由于消费者价格成本意识越来越强，一些大型零售商为降低商品采购和供应物流成本，改变原来的自建物流系统、自己运行的做法，转而实行由零售主导的共同配送、第三方物流配送、准时化配送等新型物流服务，以支持零售经营战略的展开。这从一个侧面显示了物流服务的决策已成为企业经营战略不可分割的重要内容。

（4）物流服务是有效联结供应商、厂商、批发商和零售商的重要手段。美国营销专家菲利浦·科特勒在《市场营销原理》一书中指出：随着现代社会经济全球化、网络化的发展，现代企业的竞争不是单个企业间的竞争，而是一种网络间的竞争；现代企业的竞争优势不是单一企业的优势，而是一种网络优势。因此，企业经营网络的构建是当今竞争战略的主要内容，物流服务作为一种特有的服务方式，一方面以商品为媒介，打破了供应商、厂商、批发商和零售商之间的隔阂，有效地推动商品从生产到消费全过程的顺利流动；另一方面通过自身特有的系统设施（POS，EOS，VAN等），不断将商品销售、在库等重要信息反馈给流通中的所有企业，并通过知识、诀窍等经营资源的蓄积，使整个流通过程能不断协调地应对市场变化，进而创造出一种超越单个企业的供应链价值。

第2节　物流客户服务细分与差异化的服务战略

一、物流客户服务的细分

从物流角度细分客户的方法与传统的销售和市场细分没有多大不同。主要的市场调查细分工具都可以应用于供应链物流客户服务的划分，主要不同之处在于定义细分群体的要素和标准不完全相同。这些要素涵盖了从战略到实际操作等各方面的细节。总体来讲，细分物流服务的标准可以从客户的类型、产品定位与特性等几个方面来考虑。

从客户类型的角度看，客户经营规模、类型和对本企业贡献度是不一致的，对于所有的客户都采用完全相同的物流服务，必然导致物流服务成本高昂，或者服务的差异化不足，最终影响到企业物流服务的经营绩效。因而基于客户的规模以及对本企业的影响度，区分不同的客户群体，从而提供相适应的物流服务，是服务决策中的重要一环。如表 3—1 所示，我们可以按客户竞争力（客户在所在行业的规模、地位、声誉等要素）以及客户对本企业贡献度两个维度，将服务决策类型划分为以下四种类型。

表 3—1　　按客户类型开展的物流服务

对本企业贡献度 客户类型	本企业产品销售额大	本企业产品销售额小
经营规模大、实力强	积极支援型策略	现状维持型策略
经营规模小、实力弱	准积极支援型策略	受动型策略

（1）对于竞争力强、对企业贡献较大的客户，由于具有直接的利益相关性，并且未来的发展性较强，企业应当采取积极支援型服务策略，即对这类客户提供各类高水准、高附加值的物流服务，从而达到维系、保持客户的目的。

（2）对于竞争力偏低、对企业贡献度较大的客户，企业应采取准积极支援型服务策略。所谓准积极支援型服务，是指提供一些相对较高水准的物流服务，或者在物流服务决策中该客户处于相对优先的地位，但是物流服务的投入也需要适当的控制，因为该类客户的发展性较差。

（3）对于竞争力较强，但是对企业贡献较小的客户，企业可以采用现状维持型服务策略，或者聚焦型服务策略。大部分这类客户由于不是企业的目标市场，或者对企业的认同性较差，因此，不需要投入过高的服务要素，采用与行业内惯常服务定位相一致的做法，即现状维持。当然，如果这部分客户是企业经营战略力图争取的客户，可以适当地在某些服务要素上加大投入，以争取客户资源，采用聚焦服务的方式。

（4）对于竞争实力弱、对企业贡献度较小的客户，企业在服务上可以采取受动型策略，即在顾客要求服务的条件下才开展服务活动，并且客户需要为此支付相应的成本和费用。

物流服务的确定除了考虑顾客类型外，还与所经营的产品组合定位相关，即一般商品与战略商品的物流服务应当有差异，在这方面可以根据市场营销中的产品组合矩阵来确定物流服务的形式（见表 3—2）。产品发展前景较好的明星产品，应积极采用较高水平的物流服务推动产品销售扩大，现金牛类产品可以通过保持现有服务水准来延长收益期，问题类产品则要根据产品分析的结果采取选择性服务，即收缩性的物流服务，而瘦狗类产品由于产品已处于销售的衰退期或淘汰期，可以停止物流服务，撤出相应的市场。

表 3—2　　按产品类型开展的物流服务

产品销售成长率			
	高	问题类 （选择型物流服务）	明星类 （强化型物流服务）
		瘦狗类 （撤退型物流服务）	现金牛类 （维持型物流服务）
	低	低　　市场份额	高

二、物流服务战略差异化

以上对物流服务细分的分析涉及物流服务水准和构成要素的决策，然而在供应链物流服务战略中，物流服务的要素和水准不仅取决于客户的类型和产品定位，同时也涉及整个供应链服务体系的性质。这是因为不同的服务系统所要求的关键节点和服务要素是不同的，有些服务要素可能在某种体系下很重要，但在另外一种系统下显得不是特别关键，因此，服务水准和要素决策取决于供应链服务体系的类型，而供应链服务体系的结构特点与产品的特性和物流需求紧密相关。

1997 年，美国学者费舍尔（Fisher）在对产品特性和物流需求分析研究的基础上，提出了差异化的供应链物流—产品匹配理论。他认为，供应链服务体系的设计要以产品为中心。首先要了解客户对企业产品的需求是什么。产品生命周期、需求预测、产品多样性、提前期和服务的市场标准等都是供应链服务设计过程中必须考虑的重要因素。他根据产品的需求模式将产品分为两类：功能型产品和创新型产品。每一类产品都需要有各自相应的供应链服务体系与之匹配。

功能型产品主要指销路稳定的产品，如日常用品。这类产品通常能满足人们的基本需求，产品本身不经常更新换代。它们通常有稳定且可预测的需求和较长的生命周期，同时竞争也较为激烈，生产这类产品的企业仅能获得较低的边际利润。相反，创新型产品是指技术或式样、外观上具有创新性的产品，如时装、个人计算机、名贵轿车等。这类产品一般具有较高的边际利润，能吸引企业竞相生产，但其需求情况可能无法准确预测。另外，其生命周期短，一旦推向市场就会被竞争对手模仿，从而失去竞争优势，导致边际利润下滑，要求企业必须具备较强的持续创新能力。

两者在上市速度要求、季末降价幅度、平均缺货率等方面差别也很大。功能型产品生命周期较长的特点使得其对新产品上市速度要求不高，一般不会出现因为过季而降价的现象，创新型产品生命周期较短的特点必然要求其加快新产品的上市速度，而一旦产品过季，必然较大幅度地降价；由于功能型产品的式样、规格、型号、款式等相对简单，因而缺货率较低，而创新型产品的式样、规格、型号、款式等则较为繁杂，缺货率较高。相对于功能型产品而言，为消化额外的市场性费用，创新型产品要求高得多的边际贡献率。功能型产品与创新型产品对比如表 3—3 所示。

表 3—3　功能型产品与创新型产品在需求上的区别

	功能型产品	创新型产品
需求特点	需求可预测	需求不可预测
产品生命周期	2 年以上	3 个月～1 年
边际利润贡献率	5%～20%	20%～60%
产品多样性	低（每类产品有 10～20 个品种）	高（每类产品有成千上万个品种）
预测平均误差	10%	40%～100%
平均缺货率	1%～2%	10%～40%
季末降价幅度	几乎为零	10%～25%
订单提前期	6 个月～1 年	1 天～2 周

功能型产品的上述特征，生产这类产品的企业，其主要目标在于尽量减少成本。企业通常只要制定出合理的最终成品的产出计划，并借助 MRPⅡ或 ERP 软件协调客户订单、生产及采购，在整条供应链上最大限度地降低库存、提高生产效率、缩短提前期，就能增强企业供应链的竞争力。因此对于功能型产品来说，供应商、制造商、分销商之间的信息流显得尤为重要，这些信息产生于供应链内部，能够及时反映供应链上各环节的情况，并通过信息的

共享来协调上述三者之间的活动，从而进一步降低成本。

创新型产品则要求供应链必须具备更大的柔性，例如，选择供应商时注重其交货速度与灵活性，而不过分重视价格；对库存管理与生产能力的决策也不仅仅偏重于降低成本，而是侧重在供应链上灵活配置安全库存和可用生产能力；供应链上的信息不仅产生于供应链内部，同时也来源于市场。

功能型产品与创新型产品具有截然不同的需求特点，需要构建不同类型的供应链服务体系。这就需要分析供应链的功能。

供应链物流服务有两种不同类型的功能：物理功能与市场调节功能。其物理功能表现为：从供方开始，沿着供应链上的逐个环节，把原材料转化为在制品、半成品和产成品直至需方的过程。市场调节功能表现形式虽不明显，但非常重要，其目的在于保证及时提供多样化的产品以满足顾客多样化的需求，避免缺货损失或库存过量。

上述两种功能会产生不同的成本。物理功能导致的成本主要有生产成本、运输成本、库存成本等。而市场调节功能在不同情况下有不同的成本产生。当供大于求时，产品不得不降价出售从而造成损失；反之，则会丧失销售良机，顾客需求得不到满足。

对应于物理功能与市场调节功能，供应链服务体系可分为效率型供应链（physically efficient supply chain）和市场反应型供应链（market-responsive supply chain）两类，如表3—4 所示。

表 3—4　　效率型供应链同市场反应型供应链的对比

项目	效率型供应链	市场反应型供应链
主要目标	以尽可能低的成本满足可预测的需求	快速响应不可预测的需求，以尽可能降低缺货率，同时避免降价销售和库存积压等情况的发生
制造策略	保持高平均利用率	配置多余的缓冲库存
库存策略	在高产出的同时使整条供应链的库存最低	为零部件或产品配置必要的缓冲库存
提前期策略	在不提高成本的前提下尽可能缩短提前期	积极投资以缩短提前期
供应商选择策略	以成本和质量为主要选择标准	以速度、柔性和质量为主要选择标准
产品设计策略	最大化绩效，最小化成本	采用标准化设计以尽可能减小产品差别

从表 3—4 中可以看出，效率型供应链的基本原则是消除一切形式的浪费，包括繁冗的程序，以尽可能节约产品成本，在市场上形成比竞争对手更有利的价格优势。而市场反应型供应链的核心是提高产品的可得性，以尽快满足复杂多变的需求，充分利用每一个新的市场机会。对于功能型产品，若边际贡献率为 10%，平均缺货率为 1%，则边际利润损失仅为 0.1%。因此，为提高市场反应能力而投入巨资是得不偿失的。生产这类产品的企业，主要目标在于尽量减少成本、提高生产效率。而对于创新型产品，若边际贡献率为 40%，平均缺货率为 25%，则边际利润损失为 10%。这样，对此类产品就需要有高度灵活的供应链，以迅速响应多变的市场，投资改善供应链的市场反应能力也就成为必要之举。

在确定企业产品的类型和供应链的类型之后，可利用矩阵为企业选择理想的供应链服务策略，如表 3—5 所示。

表 3—5　供应链—产品的匹配状况

	功能型产品	创新型产品
效率型供应链	匹配	不匹配
市场反应型供应链	不匹配	匹配

利用这一矩阵，企业就可以判断其供应链类型与其产品类型是否很好地匹配。矩阵的 4 个方格代表了 4 种可能的产品与供应链的组合。匹配的组合应是：功能型产品对应效率型供应链，创新型产品对应市场反应型供应链，即图中左上、右下方格内的组合。用市场反应型供应链生产功能型产品（左下方格），或用效率型供应链生产创新型产品（右上方格），都是不合理的。费舍尔特别指出，左下方格的情况出现较少。

右下方格代表采取市场反应型供应链提供创新型产品。生产创新型产品的企业，其在市场反应型供应链上的投资回报率要比在效能型供应链上的投资回报率高得多。企业在增强其供应链的市场反应性上，每增加 1 元投资，就会取得大于 1 元的市场调节成本的下降。若企业采用市场反应型供应链来生产功能型产品（左下方格），情况就截然不同了。若对其市场反应型供应链增加投资，减少的损失极为有限，得不偿失。

右上方格的情况很常见（企业用效率型供应链提供创新型产品）。由于创新型产品可观的边际利润，尽管竞争日益激烈，越来越多的企业还是不断从生产功能型产品转向生产创新型产品，但其供应链并未发生改变。如一些个人计算机生产企业在提供新产品时，由于仍采用原来的效率型供应链，过于注重成本，追求库存最小化和较低的采购价格，忽视供货速度和灵活性，担心增加成本而不愿缩短提前期，从而造成交货速度太慢，不能及时响应日益变化的市场需求，缺货损失甚为可观，更糟的是被竞争对手抢先占领了市场，造成无可估量的损失。

如何改进右上方格的这种状况呢？从表中可以看出，一种办法是向左平移，将创新型产品变为功能型产品；另一种办法是向下垂直移动，实现从效率型供应链向市场反应型供应链的转变。而正确的移动方向取决于创新型产品所产生的边际利润是否足以抵消采用市场反应型供应链所增加的成本。同样，左下方格的情况也可以通过上述直观的方法加以解决。

第 3 节　管理客户服务

良好的物流客户服务有助于保持和发展客户的忠诚与满意，物流客户服务的重要性在客户心目中甚至高过价格、质量及其他有关要素。对于市场组合的要素而言，产品和价格较容易被竞争对手模仿，促销的努力也可能被竞争者赶上。提供令客户满意的服务或处理客户抱怨的高明手法则是有别于竞争对手、吸引客户的重要途径。短时间内企业的物流客户服务不易模仿，研究发现，投资于物流客户服务的回报率要远远高于投资于促销和其他发展新客户的活动。

企业整个市场经营的努力很可能因劣质的物流客户服务而徒劳无功。物流客户服务在企业的市场组合中经常被轻视，凭经验和管理者的主观判断是难以反映客户的真实需求的。不负责任的管理者把所有的客户等同看待，而事实上不同的客户对服务水平和服务类型有不同的需求。因此，企业物流客户服务策略的确定应该以客户的真实需求为基础。但在注重物流客户服务的同时，还应注意节省费用，以保证企业的盈利能力。

一、物流客户服务绩效的度量

制定合理、有效的客户服务方案必须考虑物流方面的客户服务的四个传统要素——时间、可靠性、便利性和信息沟通。客户服务的这些要素同时为建立物流客户服务水平的绩效标准提供了基本的原则。

表3—6采用表格的形式描述了这四个要素并进行了细化，企业使用该表格来制定客户服务政策和绩效衡量标准。表格右栏列出了企业曾采用的传统绩效指标，通常这些指标是从卖方的角度提出的。

表3—6　　客户服务要素与指标

要素	评价指标简述	传统评价指标
产品可得性	客户服务最一般的评价标准。通常定义为以某种基本单位（如订单、产品、美元）度量的存货百分比（目标完成程度）	以基本单位计的可得性百分比
订货周期	从订单生成到收到订单的时间。通常以时间单位衡量，不同于标准订货周期或目标订货周期。注意：通常将产品可得性和订单周期合并为一个标准，例如，在10天内送达95%的订单	速度和稳定性
物流系统灵活性	系统响应客户特殊和意外需求的能力，包括加速和替代的能力	对特殊需求的响应时间
物流系统信息	企业信息系统及时、准确地响应客户信息需求的能力	响应的速度、准确性和信息细节
物流系统故障	物流系统故障恢复所要求的时间和程序的效率（如订单履行错误、装运错误、破损和索赔）	响应和恢复时间要求
售后产品支持	提供相应售后产品支持的效率，包括技术资料、配件或设备的改进	响应时间、响应质量

新供应链环境下要求更严格的客户服务绩效标准。现在从客户的角度将该绩效标准描述如下：

- 及时收到的订单；
- 完整收到的订单；
- 收到的无破损订单；
- 准确履行订单；
- 准确托运订单。

如果同每一个传统绩效标准一样，卖方仅仅关注装运前的客户服务，那么就会存在买方或许不满意而卖方并不知道的情况，因为问题发生在运送过程中。此外，使用传统绩效指标的卖方可能无法评价问题的程度和幅度。目前的方法（关注运送阶段的评价）不仅提供了评价的资料，而且或许更重要的是能够在问题形成时发出预警。例如，及时配送的标准是98%，而在某个月降到了95%。通过调查会发现是承运人没有遵守规则，或者甚至是由于买方没有做好接收货物的准备而出现失误。

现在及时配送的绩效指标更加重要，因为买方在出货物流方面通常要求在指定时间对仓库或店铺进行配送。例如，及时生产的行为迫使企业有时为供应商制定非常短的配送时间窗口。总的来说，实现及时配送目前非常困难，将来会更加困难。

供应链环境下的另一个特点是优秀的企业正在同时使用多种客户服务绩效指标。使用多种指标使取得高水平的客户服务更加困难。例如，假设企业正在使用如下指标中的一种：

- 95%的订单及时配送；
- 93%的订单完整履行；
- 97%的订单无破损运送。

达到这些指标中的一个，如95%的订单及时配送，虽然困难，但是通过重视取得该绩效的必要活动却完全有可能实现。但是试图使每一个订单同时实现这三个绩效水平以达到完美订单水平，如95%将是很困难的。例如，即使企业分别达到上述每一个标准，也会发现它的完美订单指标是72%或更低，因为对一个单独的订单，失误不会同时发生。也就是说，一个订单可能是及时的和无破损的，但是因缺货可能是不完整的，因此它不是一个完美的订单。同时利用三个或更多的指标实现95%的完美订单绩效水平恰恰是今天的供应链环境所要求的。

二、物流客户服务决策

物流客户服务管理的目的是以适当的成本实现高质量的顾客服务。一般来讲，物流客户服务质量提高，物流成本就会上升。如图3—1所示，在服务水平较低阶段，如果追加X单位的服务成本，服务质量将提高Y，而在服务水平较高阶段，同样追加X单位的成本，提高的服务质量只有Y'($Y'<Y$)。所以，无限度提高服务水平，会因为成本上升的速度加快，反而使服务效率没有多大变化，甚至下降。因此，物流客户服务决策就是要实现客户服务绩效与成本之间的均衡。

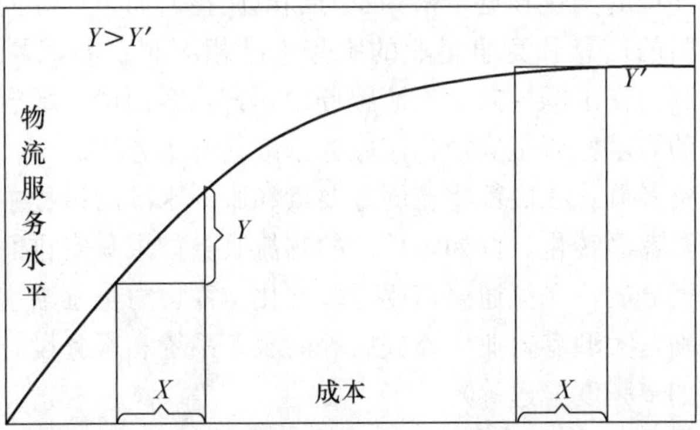

图3—1 物流客户服务水平与成本的关系

对企业而言，一旦掌握了不同客户或产品的销售—成本关系，就有可能确定最佳的物流服务水准。对物流服务水准的决策，首先需要掌握服务收益与成本之间的关系。如图3—2所示，随着企业客户服务的不断改善，所产生的经济效益也会随之上升，但是当服务水平超过相应的临界点后，企业的绩效是负增长的，这是因为服务水平的提高增加了相应的运营成本，而客户对企业的贡献有限，使得企业整体绩效呈现下降趋势，因此，客户服务水准与企业绩效之间的关系是一种递增—递减的倒U形关系；与此同时，随着物流服务水平的不断提高，执行服务的成本逐渐上升，因此，物流服务成本趋势是严格的递增关系。对于任何企业，物流服务的最终目的是实现利润最大化，即与物流有关的收入与物流成本之差的最大化。在数学上，最大利润在收入变化量与成本变化量相等的点上实现，也就是边际收入等于边际成本之时。

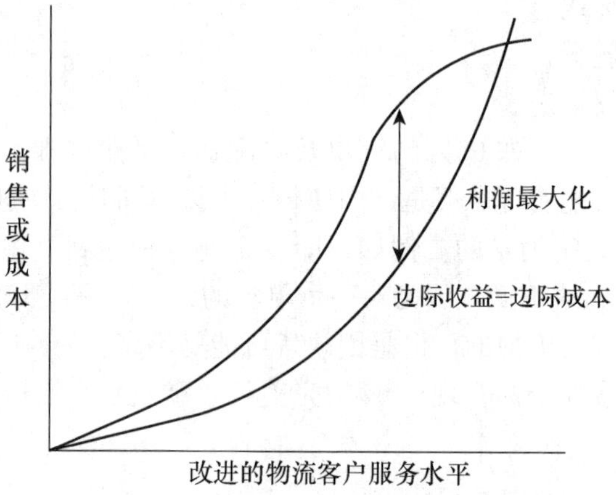

图3—2 物流客户服务绩效与成本的关系

三、物流客户服务管理的基本准则

为了实现物流成本与服务之间的均衡，在物流客户服务决策中应该遵循以下原则。

（1）从产品导向向市场导向转变。物流服务水准的确定不能从供给方的视角出发，而应该充分考虑需求方的要求，即从产品导向向市场导向转变。产品导向型的物流服务由于是根据供给方自身决定的，一方面难以真正应对顾客的需求，容易出现服务水准设定失误；另一方面也无法根据市场环境的变化和竞争格局及时加以调整。而市场导向型的物流服务正好相反，它是根据经营部门的信息和竞争企业的服务水准相应制定的，既避免了过剩服务的出现，又能及时进行控制。在市场导向型物流服务中，与顾客面谈、顾客需求调查、第三方调查等寻求顾客最强烈的需求愿望是决定物流服务水准的基本方法。

（2）转向一般消费者群。在决策物流服务要素和服务水准的过程中，需要注意服务的顾客对象应该向一般消费者群转化。例如，厂商的物流服务如果只安排面向批发商的输送，在库管理系统显然是不充分的，在流通渠道逐渐多样化、零售力量逐渐增强的过程中，还应该确立面向零售业，特别是大型零售业、连锁店等的服务系统和服务设施，开展符合零售要求的输送、库存服务（如多频度配送等）。

（3）制定多物流服务组合。随着顾客业种和业态多样化的发展，顾客的需求不可能千篇一律，因此，制定多物流服务组合十分必要。如今，对顾客提供统一物流服务的企业很多，这不利于物流服务的效率化。物流服务对于企业来讲也要考虑有限经营资源的合理配置，也就是说，在决定物流服务时，应根据顾客的不同类型采取相应的物流服务。

（4）开发对比性物流服务。企业在制定物流服务要素和服务水准的同时，应当保证服务的差别化，即与其他企业物流服务相比有鲜明的特色，这是保证高服务质量的基础，也是物流服务战略的重要特征。要实现这一点，就必须具有对比性的物流服务观念，即重视了解和收集竞争对手的物流服务信息。

（5）注重物流服务的发展性。客户服务的变化往往会产生新的物流服务需求，所以在物流服务管理中，应当充分重视研究物流服务的发展方向和趋势。例如，虽然以前就已经开始实施在库、再入货、商品到达时期、断货信息、在途信息、货物追踪等管理活动，但是随着交易对象，如零售业务的简单化、效率化革新，EDI的导入、账单格式统一、商品入库统计表制定等信息提供服务就成为物流服务的要素。

（6）重视物流服务与社会系统的吻合。物流服务不完全是一种企业自身的经营行为，它必须与整个社会系统相吻合。物流服务除了要考虑调达物流、企业内物流、销售物流外，还要认真研究旨在保护环境、节省能源和资源的废弃物回收物流，所以，物流服务的内容十分广泛，这是企业社会市场营销发展的必然结果，即企业行为的各个方面都必须符合伦理和环境的要求，否则，经济发展的可持续性将难以实现。此外，为了缓解交通混乱、道路建设不足等问题，如何实施有效的物流服务也是物流在与社会系统相结合的过程中必须考虑的重要问题。

（7）建立能把握市场环境变化的物流服务管理体制。物流服务水准是根据市场形势、竞争企业的状况、商品特性以及季节的变化而变化的，所以，在物流部门建立能把握市场环境变化的物流服务管理体制十分必要。在欧美，由于客户服务中包含了物流服务，因此相应的管理责任也是由客户服务部门承担。对于我国来讲，在企业中确立能收集物流服务的相关信息、提供客户满意的物流服务并不断发展提高的管理组织与责任体制显得尤为迫切。当然，根据发达国家的实践经验，物流服务的管理仅由物流部门单独进行，失败的可能性较大，有效的体制应该是包括生产、销售、物流的综合管理体制。

（8）物流中心的建设与完善。物流中心作为物流服务的基础设施，建立和完善对于保障高质量的物流服务是必不可少的，主要原因在于物流中心的功能表现为通过集中管理订货频度较高的商品，使进货时期正确化，提高在库服务率，同时由于缩短商品在库期间，提高了在库周转率，商品出入库增多。此外，物流中心在拥有对应多品种、小单位商品储存功能的同时，还具有备货、包装等流通加工机能，从而能够实施适当的流通在库管理和有效的配送等物流活动，这些都是高质量物流服务的具体表现。

（9）构建信息系统。要实现高水平的物流服务，还必须建立完善的信息系统，这种信息系统除了接受订货，迅速、完好地向顾客传递商品外，更重要的是通过送货期回复、商品物流周转期缩短、备货保证、信息处理时间缩短、货物追踪等各种功能确保不低于竞争对手的物流服务。

（10）不断对物流服务的绩效进行评价。物流服务的实施情况应该每隔一段时期定时进行核查，特别需要关注的是，销售部门或顾客是否存在对物流现状的抱怨，有没有错误配送，事故破损是否严重，是否向顾客做过调查，所设定的服务水准是否得以实现，在物流成本上应保持多大的合理性等问题。总之，对物流服务绩效进行评价的目的在于不断适应客户需求的变化，及时制定出最佳的客户服务组合，所以，定期了解客户满意度、改善物流系统是物流服务中的关键要素。

案例分析

玫琳凯与万络国际的“甜蜜爱情”

玫琳凯公司作为全球最大的护肤品和彩妆品直销企业之一，1994年在中国杭州始建美国以外的首家工厂，1995年玫琳凯（中国）化妆品有限公司（以下简称“玫琳凯”）正式营业。经过多年的发展，玫琳凯的分支机构已经遍及中国各主要省市。玫琳凯在中国市场传递“美丽”的过程中，有一个不得不提的合作伙伴——万络国际物流有限公司（以下简称“万络国际”）。

玫琳凯与万络国际的合作已经有十多年的历史。最早可以追溯到其在国内的前身上海熙可物流有限公司——在2007年被万络国际全资收购。“在物流领域，我们选择物流合作伙伴的原则是有效支持玫琳凯业务拓展，提升玫琳凯的品牌价值。”谈及万络国际的物流服务质量，拥有20多年供应链管理经验、现任玫琳凯物流总监的朱光迪，对万络国际毫不吝惜赞美之词，“万络国际无疑是在这方面做得非常出色的合作伙伴之一”。

物流策略高度契合

作为国内为数不多的化妆品直销企业，玫琳凯的销售模式与传统的销售模式有很大的不同。传统化妆品企业，无论是采取批发代理形式还是终端直供形式，所面对的客户其实都是一个一个门店。直销企业则不同，所面对的是全国各地几十万名美容顾问。

虽然无论是直销还是渠道销售，物流服务都是要满足客户需求，且符合企业的发展策略。但是与客户之间的距离的差别，决定了直销模式对企业的供应链和物流服务的要求更高。

直销产品有订单小、产品少的特点，但是为了保障销售量和业务，又要求较快的物流配送速度。更大的挑战还在于传统的销售模式，物流配送的终点都集中在大城市或二、三线城市，很少布局城镇和乡村。而如今很多大型城市的直销美容顾问已经深入到了乡镇，对于直销企业的物流是一个极大的考验。这对直销企业的物流效率提出了更高的要求。“这是我们选择万络国际的原因之一。”朱光迪表示，一方面万络国际为部分快速消费品和零售业行内的顶尖客户提供进口支持和成品配送的服务，有着较为丰富的经验；另一方面，也是最为重要的，万络国际与玫琳凯在物流策略上高度契合。朱光迪强调，由于对物流服务质量近于苛刻的要求，玫琳凯一直奉行“精益物流”的策略，也就是要求把物流服务过程中的浪费和延迟降到最低程度，不断提高服务过程的增值效益，从价值的角度可以理解为掌握好投入与回报的平衡。

在“精益物流”策略的框架下，玫琳凯与万络国际在仓储管理、订单处理、产品配送及运输等方面，长期保持着紧密的合作关系。

据朱光迪介绍，在工厂—仓储中心—各地配送中心—销售终端这个类似流水线的供应链流程中，玫琳凯持续地与万络国际一起对整个流程进行改进优化，大到供应链解决方案，小到技术提升、工位优化、人员数量调整。通过一系列的运作，玫琳凯的作业效率有30%的提升。

作业效率的提升是否极大降低了玫琳凯的物流成本？当记者问及这个国内工商企业比较关注的问题时，朱光迪的答案多少出乎记者的意料。“相对于物流成本下降，玫琳凯更看重整个供应链流程的优化。降低物流成本只是玫琳凯‘精益物流’策略中的部分内容。更重要的一部分是对服务的提升和改进。”朱光迪解释说。

伴随作业效率提升的，还有玫琳凯供应链的敏捷度。在朱光迪看来，这不仅有赖于玫琳凯的物流运作流程的规范化和标准化，还有赖于人员操作能力的培养。同样的作业量，同样的流程，不同的人操作，耗费的时间也会有很大的差异。

朱光迪认为，供应链整体效率的提升，一定不是仅靠一个作业单位的快捷反应就能达成的。它在乎的是，在不同业务单位、不同公司之间，有更加紧密的无缝合作；在整个供应链的各个环节的密切合作的基础之上，才能够达成物流的快捷反应。与同类企业相比，这是万络国际最难能可贵之处。

市场拓展协调统一

随着玫琳凯不断加快在中国市场的布局步伐，物流服务能否与玫琳凯市场拓展同步，关系到玫琳凯是否能将更加贴心、周到、个性化的专业服务和“美丽”带到每一位女性身边，关系到玫琳凯“美丽到家”服务理念能否得到消费者的广泛认可。

在中国这样一个市场中，东部、中部、西部有各自不同的物流基础设施条件，其对物流服务需求也会体现出个性化和差异化的特点。共性化的物流服务已经不能满足不同地区、不同群体的客户需求。

万络国际根据玫琳凯在不同区域的销售渠道和客户需求，制定出相应的服务计划，很好地满足玫琳凯细分市场过程中所需要的个性化、差异化的物流服务，实现物流服务与市场拓展的协调和统一，展示出万络国际作为一家全球知名物流企业的应有实力。

朱光迪举例说，有的顾客要求收货的时间安排在上午，而不是下午；有的不愿意在工作日被打扰，要求在周末或节假日的时候收货。这就是个性化的需求。这就需要物流流程的调整和优化，满足这部分客户的需求。同时还要考虑的是，这些变化会对成本造成怎样的影响。当然，这并不是说玫琳凯只关注成本或者服务当中某一环节。恰恰相反，这正是玫琳凯注重供应链全程价值的体现。

化妆品物流中，对新技术的应用还是比较多的。比如在仓库管理中，同一次出货可能要面对成千上万个订单，要提高效率、避免差错，必须借助现代技术与设备。电子标签拣选系统是个很好的解决之法。产品从工厂运到各地配送中心时，都是单一产品的整箱包装；在配送中心，依据不同的订单进行拆零拣选。

虽然玫琳凯深谙物流技术对提高作业效率的重要性，但是朱光迪强调，对于任何一家企业来讲，更应清楚哪些技术会提高市场竞争力，懂得如何取舍。不仅仅是一味地谈科技的进步，重点强调的是，科技的应用对于价值的提升有怎样的贡献。

朱光迪告诉记者，在玫琳凯长期策略中，一个很重要的内容就是，能够更好地利用技术的进步改进和提升我们在作业环节的效率，减少对人的依赖。万络国际恰恰根据玫琳凯的不同市场和不同客户，有针对性地将不同的物流技术应用在不同的环节。

“相信通过与万络国际更深层次的合作，能让玫琳凯的服务对象感受到玫琳凯‘美丽到家’的服务。”朱光迪自信且坚定地说。

资料来源：《现代物流报》，2011-12-14。

问题讨论：

1. 玫琳凯如何提供物流客户服务？
2. 万络国际如何提供物流客户服务？

□ 本章小结

客户服务是现代物流关注的重点，有效的客户服务是为客户创造价值的主要方式。可以从三个层次来理解物流客户服务，即作为活动、作为绩效指标和作为价值观的客户服务。

为了经济、高效地提供和管理客户服务，我们必须对物流客户服务的绩效予以评价。评价物流客户服务的绩效指标应能够同时考虑买方和卖方的需求。

物流客户服务水平是既定的物流活动的结果，不同的客户服务水平产生了相应的物流成本。如何有效地服务客户，并在维持客户服务水平的同时，使企业能有效地控制成本，取得良好的绩效，是供应链物流战略决策的重要内容。

运营篇

预测与需求管理 第4章

知识要求

通过本章的学习，掌握

- 需求的特性
- 预测的影响因素
- 预测方法
- 预测的支持系统

技能要求

通过本章的学习，能够

- 进行需求分类
- 分析预测的影响因素
- 计算预期需求
- 组织和规划预测系统

引导案例

IT系统是亚马逊中国运营中心的核心优势

在亚马逊中国运营中心，此前一个工人所行走的拣货路程是18公里，既耗时又容易出错，经过系统计算和优化出费时最短的路线后，这个数字降至6公里，相比传统方法节省了68%的路程。

降低出错概率的例子还有很多，例如上货时不同种类货品混放的“随机上架”。在一般公司的仓储中，常见的方式是将商品按照品类进行摆放。而亚马逊的货品摆放则打破了品类之间的界限，随机上架、见缝插针。通过商品上的标签，系统可以精准地记录其所在区域，看上去杂乱的商品，在系统里则是有序摆放。当商品出库时，亚马逊的系统通过扫码，会自动向工人提示应该使用几号包装箱，并决定摆放位置。这种智能推荐与拣货时的最佳路线、随机上架一样，其逻辑都在于减少工人操作时间，提高效率。从用户下单到商品出货，库房最快可以在30分钟内完成，这背后则是系统优化的作用。

在客户层面，为满足需求，亚马逊则使用了大数据、人工智能、云计算等进行仓储物流的管理，推出了预测性调拨、跨区域配送。

薛小林向记者举例，亚马逊的系统可以通过对整个市场大数据的分析，精确地预测高峰期的需求量，从而作出相应的产能和运能准备，改善送达时效。“如卖家只在广州配货，而杭州的顾客也能享受次日达服务，且提供货到付款服务。顾客体验的提升，给商家带来了超过50%的销售增长。”薛小林说。

精准管理还有更为具体的表现，例如亚马逊所有运输和配送都会置于其严格的系统监管中。从卡车运输，到门店运输，再到最后一公里，亚马逊所有系统内部都实现打通，可以监控每一个包裹的移动。"如果我们在系统当中看到一辆卡车在某个区域不该停顿的位置停了10分钟，系统会立刻有内部警报，并了解发生了什么问题。以北京到上海一段为例，我们会规定司机在每个节点必须到哪里，过路的费用必须是多少，几点几分要到我们库里取货，几点几分离开，否则系统就会有提示警报。"亚马逊全球物流中国物流副总裁马锦冬告诉《中国企业家》的记者。

除了效率，对于国内多数电商而言，成本与效率的平衡亦是难以突破的瓶颈。亚马逊通过数据精准预估旺季和淡季的需求，提前预估舱位，在欧美日等主要线路通过包机包舱实现优先发运，不仅提升了效率，同时避免了舱位浪费，减少了不必要的成本支出。"从上述这些例子可以看到，亚马逊并不是优化某一面而牺牲另一面，我们在优化质量和客户体验的同时，又可以降低成本结构。"亚马逊全球物流中国物流供应链及工程副总裁宋立元透露。

在中国市场失意已久，此番投下重注，决意在物流领域加速快跑的亚马逊中国会扳回一城吗？2015年的黑色星期五或许是块试金石。

资料来源：中国经营网，2015-12-07。

问题

（1）亚马逊中国运营中心的核心优势是什么？

（2）亚马逊是如何平衡成本与效率的？

第1节　预测与需求计划

一、预测与需求计划

规划、控制物流/供应链活动需要准确估计供应链所处理的产品和服务数量。因为需求预测是企业所有职能部门（物流、营销、生产和财务，等等）进行规划和控制的基础，所以需求预测的水平对于企业整体至关重要。需求的水平和需求的时间极大影响了生产能力、资金需求和经营的总体框架。每个部门都有各自特殊的预测问题。

几乎所有提供有形产品来满足客户需求的组织都需要建立需求计划。在深入讨论预测与需求计划之前有必要区分预测和需求计划（见图4—1）。预测是基于统计的对未来的初始估计；需求计划是预计的未来需求，它通过对预测的评论和一致同意而获得。实际上，预测需要经过多个计划和证实过程来产生需求计划。

二、需求的特性

物流需求即指对物流服务的需求。对物流服务的需求是指一定时期内社会经济活动对生产、流通、消费领域的原材料、成品和半成品、商品以及废旧物品、废旧材料等的配置作用而产生的对物在空间、时间和效率方面的要求，涉及运输、储存、包装、装卸搬运、流通加工、配送以及与之相关的信息需求等物流活动的所有方面。物流系统需求分析是指采用定性

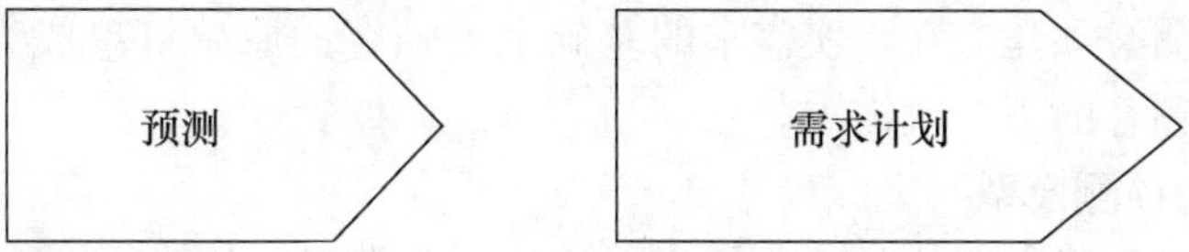

- 基于战略
- 由需求历史驱动

- 基于预测
- 包括外部因素
- 一致评估过程的结果

图 4—1　预测与需求计划的差别

或定量的方法对物流系统要进行的运输、储存、装卸搬运、包装、流通加工、配送等作业量进行预测分析。此外，物流需求是流量而非存量，即在一段时间内而非在某一时点上所发生的量，没有时间限制笼统地谈物流需求是没有意义的。

1. 需求的空间和时间特征

物流系统的需求通常包含时间方面和空间方面的分析，即进行物流系统的时间方面的需求分析后，还要分解为不同地区的物流需求。物流包括产品的运输、储存、包装、装卸搬运、流通加工等各个环节，既涉及产品的时间效用，如储存，又涉及产品的空间效用，如运输。物流管理者不仅需要知道物流需求随时间的变化规律，还要知道其空间的需求，如运输的距离、仓库的分布与库容，并根据企业物流的预计需求量规划仓库的位置等。

2. 规律性与非规律性需求

物流管理者将产品分组，以确定不同的服务水平，或仅仅是对它们进行分别管理。这些不同的产品组和不同种类的产品都会随时间形成不同的需求模式。如果需求是规律性的，需求模式可被分解为趋势、季节性和随机性因素。如果随机性仅占需求变化的很小部分，则按常用的预测方法能得到很好的结果。

非规律性需求是某种产品的需求由于总体需求量偏低，需求时间和需求水平非常不确定，需求是间歇式的，刚刚进入市场的新产品或进入衰退期的产品常会出现这种情况，这类需求利用通常的方法很难预测。

3. 独立需求和派生需求

如果需求来自于一些独立采购的客户，采购量占企业总销售份额和产品很少一部分，此时的需求是独立需求；另外一种情况下，需求是特定生产计划要求派生出来的，这样的需求称为派生需求。物流需求预测可以根据预测对象、预测条件的不同而选择不同的定性或定量预测方法。如果需求是独立的，采用统计预测的方法会有较好的效果，多数短期预测模型都要求预测对象是独立随机的；对于派生需求，只要最终产品的需求确定，就可以得出非常准确的派生需求的预计值。

第 2 节　需求预测考虑的因素

产生准确的需求计划的能力始于产生有效预测的能力。如果需求计划是基于错误的预测，那么从一开始就可能失败。预测过程中需要考虑多种因素的综合影响。

1. 真实的历史需求

大多数情况下，预测是基于过去数据的未来模型。要使这个模型有效，它的历史基础就必须有效，所以预测必须建立在真实需求的基础上。顾客的原始订单成为预测的历史基础，因为通过它能预测顾客的下一次需求。

2. 使用合适的预测模型

有大量的预测模型或方法，从简单的求平均值到非常复杂的算法。决定预测方法时要遵循两条原则：(1) 简单：Spyros Makridakis (1998) 表明，在大多数情况下，简单模型的表现超过复杂模型，尤其是做短期预测时；(2) 重点关注获得正确信息和集成，而不是得到理论上正确的预测。一个基于好的历史数据、因果因素以及能有效集成到运作中的普通预测模型，远比基于差的历史、因果因素和集成的强大模型产生的积极作用大。

基于这些原则，组织应从预测角度区分一种产品的各个方面。评价一种新产品时，要看预测数据库是否适合所使用的预测模型。组织在产品生命周期中应定期证明这个初始评价的有效性，确保预测类型仍然适用。

为使工作量最小，可利用预测准确性作为产品评估的指示器。如果预测准确，产品就不需要再评估。如果预测不准确，则任何一种原因都可能引起产品需求的变化，例如产品的稳定性、货架寿命、顾客数量等敏感性要素。

3. 现实的趋势和季节性等因素的影响

通常企业每周或每月对各个分销地点的库存单位（SKU）进行预测，基本的要素包括基本需求、季节性需求、变化趋势、周期性需求、促销计划和不规则需求。我们假设基本需求是企业销售的平均水平，除了不规则需求，其他类型的需求都随着基本需求的增加而增加。预测模型可以表示为：

$$F_t=(B_t\times S_t\times T\times C_t\times P_t)+I$$

式中，F_t 是 t 时期的预测需求量；B_t 是 t 时期的基本预测需求量；S_t 是 t 时期季节性需求因素；T 是每周期需求增加或减少的变化趋势；C_t 是 t 时期周期性因素；P_t 是 t 时期促销性因素；I 是 t 时期的随机需求。

基本需求一般指企业长期需求的平均量，它反映了需求在很长一段时间内的平均值。季节因素反映了需求一年中上下波动的情况，比如玩具等礼品在圣诞节期间需求量会大增。趋势因素反映了一段时间内销售走势的变化，在一个产品的生命周期中，趋势方向会变化很多次。周期因素反映了在一年以上的时期内需求的周期性波动，例如经济从衰退到增长可能需要3～5年的时间，房地产等行业的需求与这个经济周期相联系。促销因素是指需求变动的影响来源于企业的市场营销活动，如广告、商业交易以及促销等。不规则因素是无法归类到其他因素中的影响因素，包括无法或很难预测的随机需求。

第3节　需求预测过程与方法

物流需求预测是为了制定物流管理计划而对需求时间、地点、库存单位、装运流量等进行的预示或估计。精确的需求预测可以促进物流信息系统和生产设施能力的计划和协调，并且通过物流需求预测可以确定产品是如何向配送中心和仓库或者零售商进行分配的。为明确责任，衡量需求预测的效果，开展物流需求预测，需要建立一套包括组织、程序、动机以及人事等方面的完善的预测的行政管理体制，以支持预测活动的顺利开展，在此基础上选择预测技术，实施预测过程并对其过程实行有效监控。

一、需求预测过程

一般来说，需求预测过程主要包括理解预测目标、整合需求计划和预测、识别主要影响因素、选择合适的预测问题、选择合适的预测模型和建立预测绩效标准等步骤。

（1）理解预测目标。所有预测结果都是用来支持以预测为基础的决策的，所以明确识别出这些决策很重要，因为这些决策必然会受到需求预测的影响。这就要求供应链上相关方应当就产品促销等达成共同预测，并以此为基础确定一个共同的行动方案。

（2）整合需求计划和预测。将预测和整个供应链中所有计划活动联系起来，如产能计划、作业计划以及促销计划等，通过预测信息共享实现上述计划的协调一致。

（3）识别主要影响因素。识别需求的特性，现在处于增长趋势还是衰退趋势，抑或其现在存在季节性波动，以便选择有效的预测方法；识别供货提前期的长短变化，以便决定所需要的预测精确度；识别替代产品或是新产品的数量对预测的影响，以便决定需要预测的产品数量。

（4）选择合适的预测问题。企业的产品需求预测按照产品和需求区域可分为单一产品分区预测、单一产品需求总量预测、系列产品需求总量预测以及多种产品销售总额预测等不同综合水平预测，因此，需要选择合适的综合预测水平、预测范围以及预测变量。

（5）选择合适的预测模型。根据对预测影响因素的识别结果和所选择的预测综合水平，选择合适的预测模型，收集预测所需数据，验证预测模型并做出预测。

（6）建立预测绩效标准。为衡量预测效果，应建立评价预测准确性和时效性的绩效衡量标准。根据评价结果，采取适当方案来降低预测误差或对观察到的预测误差做出响应。

进行准确的预测，必须选用合理的预测方法。要想正确地使用预测方法，就必须首先分析需求所具有的特性，然后根据这些特性选择合适的方法。评价方法是否合适的衡量标准包括：准确性、预测的时间水平、预测的价值、数据的可获得性、数据的类型和预测者的经验。在选择方法时要按照以上六个标准。

二、需求预测方法

一般来说，需求预测的方法按照需求对象的性质和预测模式可以分为定性预测方法与定量预测方法。

（一）定性预测方法

定性预测方法是主观的预测方法，依赖于人们的判断和意见做出预测，主要方法有一般人员意见法、专家意见法、主观概率法。其主要适用于缺少历史数据或专家关于市场的见解对于预测十分重要的情况。这种预测方法具有预测时间短、成本低、操作性强的优点，但是预测的结果受主观因素的影响较大。

1. 一般人员意见法

（1）集体意见预测法。即把所有参与者的预测意见加权平均求出预测值的方法。其主要步骤如下：

1）每一位预测者提出个人的预测意见；

2）计算每一位预测者的意见平均值；

3）采用加权平均法求得集体的预测意见。

(2) 经营人员意见预测法。即通过听取经营人员的意见来预测市场需求。其特点包括：

1) 简单明了，容易进行；

2) 适用范围广；

3) 对商品需求量、品种、规格等都可以进行预测；

4) 在实际使用中灵活主动。

(3) 客户意见预测法。即直接听取客户意见后确定预测数。通过调查，对客户的购买意向、将来用什么、打算买什么，都了解清楚，再考虑可能出现的竞争情况之后，得出对本公司产品需求的预测数。可采用的方式包括：走访客户、客户座谈会、巡回展览、商品展销、定期填报需求登记表等。能否取得成功，主要靠客户的合作。

2. 专家意见法

(1) 专家会议法。即根据预测的目的要求，邀请专家开会，就有关内容进行深入讨论和分析，最后综合到会者的意见做出预测。此法的缺点是与会人数有限，且易受权威人士左右。

(2) 专家小组法，也称德尔菲法。其基本程序如下：由企业外的见识广博、学有专长的专家作市场预测。先请一组专家（10～50人）独立地对需要预测的问题提出意见，公司主持人把各人意见综合整理后反馈给每个人，使他们有机会比较他人不同的意见。如仍坚持自己的意见，可进一步说明理由，再寄给主持人。主持人整理后再次反馈给每个人，如此重复3～5次后，一般可得出一个比较一致的意见。

3. 主观概率法

这是一种以个人经验为主，对专家的意见进行分析评定而预测的方法。分别征求专家的意见，然后根据个人的经验，对专家的不同意见的可靠性进行评定（可以用百分比表示，也就是"主观概率"），再对专家的意见加以综合，以使预测值更加切合实际。

例如，请4位专家根据目前市场情况来预测某地区来年对手表的需求量，甲预测为15万只，乙预测为12万只，丙预测为8万只，丁预测为5万只。一个最有经验并且最了解目前情况的人认为，各人预测均有一定根据，评定甲的概率为0.5，乙和丙的概率均为0.2，丁的概率为0.1。按这个概率计算来年该地区手表的预测需求量为：

$$15\times0.5+12\times0.2+8\times0.2+5\times0.1=12(\text{万只})$$

（二）定量预测方法

定量预测方法需要有较为翔实的数据作为基础，预测方法的复杂程度也大不一样。一般来讲，物流管理者不必考虑太过复杂的预测方法。因为预测信息，尤其是销售预测，是企业各部门都需要的，预测活动常常是由企业的营销、规划或经济分析部门进行的。中期或长期的物流需求预测通常由其他部门提供给物流管理者。物流管理者的工作一般仅限于协助库存控制、运输计划、仓库装卸计划及类似活动的管理部门做短期预测。而且，大量的实证研究表明，没有哪种预测方法具有明显的优势，模型的预测精度也不会因为模型的复杂程度增加而自动提高。根据方法的复杂性、潜在作用和数据的可得性，物流管理者只需具体考虑几种预测方法。一般来说，定量预测方法具有科学理论性强、逻辑推理缜密的优点，但是其操作成本高、应用困难，并且需要依赖一定的理论基础。

定量预测方法主要包括时间序列法和长期趋势方法。

1. 时间序列法

时间序列指在一个给定的时期内按照固定时间间隔（例如，一小时、一周或一个月等），把某种变量的数值依时间先后顺序排列而成的序列。基于时间序列的预测方法总是假设通过过去的数值可估计它们未来的数值。

（1）平均数法。即通过对历史数据作平均运算，序列中偏高或偏低的数据可相互抵消，因此平均数法可以平滑数据序列中的波动。一般有四种平均数法。

（2）简单预测法。任何一个时期的简单预测值均等于前一个时期的实际值，需求稳定的产品可以使用这一预测方法。其优点是成本低、无须分析数据，因而既快捷又容易；缺点是预测精度不高。

（3）移动平均法。即利用过去一系列的实际数值进行预测，将距离预测期最近几期的实际数值的平均值作为预测值。计算公式为：

$$MA_n = \left(\sum_{i=1}^{n} A_i\right)/n$$

式中，i 为序时项数；n 为移动平均中的总序时项数；A_i 为第 i 期的实际数值；MA_n为移动平均数。

这种预测方法的优点是便于计算，易于理解；缺点是赋予各期相同的权重，如果在时间序列中发生了非随机性变动，该方法对这种变化的反应不敏感。

例 4—1　在 5 个连续时间段内，某库存产品的使用量是 90，84，100，108，116。

若求前 4 个时间段内的移动平均数，则

$$(90+84+100+108)/4=96$$

若求后 4 个时间段内的移动平均数，则

$$(84+100+108+116)/4=102$$

这里的每一步计算，原先的时间序列都被打破，而新的时间序列又被列入。计算得出每个时间段的平均数绘制到图表上。在计算平均数时，对时间段的选择没有精确的规定。应该不断尝试和改进，找到尽量少波动且最平滑的那个时间段。

（4）加权平均法。与移动平均法相似，不同的是赋予时间序列中距离预测期较近数据以较大的权重。

例 4—2　某商场家电产品在前四周的需求量依次为 19，17，15，13，给最近一期数据赋予权重 0.4，上一期数据赋予权重 0.3，再上一期数据分配权重 0.2，距离预测期最远一期数据分配权重 0.1。则加权平均值为：

$$MA_n=0.4\times13+0.3\times15+0.2\times17+0.1\times19=15$$

这种预测方法的优点是对最近一期的实际情况反应灵敏，其缺点一个是移动间隔期的确定，企业没有办法知道多久以前的需求对预测期的需求没有影响；另一个是赋予每一期的权重没有科学的确定方法，只能依靠主观的经验进行判断。

（5）指数加权平均数法。这种方法最适合进行短期预测，最新数据的权重高于早期数据。这种方法的特点有：1）短期预测中最有效的方法；2）只需要得到很小的数据量就可以连续使用；3）在同类预测法中被认为是最精确的；4）当预测数据发生根本性变化时还可以进行自我调整；5）是加权移动平均法的一种，较近期观测值的权重比较远期观测值的权重要大。

具体做法：上一期预测值加上时间序列该期实际值与预测值差额的一定百分数即得新的预测值。即

$$F_t = F_{t-1} + a(A_{t-1} - F_{t-1})$$

式中，F_t 为第 t 期的预测值；F_{t-1} 为第 $t-1$ 期的预测值；a 为平滑系数；A_{t-1} 为第 $t-1$ 期的实际需求量或销售量。

上式可变形为：

$$F_t = (1-a)F_{t-1} + aA_{t-1}$$

平滑系数 a 决定了预测对偏差调整的快慢。a 的值越接近 0，预测对偏差的调整就越慢（即预测对时间序列做出了更大的平滑）。反之，a 的值越趋于 1，预测对偏差的调整就越迅速，同时平滑效果就越差。在实际中，a 取 0.1 和 0.2 最频繁。当 0.1 这样小的数被选择使用时，由于它建立在大量的过去时间段的平均数基础上，其反应结果将是十分缓慢和渐进的。而使用较高值如 0.5 时，势必导致这种预计行为对实际变化作出“神经质”的太快反应。而有了指数的平滑作用，只需要用过去预计值和过去时间段内的实际需求值的差值乘以 a（分数值），就对过去预计值作出了调整。

例 4—3 在 1 月份，对某库存产品的实际需求是 290 单位，而原预测需求是 280 单位。假设平滑系数为 0.2，那么 2 月份的平均预测需求将是多少？

$$\begin{aligned} & 0.2 \times 290 + (1-0.2) \times 280 \\ = & 58 + 224 \\ = & 282 \end{aligned}$$

因此，对 2 月份的预测需求就是 284 单位。通过从估算出的当月需求中减去上月的平均预测需求，我们就得出需求的变化趋势。

2. 长期趋势方法

时间序列长期趋势分布反映了所有长期因素对时间序列数据的影响。可通过建立一个合适的数学模型对长期趋势进行分析。长期趋势预测一般具有如下形式：

$$y_t = a + b_t$$

式中，t 代表时间序数的期次；y_t 为第 t 期趋势值；a 为 $t=0$ 时该期趋势值；b 为直线斜率。

a 和 b 可利用历史数据进行计算：

$$b = \frac{n\sum ty - \sum t \sum y}{n\sum t^2 - \left(\sum t\right)^2}, \quad a = \frac{\sum y - b\sum t}{n}$$

式中，n 为时期数；y 为时间序列的数据。

第 4 节　预测的支持系统及组织与管理

一、建立准确需求计划的原因

需求管理、需求计划和销售预测在物流供应链中的作用是整体性的。除了传统的营销部

门，需求管理还包括协调企业和供应链中很多其他部门的市场活动。传统的需求对营销赋予了一些新的功能，在物流供应链管理中，营销必须协调物流供应链中的需求流（需求计划），以及激励供应链合作伙伴参与到各种流程的协调管理中（供应链关系管理）。

20 世纪 80 年代出现的准时制（just-in-time，JIT）和近期出现的快速响应（quick response，QR）理论使许多组织认为已经没有必要再投入时间和金钱来建立准确的需求计划了。这实际上是对 JIT 的误解，尽管会有越来越多的支持业务的复杂技术，我们仍认为不能回避的是“大多数组织需要准确有效的需求计划”这个事实。

（1）提前期的不平衡。客户服务的提前期，即客户在订货和收到产品之间准备等待的时间经常短于组织生产和分销产品所需的提前期。这是因为公司生产和运送的时间总是比客户准备等待的时间长。组织已花费大量的资金来缩短这两个时间的差距。采取的行动包括改变制造流程以缩短生产提前期，以及将运作地点更靠近客户以缩短分销提前期。尽管这些行动有一定的成效，但却不能将提前期缩短为零，所以仍需要需求计划来保证高水平的客户服务。

（2）营销管理。许多行业的成熟度意味着组织增长的唯一途径是增加市场份额。组织主要通过促销活动和其他营销行为来做到这一点，尽管营销行为可能会有效，但是通常投入较多，如果计划不周，预期收益很难实现。准确的需求计划有助于作出正确的决策，即在合适的时间向合适的地点提供合适数量的合适产品。

（3）中期运作计划。许多运作资金的集中性质和在全球供应链中运输产品的长提前期，意味着现在就要作出购买决策以满足客户的需求。准确的需求计划对作出正确的决策很重要。

（4）财务计划与预算。任何组织都要制定中期的财务计划与预算。缺乏准确的需求计划会使预算和实际运作条件相去甚远。

二、预测的组织过程

供应链中的预测通常以日、周或者月为单位。高效的预测管理过程由大量的要素组成，如图 4—2 所示。预测管理的基础是预测数据库，它包括经过处理后等待发货的订单、以往需求的历史数据以及刺激需求的策略，如促销、特殊交易或者产品交换等。在理想状况下，预测数据库是企业资源计划（ERP）的数据存储中心。该数据库通常也包含企业所需的其他数据，如经济环境和竞争活动等。为了帮助企业有效地预测，数据必须采取一种有利于信息使用、总结、分析和传递的方式，及时对历史数据和计划信息进行更新。

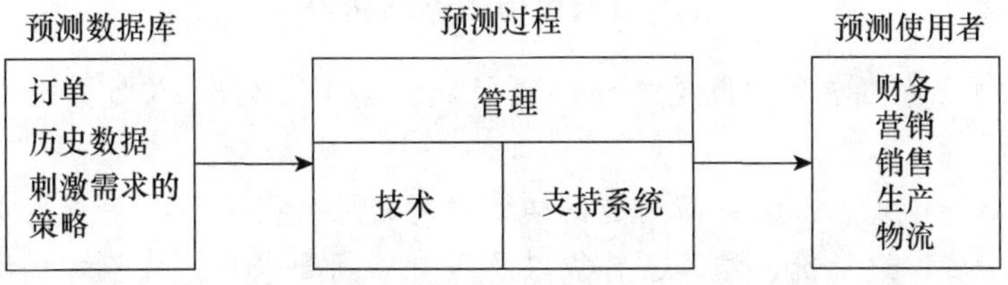

图 4—2　预测管理过程

有效的预测是整合以下几个要素的过程：预测技术、预测支持系统和预测管理系统。

1. 预测技术

技术要素是采用的数学或统计方法，将基本需求、季节、周期和促销等要素综合考虑得出预测的需求量，包括我们上面讲到的移动平均法、加权平均法，以及比较复杂的时间序列、回归分析等方法。虽然通过预测技术能够很容易地将历史数据与未来的需求值联系起来，但是预测技术未能把未来事件考虑进去。所以，企业将预测技术与预测支持和管理系统整合起来变得越来越重要。

2. 预测支持系统

预测的辅助支持系统包括多个方面，如收集并分析数据、进行预测、将预测信息告诉相关工作人员以及实现预测信息在计划系统中的传递等，支持系统还需要考虑多种外部因素带来的影响，如促销活动、罢工、价格变动、产品线的更改、竞争活动以及经济环境等。例如，一个营销经理认为下个月的促销计划可能会使销售增长15%。如果预测支持系统很难调整用于下个月预测的前提影响因素的值，那么最终预测值上的调整也很难实现。相似地，当包装规格改变时，预测的历史数据应该及时做出改变以反映正确的规格和数量。如果受到系统的限制，这些更改很难及时完成。所以有效的支持系统可以帮助企业保持、更新和操作历史数据并进行预测。

3. 预测管理系统

预测管理包括企业从组织、过程、促进和人员管理方面对预测进行管理。在进行组织方面管理时，关注的重点是个体扮演的角色和具有的责任。在定义预测管理的职能时，必须对这些影响做出详细的说明。

动态模拟能够解释预测的不一致性对供应链中多个成员的影响情况。从最开始的环节到最后的回馈，不完善信息导致的成本掩盖了销售和预测直接沟通的成本。因为大多数交易都是建立在对未来交易预测的基础之上，如果企业对预测持有过分乐观的态度，就会导致其将大量的精力投入大量完全无用的工作。

要提高预测的准确性，就必须对误差进行衡量和分析。预测的准确性指销售的预测值与实际值之间的差别。通常情况下，预测误差是指实际需求与预测之间的差别，但是，当需要计算误差大小，并对误差进行比较时，就必须明确误差的真正含义。此外，我们还需要考虑衡量水平和累计总量的大小。如果SKU的信息都有详细的记录，那么可以针对单个SKU的存储情况来计算预测误差。通常情况下，累计总量越大，相应的预测误差值越小。

案例分析

有价值数据的获得

IBM商业价值学会的奥尼尔提醒我们，让零售商交出POS数据至少还要迈过三道坎：

信任——传统上，消费品制造商和零售商之间存在一种不信任的关系，贸易伙伴经常为进场费、进货价、结算、补货以及压货等问题争执。在双方的敌对情绪中，零售商进而会怀疑：“供应商是否会将我的数据给我的竞争对手?”

数据所有权——这直接涉及某一方想获得数据时应该付出的“代价”。协作要求公开共享的操作客户数据，然而，大多数公司将POS数据视为竞争时有用的东西。供应商如果想得到，就必须拿什么东西来交换！也许宝洁和联合利华能拿出很多让零售商“心仪”的东西（例如帮助零售商作区域零售市场局势调查），但那些既没有金钱又没有“技巧”的供应商怎么办呢？

数据分析——这是一个非常关键的问题：供应商和零售商都想当然地以为对方有大量的数据分析报告，但事实的真相却让人大跌眼镜！国内某大型连锁超市的信息总监说：“中国零售商不缺 POS 机，但就是缺对 POS 数据的分析和应用。”不要以为精细的数据分析所有企业都能做到，这可是一项非常繁重的任务——华东区某大型超市尽管建立了商品数据分析部门，但却承认：自己 80%的时间和精力都耗在了信息收集和整理上，只有不到 20%是分析！实际正像 IBM 的奥尼尔所说：“信息的来源各种各样……事实上，许多零售商现在仍使用过时的数据分析技术。”如果零售商都没有从它们拥有的数据中受益，供应商还想得到什么？

另外，尽管联华、华联、华润等超市正在成立专门的组织处理 POS 数据，但一位采购经理批评道：“懂得怎样要数据也是非常重要的。很多供应商希望像宝洁一样，跟我们进行促销计划的协作，但是它们根本就没有具体的计划——你至少应该明确地列出你需要什么数据才行啊！”

资料来源：http://www.chinawuliu.com.cn.

问题讨论：

供应链管理需要获取哪些数据？

□ 本章小结

不完善的需求计划会引起全面的破坏效果：低质的客户服务和上升的成本。相反，具有高质量需求计划的组织能从快速有效地满足客户需求中获益。本章重点阐述预测和需求计划的重要性，介绍了需求的特征和分类，概括了预测的影响因素，总结了预测的支持系统和组织管理方面的实践。如果加以实施，这些简单、综合化的步骤将提高组织需求计划的质量，并帮助组织建立更强、更准确的客户需求响应能力。

采购管理　第5章

知识要求

通过本章的学习，掌握

- 采购及采购管理的概念
- 采购管理的流程
- 供应采购细分的标准
- 供应商细分标准和分类管理
- 战略采购的作业范围
- 战略供应商管理流程

技能要求

通过本章的学习，能够

- 理解采购管理的重要性及其作用
- 理解战略采购的特点及优势
- 了解不同细分类型的物品采购管理的重点
- 掌握形成采购管理组织结构所需要考虑的因素

引导案例

沃尔玛全球采购之变

直接向生产企业下单，以减少供应链的中间环节，应该是每一个流通领域的企业所向往的一件事情，但实际中却很难操作。

沃尔玛正在做这样的努力。这家在全球500强中排名第一的企业2010年宣布了以新的全球采购中心（GMCs）为核心的统一的全球采购架构。这项全球采购新战略的重点将是不断增加沃尔玛公司自有品牌的直接采购。

“从某种意义上说，这是沃尔玛采购战略的一次回归。”据业内人士介绍，2002年以前，沃尔玛直接采购的比例一度很高，但迫于中小供应商的不合作，这一比例近年来一直在降低。此番沃尔玛重提直接采购，必然会在模式上进行一些优化。而沃尔玛与香港利丰公司20亿美元采购额度的一次合作，很可能会成为沃尔玛优化自身采购体系的一个“过河卒子”。业界认为，不排除沃尔玛未来与国际采购公司成立合资公司的可能。

采购新政是战略回归

沃尔玛第一次在公开场合透露其全新采购架构的消息，还是在2009年10月其全球公司举办的投资社区年会上。沃尔玛表示，这一变化的初衷旨在发挥公司采购上的全球规模优势。事实上，中国的部分供应商在更早时候就已经知道这一消息。在2009

年9月左右召开的供应商大会上，沃尔玛就加强直接采购向供应商进行了简短说明。当时一些中小供应商开始担心，新一年的采购合同中，自己的商品利润又要被削薄了。

为了向其合作伙伴更为详细地说明这项举措，2010年1月，沃尔玛先后两次对这项新政作出公开解释。1月6日，沃尔玛表示，为了控制成本，将加大直接采购的力度，缩短供应链。1月28日，沃尔玛表示，其新的全球采购战略将包括创立全球采购中心，进行领导层及架构的调整等。

据介绍，沃尔玛目前每年大约花1 000亿美元采购自有品牌商品，其直接从制造商采购的比例不足20%，且一般按国别进行采购。沃尔玛美国业务负责人Eduardo Castro-Wright估计，转向直接采购，5年内在整条供应链上可节省5%～15%的成本。按照这种算法，如果沃尔玛能够将直接采购的比例提高到80%的长期目标，就有望节省40亿～120亿美元的成本开支。

"这算得上是沃尔玛采购战略的一次回归。"一位曾在沃尔玛中国采购部门工作多年的人士表示，早在2000年左右，沃尔玛中国公司的直接采购的比例就已经达到了80%，但当时沃尔玛在中国的门店数量并不是很多。此后，迫于供应商尤其是一些中小供应商的反抗，这一比例在2002年以后逐年降低。该人士认为，沃尔玛的这项采购新政执行的难度依旧不小。"沃尔玛有自己的算盘，希望通过直接采购削减成本。但沃尔玛的直接采购并不会给生产厂商带来利润，反而会使它们在仓储、物流甚至售后服务方面的压力变大，一些中小生产企业根本没有能力应对这种局面。此外，企业一般也不会因为沃尔玛一家企业而放弃经销商。"但沃尔玛始终没有放弃加强直接采购的想法，主要是可以缩短供应链，节省成本开支，另外直接采购可以最大限度地发挥沃尔玛规模经济的优势。

沃尔玛全球采购中心地位尴尬

利丰的"横空出世"，使设立在深圳的沃尔玛全球采购中心的地位再度陷入尴尬。在中国市场，沃尔玛全球采购中心是独立于其卖场业务的一个单独体系。其前身是香港的一家外贸代理商，2001年底沃尔玛将其收购后搬迁到了深圳，并以深圳为基地，向全球延伸出20个采购据点。

沃尔玛设立全球采购中心的初衷，也是试图让海外沃尔玛商店的买手能够逐渐越过贸易商，直接向中国本土供应商下订单采购。但由于下单决定权掌握在总部的买手手中，全球采购中心从一开始就没有采购实权。而沃尔玛总部的买手和美国进口商的关系更为密切，导致全球采购中心的采购人员在内部和贸易商的博弈中常落于下风。供应链中间多出来的这一环节，反而增加了沃尔玛的运营费用。

之前一直有看法认为，在沃尔玛全球采购中心经营情况不能很好改善的情况下，沃尔玛全球采购将走回2002年以前的老路，由贸易公司全权代为采购。有业内人士认为，利丰的介入有望帮助沃尔玛全球采购中心解决"定位不清"的矛盾。此后，利丰模式可能会集中于沃尔玛针对非品牌商品的采购。而对于宝洁、可口可乐等顶级厂商，则交由全球采购中心接洽谈判，这两种采购模式未来完全可以形成互补的关系。

沃尔玛与家乐福两种模式各得其所

在进入中国市场的第17个年头，沃尔玛依旧没有学会中国市场的一些“潜规则”——在它的竞争对手那里，进场费等后台利润已经成为除商品利润之外的一项很大的收入来源。而沃尔玛的直接利润100%来自于商品毛利，这决定了它对供应链的掌控要求极为严格。一直以来，沃尔玛固执地坚持“营采分离”，它的零售体系与采购体系是两个完全独立的体系。

而作为沃尔玛在中国市场的强劲对手，家乐福在中国建立了5个采购中心，对于区域差别不大的商品实施集中采购。但同时对各个店又授予了一定的采购权限，可以根据地方文化特色进行自由组合。公司再通过严格的目标控制和绩效考核来约束采购人员。家乐福采取的“营采合一”的经营方式，可以随时针对地区差异进行策略调整，被业内认为是其在中国市场取得巨大成功的一个重要因素。

但沃尔玛的坚持也有自己的道理。对规模经济和制度的依赖，一直是沃尔玛成本领先的一大法宝。在它看来，完全没有必要为了在全球市场远远落后于自己的竞争对手，而放弃自己的竞争优势。此番加强直接采购，沃尔玛的算盘正是希望将规模经济的优势更大程度地发挥出来。尽管通过收购好又多，沃尔玛在中国市场的门店数量会有一个大的飞跃，但它的采购规模经济的优势还是很难体现。除了双方在整合层面面临一些阻碍，中国市场地区差别巨大、消费者不成熟、物流信息系统不发达，都是沃尔玛庞大采购计划难以执行的掣肘因素。

很难在短时间里判断沃尔玛和家乐福这两种截然不同的模式孰优孰劣。换句话说，家乐福在与中国市场一起成长，而沃尔玛却是在等待中国市场的成长。如果需要一个比较，那么时间节点应该放在更远的将来。

资料来源：商业评论网，http://www.ebusinessreview.cn/articledetail-6528.html，有删改。

问题

（1）沃尔玛是如何实现全球在线采购的？

（2）如何评价沃尔玛的采购模式？

第1节　采购与采购管理概述

20世纪90年代，采购作为企业高层管理人员高度关注的一个新兴商业领域而出现。早在1982年，美国著名管理学家彼德·德鲁克就已经指出，“商业中最大的潜在获益机会存在于生产企业与其供应商之间，这是所剩的赢得竞争优势最大的未开发领域……没有什么领域像该领域一样如此被忽视”。正是因为人们对采购的高度关注，采购管理已经成为现代物流与供应链管理中一个重要的领域。不仅如此，在现代物流越来越趋向于一体化以及供应链管理日渐高度化、整合化的背景下，采购管理不再像以前一样关注传统的层次职能结构，而是更加集中于改进采购流程，以便从外部的原材料及服务供应商那里获取最大的价值。

一、采购与采购管理

采购在传统意义上是指企业为了使经营活动能够顺利开展，并满足消费者对产品和服务的需求，而从事的物料和零部件的购买行为。具体来讲，包括企业提出采购需求、选定供应商、发出采购订单、确定交货并按要求收货付款的过程。采购环节连接了供应链的各个成员，并且直接影响到物流过程的成本与质量，进而影响客户满意度和企业的收益。因此，有效的采购活动有利于产生企业的竞争优势。

与采购相对应，采购管理就是指为保障企业物资供应而对企业采购活动进行的管理活动。管理包含计划、组织、指挥、协调和控制五大职能。采购管理就是对整个企业采购活动的计划、组织、指挥、协调和控制活动。

二、采购管理的地位及其演变

根据迈克尔·波特的价值链理论，采购是企业价值链的重要支持活动。所谓支持活动，是指支持价值链基本活动而且内部之间又相互支持的活动。基本活动是直接创造价值的活动，而支持活动本身不创造价值，或者不具备增值能力，但是它对基本活动的增值提供必要的保障和支撑（见图 5—1）。但是，随着企业生产经营方式的不断变革（见表 5—1），特别是供应链管理的发展，原来不属于增值活动的采购具备了增值的能力，并且在企业产销物三位一体的管理中发挥着举足轻重的作用。究其原委，我们认为这种变化与发展源于供应链管理体制下或者说一体化物流条件下生产经营方式的变革。

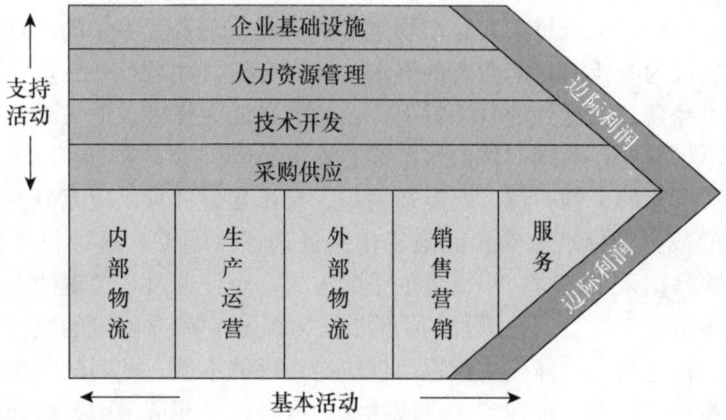

图 5—1　企业价值链

表 5—1　　**不同生产环境对应的生产及采购**

生产环境	按库生产	按单生产	按单设计生产
作业方式	流水线	机群式或按工艺特点	现场作业
生产特点	产品导向	工艺导向	项目或设计导向
产品特点	数量大、标准化程度高	多品种、少批量	变种变量
竞争优势	低成本、及时交货	高质量、按时交货	专有技术及制造
采购特点	成批、标准采购	分类采购与管理	战略采购

1. 按库生产阶段

这一阶段从 20 世纪二三十年代一直延续到六七十年代，标志着大规模工业化生产阶段的形成。始于福特所发明的库森斯流水线，自从工业化流水线生产方式的确立，商品生产得以大批量进行，规模经济的作用日益凸显，现代工业凭借强大的生产能力和低成本，为广大的消费者带来经济上的收益并实现了大规模市场的需要，迅速提高了整个社会的消费水平，社会经济从短缺时代向温饱乃至买方市场转化。这时从商品经营的角度看，消费者处于产品获取满足的阶段，市场的主导权基本上属于制造商；而就商品本身而言，标准化的程度很高，生产上属于大规模批量化生产。在这一阶段，衡量企业竞争力的标准，一是企业能否发挥较大的规模生产能力，有效地降低成本，从而满足社会的普遍需要；二是能否及时交货。出于这两个目的，这时的采购宗旨主要是保障标准化产品生产的顺利进行和充分供应，使得规模生产不断延续。所以，这一阶段的采购行为大多是成批、标准化采购，这种采购行为严格意义上讲只是主要基本活动的支持和辅助因素。

2. 按单生产阶段

20 世纪六七十年代以后，随着社会经济环境的变迁、企业竞争的不断加剧以及科学技术的变化对各行各业产生深远的影响，企业生产方式和经营理念发生了巨大的变化。变化突出反映为商品供给开始极大丰富，消费者需求也越来越向高层次化、多样化方向发展，已经不再满足于标准化产品的消费。相应地，制造商的生产方式也开始变革，即从按库生产转向按单生产（make-to-order）。具体讲，制造商在接到客户订单后，再对采购的原材料、零部件、半成品进行加工、组装以及包装，然后通过分销渠道以及恰当的促销方式，将消费者需要的产品送达消费者手中。按单生产方式建立在市场细分以及工艺导向的生产基础之上，其产品结构表现为多品种、少批量，它是市场主导权掌握在消费者手中的产物。这种条件下企业的竞争力不仅表现为有效满足消费者的需求、及时交货，而且反映在企业能在合理控制损失的前提下低成本经营。在这种经营宗旨下，企业的采购面临极大的挑战，这种挑战源于产品、品类、规格不尽相同，不同部件的采购面临着分类管理的要求。

以计算机生产厂家的采购为例，对制造简单、技术含量低且供应充分的鼠标等物品的采购可以沿用以往的成批、标准采购；而对于中央处理器（CPU）这种技术含量高、市场供给不充分的关键物品则采用即时、小批量的采购方式。企业通过与关键的上游供应商建立长期合作，实行多频度、少批量、持续性的采购交易和配送，确立双赢的伙伴关系，实现真正的按单生产要求，正是当今一体化物流以及供应链管理的本质。此时的采购管理已经不仅是简单的物品购买和管理，而且延伸到了供应物品的分类以及相应采购策略和政策的制定，其工作的质量直接决定整个企业的经营绩效和生死存亡。所以，在这一时期采购管理已经成为一项管理流程，而非简单的职能，具有较强的增值能力。

3. 按单设计生产阶段

进入 21 世纪，随着一体化物流和供应链管理的蓬勃发展，企业的生产方式又潜移默化地经历了从按单生产到按单设计生产的方向转变。所谓按单设计生产，主要是企业收到客户订单后，对产品进行设计、制造，然后按顾客的需要进行分销配送。这种生产方式的出现和发展是企业强化核心竞争力、开展个性化经营和服务、推广一对一营销的产物。相比前一阶段，此时的按单设计完全体现了单个顾客自身的特定需求和偏好，其差异化的程度和增值能力比以往任何时候都要强。例如，以生产芭比娃娃著称的美泰公司从 1998 年 10 月起，可以让孩子登录到 barbie. com 设计她们自己的芭比朋友，她们可以选择娃娃的皮肤弹性、眼睛颜色、头发的式样和颜色、附件和名字。当娃娃邮寄到孩子手中时，孩子会在上面找到她们娃娃的名字。这是美泰公司第一次大量制造“一个一样”的产品。

按单设计生产对企业的生产运作模式提出了更高的要求，即需要通过模块化生产实现个性化经营，同时有效地控制成本。如果像美泰公司那样完全实现定制化的经营，企业的生产成本将会很高，为了达到兼顾个性化经营和控制成本的双重目的，必须采用模块化生产，因而按单设计生产使得企业的生产工艺发生了巨大变化。同时，模块化生产对采购管理又提出了巨大的挑战，一般而言，模块化的零部件是在企业对大量顾客数据进行分析和挖掘的基础上特别设计出来的，能覆盖绝大部分顾客的差异化要求，属于定制的零部件和原材料。但问题的关键在于，这些定制的模块化的部件往往在市场上不存在，至少是不充分供应，所以，这种方式要求企业与供应商建立协同开发市场的伙伴关系，在设计初期供应商就加入进来，才能保证模块化部件的可制造性以及合理供应。此时的采购是一种绝对的战略增值管理行为，它已经成为供应链管理和一体化物流管理须臾不可分的管理领域。

三、采购活动的作用

随着企业经营战略的变迁，特别是生产方式的变革，采购已不再是简单的物品买卖，而是商品生产和交换整体供应链中的重要组成，是企业经营管理的一个核心环节，更是公司获取经营利润的一个最大源泉。具体讲，采购在企业的产品开发、质量保证、整体供应链以及经营管理中都起着极其重要的作用。

1. 采购的价值地位

在全球范围内制造企业的产品成本构成中，采购的原材料及零部件成本占企业总成本随行业不同而不同，大体在30%～90%，平均水平在60%以上。从世界范围来说，对于一个典型的企业，一般采购成本（包括原材料、零部件）要占60%，工资和福利占20%，管理费用占15%，利润占5%。而在中国的工业企业，各种物资的采购成本要占到企业销售成本的70%。显然采购成本是企业成本管理中的主体和核心部分，采购是企业管理中“最有价值”的部分。

在现实中，许多企业在控制成本时将大量的时间和精力放在不到总成本40%的企业管理费用以及工资和福利上，而忽视其主体部分——采购成本，往往是事倍功半、收效甚微。事实上，产品成本中，材料部分（BOM）每年都存在5%～20%的潜在降价空间。而材料价格每降低2%，在其他条件不变的前提下，净资产回报率可增加15%。此外，采购中每1元钱的节省都会转化成1元钱的利润，而在其他条件不变的情况下，若公司的利润率为5%，要想依靠增加销售来获取同样的利润，则需要多销售20元的产品。事实上，从采购的角度降低1元成本远比从销售上多卖20元的产品要容易得多，成本也要低得多。

2. 采购的供应地位

在商品生产和交换的整体供应链中，每个企业既是顾客又是供应商。为了满足顾客的需求，企业都要力求以最低的成本将高质量的产品以最快的速度供应到市场，以获取最大利润。利润是同制造及供应过程中的物流和信息流的流动速度成正比例的，因此企业为了获取尽可能多的利润，会想方设法加快物料和信息的流动，这就必须依靠采购的力量，充分发挥供应商的作用，因为占成本60%的物料以及相关的信息都发生或来自供应商。供应商提高其供应可靠性及灵活性、缩短交货周期、增加送货频率可以极大地改进企业的绩效，如缩短生产总周期、提高生产效率、减少库存、增强对市场需求的应变力等。

正如前面所提到的，竞争的要求迫使企业趋向于争取按订单设计生产的环境，企业需要将供应商纳入自身的生产经营过程，将采购及供应商的活动看做自身供应链的一个有机组成，才能加快物料及信息在整体供应链中的流动，从而将顾客所希望的库存成品向前推移为半成品，进而推移为原材料。这样既可减少整个供应链的物料及资金负担（降低成本、加快资金周转等），又可及时将原材料、半成品转换成最终产品以满足客户的需要。在整体供应链管理中，准时化生产是缩短生产周期、降低成本和库存，同时又能以最快的交货速度满足顾客需求的有效做法。而供应商的准时化供应是供应链核心企业进行准时化生产的主要内容。因此，从供应链角度来说，采购是供应链管理中上游控制的主导力量。

3. 采购的质量地位

质量是产品的生命，而企业的质量控制一般分为进货质量控制、过程质量控制和出货质量控制。由于产品中价值60%的部分是经采购由供应商提供，毫无疑问，企业产品质量不仅要在企业内部限制，更多地要控制在供应商的质量过程中，即进行上游质量控制。供应商上游质量控制得好，不仅可以为下游质量控制打好基础，同时可以降低质量成本，减少企业来货检验费用等。经验表明，一个企业若将1/4～1/3的质量管理精力放在供应商的质量管理上（包括系统的供应商质量控制和改进），那么企业自身的质量（过程质量及出货质量）水平起码可以提高50%以上。可见，通过采购将质量管理延伸到供应商，是提高企业自身质量水平的基本保证。

4. 采购在产品与经营中的作用

随着时代的变化和技术的进步，产品的开发周期极大地缩短，产品开发“同步工程”（concurrent engineering）应运而生。以汽车为例，20世纪50年代其开发周期约为20年，70年代缩短到10年，80年代缩短到5年，90年代则进一步缩短到3年左右。以电脑为代表的信息产业产品更是日新月异，其更新换代几乎是以指数的速度加快。企业之所以能做到这一点，恰恰是由于通过采购将供应商纳入早期开发。尽早地通过采购让供应商参与到企业自身的产品开发过程中，不仅可以利用供应商的专业技术优势缩短产品开发时间，降低产品开发费用及产品制造成本，还可更好地满足产品功能性的需要，提高产品在整个市场上的竞争力。

企业通过采购让供应商参与到企业自身的产品开发与生产过程中，与供应商建立伙伴关系，在自己不用直接进行投资的前提下，充分利用供应商专业技术优势为自己开发生产产品，一方面可以节省资金、降低投资风险，另一方面还可以最快的速度形成生产能力、扩大产品生产规模（因为供应商一般都具备专业技术优势和现成的规模生产能力）。很多企业不再将供应商的利用局限于原材料和零部件领域，而是扩大到总成甚至于成品，这里最典型的就是代工（OEM）产品。

四、采购管理的发展趋势

随着企业经营行为的变化和经济环境的变迁，采购行为发生了很大的改变，出现了很多新兴的管理趋势，这些趋势反映了供应链环境下采购的特点，同时也提出了采购所需要的新型管理原则，其主要发展趋势表现为：

1. 电子商务采购

电子商务采购是伴随着信息技术的发展而产生、演化的，它通过互联网、企业内部网以及其他外部网络技术，使众多的交易企业实时地进行信息沟通、访问电子目录，从而以最低的采购成本获取经济利益最大的产品。正如美国技术公司供应管理开发部经理萨姆·法尼所说，“我们发现电子商务有两个方面的好处，首先是实时性——实时获取并跟踪信息；其次是获取数据本身的价值。以前，我们还来不及收集整理过去一年投资支出的有关信息，就已经进入了下一年度，现在通过电子商务，可以立即获取并分析这些信息”。电子商务采购的作用不仅限于此，它的潜在运用还包括订单跟踪、资金转账、产品计划和进度安排、收据确认等，从而最终加速企业运作、缩短前置时间，同时把大量的人力资源从烦琐的事务性工作中解放出来，全面降低企业采购管理的成本。

在充分认识这种采购管理的巨大优势的同时，我们也必须看到这种采购趋势的局限性。首先，采购管理是一个极为复杂的系统工程，今天的采购包含的内容较为广泛，既有成本控制、准时化采购的要求，又有供应市场的调查、伙伴关系建立等要求。不仅如此，作为企业价值链组成部分的采购活动，往往又与企业其他管理领域发生各种交互行为。所以，合理采购体系的建立不是推行电子商务一方面就能解决的，相反，电子商务采购的顺利开展和绩效的体现，有赖于整个企业管理的规范以及竞争行为的规范，甚至行业宏观经营体制的健全。脱离了这些最基本的管理规范和良性经营环境的建立，电子商务采购可能不仅不能发挥应有的作用，反而会加大企业经营的难度和风险。其次，电子商务采购尽管是当今企业采购领域的发展趋势，但是这并不说明电子商务采购完全适合所有的行业和产品，因为基于公开竞价招标的采购形式不一定适应高附加价值、供给不充分的产品，所以，如果不讲条件地推行电子商务采购，其结果只会出现诸如福特汽车公司的一个主供应商谈到的“电子商务交易是一个冷冰冰的平台，它把具有巨大潜质和增值能力的企业踢得很远……如果强行推行电子商务采购，那么只有选择交易退出”。

2. 采购外包

现代企业经营所需要的物品越来越多，采购途径和采购活动也越来越复杂，企业的采购管理成本很高，影响了关键部件的采购管理绩效。在这种状况下，越来越多的企业开始将某些采购活动外包给主要合同商、承包商或者第三方公司。与企业自己进行采购相比，利用承包商和第三方公司往往可以提供更多的经济利益和购买经验，从而使企业从目前与采购相关的繁重的日常事务管理及高成本中解脱出来。

采购业务的外包往往是具有风险的行为，因为今天的采购与生产战略和经营战略紧密相连，采购业务的过度外包可能会造成企业战略机密的泄露，从而损害企业的核心竞争能力，这就给现代企业采购管理带来了极大的难题，即什么样的业务和部件采购或相应的物流活动可以外包，又有哪些物品和活动必须是自己控制和掌握的。当然，从一般意义上讲，只有非战略性物品或非核心业务才有可能外包，这些物品和业务的外包不会给企业带来大的负面影响，相反，战略物品和业务活动无论多么复杂、成本多高，都需要企业自己严格控制和运作。

3. 集中采购

集中采购是相对于分散采购而言的，它是指企业为了满足日常经营活动的需要，以总公司或机构为单位，以招标、谈判、询价等方式，从国内外市场集中购买商品或物质的行为。集中采购是降低采购成本、提高企业整体竞争力的有效方式，同时还可以避免传统分散采购中的“灰色价格”和交易回扣等现象。随着经济全球化的发展及信息技术的应用，越来越多的企业在全国乃至全球范围内开发和利用供应商帮助自己进行业务扩张，采购国际化已是大势所趋。基于全球化战略的集中采购则是指生产商通过联合多家企业的购买力量，从国际市场得到有竞争力的采购合同。

然而，在企业大规模推广集中采购的同时，有些问题也是值得我们进一步思考的，即是否企业中所有的商品和物质都适合集中采购模式，尤其是集中交易、集中仓储、集中调配的形式。在全球集中采购的趋势下，采购供应活动会变得十分复杂，地理位置和范围的延伸使得企业需要在最大程度上利用当地有竞争力的供应商及其生产的物质。这种情况下，采用完全的集中采购，可能会影响到本地竞争资源的利用。此外，由于企业中业务、商品和物资的性质、价值等情况不尽一致，采用完全的集中采购，可能会延迟业务决策的灵活性，某些不重要的商品和物资如果采用完全的集中采购，反而会增加管理的代价和成本。因此，集中采购管理体系的建立需要企业根据不同的状况、业务的性质、产品的特性等多种因素来决定，而且即便是集中采购，也有"集中谈判、分散进行"的形式，并非完全是"集中交易、集中仓储、集中调配"。

第2节 电子商务环境下的采购管理

采购管理对于企业提升经营绩效具有决定性作用。而从现代采购管理的环境看，在电子商务模式下，采购供应活动真正改变了原来无战略细分和供应管理的局面，实现了采购管理的5R，即采购供应的恰当的数量、恰当的时间、恰当的地点、恰当的价格以及恰当的来源。

一、传统采购模式的特点

传统采购的重点放在如何和供应商进行商业交易的活动上，特点是重视交易过程的供应商的价格比较，通过供应商的多头竞争，从中选择价格最低的作为合作者。传统的采购模式的主要特点表现在如下几个方面。

（1）传统采购过程是典型的非信息对称博弈过程。选择供应商在传统的采购活动中是一项首要的任务。在采购过程中，采购一方为了能够从多个竞争性的供应商中选择一个最佳的供应商，往往会保留私有信息，因为向供应商提供的信息越多，供应商的筹码就越大，从而对采购方越不利。采购、供应双方都不进行有效的信息沟通，这就是非信息对称的博弈过程。

（2）验收检查是采购部门的一项重要的事后把关工作，质量控制的难度较大。质量与交货期是采购一方要考虑的另外两个重要因素，但是在传统的采购模式下，要有效控制质量和交货期只能通过事后把关的办法，因为采购一方很难参与供应商的生产组织过程和有关质量控制活动，相互的工作是不透明的。因此，需要通过各种有关标准如国际标准、国家标准等进行检验验收。缺乏合作的质量控制会导致采购部门对采购物品质量控制的难度增加。

（3）供需关系是临时的或短时期合作关系，竞争多于合作，没有战略供应细分。在传统的采购模式中，由于缺乏合作与协调，采购过程中抱怨和扯皮比较多，很多时间耗费在解决日常问题上，没有更多的时间用来做长期性预测与计划工作，供应与需求之间这种缺乏合作的状况增加了运作中的不确定性。

（4）响应用户需求能力迟缓。由于供应与采购双方在信息的沟通方面缺乏及时的信息反馈，在市场需求发生变化的情况下，采购一方也不能改变供应一方已有的订货合同，因此采购一方在需求减少时库存增加，在需求增加时出现供不应求。

二、电子商务环境下采购的特点

1. 从为库存而采购转向为订单而采购

电子商务模式下，采购活动是以订单驱动方式进行的，制造订单是在用户需求订单的驱动下产生的。然后，制造订单驱动采购订单，采购订单再驱动供应商。这种准时化的订单驱动模式，可以准时响应用户的需求，从而降低了库存成本，提高了物流速度和库存周转率。

订单驱动的采购方式有如下几个特点。

（1）由于供应商与制造商建立了战略合作伙伴关系，签订供应合同的手续大大简化，不再需要双方的询盘和报盘的反复协商，交易成本也因此大大降低。

（2）同步化计划的协调下，制造计划、采购计划、供应计划能够并行进行，缩短了用户响应时间，实现了电子商务的同步化运作。采购与供应的重点在于协调各种计划的执行。

（3）采购物资直接进入制造部门，减少采购部门的工作压力和不增加价值的活动过程，实现电子商务精细运作。

（4）信息传递方式发生了变化。在电子商务环境下，供应商能共享制造部门的信息，提高了应变能力，减少信息失真。同时在订货过程中不断进行信息反馈，修正订货计划，使订货与需求保持同步。

（5）实现了面向过程的作业管理模式的转变。订单驱动的采购方式简化了采购工作流程，采购部门的作用主要是沟通供应与制造部门之间的联系，协调供应与制造的关系，为实现精细采购提供基础保障。

2. 从采购管理向外部资源管理转变

传统采购的不足之处就是与供应商之间缺乏合作、缺乏柔性和对需求快速响应的能力。准时化思想出现以后，对企业的物流管理提出了严峻的挑战，需要改变传统的单纯为库存而采购的管理模式，提高采购的柔性和市场响应能力，增强和供应商的信息联系和相互之间的合作，建立新的供需合作模式。因此，电子商务采购模式的第二个特点就是实现有效的外部资源管理。

要实现有效的外部资源管理，制造商的采购活动应从如下几个方面进行改进。

（1）和供应商建立一种长期、互惠互利的合作关系，这种合作关系保证了供需双方能够有合作的诚意和共同解决问题的积极性。

（2）通过提供信息反馈和教育培训支持，在供应商之间促进质量改善和质量保证。今天，产品的质量是由顾客的要求决定的，而不是简单地通过事后把关所能解决的。因此在这种情况下，质量管理工作需要下游企业提供相关质量要求的同时，及时把供应商的产品质量问题及时反馈给供应商，以便其及时改进。对个性化的产品质量要提供有关技术培训，使供应商能够按照要求提供合格的产品和服务。

（3）协调供应商的计划。一个供应商有可能同时参与多条供应链的业务活动，在资源有限的情况下必然会造成多方需求争夺供应商资源的局面。在这种情况下，下游企业的采购部门应主动参与供应商的协调计划。在资源共享的前提下，保证供应商不至于因为资源分配不公或出现供应商抬杠的矛盾，保证正常供应关系，维护企业的利益。

（4）建立一种新的、有不同层次的供应商网络，并通过逐步减少供应商的数量，致力于与供应商建立合作伙伴关系。在供应商的数量方面，一般而言，供应商数量越少越有利于双方的合作。但是，企业的产品对零部件或原材料的需求是多样化的，因此，不同的企业，供应商的数目不同，企业应根据自己的情况选择适当数量的供应商，建立供应商网络，并逐步减少供应商的数量，致力于和少数供应商建立战略伙伴关系。

为此，供应商也应该在以下几个方面提供协作：一是帮助拓展用户（下游企业）的战略；二是保证高质量的售后服务；三是对下游企业的问题做出快速反应；四是及时报告所发现的可能影响用户服务的内部问题；五是基于用户的需求，不断改进产品和服务质量；六是在满足自己的能力需求的前提下，提供一部分能力给下游企业——能力外援。

3. 从一般买卖关系向战略协作伙伴关系转变

电子商务模式下采购管理的第三个特点，是供应与需求的关系从简单的买卖关系向双方建立战略协作伙伴关系转变。

在传统的采购模式中，供应商与需求企业之间是一种简单的买卖关系，因此无法解决一些涉及全局性、战略性的问题，而基于战略协作伙伴关系的采购方式为解决这些问题创造了条件。

（1）在传统的采购模式下，企业无法共享库存信息，各级节点企业都独立地进行库存决策，不可避免地产生需求信息的扭曲现象。但在电子商务模式下，通过双方的合作伙伴关系，供应与需求双方可以共享库存数据，因此采购的决策过程变得透明多了，减少了需求信息的失真现象。

（2）供需双方通过战略协作伙伴关系，可以降低由于不可预测的需求变化带来的风险，比如运输过程的风险、信用的风险、产品质量的风险等。

（3）通过战略协作伙伴关系可以为双方共同解决问题提供便利的条件，双方可以为制定战略性的采购供应计划共同协商，不必为日常琐事耗费时间与精力。

（4）通过战略协作伙伴关系，供需双方都从降低交易成本中获得好处。由于避免了许多不必要的手续和谈判过程，信息的共享避免了信息不对称决策可能造成的成本损失。

（5）战略协作伙伴关系消除了供应过程的组织障碍，为实现准时化采购创造了条件。

三、电子商务采购的优越性

电子商务采购的优越性主要表现在以下方面。

（1）电子商务采购提供了一个全天候超时空的采购环境，即365×7×24的采购环境。电子商务采购过程中，一年中任何一天，一星期中任何一日，一天中任何一分钟都可以采购。电子商务采购在任何地点都可以进行，可以在商店里进行采购，可以在订货会议上进行采购，也可以在办公室或家中，或在路途中开展采购活动。

（2）降低了采购费用。传统采购中，要支付许多出差费、交通费、电话费、传真费、文印费和各种会议费。使用电子商务采购，这些费用普遍大大降低或不再需要支付。

（3）加速采购过程。电子商务采购中，可以在网上进行招标、开标和评标，从而大大加速采购过程。通用电气公司过去使用传统采购方法，每天都要向合作者发出零部件采购招标书，为此，要从库房中找出该零部件的蓝图并复印成册，附在采购单后面，装入信封并邮寄给供应商，得到它们的报价后开标采购。这个过程至少要花7天的时间。现在，采用电子商务采购，从网上招标到网上开标只需2个小时，并使招标费用下降30%。

（4）大大降低企业库存。只要生产制造企业组织电子商务采购，企业库存费用的降低、库房面积的减少、仓库管理人员的削减，一句话，整体库存的减少是企业可以得到的立竿见影的效果。电子商务采购把洽谈订货、送货配送和生产过程无缝隙地、整体地、连贯地衔接起来，大大提高了企业的效益和效率，为企业生产经营精细化做好了关键的准备。

（5）与供货企业形成长期的战略协作伙伴关系。电子商务采购是企业的战略采购，要从企业长期发展战略的高度来安排电子商务采购。电子商务采购不仅涉及企业内部的资源管理，而且包括外部生产经营环境的改善，包括和供货企业及配送企业关系的调整和整合、本企业和关联企业的战略的整合。建立在电子商务基础上的采购关系，是一种长期的关系、稳定的关系、战略的关系。

电子商务采购是企业管理制度的一种创新。这种创新有无限的活力和前途，它远远高于原材料的创新、生产工艺的创新或资本结构的创新，提高了物流速度和库存周转率。

第 3 节　供应市场研究与采购战略细分

一、供应物品战略定位

传统的 ABC 分析法通过识别对企业总库存成本影响最大的产品和项目，对物品采购加以分类管理。例如，对于 A 类产品，建立一个长期库存管理系统、改进预测方法、详细分析订货数量和时间决策，将极大地提高库存成本管理绩效；而对 B 类或 C 类，即使这样做也收效甚微（见图 5—2）。ABC 分析法有助于企业将管理的重心集中于真正重要的方面，即库存成本。但是，这种方法只根据一种标准把项目划分为 A，B，C 类，明显地忽视了其他重要的标准。同时，根据 ABC 分析法我们只能了解某一产品或服务对财务状况的相对重要性，而在面对复杂的市场环境和激烈竞争的供应商时，ABC 分析法无法延伸到制定供应管理战略和战术。供应链环境下，采购管理的原则和方法较之以前有很大的不同，现代的战略采购管理开始使用另一种分析方法——供应细分。这一工具最早由克莱杰克（Kraljic）于 1983 年提出，并在制定和实施供应战略方面得到了广泛的认可和应用。

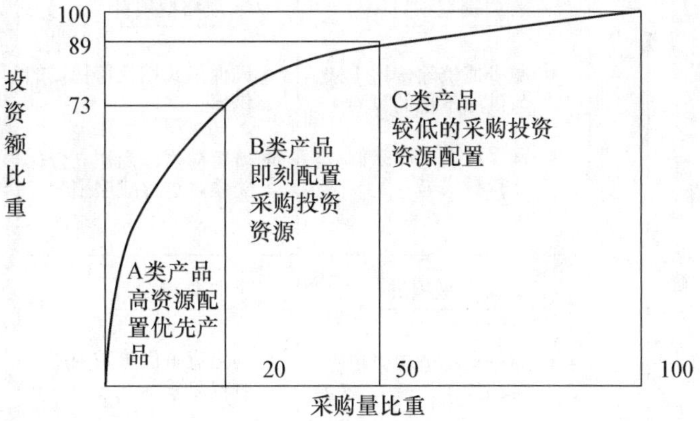

图 5—2　ABC 分类管理

二、供应采购细分

企业所需供应或采购的物品很多，特别是对于大型企业而言，涉及的部件往往成千上万，这时若采用相同的方法来管理，就要考虑到极为复杂、困难的情形，从而使得采购管理的策略非常繁杂，也加大了供应环节的管理成本。为了保证生产经营活动的顺利进行，同时尽可能降低供应成本，就需要采用供应细分或战略定位的方法对采购供应行为加以管理，即根据一定的标准和维度对采购物品进行战略上的细分，进而根据每个物品的战略定位采取相应的管理方法和手段，这样管理资源在不同物品上的分配是不均等的，从而更能使企业实现效率化的采购管理，使企业资源分配符合 20/80 原则。

（一）采购细分的维度

从当今企业采购管理的实践和规律看，进行细分分析必须考虑两个维度。

1. 供应市场的风险程度

这是影响采购绩效的外部因素，它决定了采购物品是否充分供应以及不同物品之间的转换成本高低，风险程度大就加大了采购管理的难度，使得采购方的谈判力和支配权下降，品类之间的转换成本很大。影响供应市场风险程度的主要因素有：物品的可替代性、供应商数目、供应商可靠性、供应商增值能力、企业自制外包的可能性、社会物流系统的保障性等。

2. 采购物品的成本价值比重

这是衡量所购物品对企业产品的贡献程度。之所以做出这种划分，主要是为了更好地进行资源分配，对于企业贡献大的物品理应在采购战略上给予高度重视。一般衡量成本价值比重的因素有：采购总量、该物品采购金额占总采购金额的比例、该物品占总成本的比例、该物品对产成品质量的影响程度、该物品短缺给企业带来的损失等。

（二）采购细分后的产品或服务类型

根据上述两个方面的维度，可以将企业采购物品分为四种类型（见图 5—3）。

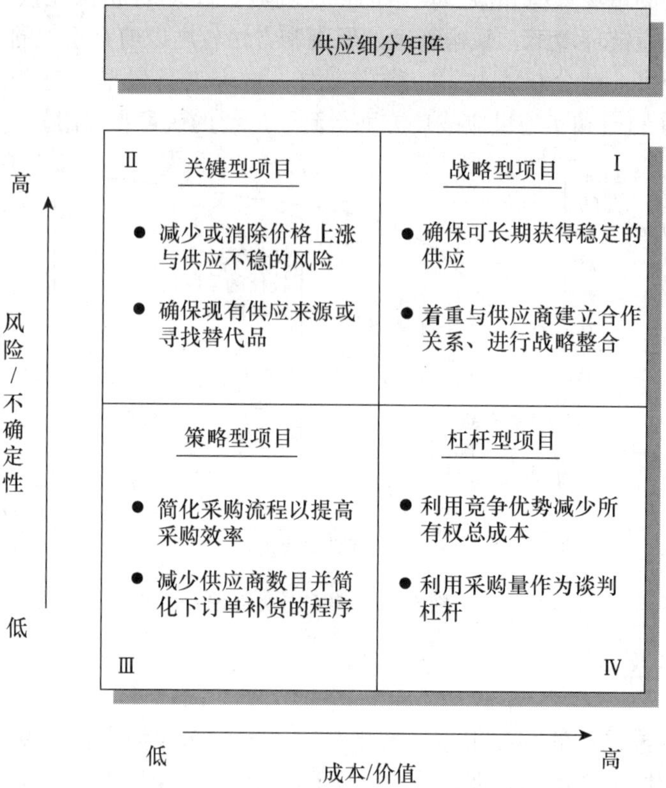

图 5—3　供应采购细分与战略

1. 策略型产品或服务

这一类型为低风险、低成本的产品或服务，属于“策略型”，大多是常规、标准化的商品或部件，不直接增加最终产品的附加价值，或者说其增值能力非常低。策略型产品和服务一般都是标准化产品，供应充分，可选择的供应商数量很多。

2. 杠杆型产品或服务

这一类型为低风险、高成本的产品和服务，我们称之为“杠杆型”。该类产品或服务属于一些基本采购，需要支出较多的资金，但给企业带来的风险并不高。包装物、基本的制造品、紧固件、涂料等都属于此类产品或服务。由于该类产品或服务的竞争性品牌之间的差异很小，供应商通常试图通过提供相关的增值服务来获得采购者的青睐。

3. 关键型产品或服务

这一类型为高风险、低成本的产品和服务，我们称之为“关键型”。该类产品或服务的成本较低，但进入潜在市场有困难，因而导致风险较高。由于供应商数量少、到货时间过长或无法交付货物等原因，可能造成采购额超支。例如，特殊的热疗法、特殊的化学治疗等服务属于该类产品或服务。该象限的产品或服务对企业的风险较高，而最终的消费者有可能并不关心这种产品或服务的特殊性能，或者根本不了解它。

4. 战略型产品或服务

这一类型为高风险、高成本的产品和服务，我们称之为“战略型”。战略型产品或服务能保证公司产品在市场中的竞争力和竞争优势。这种产品或服务既会给公司带来风险，又需花费高额成本。例如，顾客定制的产品，总成本低、可靠性高、对最终用户的操作环境适应性强的部件，为最终产品专门进行的广告活动等，这些产品或服务的价值通过顾客满意度及对顾客的增值价值，而非采购价格来衡量。

与核心放在采购规模和单位成本高的项目上的 ABC 分析法相比，供应细分方法抓住了供应市场风险和成本价值对企业影响的相互联系。通过供应细分方法，可以很明显地看出各种产品或服务是如何真正影响企业的竞争能力和盈利能力的，更有利于企业在各种供应市场和环境中综合运用所需的战略和战术。

三、供应细分下的采购战略制定

根据以上的供应细分可以看出，处于四个不同象限的产品和服务的供应市场特征各不相同。一般而言，策略型和杠杆型的产品和服务尽管其成本价值之比不尽相同，但是它们也有一个共性，即供应采购的风险较低。市场都能够做到充分供应，供应商转换的成本很低。正因为如此，对于这两类产品来讲，管理的重点应主要放在采购成本的控制上。但是在成本的控制过程中，策略型和杠杆型产品的控制侧重点有所不同。

（1）对于策略型产品，成本和风险都比较低，成本的控制更应该侧重于交易成本的节约，因为在这一类型中，单个产品和服务的采购价格并不重要。对于这类产品，单个成本即使降低的幅度较大，但是就总支出而言，成本下降的程度也是有限的，所以，这类产品更应该关注交易过程的控制，侧重采购系统成本的下降。针对策略型产品或服务的供应战略应使采购流程程序化。例如，这可以用采购者在整个订货过程中花费的时间来衡量。由于这些项目是价值较低的活动，对公司战略方向的贡献不大，因此应尽量简化或消除其采购流程，或采用业务外包。另外，还可以与供应商进行多种方式的合作，如电子数据交换、供应商条形码、电子存款转账、供应商管理的存货系统等。重要的目标是节省在这些项目的采购、送货、储存、支付等方面人为耗费的时间。

（2）杠杆型产品与策略型产品有些不同，它的成本价值比较高，单个产品的采购成本降低对企业的贡献仍然是较大的，加上供应市场相对充分，所以，可以考虑在不影响供应的基础上，以各种方法有效地降低直接采购成本。杠杆型产品或服务的供应战略一般沿用传统做法。对于杠杆型产品或服务，理想的供应战略应将重点放在签订短期合约，以便采购者能不断地寻求、更换、转向成本更低的资源。采购者应实施积极的供应战略，在全球范围内寻找新的供应商或替代产品。采购者还应以需求为导向，通过降低此类大规模采购的产品或服务的成本，为公司利润做出重大贡献。

（3）关键型产品属于采购管理中最需关注的物品，虽然它的成本较低，但是市场风险较大，对企业的有效经营和业务流程的顺利进行构成了威胁。正因为如此，对于该类产品的控制管理面临一个较大的挑战，即在不增加采购成本的同时防止供应中断对企业经营带来的风险。正是这种要求所决定的，关键型产品或服务应考虑如何减少甚至消除它们。在产品或服务的设计阶段，及早地让供应商参与进来，需要的话还可以让采购机构加入，另外与工程师、使用者的密切沟通都有助于减少这些产品或服务带上太多的顾客定制特征，从而避免闭门造车。对已经存在的产品或服务，通过有效地利用价值分析和价值工程技术来消除或减少对该类产品或服务的需求。供应战略的目标是引导这些产品或服务转换成策略型（降低风险）或杠杆型（降低风险，增加价值），或者将它们转化为能够对市场产生影响和形成竞争优势的战略型产品或服务（增加价值）。

（4）战略型产品属于企业采购管理的重心，这些产品和服务的成本很高，而且任何行为都要防止对企业财务造成不利的负面影响，但利用规模采购也不是它的明智选择，因为这些产品往往是定制的，供应不充分，很难利用规模采购压低成本，而且即使能以较低的价格大规模采购，对于企业而言经营的库存风险也很大，因为这些产品变化较大，大多是多品种、少批量产品。战略型产品或服务要求最高水平的采购能力。在有些情况下，签订长期合约比较合适，但一般情况下，企业更愿意签订中期合约。采购小组需要获取每个供应商的详细信息，为了共同的利益与之建立合作关系。在这一象限中，“供应战略联盟”概念得到了充分贯彻。企业必须通过竞争性的技术考核以及价格、成本审计来严格控制、管理每项产品或服务的总获取成本。对这一象限中的所有产品或服务种类都要进行实时监控，确保供应商在供应时保持较高的顾客服务水平，并将成本控制在目标值（目标成本）限度内。战略型产品或服务的供应管理应强调将竞争优势最大化。不仅仅是获取价格优势，还包括持续的技术革新、迅速地开拓市场以及优良的产品质量等竞争优势。企业应通过各种方式提高战略型产品或服务的增值能力。

第4节 战略采购管理流程概述

采购作为战略性的管理活动，包含广泛的内容，包括确定需求、选择供应商、达成一个合适的价格、确定条款和交易条件、发出合约和订单，并且对订单履行的全程进行追踪和监控等。简而言之，采购职能即从正确的来源获得满足质量、数量、价格和服务要求的物品，它既包含了战术采购活动，又涵盖了订购职能活动和整个采购作业流程的管理活动（见图5—4）。

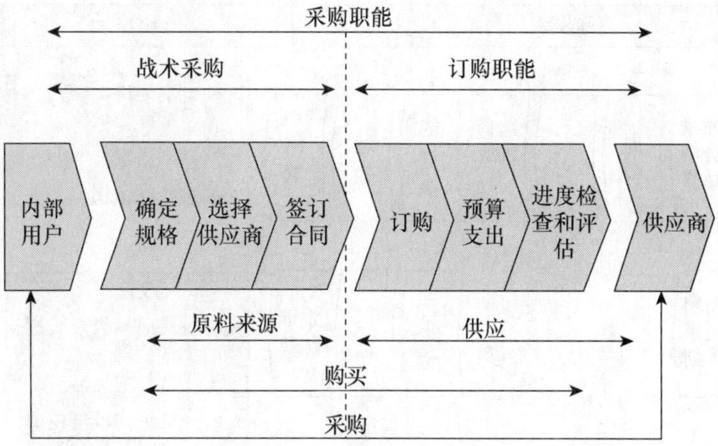

图 5—4　采购活动的过程

一、采购管理的流程

（一）战略采购管理的一般流程

从管理流程的角度看，战略采购的管理领域一般包括确定物品或规格、选择供应商、签订合同、下单订购、预算支出和采购评估等六个阶段（见图 5—5）。其中，定义物品或规格主要是对供应市场进行充分的研究，在此基础上定位每一个所采购的物品，并将供应商的知识用于工程；选择供应商主要是对供应商的能力进行全面分析，确立供应商在企业战略采购体系中的地位，以此决定企业与之合作的程度；签订合同主要是用恰当的制度形式来实现有效的供货；订购主要指的是下单的途径或订单处理的具体形式，这是决定企业市场响应能力的重要因素；预算支出通过设立预算支出程序，合理安排采购支付，杜绝采购问题的出现；评估主要是对每次采购绩效进行评估，以不断优化采购体系。

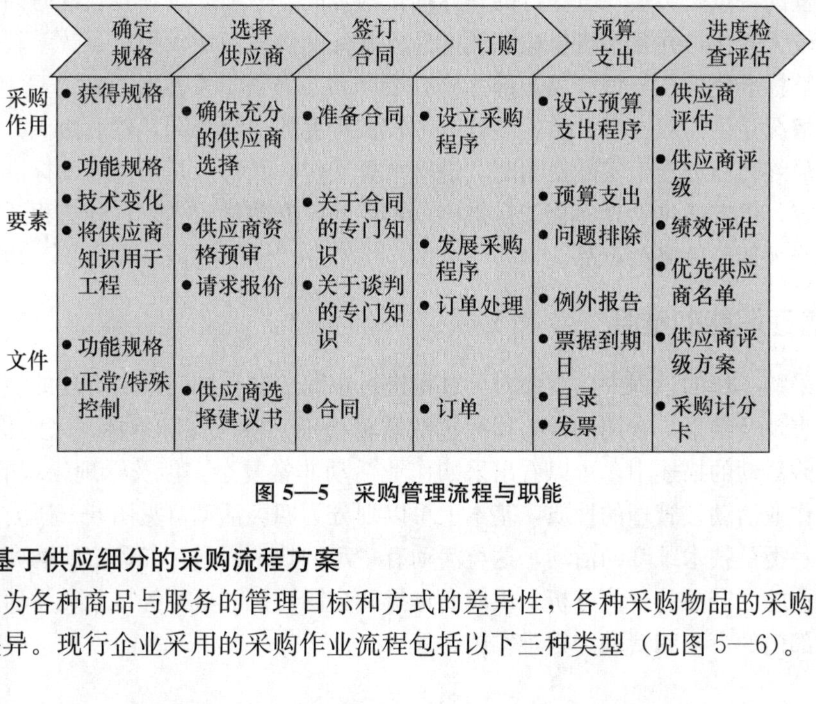

图 5—5　采购管理流程与职能

（二）基于供应细分的采购流程方案

正是因为各种商品与服务的管理目标和方式的差异性，各种采购物品的采购流程体现出了相当的差异。现行企业采用的采购作业流程包括以下三种类型（见图 5—6）。

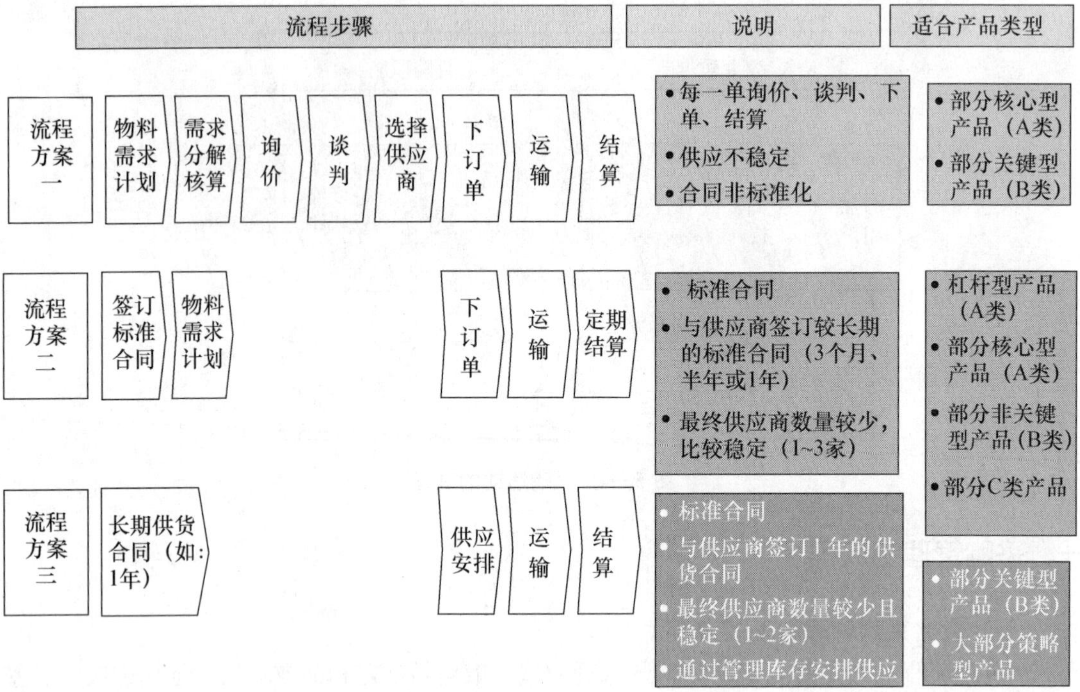

图5—6　基于供应细分的采购流程

第一种情况是从生产物料需求计划开始，经需求分解核算、询价、谈判、选择供应商、下订单、运输，到最终结算。该流程的特点是每一个订单都要进行询价、谈判、下单和结算活动，往往这类产品和服务的供应不稳定（或价格变动比较频繁），合同非标准化的程度高。这种流程比较适用于部分核心型产品和大部分关键型产品。

第二种情况是从签订标准合同开始，经产生物料需求计划、下订单、直接运输，到定期结算。该流程的特点是买卖双方签订的是标准化的合同，一般来讲在较长的时间内合同的条款不会出现较大变化，并且最终供应该类产品或服务的供应商比较稳定、数量较少。这种流程适用于能够标准化的杠杆型产品、部分核心型产品、部分非关键型产品。

第三种情况是供需双方一开始就签订一个较长跨度的供货合同，然后由供方自行安排供应、运输，最终当需方产生实际使用时，进行结算支付。其特点是产品高度标准化，而且使用量长期稳定，供方通过管理库存安排供应，相应的供方数量较少。这种流程适用于部分关键型产品和绝大部分策略型产品。

二、采购管理职能的维度

在实施采购工作的过程中，需要对全过程进行跟踪控制，同时设定合理的绩效指标来衡量采购工作表现及结果，常用的绩效指标包括质量指标、供应保障指标、采购价格指标等。从以上对采购活动的描述中，可以看出采购作业活动非常复杂，涉及管理领域的各个方面，将以上所有作业活动按管理的性质，基本上可以划分为四类活动（见图5—7）。

（1）第一类是技术维度的活动，这类活动有一定的技术因素，如确定所购商品或服务的规格、质量检验、产品的价值分析、供应商选择和合同协议的草拟等。这类活动如果没有其他技术相关部门的参与和帮助，很难实施。

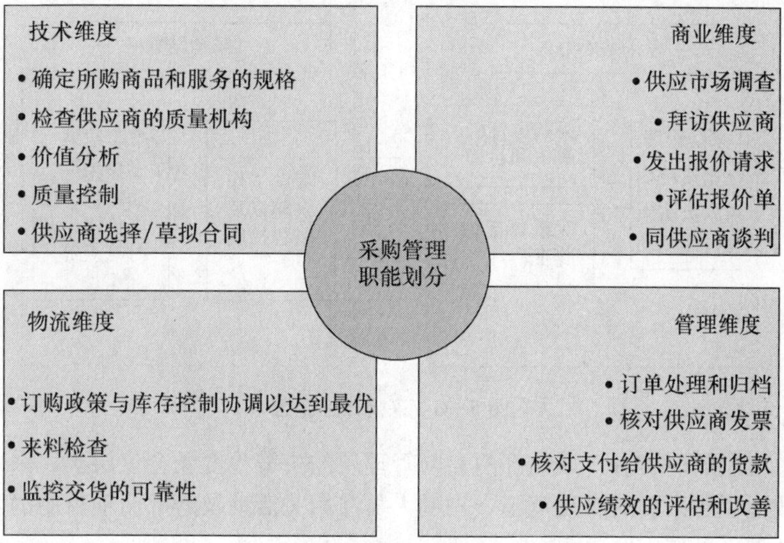

图 5—7　采购职能管理的维度

（2）第二类活动涉及商业维度，即对市场和交易环境的了解和把握，包括供应市场调查、供应商拜访、分析供应商报价、同供应商就某些具体事项进行谈判等。

（3）第三类活动是物流维度的活动，包括订购政策和库存控制、来料检查、交货的监控等。这类活动直接关系到具体物流作业的实施和管理。

（4）第四类活动属于企业管理维度的活动，如订单处理和归档、核对供应商发票、核对货款、供应绩效评估和改善等。

正是因为采购供应管理活动涉及如此多的维度，因此，采购供应管理活动不可能仅仅由一个管理层面或一个职能部门全部解决，它需要企业上下不同管理层级、各个部门共同努力。

第 5 节　采购职能活动与管理的组织结构

今天的采购供应与以往的采购活动有了相当大的变化，除了简单的物品购买、验货等具体行为活动外，其职责还包括制定并实施采购的方针、策略、目标及改进计划并进行采购及供应商绩效衡量，建立供应商审核及认可、考核与评估体系，开展采购系统自我评估，同其他单位的采购进行行业水平比较（benchmarking），不断提高整体采购水平，建立和培养稳定、有创造性的专业采购队伍，与其他单位共享采购资源、开展杠杆采购（leverage buying）等。总之，战略采购的出现使得战略管理的职能和管理的组织结构发生了翻天覆地的变化。

一、战略采购的作业范围

从战略采购的定义、功能及职责范围出发，采购的总体作业范围可划分为采购能力与采购结果两部分，如图 5—8 所示。

1. 采购能力

建立采购能力包括采购管理能力的形成以及采购战略和体系的建立，其中采购管理工作包括行政机制、机构设置及人员队伍等方面。

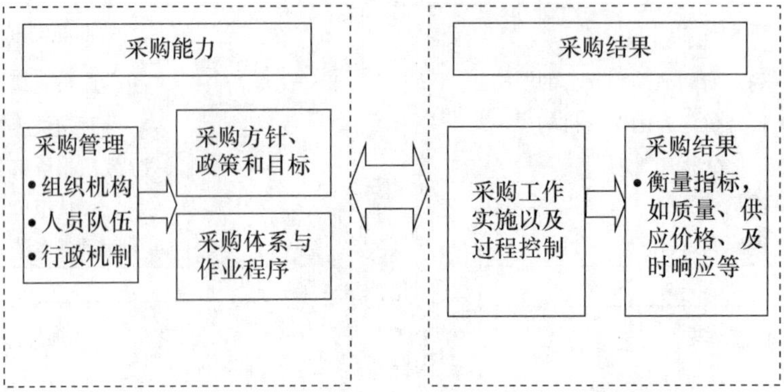

图5—8　采购作业范围

（1）行政机制的内容有：采购部门参与管理层的决策程度及会议层次，采购部门在企业或公司的行政地位，采购的责权范围，采购人员在相关活动及跨部门项目中的角色，采购职能对外交流的深度与广度等。

（2）组织机构及人员队伍所包括的内容有：采购部门的人员构成，采购部门在企业或公司机构中的位置及与相关部门的关系，采购人员的受教育程度及工作经历、专业背景、采购经验和其他相关经验，采购队伍的培训及发展，采购人员的业绩考核与评估，采购人员的地位及待遇等。

（3）采购战略工作包括本企业采购方针政策的确立，方针政策同公司经营管理方针政策及发展规划之间的关系，采购中长期规划及年度计划，以及相关目标的制定及其组织等内容。

（4）采购的管理体系及运作程序是指依据采购工作的职责、任务，根据采购方针政策的指导，对采购相关工作制定的操作指南及规定。参照ISO 9000文件体系的层次，通常可将采购体系文件分为程序性文件和操作性文件。程序性文件又称标准运作程序，简称程序，如供应商管理程序、采购过程控制程序、采购人员培训及机构发展程序等。操作性文件又称工作指南、工作指导、作业指导书等，是指在程序性文件的指导下对具体工作进行作业实施的描述，如自制外协（采购）件划分工作指导、供应（采购）市场调研与分析指导、供应商审核工作指导、供应商认可工作指导、采购合同及协议签订指南、供应商考核操作指南、图纸与样品发放、验收工作指南、订单开具及审批工作指导、供应商来料检验工作指南、供应商包装材料周转使用工作指南、供应商参与产品开发工作指导、供应商环境管理及操作指南、退货工作指导、采购人员行为规范工作指南等。

2. 采购结果

建立采购能力只是为采购提供工作条件及资源，目的是实施采购活动、控制采购过程以获得相应的采购结果。它是采购整体工作范围中的执行部分，而其中采购工作实施及过程控制又是采购工作的主体。根据工作层次和性质，它可划分为四部分。

（1）管理层次：主要包括制定及组织实施采购方针、政策及目标，协调安排整体采购工作等，是衔接采购能力及实施采购过程的环节，又是实施采购工作的基础和起点。

（2）战略采购层次：根据采购方针、目标制定原材料分类策略，开展采购供应市场的调研及定位，发展并管理不同的供应商关系，建立并优化整体采购供应体系。

（3）前期采购层次：在定位好的采购供应体系下，组织供应商参与本公司、本企业的产品开发或事业开发过程，充分利用供应商的能力，计划实施整体采购需要。

(4) 后期采购层次：根据采购方针、战略按指定的供应商及供应途径下订单、跟货、结算并跟进供应商的表现。

在实施采购的过程中，需要对全过程进行跟踪控制，同时设定合理的绩效指标来衡量采购工作表现及结果，常用的绩效指标包括质量指标、供应保障指标、采购价格指标等。采购过程与控制及其采购绩效之间的关系如图 5—9 所示。

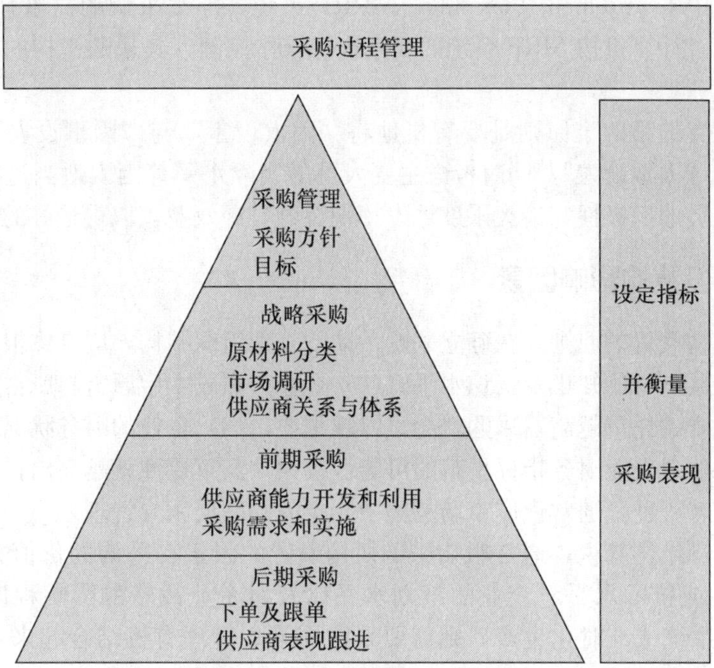

图 5—9　战略采购过程与控制

二、采购管理组织结构的设置原则

现代战略采购要求组成跨职能团队的机构来实施战略采购，或者说战略采购并不是企业内部某个部门甚至某个人负责的事，而是企业整体上下共同承担的责任，这与现代战略采购强调流程控制有关。但是，跨功能团队的综合管理并不是说在结构上每一项采购任务或具体管理活动都是由企业高层管理执行或者必须由所有部门组成的团队来履行，而是要根据企业的具体情况和采购管理活动的具体特性来决定相应的管理机构。

采购机构的设置是企业中组织设计的重要组成部分，它是依据企业的目标及采购部门的目标、任务和基本职能的要求确定相应的部门职责与权限，明确采购与相关部门的关系，确定部门架构，设定岗位编制的过程。机构设置除遵循一般的组织设计程序外，还同企业的规模及整体管理水平等因素相关。

采购机构的设置要遵循以下四个原则。

采购机构设置的第一个原则是要同企业的性质和规模相适应。采购机构的设置同企业的性质、产品、规模等有直接的关系。比如，化工企业的原材料通常需要专业人员采购，而且往往直接向最高层领导汇报；规模较小的企业可能只设置一个简单的供应部门负责原材料及设备的采购，而大型企业集团或跨国公司则常设有集团采购部或中央采购处及其分支机构。

采购机构设置的第二个原则是要同企业的目标及采购方针、目标和职权范围相适应。比如，企业产品质量不好，而影响产品质量的主要因素是原材料，改进供应商原材料质量的责任完全在采购部门。那么采购部门就应配备相应的品质工程师，或者赋予采购部门以相应的职能，使其能协调指挥相关部门的人员参与供应商质量改进。

采购机构设置的第三个原则是要同企业的管理水平相适应。如果一个企业导入了物料需求计划（Material Requirement Planning，MRP）系统，那么采购的需求计划、订单开具、收货跟单均可通过计算机按MRP系统的要求进行操作控制，其采购机构的设置显然有别于手工作坊式的企业。

采购机构设置的第四个原则是要有机地将“因人设事”与“因事设人”的原则结合起来，重点着眼于“因事设人”，同时考虑主要人员的实际水平等因素适当进行平衡，以利于充分调动有关人员的积极性，最大限度地发挥现有的资源效益，取得最好的采购绩效。

三、采购机构设置的影响因素

根据采购机构设置的原则，在确立采购活动的管理组织结构，应具体根据下述情况加以判断：(1) 管理层自身的知识及认识水平；(2) 企业产品成本中原材料所占的比重，采购的原材料占产品成本的比重越高，采购就会显得越重要；(3) 企业的财务状况及采购对企业的贡献，原材料采购对企业财务指标贡献的可能性越大，其重要性就越突出；(4) 企业对原材料供应市场的依赖程度，通常供应市场越集中，越需要高层领导管理。

就企业的内部结构来说，通常影响采购机构设置的因素有采购的价值大小及比重、企业的技术复杂性或技术水平、企业的策划水平以及对企业战略的影响程度等。如果企业开始导入MRP系统或准时化生产，则需要采购同策划管理有机结合起来，结果很可能是采购部成为策划部的一部分。如果企业属于高新技术企业，其产品或工艺更新换代迅速频繁，采购经理则可能向生产或开发经理汇报。表5—2列出了上述影响采购机构地位的因素及关系。

表5—2　影响采购机构设置的因素

		采购的管理机构			
		最高管理层	生产制造部门	策划部门	财务部门
采购的价值和比重	高	√			√
	低		√	√	
技术水平（复杂性）	高		√	√	
	低	√			√
策划水平	高		√	√	
	低	√			√
战略影响	高	√			√
	低		√	√	

四、采购职能的层次

根据采购的方针目标、采购工作范围及采购过程层次，可将采购、采购任务、责权归纳为战略、战术及运作三个层次，不同层次的责权意味着相关人员或部门在企业中拥有不同的地位，也是采购部门内部组织机构设置的依据。

1. 战略层次

战略层次（strategic level）是指那些影响到公司或企业长远发展及市场定位的有关采购决策，这些决策一般跨度为 3～5 年，最终来自于企业的最高管理层，对应着采购经理及战略采购的职责，主要包括如下内容：

- 制定、发布采购方针政策、管理运作程序与指南以及工作任务描述，为采购部门提供相应的权力；
- 对采购运作及表现进行审核，以衡量采购绩效并促使采购不断改进；
- 主要投资决策，如厂房、设备、信息技术等；
- 主要零部件自制或外协决策；
- 供应市场定位及供应体系定位；
- 供应商关系定位；
- 供应商合作决策，如是否向供应商投资、是否与供应商共同开发等；
- 集团公司内部供应商的内部价位决策等。

2. 战术层次

战术层次（tactical level）的责权是指在战略采购的前提指导下，采购中涉及产品、工艺、质量及具体供应商选择等相关的决策。它对公司中期运作和发展产生影响（影响跨度一般为 1～3 年），要求公司内部相关的职能单位或部门如工程、开发、生产制造、策划、质量管理及采购之间密切配合、相互合作。具体主要内容如下：

- 对供应商进行审核、选择及认可；
- 确定同供应商合作的协议，订立采购合同或年度改进目标协议等；
- 制定供应商改进计划或采购改进项目；
- 制定并实施供应商考评、考核、奖励措施；
- 实施供应体系优化；
- 实施同供应商共同开发产品或工艺等合作项目。

3. 运作层次

运作层次（operational level）也称执行层，对应采购过程中的后期采购，主要是执行开单下单、跟进交货、付款及相关的事宜，主要包括：

- 按采购供应合同与协议及生产计划、物料需求计划的需要开具订单、签单落单；
- 跟进供应商的交货及周转包装材料的使用；
- 衔接收验货过程，按有关规定及决策处理安排不合格材料的退货等；
- 跟进供应商表现，向供应商知会有关考评结果促使其改进；
- 跟进发票及付款事宜。

以上采购职责与职权之间的关系同相关职能单位或部门之间的关系如表 5—3 所示。

表 5—3　　采购职能与相关参与机构之间的关系

职责层次	管理层次				
	最高管理层	策划部门	采购部经理	采购员	采购助理
战略层	√	√	√		
战术层		√	√	√	
运作层				√	√

第 6 节　供应商选择与管理

从现代采购供应的发展规律可以看出，供应商管理以及合理供应体系的建立已经成为战略采购管理的重要组成部分。本节就如何识别各种不同类型的供应商，并且进行合理的评价和确立基于战略思考的供应体系加以分析。

一、供应商战略细分

战略伙伴型供应商与企业之间是一种全面业务整合型交易关系，这种交易关系不是其他供应关系可以替代的。然而，什么样的供应商才是企业可以发展成伙伴供应商的对象呢？哪些供应商不必要发展成伙伴关系，而只要维持一段时间较长时间即可，而又有哪些不仅没有发展伙伴的必要，反而需要企业严格控制其经营行为和作业流程，以使企业能从对供应商的控制中获得更多的边际利润？要达到以上目的，就必须对供应商进行战略细分。

（一）供应商战略细分的标准

从供应买卖双方业务的相互影响和各自的核心能力来看，有两个方面是进行供应商战略细分时必须考虑的。

一是供应商在所在行业的竞争力，这种竞争力主要表现为供应商在其行业的集中度、技术发展的完善程度、管理能力的完善程度、价格谈判力的大小等。

二是供应商相对于企业的增值能力，这种增值能力既表现为供应商现有产品、储备产品和技术能力对下游企业现有产品组合的贡献度，即能否有效地改善现有产品组合的成本效率或大幅提升现有产品组合的竞争性（性能、功能等高附加价值环节），也表现为供应商的竞争力能否对下游企业未来的产品组合或业务计划产生深远的影响。

一般而言，上述两个评价维度可以进一步细分为供应商评价指标体系的四要素（见图 5—10），即供应商业绩评估（如成本状况、交货质量、运输质量、企业信誉以及企业发展前景）、业务结构和生产能力评估（如技术合同的能力、人事状况特别是企业管理层的稳定性、财务状况、设备状况以及制造生产状况等）、质量系统评估（如企业的质量管理体系、新产品开发中的质量、供应中的产品质量、制造中的质量保证、质量检验和实验体系以及质量资源与质量职责的完备性）以及企业环境评估（如政治法律环境、经济与技术环境、自然地理环境和社会文化环境等）。

（二）供应商细分类型

根据以上两个维度，可以将供应商分为以下四种类型（见图 5—11）。

1. 普通合作伙伴

这种供应商在其行业中竞争力较弱，对下游企业现有和未来的产品或业务的贡献也非常有限。

2. 竞争性或技术性合作伙伴

这类供应商表现为在所在行业竞争力较强，至少目前具备一定的市场支配力，但是对企业的增值性较弱，这类企业往往表现出对企业目前产品或业务的支撑较大，但是从长远看，缺乏发展的后劲，很可能无法跟上下游企业前进的步伐。

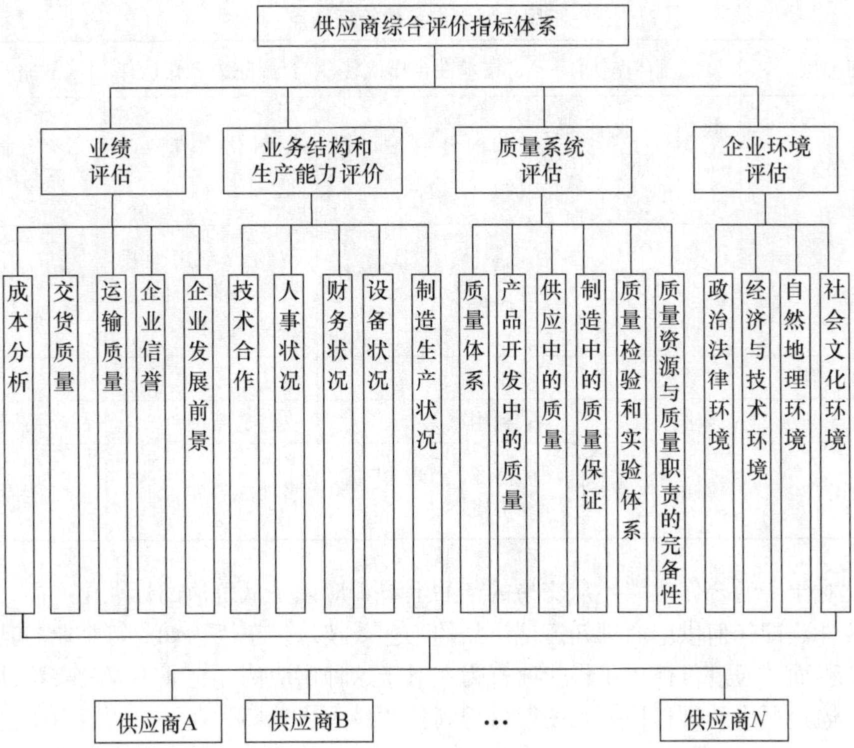

图5—10　供应商评价标准体系

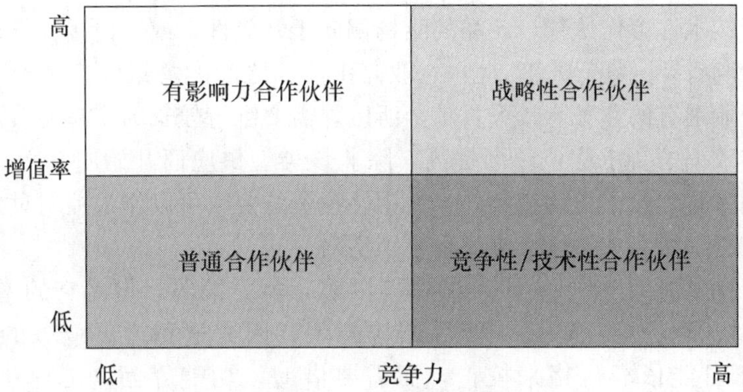

图5—11　供应商战略细分

3. 有影响力合作伙伴

这类供应商是值得企业关注的，这类企业表现出竞争力尚弱，甚至还没有形成竞争力，但是它的增值性较强，对企业的业务（无论是现在还有未来）表现出良好的潜质。这类企业大多是中小企业或者属于完全从事新型业务的企业，而它们所从事的技术研发或产品项目对企业的长远发展有着非常好的互补作用。

4. 战略合作伙伴

这类供应商不仅在本行业竞争力很强，对下游企业的增值能力也表现得非常强劲。

（三）不同类型供应商的管理特点

对以上四种类型的供应商，企业与之建立的交易关系和相应的规制机制应当有相当大差异（见表5—4）。

表 5—4 不同类型供应商的管理特点

供应商类型	普通合作伙伴	技术性合作伙伴	有影响力合作伙伴	战略合作伙伴
产品特点	低值一般产品、充分供应、结构产品开放	偏向开放性产品	定制化、结构产品封闭	完全定制化、结构产品封闭
规制形式	契约	契约＋部分专用性投资	契约＋专用性投资＋部分信息分享	专用人才投资＋高度信息分享
契约的作用	非常大	较大	较小	很小
管理特点	严格控制	利用型	支持、帮助	战略协同
能力校正	价格、供货及时	持续合理供货、价格	多功能界面	多功能界面

首先，对于普通合作伙伴，从交易的产品上看，应该是低价值的标准化产品，产品的结构属于开放性，即任何供应商都知道该产品的工艺或技术。正因为如此，企业与其交易关系属于单功能界面，通过价格校正供应商行为。对于这种供应商，企业不仅没有帮助和知识分享，更需要通过严格的过程控制来获取自身利益的最大化，即“在挤干的毛巾中挤出最后一滴水”。从规制形式上看，它不存在专用性资产的投资和信息分享，约束它的唯一手段就是契约，控制的信用机制就是契约信用。

其次，对于技术性合作伙伴，产品的结构偏向于开放性，或者说接近于开放性（比如技术将要落后或专利将要到期等），对此，企业与供应商之间的关系应该属于利用性，即由于其产品可能对企业现有的业务有较大贡献，所以，需要维持较长的交易关系，但是在交易过程中，对其成本效率的要求应该逐渐提高，除非该类型供应商开始向有影响力合作伙伴发展。从规制机制来看，除了契约控制外，专用性投资的要求可以作为控制对方的手段，包括厂址和物质的投资，从而在持续交易过程中锁定对方。

再次，对于有影响力合作伙伴，尽管其目前竞争力偏弱，但是它的增值性较强，产品可能属于定制、非标准化产品，产品结构封闭，因为这种产品业务的特点决定企业对这种供应商不可能依靠价格来校正，而需要借助多功能界面（工程对工程、管理对管理、制造对制造等）。由于这类供应商尚存在一定的缺陷（如部分技术有缺陷、管理有一定不足或者缺乏发展的资金等），所以，下游企业应当采取支持性的策略，即通过技术转移、管理支持或者提供资金等促使这类供应商向战略合作伙伴转变。当然，为了避免供应商发展后脱离企业而产生的风险，需要用混合的规制形式对供应商实行管理。所谓混合规制，指的是契约控制（基于契约信用）、厂址或物质的专用投资、人力资源投入（主要是技术等专用人才的投入，基于能力信用），也包括一定程度的信息分享。

最后，对于战略合作伙伴就完全不同了，其供应的产品不仅是高附加价值的，而且是定制、结构封闭的产品，企业与供应商之间存在相互依赖的倾向，这时任何一方不可能去控制对方。正因为如此，双方需要形成双赢的战略合作关系。从规制形式看，契约已经没有太多的作用，发挥调节作用的信用机制应当是商誉信用，所以，它依赖于专用人才的投资和基于制度的信息分享机制的确立，只有这样才能为企业创造更高的价值。

二、供应商选择与管理

基于以上供应商管理的理论和体系，在供应商具体选择上需要解决以下问题。

1. 供应匹配

供应匹配是指通过有效设计供应商结构保证采购类别与供应绩效的协调一致性。其重点在于设计一种所有权总成本（主要是风险成本）最低的、合理的供应商结构，并谋求长期稳定的合作关系。供应匹配需要考虑的问题包括：

（1）从多少个供应商那里采购？如果供应市场上的供应商不唯一，是选择单一供应源还是多个供应源？

（2）从什么类型的供应商那里采购，是制造商还是分销商？是大型供应商还是中小型供应商？什么地理位置的供应商？

（3）各个供应商之间的采购量如何分配？等等。

要分析供应匹配的问题，首先需要确认采购物资属于什么类型，即位于供应细分矩阵的哪个象限。其次，需要明确不同象限应当确立什么样的供应商结构。采购类别在很大程度上限制了供应商结构的选择。不同的采购类别对应不同的供应市场，对于不同采购类别的供应商多寡，简单来说，战略型物品与关键型物品供应市场上供应商数量较少，策略型物品和杠杆型物品供应市场上供应商数量较多。

一般而言，对于战略型物品，每项采购类别可以只选择少量供应商，理想情况下可只选择一家，即单一供应源，将所有的采购量都分配给一家供应商，与其重点发展战略伙伴关系。适宜采用制造商直接供货模式，以大型供应商为主。

对于关键型物品，选择少量供应商或者开发供应商。该类供应市场比较特殊，有时候供应市场仅有一家供应商，这时采购组织就必须寻找其他替代性竞争供应商（包括采购组织自行开发的供应商），扩大可选择的范围。例如在保证供应充足的情况下，选择 3 家供应商，将 3 个供应商划分为 A，B，C 三个等级，企业对 A，B，C 三级供应商的采购量占该类采购需求量的比为 70∶20∶10，三级供应商之间形成替代关系。可以考虑采用分销商供货模式。

对于策略型物品，选择一些供应商，构成一组供应群，或者选择少量集成供应商。例如选择 2 家供应商，供货比例控制在 70∶30。可以考虑采用分销商供货模式。以大型供应商为主，宜进行区域采购。

对于杠杆型物品，选择较少的供应商，利用采购量压低价格，例如选择 1～2 家供应商，以制造商为主，进行全球采购。

2. 确定采购价格

分析供应商成本结构，关键在于明确供应商的产品或服务的价格结构。通常来说，非竞争性选择的采购类别——战略型和关键型物品，采购组织几乎不具有讨价还价的能力，因此采购价格的确定更多的是针对竞争性选择供应商采购战略的采购类别——策略型和杠杆型物品。

应用采购成本分析模型（见图 5—12）对供应商的成本结构进行详细的分析，可以使采购组织获得重要的谈判筹码。该模型简单直观，应用起来非常方便。

供应商名称	材料成本	设备折旧分摊	管理费用分摊	人工工资	设备运行费用	运输费用	单位总成本	单位报价	单位利润	利润率
最低成本/报价										

图 5—12 采购成本分析模型

上述成本内容可以作为询价书的一部分，要求供应商在提供报价的时候提供各类成本的数据，然后将各个供应商的报价书进行综合比价，就能够最终确定每项成本的最低报价。需要指出的是，基于所有权总成本的思想，采购成本分析的结果只是参考价格，实际成交时的价格应是一个合理的价格，不要追求“榨干供应商的每一分利润”，从而影响所有权总成本。

3. 双赢谈判

谈判分为竞争式谈判和合作式谈判两种。前者的结果是单赢局面，后者是双赢局面。竞争式谈判是传统采购中通常采用的谈判方式，其显著的特征是以价格谈判为中心。而战略采购寻求谈判的方式更趋向于谋求双赢的合作方式。

谈判由跨职能采购团队主导进行，不同的成员负责不同的内容：

（1）专业采购人员：主持采购谈判准备的工作，收集供应商的信息；

（2）财务人员：帮助采购团队分析供应商的成本结构、报价组成及其合理性；

（3）质量工程师、生产人员、技术人员：共同对供应商提供的产品的制造、品质、技术指标进行评估；

（4）物流人员：帮助合理安排运输计划，提供供应商地理位置分布合理化建议，实现采购总成本的最低。

跨职能采购团队参与谈判，有助于认清采购项目的真实所有权总成本。双赢谈判是为双方共同利益创造选择，双方在经济和心理上获得满足的过程。这就要求采购组织体谅对方，重视对方的利益。当然，价格问题仍然是双赢谈判的焦点，但与竞争性谈判不同的是，双赢谈判关注的是如何使供应商心甘情愿地降低价格，并且不影响供应质量。

4. 减少供应商数量

减少供应商数量是选择供应商时应当关注的重要内容。供应商数量的减少是采购战略在选择供应商上的具体应用。通过增加向单个供应商的采购量以及物流运输量，能够增强采购组织的讨价还价能力，并降低物料成本。更少的供应商有利于建立长期的、更为紧密的合作关系，技术上合作以开发新产品，生产上合作以提高效率，降低成本。

更少的供应商还有利于影响甚至控制供应商的供应商，挖掘有潜力的供应商，培养成为核心供应商，并与其建立战略联盟。例如采用上述采购成本分析模型，按照目标定价法，促使供应商优化其成本结构，不能达到目标的供应商则被淘汰出局。

5. 确定采购方—供应商关系

采购方—供应商双方合作方式的选择取决于采购的特性，战略采购的原则是实现采购方与供应商的双赢，建立长期、稳定、开放和合作的关系。可供选择的关系模式有：

（1）战略联盟关系：双方建立信任机制，优势互补，形成紧密的长期合作关系，是利益共同体。双方实现信息、技术共享，战略协同，在降低所有权总成本的同时达到持续改善的目标。

（2）一般合作伙伴关系：在互惠互利的共同目标下，进行开放式合作，使信息透明，实现一定程度的合作，例如管理培训、协同预测、共同管理库存等。

（3）稳定的交易关系：追求供货稳定可靠，以短期合同为主，相互信任程度较低，除合同关系外，其他领域的合作较少。

按照采购类别划分，对于战略型项目，采购组织应当与供应商尤其是核心供应商建立战略联盟关系；对于关键型项目，采购组织可以与供应商建立一般合作伙伴关系；对于策略型项目，采购组织可以与供应商建立稳定的交易关系；而对于杠杆型项目，则可以建立战略联盟关系或一般合作伙伴关系。

6. 供应商绩效管理

在企业选择了供应商，并且采购方—供应商关系确定之后，全面管理供应商绩效的工作就变得重要起来。供应商绩效管理是整个战略供应商管理的控制与调整环节。它既是对谈判结果和本次战略采购实施效果的衡量和反馈，又是供应商关系调整和再次进行战略采购的基础。

对于供应商绩效管理，目前运用最多的工具是“供应商绩效评分卡”（见表 5—5）。建立绩效评分卡的工作主要分四个步骤：

首先是从采购类别、采购组织与供应商的关系以及供应商的具体情况出发，确定评分卡的主要指标和评分方法，可以参照选择供应商时采用的指标。

其次是确定绩效评分卡的考核机制，包括考察频率、考察人员、奖惩措施、监督机制、特别事件处理等。

再次是对供应商绩效逐一进行考核，找出期望绩效与实际绩效之间的差距。

最后，也是最重要的，是按照评估结果，要求供应商进行持续改善。对于那些在规定期限内无法实现改善的供应商，则彻底淘汰出局。

表 5—5　　供应商绩效评分卡

维度	绩效指标	总分	得分
成本（30 分）	价格降低情况＝（本期价格－前期价格）/前期价格 （＞5%＝15，4%＝12，3%＝9，2%＝6，1%＝3，＜1%＝0）	15	
	付款期 （60 天＝10，45 天＝7，＜30 天＝5）	10	
	供应商所采购原材料成本降低情况 （＞5%＝5，2%～4%＝3，1%～2%＝1，＜1%＝0）	5	

续前表

维度	绩效指标	总分	得分
质量（30分）	质量体系证书 （通过认证＝10，没通过认证＝0）	10	
	产品质量证书 （有＝5，无＝0）	5	
	交货质量＝无质量问题的接收次数/总接收次数 （90%～100%＝15，＜90%＝0）	15	
交货（30分）	准时性＝准时交货的批次/总交货批次 （100%＝15，90%～99%＝10，80%～89%＝5，＜80%＝0）	15	
	交货期偏差＝1－实际交货期与合同交货期偏差总计/合同交货期总计 （1＝10，0.9～0.99＝5，＜0.9＝0）	10	
	库存准备 （是＝5，否＝0）	5	
服务（10分）	对客户投诉的反应速度 （快＝2，慢＝0）	2	
	各种票据是否完备 （是＝2，否＝0）	2	
	物料、质量改进项目的完成情况 （良好＝2，一般＝1，差＝0）	2	
	在审计、评估方面的支持程度 （非常支持＝0，一般＝1，不配合＝0）	2	
	供应商是否早期参与新产品开发 （是＝2，否＝0）	2	
总分			

7. 供应商开发

在供应商绩效管理中，我们观察到总有一些供应商的供应绩效无法达到采购组织的要求。如果供应商依靠自身的力量无法达到采购组织改善绩效的要求，但却存在改善的意愿和潜质，这时就需要进行供应商开发。

所谓供应商开发，是指采购组织为帮助供应商提高运营绩效和供应能力以适应自身的采购需求而采取的一系列活动。供应商开发是有效降低所有权总成本的战略举措。

采购组织可以采取各种措施来帮助供应商提高绩效，这些措施包括：评估供应商的运营绩效，激励供应商，共同改进采购流程，直接与供应商合作，依靠供应商实现创新，对供应商进行培训等方式。如果有必要，管理供应商的供应商，将触角一直延伸到供应源头。

（1）开发决策。当供应商的绩效不能达到采购组织的要求时，采购组织通常面临以下三种决策：

决策1：如果具有改进的潜质，帮助供应商提高绩效，即进行供应商开发。

决策2：寻找更有能力的供应商，替换目前的供应商。

决策3：将外购改为自制。

对于不同的采购方—供应商合作方式，以上三种决策都有一个合乎逻辑的选择顺序。

对于与其建立了战略联盟关系和一般合作伙伴关系的供应商（即供应战略型、杠杆型、关键型等采购类别的供应商），从所有权总成本的角度思考，第一个选择必然是进行供应商开发。采购组织在此供应商的评估选择过程中已经耗费了大量的时间和成本（属于沉没成本），如果开发成功，所带来的收益足以抵消开发的成本。由于采购类别本身的特点（例如供应商数量有限，转换壁垒高）以及在此基础上确定的合作关系的制约，重新寻找一个更有能力的供应商的成本要比第一种选择高。另外在企业采用业务外包保持战略柔性的今天，回归自制的老路将是一种最无奈的选择。

对于与其建立了稳定交易关系的供应商（即供应策略型采购类别），第一个选择将是寻找更有能力的供应商，因为这种做法转换成本低；其次是考虑供应商开发；最后才是自制选择。

(2) 开发步骤。供应商开发具有前瞻性。降低采购的所有权总成本仍然是供应商开发的出发点。

第一，分析绩效差距。采购组织根据供应商绩效评分卡，找出供应商实际绩效与采购组织期望绩效之间存在的差距。

第二，与供应商探讨绩效改进的具体方案。在供应商承认存在不足并且有意愿改进绩效的情况下，双方就供应商存在的问题进行探讨，找出需要改进的具体环节，包括产品质量、成本控制、运作流程中的资源分配、技术应用、库存水平、交货速度以及配送能力等内容。在探讨的过程中，努力使双方对方案的焦点问题的认识达成一致意见，并就问题提出明确的改善目标和计划，以期符合采购组织的要求。计划必须包括投资收益率分析，以及利益分配机制，这样才能调动供应商参与的积极性。

第三，实施改善计划。采购组织主导建设和开展质量团队培训、供应商委员会和供应商论坛等工作；建立相应的供应商原材料、劳动力、管理等成本的数据库，帮助供应商运用价值工程或者价值分析、PDCA（plan-do-check-act）、5S管理分析、6σ分析等工具找出导致浪费、不增值的工序环节；协助供应商进行边际成本及竞争性目标市场的分析，以使供应价格具有竞争优势。

第四，对计划实施结果进行评价。如果有必要，进行新一轮的绩效改进计划。实施，改进，再实施。

案例分析

嘉陵-本田发动机有限公司战略供应管理

嘉陵-本田发动机有限公司（以下简称嘉本公司）是由享有中国“摩托车之王”美称的中国嘉陵工业股份有限公司（集团）与世界企业500强之一的日本本田技研工业株式会社于1993年对等出资组建的。公司主要产销摩托车、通用汽油发动机、整机及其零部件，并提供售后服务。公司全面导入本田的经营和质量管理模式，于1997年9月通过ISO 9002国际质量体系认证。在管理上，嘉本公司实施严格的供应商管理和供应链的组织及运作。

一、供应商管理

在嘉本公司所遵守的三大质量管理原则之中，有一条是关于供应商的原则：“品质保证从供应商开始，通过对供应商的综合评价、品质监控和教育培训，使供应商能真正按本田品质的要求提供合格品。”公司认为，最终产品的质量是由范围广大、数量众多的原材料和基本零部件决定的，因此，改进供应商的供货质量是其重要任务。下面我们可以具体来看看嘉本公司是如何将这条原则付诸实施的。

作为嘉陵集团和日本本田合资的产物，依托日本本田强大的研发实力，嘉本公司在产品设计与研发上，走的是产品引进开发的道路。具体来说，就是嘉本公司的销售人员对当地市场进行调查，预测何种款式、型号、价位的摩托车将受当地消费者青睐，然后向日方提出申请，从日本本田选择产品全套设计方案，按照日方设计要求，结合嘉本本身的生产工艺特点，自行生产。特别地，在开发设计过程中，嘉本公司负责开发某一车型的总设计师必须把生产、零部件采购、销售等方面的要求都反映进去，形成互动。这样，嘉本在产品设计阶段就搭建好了整个流程框架。例如，嘉本根据自身的加工条件，在设计时就决定了哪些零部件是自制，哪些零部件是外包。一旦决定外包，则开始认真寻找并且选择能够满足其严格的成本、质量和交付标准的供应商，确定最佳的外包方案。

（一）供应商的“基础情报”数据

嘉本公司设有一套严格完善的供应商资格审核程序，从各个方面、各个角度建立健全供应商基础情报数据库。这样一来，嘉本公司就对其供应商的情况了如指掌。该数据库主要是把有关供应商的相关情况进行整合管理，数据库中不仅包括供应商的基本情况（如供货厂家、地址、厂家规模、员工、工艺水平、质量标准认证、供应的零部件品种、质量等级、数量、合同价格、银行账号等）、历次交货记录、质量检测报告等，甚至包括历次的谈判记录和针对重要的采购品行业所做的基础研究报告。嘉本定期对供应商的基础情报进行审查，决定是继续合作还是寻找新的可能的合作伙伴。只有经过嘉本公司认可、核准的供应商才有资格为嘉本公司供应零部件。对于不合格的供应商，将从供应商列表中除名。

这项工作为嘉本公司在供应商的选择上提供了翔实的资料，不仅能够科学地挑选供应商，保证上游零部件的质量上乘，从源头就控制了成车品质，而且有效地避免了由于采购部门人员更替而导致的工作断层。

（二）供应商的选择

嘉本要求对供应商进行综合考核，参考供应商基础情报数据库中的相关记录，最终确定由哪些“首选”供应商进行供应。

嘉本在选择供应商上有独到之处。与一般制造企业不同的是，它认为一种零部件的供应最好由一家来完成，同类产品供应商应不超过两家。这与目前盛行的多重供应来源的做法显著不同。嘉本更喜欢这种单一供应来源的做法，它认为其优点在于能够促进供应商的参与，这使得供应商更容易向嘉本开放，因为不用害怕竞争。嘉本愿意将供应商越来越多地纳入到新车型的开发过程中。

在选择供应商上，供应商所承诺的产品供应合同价格并不占据主导地位。嘉本认为它追求的是长期稳定的合作，既然是长期配套，则不支持低价供应。如果供应商利润不足，则会影响其研发投入、技术革新、生产再投入，并且低价有可能引起供应商在生产上的偷工减料，导致产品质量的下降。从表面上看，嘉本在采购价格上获得了最低价，然而从嘉本的所有权总成本或质量成本来看，返工率提高，质量检测费用上升，等等，都会造成嘉本最终生产成本的上升。因此，供应商能够按嘉本品质的要求提供合格品，才是嘉本看重的首要因素。当然选择供应商之后，嘉本会对该供应商进行多次评价，长期跟踪供应商的绩效表现。

在与供应商签订短期协议之后，嘉本先安排小批量生产，供应商也进行小批量供应，如果这个阶段嘉本通过了对供应商的考核，该供应商就成为嘉本的合格供应商，也就是“首选”供应商，嘉本会与其签订长期合作合同，组织批量生产。相应地，嘉本会将供应商的规模、所在地理位置、送货信息（距离、质量、体积、价值等）等情况一一输入数据库，结合公司的库房，确定采购批量、提前期、运输方式等，并进一步与供应商商讨细节。

（三）与供应商的关系

传统的交易对象之间的关系被视为一种“零和游戏”。“零和游戏”是一方收益与另一方损失相当，两方面相加和为零。而嘉本在对供应商管理的过程中，将这种“零和游戏”转变为所有厂商之间的“双赢”甚至“多赢”战略，从而使得整个供应链收益更大，并且处于供应链核心的厂商之间的利润分配更为均匀。嘉本公司努力做到并实现：

（1）供应商与嘉本的利益趋同；

（2）供应商参与价值创造的全过程；

（3）嘉本协同供应商一体参与市场竞争；

（4）嘉本与供应商分享双方的长期发展战略。

具体而言，嘉本公司与供应商之间是一种长期相互信赖的合作关系（见表 A5—1）。如果供应商达到嘉本公司的业绩标准，通过嘉本的综合考察，就可以成为它的长期供应商。当然，嘉本公司并非对供应商放任自流，也在以下几个方面提供支持帮助，使得供应商成为合格甚至是优秀的供应商：

（1）协助供应商改善员工管理；

（2）品质部配备工程师解决进厂产品和供应商的质量问题；

（3）在塑造技术、焊接、模铸等领域为供应商提供技术支持；

（4）成立特殊小组帮助供应商解决特定的难题；

（5）直接与供应商上层沟通，确保供应商的高质量；

（6）定期检查供应商的运作情况，包括财务和业务计划等。

表 A5—1　　嘉本公司的供应商管理

供应商管理	一般制造企业	嘉本
供应商的选择	● 竞标 ● 低价获胜 ● 不考虑过去的成绩	● 事先评定 ● 合理价格 ● 历史记录
利益关系	● 短期合同 ● 不关心供应商的盈利	● 长期合同 ● 关心供应商的盈利情况
分工协作	设计、模具、零部件由不同厂商负责	一个厂商负责一个零件研发、生产的全过程
创新建议	供应商的创新建议无渠道反映	有渠道反映，供应商参与整个价值链的改造
对供应商信任程度	一般	较高

显然，嘉本公司与供应商之间互帮互助、共同成长。这种关系的明显成效是，在供应链上游就控制了产品质量，保证了供应商提供的零部件是免检产品，直接送到嘉

本的生产线旁，从而降低了双方的交易费用。这反映了嘉本针对供应商采用的质量措施是“预防为主，过程控制”，而不是“事后检查”。

二、库存管理

嘉本只有少量的零部件库存，以及成车、进口摩托车整车库存。众所周知，过多的库存会占用大量的资金，增加企业的运营成本。对于一个年产成车3万～5万台、产值4亿～5亿元的制造企业来说，如何有效地管理库存成为它的关键工作之一。

嘉本公司对外采购占到其销售额价值的70%，采购分为重庆本地采购和外地采购，采购数量之大、涉及面之广，很难想象。对于不同供应来源的原材料和零部件库存，嘉本采取不同的库存管理策略。

对于重庆本地供应商、外协配件厂来说，嘉本要求这些供应商在嘉本装配工厂所在地方圆20～30公里内，或者设立工厂，或者设立仓库。围绕装配工厂建立外协配件厂或者仓库，正好在嘉本装配线需要零配件前几小时，外协厂或供应商就会收到需求信号，并且能够全天多次运输嘉本恰好需要的配件，同时在运送前生产好需要的配件，实现了连续补货。

外地采购占到嘉本采购量的50%，由于地理空间因素，按照传统的采购方法，即采用安全库存，计算采购提前期的办法来满足生产需求，要想显著降低库存水平则显得非常困难。为了弥补距离远的不足，嘉本采用第三方物流，与“日捆”（全称为南京日捆储运实业有限公司重庆分公司）合作，由其负责外地供应商的零部件配送。日捆公司首先将外地供应商的零部件运输到它的物流中心，然后对嘉本实行看板供货。所谓“看板供货”，是JIT供货的一种体现，嘉本生产需要多少零部件，就由日捆公司从其物流中心提供多少零部件，进行连续补货，这使得嘉本实现了真正意义上的零库存，在有效保证生产的同时，也极大地避免了时间、空间、资金的浪费。

某种意义上，嘉本在采购物资库存管理上，实施的是不完全的供应商管理库存（vendor management inventory，VMI）策略。即供应商代替嘉本管理库存，库存的管理职能转由供应商负责。之所以这么说，是因为还未要求外地供应商也这样执行。嘉本通知设在附近的供应商仓库或者日捆公司，按照嘉本的生产计划连续补货。这种库存管理策略的优点是：嘉本能够降低营运成本、计划生产进度、降低库存量与库存持有成本、准时有效地配送等。

三、物料配送

在物料配送上，要求供应商完全按照嘉本ERP系统生成的供货计划进行配送。这种供货计划明确规定了什么产品、什么编号、多少批次、配送到什么地点。为此，嘉本还开发了一套数字编码规则（形式为：×—×），表示不同的配送要求，具体为计算每天的量，一次送几天的量。例如1—1表示价值大的部件，提前1天送1天的量；再如1—5表示价值小的部件，提前1天送5天的量。这些数字编码规则是ABC库存分类管理方法在嘉本库存管理实际操作中的运用。

要求供应商频繁发货是嘉本成功的一个关键，因为它认为，如果持有大批量存货，就会增加存货持有费用，占用有价值的空间，掩盖质量问题。

四、物料搬运

在物料搬运上，嘉本生产车间内部完全采用周转箱。所谓周转箱，是一种物料盛具，不同供应商有不同标识或颜色的周转箱，但规格尺寸是相同的。由于各个供应商提供的包装是非标准化的，规格、尺寸各不相同，因此嘉本用周转箱统一了盛具，为物料搬运带来了方便。这种周转箱是由供应商应嘉本的要求出资购买的。不同包装的零部件到达嘉本的仓库后，由嘉本的仓储人员负责将原包装拆卸分装到周转箱，同时对物流周装箱进行编码，贴上生产物流标签，这些费用由嘉本承担。

零部件用周转箱分装完之后，直接送到指定的生产车间的指定暂存区域，然后由车间员工从暂存区域搬运到生产线旁。在此过程中由物料搬运人员领取“搬入传票”，按照搬入传票上规定的搬入数量、容器数量、零部件，在指定的搬入日期搬入指定的场所；同时车间人员接收一份对应内容的“受领证”，清点收到的零部件数量、容器数量、搬入场所等，检查物料搬运人员是否按规定正确地搬入了物料。而作为供应商的外协厂，同样也收到一份单据，告知供应商物料的使用情况。

在嘉本的生产车间，可视化管理比较完善，不同颜色的标识代表不同的区位，不同颜色和标识的周转箱正好对应相应颜色的区位，什么零部件应该运到什么区域，车间生产、搬运人员一目了然。这种人性化的设计大大提高了物料搬运的效率，并且降低了搬运出错率。

资料来源：宋华：《电子商务物流与电子供应链管理》，北京，中国人民大学出版社，2004。

问题讨论：

1. 嘉陵本田公司是如何有效选择和管理供应商的？
2. 试就嘉陵本田公司与其供应商之间的关系加以评论。

□ 本章小结

采购是企业生产与经营的重要前提，采购管理已经成为现代企业管理中的一个重要领域。在现代物流越来越趋向于一体化以及供应链管理日渐高度化、整合化的背景下，采购管理不再像以前一样关注传统的层次职能结构，而是更加集中于改进采购流程，以便从外部的原材料及服务供应商那里获取最大的价值。

采购过程包括一系列活动，包括确定需求、选择供应商、确定价格、发出订单及交货等。当然，并不是采购的所有物品都是同等重要的，采用风险和价值两个维度，可以把供应物品分为四类：关键型物品、策略型物品、杠杆型物品及战略型物品，四类物品的供应市场的特征各不相同，应采用不同的采购战略。

战略采购管理的关键是供应商选择及管理，其原则是采购企业与供应商建立长期稳定、开放合作的关系，最终实现采购企业与供应企业的双赢。

第6章 库存管理

知识要求

通过本章的学习，掌握

- 库存的定义与分类
- 一般库存与订货管理方式
- 库存决策模型
- 安全库存的概念与计算
- 协同库存决策 VMI 与 JMI

技能要求

通过本章的学习，能够

- 进行库存分类
- 制定库存和订货管理计划
- 计算一次性订货量
- 计算安全库存
- 制定协同库存计划

引导案例

一汽大众：战略合作助力“零库存”

在汽车行业，一汽大众的“零库存”可谓家喻户晓。然而，大多数人都只顾欣赏其绚丽的成果，很少有人去探讨一汽大众为了抛弃那“万恶”的库存到底做了什么。

在制品是万恶之源

一汽大众有这么一句话：在制品是万恶之源。从这句话可以看出一汽大众对“库存”的严厉态度。一汽大众拥有亚洲最大的整车车库，但是其生产所用的零部件居然基本处于“零库存”状态。偌大的库存空间中只是零星地放着一些常用的零部件，几个工人在用电动叉车往整车车间运送。在车间入口处，当一车零部件运到时，马上有工人开着叉车卸货。几分钟后，这车零部件就被运到车间相应地方。同时，还有一名工人在电脑前用扫描枪扫描一张张纸单上的条形码——他正在把订货单发往供货厂。从企业的生产实践中可以看出，一汽大众把“在制品是万恶之源”这句话贯彻得多么彻底。

准时制+电子看板+ERP

准时制和电子看板都是实现零库存常用的控制手段和运作方式。在一汽大众，准时制是整个供应流程的主线，电子看板是实现准时制的最重要的管理工具，ERP是供应流程的中枢。

准时制就像一条主线串起了物资供应的所有环节，电子看板上记录了汽车的型号、整车车序、零件编号等信息。首先，一汽大众将需求信息和整车的车序信息通过ERP系统传送到供应商处。供应商一方面根据车序信息和需求信息进行零部件的生产，另一方面根据车序信息开始备货。然后将零配件装车，运送到一汽大众生产厂入口签字交接，之后再运送到各个工位。

一汽大众之所以能做到准时制生产，保持较少的库存，最主要的原因就在于它得到了供应商的全力支持，尤其是与战略供应商的深入合作。一汽大众和供应商之间的关系已经真正从传统的产业链上下游的销售关系转变为深度合作、互利共赢的战略发展关系。

供应商先期介入

汽车业是典型的制造业，需要不断向市场推出新产品以保证获取相应的财务回报，其产品更新的速度往往决定企业发展的高度。对于很多汽车企业来说，其供应商，尤其是一些著名的零部件供应商，往往掌握了某方面的关键技术，如动力系统等，因此企业就需要与供应商合力进行产品设计和开发，这里就会涉及供应商先期介入。供应商先期介入在汽车行业是较为普遍的，尤其是对大型车企。一汽大众的供应商先期介入是其“零库存”生产的重要保障。

广东惠州德赛西威汽车电子有限公司的前身是中德合资的西门子威迪欧汽车电子（惠州）有限公司，1986年成立，1992年就建立了针对国内市场的产品开发部门。德赛西威影像导航事业单元总经理张玉才说：“通过与一汽大众合作，德赛西威在体系、技术，包括产品方面，有很大的突破。”1993年，它开始给捷达轿车提供配套产品；1996年双方自主设计开发了第一款属于一汽大众知识产权的磁带机、CD机；2005年为一汽大众开发出国内第一套能存储CD的汽车音响；2007年为一汽大众新宝来开发空调控制器。通过进行先期的技术合作，一汽大众与其供应商共同实现了自主研发战略，真正实现了深层次的合作共赢。

资料来源：汪明慧：《一汽大众——战略合作助力“零库存”》，载《石油石化物资采购》，2011(12)。

问题

(1) 一汽大众是如何实现零库存的?

(2) 为什么在库存管理中也应重视战略合作?

第1节 库存管理的基本原理和方法

一、库存的定义

今天企业的高层管理者在经营活动中越来越重视供应链的作用。毫无疑问，库存管理是整个供应链中的一个重要方面。

库存（inventory）是指处于储存状态的物品或商品。库存与保管概念的差别在于前者是从物流管理的角度出发强调合理化和经济性，后者是从物流作业的角度出发强调效率化。库存具有整合需求和供给，维持各项活动顺畅进行的功能。例如，某零售商直接向生产厂家订购一定数量的商品并要求第2天到货。而生产厂家生产该商品需要花5天时间，运送需要花1天时间。这样，如果生产厂家预先生产一定数量的这种商品并储存在物流仓库的话，则可马上满足顾客的要求，避免发生缺货或延期交货的现象。一般来说，企业在销售阶段，为了能及时满足顾客的要求，避免发生缺货或延期交货现象，需要有一定的成品库存。在采购生产阶段，为了保证生产过程的平准化和连续性，需要有一定的原材料和零部件的库存。但是另一方面，库存商品要占用资金，发生库存维持费用，同时，存在库存积压而产生的损失的可能。因此，既要防止缺货，避免库存不足，又要防止库存过量，避免发生大量不必要的库存费用。

二、库存成本的构成

库存的成本主要包括订购成本、库存持有成本（储藏空间成本、库存服务成本、资本成本、库存风险成本）、缺货成本（延迟订货成本、销售损失成本）。这三类成本对库存决策起着重要的作用，它们之间存在背反关系，订购量越大，库存量越多，库存持有成本越高，缺货可能性减小，缺货成本降低；同时由于规模经济，订购成本下降，如图6—1所示。因此在确定订货量来补充库存时，必须同时对这三种成本进行权衡。

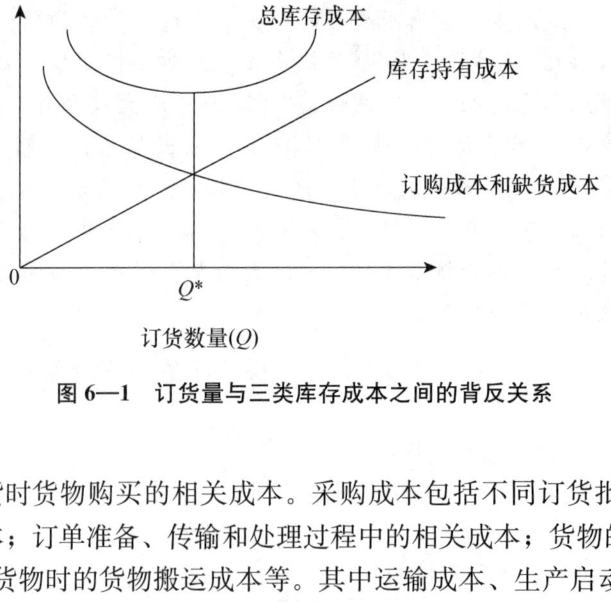

图6—1　订货量与三类库存成本之间的背反关系

1. 订购成本

订购成本指补货时货物购买的相关成本。采购成本包括不同订货批量下产品的价格成本；生产的启动成本；订单准备、传输和处理过程中的相关成本；货物的运输成本（如果买方付款），以及接收货物时的货物搬运成本等。其中运输成本、生产启动成本和货物搬运成本是随订货规模变动的，在分析时要区别对待。

2. 库存持有成本

库存持有成本包含的范围相当广泛，它是企业在一段时间内储存和持有商品所产生的相关成本，包括储存空间成本、库存服务成本、资本成本、库存风险成本。

（1）储存空间成本（storage space costs）。储存空间成本是由于占用储存建筑的空间所支付的费用。如果是租借的仓储空间，一般以储存时间和储存重量计算租金。如果是自有的或合同的仓库，空间成本取决于仓库的运营成本（照明、取暖等）和储存设施的固定成本。

(2) 资金成本（capital costs)。资金成本有时也叫做利息（interest）或机会（opportunity）成本，这种成本类型是指公司将资金用于库存与把资金用于其他金融性生产方式相比所产生的成本。

(3) 库存服务成本（inventory service cost)。库存服务成本包括保险和税收带来的成本以及相关的管理费用。保险和税收根据产品价值和类型的不同而不同。

(4) 库存风险成本（inventory risk costs)。库存风险成本反映了存货的现金价值下降的可能性。例如，库存的商品存放了一段时间，可能因为污染、损坏、失窃、腐烂而不能销售或因过时而不适于销售所产生的废弃成本、损坏成本、损耗成本和移仓成本等。

3. 缺货成本

另外一个影响制定库存决策的重要因素是缺货成本（stockout costs)——当客户需要或有需求时没有产品供应而产生的成本。缺货成本分为两种：丧失销售的成本（costs of lost sales）和保留订单的成本（costs of back order)。

(1) 丧失销售的成本。当出现缺货时，客户取消订单，就产生了丧失销售的成本。确定由于库存无货而丧失销售的成本比较具有挑战性。比如，对于制造企业，首先应该确定小时或日生产率，然后把它们乘以未能生产的单位所引起的利润损失。这个数字还是有点保守，因为尽管是短时间的停业，企业仍需要付给工人工资；此外，还要考虑分配到每一单位上的管理费用。

(2) 保留订单的成本。如果客户愿意等待补货时继续履行订单，这时由于订单的延期履行所产生的成本就是保留订单成本。如果订单通过其他分销渠道调货来履行，那么可能由于订单的处理、额外的运输和搬运产生额外的办公费用和销售成本，这些成本是容易计算的，但由于订单的延期可能造成的潜在客户的流失是很难衡量的。

为减少面临缺货的可能性，大多数公司通常都要考虑建立安全库存（safe stock）或缓冲库存，以预防需求或再供应所需的周期的不确定性。但是，安全库存比周转库存风险大、持有成本高，而且确定安全库存水平的大部分决策都涉及概率分析。

三、库存分类与管理

一般来说，企业的库存物资的种类繁多，每个品种的价格不同且库存数量也不等。有的物资的品种不多但价值很大，而有的物资品种很多但价值不高。由于企业的资源有限，为了使有限的时间、资金、人力、物力等企业资源能更有效地利用，应对库存物资进行分类，将管理的重点放在重要的库存物资上，进行分类管理和控制。即依据库存物资重要程度的不同，分别进行不同的管理。这就是ABC分类管理方法的基本思想。

ABC分类管理方法就是将库存物资按重要程度分为特别重要的库存（A类库存)、一般重要的库存（B类库存）和不重要的库存（C类库存）三个等级，然后针对不同的级别分别进行管理和控制。ABC分类管理方法包括两个问题：一是如何进行分类；二是如何进行管理。

对库存物资进行分类的标准通常采用库存物资所占总库存资金的比例和所占库存总品种

数目的比例这两个指标。ABC类库存物资的划分如图6—2所示。具体地说，A类库存品种数目少但资金占用大，即A类库存品种占库存品种总数的5%～20%，而其占用资金金额占库存资金总额的60%～70%。C类库存品种数目大但资金占用小，即C类库存品种占库存品种总数的60%～70%，而其占用资金金额占库存资金总额的15%以下。B类库存介于两者之间。B类库存品种占库存品种总数的20%～30%，其占用资金金额大约占库存资金总额的20%。

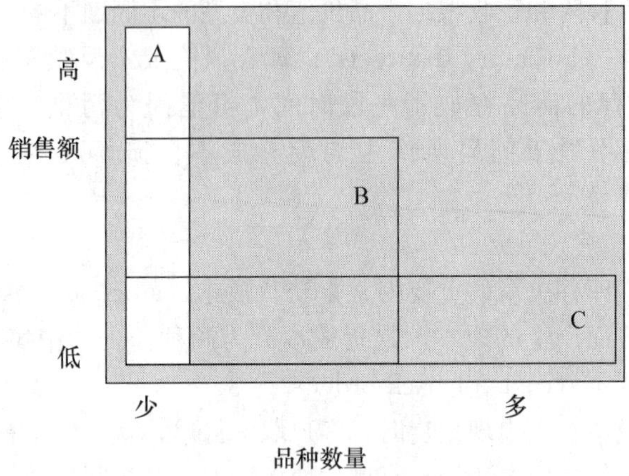

图6—2　ABC分类库存管理

但是，以上按所占金额大小来分类的方法有一定的缺陷。例如，按金额来区分，则可能发生某个品种虽然被归为C类物资但却是生产过程中不可缺少的重要部件，一旦发生缺货则会造成生产的停顿。为了弥补按金额大小分类方法的不足，发展出了重要性分析方法（critical value analysis，CVA）。这种方法的基本点是按照工程人员的主观认定对每个库存品种进行重要度打分。评出的分数称为分数值（point value）。再依据分数值的大小将物资品种划分为3～4个级别：最高优先级（top priority）；高优先级（high priority）；中优先级（medium priority）；低优先级（low priority）。

在对库存进行ABC分类之后，接着便是根据企业的经营策略对不同级别的库存进行不同的管理和控制。

（1）A类库存：这类库存物资数量虽少但对企业的重要性最大，是最需要严格管理和控制的库存。企业必须对这类库存定时进行盘点，详细记录及经常检查分析物资使用、存量增减、品质维持等信息；加强进货、发货、运送管理；在满足企业内部需要和顾客需要的前提下，维持尽可能低的经常库存量和安全库存量；加强与供应链上下游企业合作减少库存水平，加快库存周转率。

（2）B类库存：这类库存属于一般重要的库存，对于这类库存的管理强度介于A类库存和C类库存之间，一般进行正常的例行性的管理和控制。

（3）C类库存：这类库存物资数量最大但对企业的重要性最低，因而被视为不重要的库存。对于这类库存一般进行简单的管理和控制。比如，大量采购、大量库存，减少这类库存的管理人员和设施，库存检查间隔时间长。

对这三类库存的管理和控制要求如表6—1所示。

表 6—1　　ABC 分类管理

项目/级别	A 类库存	B 类库存	C 类库存
控制程度	严格控制	一般控制	简单控制
库存量计算	依库存模型详细计算	一般计算	简单计算或不计算
进出记录	详细记录	一般记录	简单记录
存货检查频度	密集	一般	很低
安全库存量	低	较大	大量

第 2 节　库存决策模型

一、库存补给策略

库存管理中存在多种订货方式，每种订货方式各有其特点和适用范围。库存管理中最重要的也是最基本的是要确定库存检查周期、订货点和订货量三个要素。围绕这三个要素确定的最基本的库存补给策略主要有四种。

1. 连续检查的固定订货量、固定订货点策略——(*Q*，*R*) 策略

(*Q*，*R*) 策略首先要确定订货量 *Q* 和订货点水平 *R*。该策略是对库存进行连续的检查，是指当库存量下降到预定的最低库存数量（订货点 *R*）时，就按规定数量（一般以经济批量（EOQ）为标准）进行订货补充的一种库存管理方式，如图 6—3 所示。

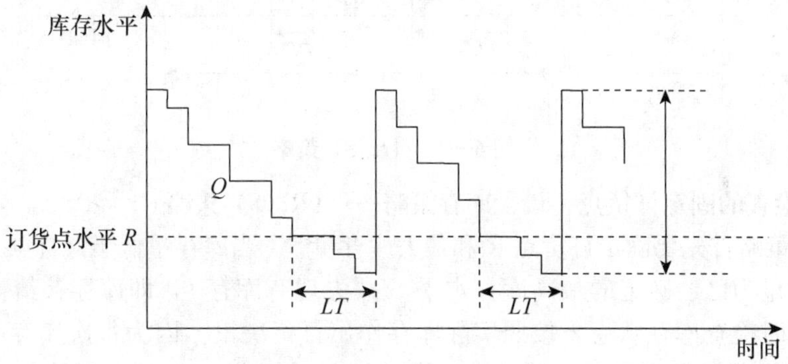

图 6—3　(*Q*，*R*) 策略

当库存量下降到订货点 *R*（也称为再订货点（reorder））时，马上按预先确定的订货量 (*Q*) 发出货物订单，经过交纳周期（*LT*），收到订货，库存水平上升。这种策略适用于缺货费用较高、需求量大、需求波动很大的情形。通常订货点的确定主要取决于需要率和订货到货间隔时间这两个要素。

在需要固定均匀和订货到货间隔时间不变的情况下，不需要设定安全库存，订货点由下式确定：

$$R = LT \times D/365$$

式中，*D* 代表每年的需要量。

但在需要发生波动或订货到货间隔时间变化的情况下，订货点的确定方法较为复杂，而且往往需要安全库存。

订货量通常依据经济批量方法来确定。即以总库存成本最低时的经济批量（EOQ）为每次订货时的订货数量。有关EOQ的确定方法和安全库存将在下面讨论。

2. 周期性检查策略——(*t*，*S*) 策略

（t，S）策略首先要确定库存检查周期 t 和最大库存水平 S。这种策略要求每隔一段固定时间 t 检查一次库存，发出订货要求，订货量为已经确定的最大库存量 S 减去现有库存 I_1，即（$S-I_1$），经过订货提前期（LT）后货品到库，库存得到补给（$S-I_1$）达到 A 点；从发出订货要求起开始计算，再经过一个周期 t，对库存再次检查，发出订货要求，若这时库存量为 I_2，则订货量为（$S-I_2$），又经过一个 LT 后，库存得到补给达到 B 点。如此按周期时间 t 连续检查库存，不断补给，没有固定的订货点，每次补给的订货量也不是固定的，订货提前期也是随机变动的（见图6—4）。这种策略主要适用于使用量不大或者不很重要的商品。

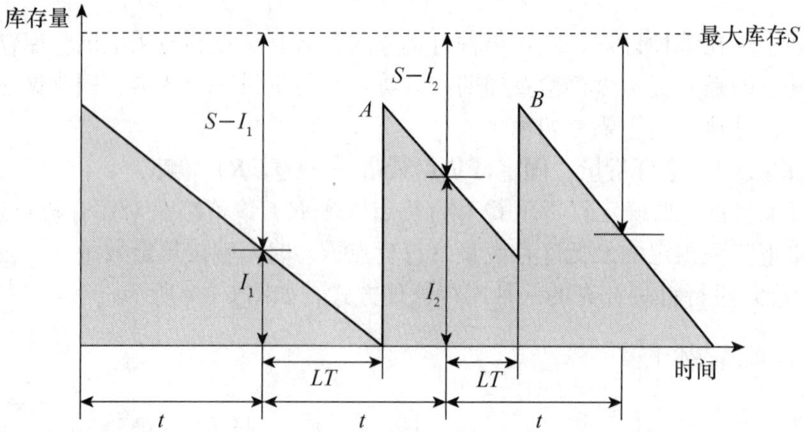

图6—4 (*t*，*S*) 策略

3. 连续检查的固定订货点，最大库存策略——(*R*，*S*) 策略

（R，S）策略首先要确定订货点 R 和最大库存量 S。当库存量低于订货点 R 时，发出订货要求，订货量为已经确定的最高库存水平 S 减去现有库存 I，即库存补给量为（$S-I$）。该策略需要随时检查库存状态，按照实际库存作出订货决策。因为每次库存水平 I 的值可能不同，所以订货量是可变的，即每次库存水平低于订货点 R 的值可能是不同的（见图6—5）。

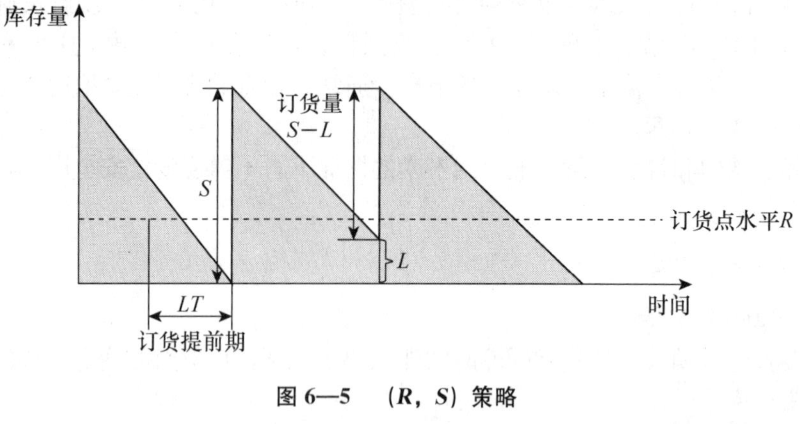

图6—5 (*R*，*S*) 策略

4. 综合库存策略——(t，R，S) 策略

(t，R，S) 策略首先要确定固定的库存检查周期 t，最大库存量 S，固定订货点水平 R。该策略实际上综合了 (R，S) 策略和 (t，S) 策略，当经过一个固定库存检查周期 t 以后，若库存低于订货点水平 R，则发出订货要求，否则不订货，如图 6—6 所示。

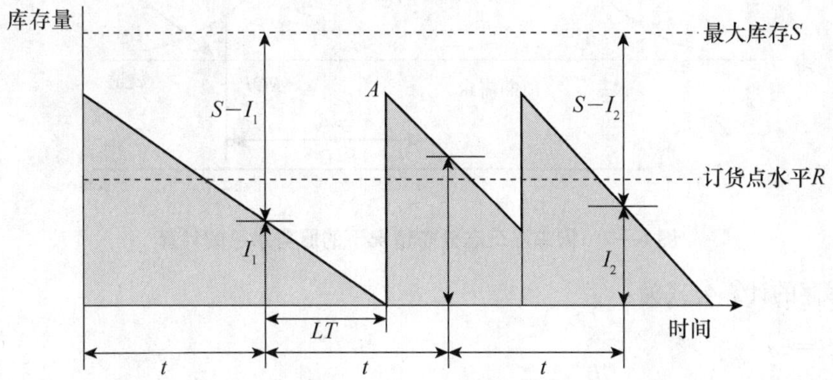

图 6—6　(t，R，S) 策略

经过第一个订货检查周期时，库存水平为 I_1，低于订货点水平 R，这时发出订货要求，订货量为最大库存量 S 减去当时库存水平 I_1，即 $(S-I_1)$；经过一段订货提前期库存得到补给达到 A 点，到第二个库存检查周期 t 时，库存水平为不低于订货点水平 R，不订货；再经过第三个库存检查周期 t 时，库存水平 I_2 低于订货点水平 R，这时再发出订货要求，订货量为最大库存量 S 减去当时库存水平 I_2，即 $(S-I_2)$；如此循环下去，使库存不断得到补给。

二、安全库存

安全库存对作业失误和随机事件的发生起着预防和缓冲作用，虽然会增加企业库存的持有成本，但可以有效降低因缺货所产生的延期付货成本、预期利润损失、商誉损失以及生产设施闲置和延误工期所带来的损失。那么，究竟持有多大的安全库存以对需求和完成周期的不确定性进行缓冲和预防？这主要由企业期望达到的客户服务水平决定，我们通常用在存货周期内不会出现断货的概率来表示服务水平。比如 95%的客户服务水平，意味着在订货至交货这段前置期内有 5%的概率需求大于安全库存（见图 6—7）。

服务水平＝1－断货概率

可见，服务水平越高，需要的安全库存的量越多，这样发生缺货的可能性减少，缺货成本减小，但是库存持有成本增多；而服务水平越低，需要的安全库存的量越低，发生缺货的可能性越大，缺货成本增大。所以，在确定安全库存时要注意同时权衡服务水平、缺货成本和库存成本三者的关系。下面我们讨论不确定环境下安全库存量的确定。

1. 需求不确定、完成周期为常数的安全库存量的确定

这里假设从订货到补货完成这段前置期内的需求的变化呈正态分布，需求的期望均值和标准差根据前置期内需求情况的历史数据来确定。设 SS 代表安全库存；D 代表前置期间预期平均日需求；T 代表订货到补货完成前置期时间；σ 代表前置期需求标准差；z 代表特定服务水平所对应的平均值的标准差值，可查正态分布表得出。则需求不确定、完成周期为常

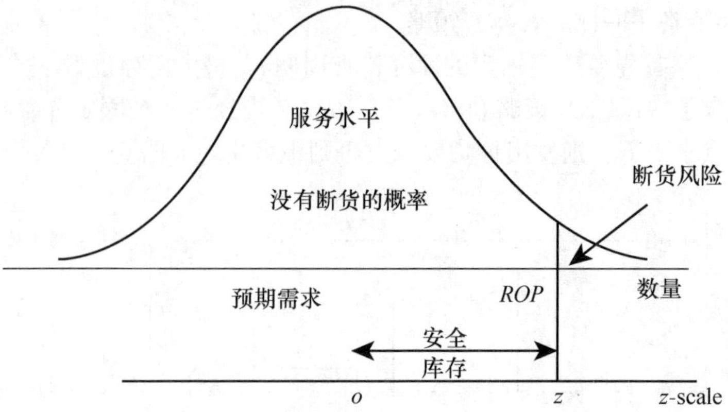

图6—7　需求呈正态分布情况下的服务水平的计算

数的安全库存的计算公式为：

$$SS=z\sigma$$

例6—1　根据历史数据，一个建筑供应企业前置期平均沙子需求为50吨，标准差为5吨，假定该企业可接受的断货风险值为3%。

求：(1) 标准差值 z 为多少？

(2) 安全库存为多少？

(3) 再订货点为多少？

解：(1) 利用正态分布表，求出在服务水平1－0.03＝0.97的条件下，z＝1.88。

(2) 安全库存＝前置期需求标准差× 标准差值＝ 5×1.88＝9.40(吨)。

(3) 再订货点＝预期前置期需求＋安全库存＝50＋9.40＝59.40(吨)。

2. 需求为常数、完成周期不确定的安全库存量的确定

完成周期不确定意味着在补货过程中，由于随机事件的发生无法保证货品如期到达。在此情况下，安全库存的计算公式为：

$$SS=zD\sigma_T$$

式中，z 为特定服务水平所对应的平均值的标准差值；σ_T 为前置期的标准差；D 为前置期的日需求量。

例6—2　某餐饮店的啤酒平均日需求量为20加仑，前置期随机变化，而且服从均值为5，标准差为1.5的正态分布。

求：满足95%顾客服务满意的安全库存量是多少？

解：利用正态分布表，得出在服务水平为95%的条件下，z＝1.65。

根据题意：σ_T＝1.5，D＝20，安全库存为：

$$SS=zD\sigma_T=1.65\times20\times1.5=49.5(加仑)$$

（注：需求和前置期都随机变化的安全库存量的确定较为复杂，这里不作介绍。）

第3节　协同库存决策VMI与JMI

近年来，由于信息系统与网络通信技术的进步，以及新的消费习惯及新的经济需求产生，消费品的营销渠道有了极大的变化，由早期传统制造、批发、仓储、零售各点通路间的多层次且复杂的分销渠道，演变成为由制造经由物流中心而至零售通路的作业方式，为了满足消费者需求，实现有效的消费者响应（efficient consumer response，ECR），及改善供应链运作过程中的长鞭效应（bullwhip effect），有效的补货政策就是要以最低的商品流通成本在流通渠道中有效地流动商品，而供货商管理库存（vendor managed inventory，VMI）和联合库存管理（joint inventory management，JMI）就是两种最好的方法。

一、供货商管理库存

（一）VMI 的基本运作框架

VMI 的机制为供货商收到下游顾客的销售资料及目前的存货水准后，再依据预先制定的存货水准来补充顾客的存货。所以，VMI 就是一种库存管理方案，以掌控销售数据和库存量，作为市场需求预测和库存补货的解决方法。借由销售数据得到消费需求信息，供货商可以更有效、更快速地对市场变化和消费者需求作出反应，因此 VMI 可以降低库存量，改善库存周转率，进而维持最佳的库存量，而且供货商与批发商分享重要信息，所以双方都可以改善需求预测、补货计划、促销管理和运输装载计划等。VMI 是由传统通路产生订单作补货，改变为以实际的或预测的消费者需求作补货。

从 VMI 系统的主要框架来看，主要是考虑两个模块。

1. 需求预测计划

即使用统计工具的设定来确认实际需求，目的是协助供货商进行销售何种商品、销售给谁、以何种价格销售、何时销售等预测。一般预测所需的参考要素包括客户订货历史数据、各种市场营销信息等。从需求预测程序来看，供应商收到客户最近的产品活动信息，利用 VMI 作需求历史分析；然后使用统计分析方法，以客户的平均历史需求、客户的需求动向、客户需求的周期为基础，产生最初的预测模式；在以上运作的基础上，由统计工具模拟不同市场经营状态（如促销活动、市场动向、广告、价格变动等），产生调整后的预测需求。

2. 补货配送计划

即指派可利用的成品库存以平衡顾客服务需求，使产品出货能达到成本效益。通过实际实时库存的配置，补货配送计划能改善顾客服务、降低库存水准及运输成本，最主要的是有效地管理库存量。

VMI 系统是将配送及供应单位整合于连续补货循环过程，补货活动如图 6—8 所示。

（1）依顾客存货水准及销售状况进行需求预测计划，经统计计算后提出建议订购量。

（2）依建议订购量，订单管理系统发出补货通知单，由客户进行订单确认。

（3）依订单管理系统、制造管理系统排定主生产计划，以计划排定配送计划。

（4）依配送计划将补货计划通知客户并进行实际补货。

从 VMI 运作基本框架和流程可以看出，VMI 管理机制对供应链的整体效益表现在：

（1）建立上下游厂商紧密的合伙关系，提升企业供应链的竞争力。

（2）有效运用信息技术整合企业内部与外部信息流的活动，发挥供应链效率。

（3）供应链成员共同承担风险、成本、分享利益，维系双方合作关系。

（4）改善预测、需求计划的相关技术，促进供应链整体运作绩效。

（5）设定适合 VMI 管理机制的绩效衡量指标，帮助企业检验实施成效与改进方向。

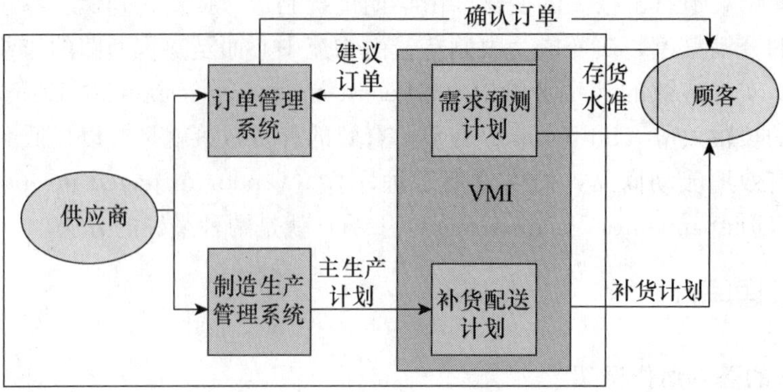

图6—8 VMI框架结构

（二）VMI的实施

VMI是由传统的订单补货改变为以实际商品预测的消费者需求做补货，VMI可应用于供货商与批发商、供货商与行销物流中心等，VMI引导出的需求预测与自动补货在日益竞争的消费市场凸显出重要性。供货商通过VMI掌握库存与补货信息、提升客户服务满意度、增加库存周转率、产生准确预测量及生产计划等。VMI有别于传统订单、交货作业。有关VMI的实施，美国已有许多成功案例，如零售业的沃尔玛、日用品业的强生和宝洁等。

虽然VMI的实施已有许多成功案例，但VMI在执行时仍有些问题值得探讨，如必须转变思考模式及理清角色定位，才能达成信息的共享、因应管理的变更。如何利用信息技术提供促销计划和价格调整的数据给供货商，以利于安排产品交货期、掌握市场销售动态、预测生产需求等，这些在推动VMI管理机制上的重要管理问题与阻碍因素，在上下游供应链双方实施VMI前是个重要课题。具体讲，VMI实施的前提有如下几个。

第一，建立顾客信息系统。供应商要有效地管理销售库存，就必须能够获得顾客的有关信息。通过建立顾客的数据库，供应商能够掌握需求变化的有关情况，把由分销商进行的需求预测与分析功能集成到供应商的系统中。

第二，建立物流网络管理系统。供应商要很好地管理库存，就必须建立起完善的物流网络管理系统，保证自己的产品需求信息和物流畅通。目前已经有很多企业开始采用MRPⅡ或ERP，这些系统都集成了物流管理功能，通过对这些功能的扩展，就可以建立完善的物流网络管理系统。

第三，建立供应商与用户的合作框架协议。供应商和用户一起通过协商，确定订单处理的业务流程以及库存控制的有关参数，如补货点、最低库存水准、库存信息的传递方式如EDI或互联网等。

第四，组织结构的变革。这一点也非常重要，因为VMI改变了供应商的组织模式，引入VMI后，在订货部门产生了一个新的职能负责控制用户的库存，实现库存补给和高服务水平。

值得指出的是，尽管VMI的实施有众多好处，如有助于信息交流反馈，提高了供应商生产运作的灵活性，促进供需双方长期合作关系的形成，同时加快库存周转，降低库存成本等，但是也会给供应商和客户带来一些不利之处。对于供应商来讲，客户的库存管理成本转移到供应商那里，相当于流动资金减少，对于客户来讲，由于VMI的实施，会更加依赖供应商，而且可能导致一些潜在的重要的商务信息泄露给供应商。

（三）其他影响 VMI 的因素

VMI 系统得以成功实施，除了上面提到的顾客信息系统、物流网络管理系统和合作框架协议的建立以及组织结构的调整等，还需要注意以下影响因素。

(1) 需求可变性（demand variability）：需求可变性因素是影响 VMI 实施的重要因素之一。对此，许多学者（Buzzell，1993；Clark，1994；Fisher，1997；Ellinger，Taylor，and Daugherty，1999 等）进行研究调查，结果表明 VMI 适合在产品需求稳定的企业实施，VMI 合作在大批量、稳定的产品需求企业之间实施更容易也更有效。

(2) 再订货间隔期（review interval）：在 VMI 系统中，零售商在固定的时间间隔内得到特殊服务以达到消除零星订单是 VMI 的主要目标。由于实现 VMI 服务水平的安全库存数量与再订货间隔周期和需求的可变性之间是成正比的，因此，再订货间隔周期的长度也就是可变性需求的一个周期时间，是一个需要考虑的关键因素，可以通过缩短再订货间隔周期的时间来降低供应商和零售商的库存水平。

(3) 零售商的数量（number of retailers）：在 VMI 系统中，零售商的数量也是十分重要的考虑因素。越来越多的企业对 VMI 产生了兴趣，越来越多的企业要求供应商实施 VMI，这对于供应商的生产能力与信息网络都有了更高的要求，如何分配资源对于供应商来说是一种挑战。

(4) 信息的有效性（information availability）：信息的长期有效性在相当大的程度上影响了 VMI 的实施效果。当终端的需求变化很大或订单数量很多或很少时，信息的价值是很低的。同样，如果制造商的生产能力很低，无法调整生产完成信息中所提供的需求波动量，信息同样没有什么价值。当终端的需求变化和订单大小比较适中时，此时的信息是最有价值的。

(5) 供应商产量和产品的灵活性（vendor flexibility of volume and product）：供应商的灵活性是实现供应链绩效的一个关键因素，也是实现 VMI 合作关系的重要因素。供应商灵活性的衡量指标主要是两方面，一是对需求量变化的反应能力；一是对产品品种变化的反应能力。唯有具备这两种反应能力，才能对需求的变化作出迅速的响应，满足客户的需要，使 VMI 系统真正地发挥作用。

二、联合库存管理

JMI 的思想可以从分销中心的联合库存功能谈起。地区分销中心体现了一种简单的 JMI 思想。传统的分销模式是分销商根据市场需求直接向工厂订货，比如汽车分销商（或批发商）根据顾客对车型、款式、颜色、价格等的不同需求，向汽车制造厂订货，需要经过一段较长时间货才能到达，因为顾客不想等待这么久的时间，因此各个分销商不得不进行库存备货，这样大量的库存使分销商难以承受，以至于破产。而采用地区分销中心，就大大缓解了库存浪费问题。采用分销中心后，各个分销商只需要少量的库存，大量的库存由地区分销中心储备，也就是各个分销商把其库存的一部分交给地区分销中心负责，从而减轻了各个分销商的库存压力。分销中心就起到了 JMI 的功能。

从分销中心的功能得到启发，对现有的供应链库存管理模式进行新的拓展和重构，提出共同管理存货新模式——基于协调中心的 JMI 系统。近年来，在供应链企业之间的合作关系中，更加强调双方的互利合作关系，JMI就体现了战略供应商联盟的新型企业合作关系。

JMI是解决供应链系统中由于各节点企业的相互独立库存运作模式导致的需求放大现象、提高供应链的同步化程度的一种有效方法。JMI和VMI不同，它强调双方同时参与，共同制定库存计划，使供应链过程中的每个库存管理者（供应商、制造商、分销商）都从相互之间的协调性考虑，保持供应链相邻的两个节点之间的库存管理者对需求的预期保持一致，从而消除了需求变异放大现象。任何相邻节点需求的确定都是供需双方协调的结果，库存管理不再是各自为政的独立运作过程，而是变成供需连接的纽带和协调中心。VMI是一种供应链集成化运作的决策代理模式，它把用户的库存决策权代理给供应商，由供应商代理分销商或批发商行使库存决策的权力，JMI则是一种风险分担的库存管理模式。

案例分析

诺基亚直供与物流模式

诺基亚是最不怕打价格战的，因为通过出色的供应链管理，它可以把库存成本和渠道间隙挤压到极限。诺基亚一年生产和销售全球1/3还多的手机，就其原材料采购量和生产成本控制技术而言，它的生产成本和原材料成本都是最低的，并令人惊讶地维持了高于20%的利润率，这也就意味着，诺基亚是最不怕打价格战的。

一、共同消化库存

诺基亚对供应链管理的重视可以追溯到1995年，当时，由于一些部件紧缺，诺基亚无法及时供货，令网络运营商和其他客户大光其火，还错过了圣诞节促销的大好时机，损失惨重。这件事刺痛了诺基亚的首席执行官（CEO），此后相当长一段时间里，诺基亚都把供应链管理作为重中之重，务求确保供应链的顺畅和强健。

在中国，诺基亚强大的供应链管理能力因为“星网模式”而广为人知。星网模式的思路成型于1999年，当时正是全球电信市场的黄金时期，国际及国内手机市场需求旺盛，而此时也正是全球各大手机制造商奋力一搏的时候。虽然诺基亚已连续两年成为全球第一大手机制造商，但老牌劲旅摩托罗拉与北欧兄弟爱立信以及西门子等显然并不泄气，铆足了劲儿扩大自己的生产份额。

一部手机，用到的零配件有几千个，模块则有数百个，对于诺基亚这样实现大规模批量生产的企业，一年要生产1.5亿～2亿部手机，所需零配件数量之大可想而知。虽然当时的诺基亚中国公司已经拥有众多全球优秀的原材料、零部件供应商，但在北京却没有一家成规模的供应商，要么从国内其他省区的厂商购进原材料，要么不辞辛劳地从国外直接进口相关零部件。于是，诺基亚产生了成立一个工业园，把遍布全球、相对分散的供应商聚集在自己的北京手机工厂周边的想法。

2000年5月，星网工业园奠基于北京经济技术开发区，它是以北京首信诺基亚移动通信有限公司为龙头，带动30多家国内外著名的移动通信设备配套厂商共同投资兴建的。

诺基亚主动召集供应商和自己毗邻而居，把原来需要通过空运、海运等方式才能实现的原材料和零部件的采购变得简便，节省了以前耗费的高额运输成本，库存成本几乎降至为零，从而最高效地保证生产，提高自己的产能。诺基亚（中国）投资有限公司认为，将自己的库存转移到供应商那里并没有什么意义，因为供应商的库存费用将体现在上涨的零部件价格上，如果能把整个产品链上的库存都减少，就会非常有竞争力。

二、快速反应能力

继星网工业园之后，2003年1月东莞诺基亚与东莞南信、英国空运和香港物流科技及系统有限公司在东莞共同开始了东莞南信物流中心的建设工程，并于7月15日正式投入运营，成为诺基亚在中国第二个重要的物流中心。北京星网工业园是为整个工业园内的多家企业服务的，而东莞项目则是为诺基亚一家企业服务。这个物流中心的运营管理同样是由为星网工业园提供服务的跨国物流公司英国空运（Exel）来实施。

星网工业园的最大特色在于超强的快速反应能力。诺基亚在接到订单后，立即组织生产，24小时内就要由物流中心发出成品。目前，在星网工业园已有超过30家诺基亚配套供应厂商，围绕诺基亚提供其所需的零配件，以保证及时生产、供货。为配合生产企业的需要，星网物流中心也实行7天24小时运转。Exel使用目前世界最先进物流派送模式，由在园区内循环运转的电瓶拖车完成对所有园区企业的送货和收货，园区内货物的流转也将通过可循环使用的包装进行运送，这样可以减少车辆闲置费用、包装费用。为了实现全园“零”库存的目标，园内各相关企业之间都设有网络连接，以保证物流和信息流的即时连接和直接沟通，有的配套厂商甚至准备专门建造直接通向诺基亚组装厂厂房的超大型传送带。据悉在东莞诺基亚，供应商可以直接把零配件自己送到生产线上，这样便可把库存压缩到最小。

资料来源：http://www.chinawuliu.com.cn.

问题讨论：

1. 诺基亚“星网模式”指的是什么？
2. 在诺基亚公司的库存管理中，如何管理与其他利益相关者的关系？

□ 本章小结

长期以来，供应渠道中的资金占用主要体现在库存上，平衡库存水平和客户服务水平使总成本最低是企业获取和保持竞争优势面临的重要决策问题。本章介绍了库存成本相关的概念和库存的分类，总结了重要的库存控制方法，举例说明了不同前提下适用的库存决策模型、安全库存的确定、协同库存决策等，这些对于企业管理物资、作出良好的库存决策都具有重要意义。

第7章 仓储管理

知识要求

通过本章的学习，掌握

- 仓储的概念和作用
- 仓库的类型及功能
- 仓库作业流程
- 仓库布局设计的基本原则和目标
- 基本仓库决策的分析框架

技能要求

通过本章的学习，能够

- 分析仓储产权决策
- 比较自有仓储、公共仓储和合同仓储
- 分析仓储数量决策
- 比较集中仓储和分散仓储

引导案例

月山啤酒集团的仓储管理

月山啤酒集团在几年前就借鉴国内外物流公司的先进经验，结合自身的优势，制定了自己的仓储物流改革方案。首先，成立了仓储调度中心，对全国市场区域的仓储活动进行重新规划，对产品的仓储、转库实行统一管理和控制。由提供单一的仓储服务，到对产成品的市场区域分布、流通时间等全面的调整、平衡和控制，仓储调度成为销售过程中降低成本、增加效益的重要一环。其次，以原运输公司为基础，月山啤酒集团注册成立具有独立法人资格的物流有限公司，引进现代物流理念和技术，并完全按照市场机制运作。作为提供运输服务的“卖方”，物流公司能够确保按规定要求，以最短的时间、最少的投入和最经济的运送方式，将产品送至目的地。最后，筹建了月山啤酒集团技术中心。月山啤酒集团应用建立在Internet信息传输基础上的ERP系统，筹建了月山啤酒集团技术中心，将物流、信息流、资金流全面统一在计算机网络的智能化管理之下，建立起各分公司与总公司之间的快速信息通道，及时掌握各地最新的市场库存、货物和资金流动情况，为制定市场策略提供准确的依据，并且简化了业务运行程序，提高了销售系统工作效率，增强了企业的应变能力。

通过这一系列的改革，月山啤酒集团获得了很大的直接和间接经济效益。首先是集团的仓库面积由7万多平方米下降到不足3万平方米，产成品平均库存量由12 000吨降到6 000吨。其次，这个产品物流体实现了环环相扣，销售部门根据各地销售网络的要货计划和市场预测，制定销售计划；仓储部门根据销售计划和库存及时向生产企业传递要货信息；生产厂有针对性地组织生产；物流公司则及时地调度运力，确保交货质量和交货期。最后，销售代理商在有了稳定的货源供应后，可以从人、财、物等方面进一步降低销售成本，增加效益。经过一年多的运转，月山啤酒物流网取得了阶段性成果。实践证明，现代物流管理体系的建立，使月山啤酒集团的整体营销水平和市场竞争能力大大提高。

资料来源：浙江交通职业技术学院网络教学—仓储管理教学案例。

问题

（1）评价月山啤酒集团的仓储产权决策的特点。

（2）月山啤酒集团的物流管理有哪些特色？

第1节 仓储管理概述

仓储是物流系统不可或缺的组成部分，它是与运输并列的物流两大主要功能要素之一。运输创造了产品的空间效用，仓储则创造了产品的时间效用。随着准时制生产方式、战略联盟和物流供应链管理理论的出现，仓储在缩短物流周转周期、降低存货、减少成本和改善客户服务方面具有重要的战略地位。

一、仓储管理的概念

“仓”是指仓库，是存放、保管、储存物品的建筑物和场地，可以是房屋建筑、大型容器、洞穴或者特定的场地等，具有存放和保护物品的功能；“储”即储存、储备，表示收存以备使用，具有收存、保管、交付使用的意思。“仓储”就是利用仓库及相关设备存放、储存物品的行为。仓储管理就是对仓库及其库存物品的管理。

21世纪，仓储成为一个新的关注点。传统意义上，仓储是充当原材料和产成品的长期储存库的一种战略角色，制造商生产出产品以供销售并储存在仓库中，而仓库必须保持能供应60～90天的库存水平。实际上，大多数组织的仓库都是名存实亡。随着20世纪90年代准时制生产、战略联盟和物流供应链理论的出现，仓储在缩短物流周转周期、降低存货、减少成本和改善客户服务方面具有了战略地位。今天的仓库已经不是一个用于长期储存的工具，其机动库存的发展十分迅速。我们必须关注仓库中产品流通的速度，因为很多企业的产品只在仓库中存放几天甚至几个小时。

很多企业开始应用仓库管理系统（warehouse management system，WMS）帮助仓库管理人员控制各种仓库作业活动。这些计算机软件帮助人们对物品的接收、入库、拣货、包装、出货、储存位置、作业计划、仓库布局和分析等活动进行精确管理。传统的仓库管理系统开始于接货装卸平台。接货作业过程中，物品的条形码被扫描进仓库管理系统。仓库管理系统根据采购订单对收到的物品进行核实、入库和仓储定位，并对物品随后在仓库中的移动进行位置追踪，根据拣货单安排拣货，确定和追踪订单的备货地点。高级仓库管理系统软件还能与物料处理设备、拣货系统和分类系统一体化（例如，利用无线电通信装置通知叉车操作人员物品的位置，或者为自动拣货系统提供订单和物品的位置信息）。仓库管理系统在仓储管理中发挥了重要作用，提高了仓库的生产力、效率和精确度。通过对物品在仓库中的位置进行追踪，仓库管理系统减少了搜寻物品的人工成本，并提高了订单处理的准确度。

为了满足顾客缩短周转时间和降低价格的需要，人们正在研究仓储过程，以提高生产能力并降低成本；对仓库重新设计并实现自动化，以达到订单处理和成本目标；还重新确定仓库的位置，以达到为整个供应链客户服务的目标。

总之，仓储管理具有非常重要的功能。它为原材料、在产品和产成品创造了时间效用。对以市场为导向的仓库的了解，使得企业能够用更短的交纳周期为客户服务。更重要的是，通过延长产品对潜在客户的可用时间，仓储提高了产品的效用。换句话说，通过仓储，企业能够使客户在需要的时间和地点获取产品。随着越来越多的企业将客户服务看做一种能够实现价值增值的竞争性工具，仓储活动越来越重要。

二、仓储管理的功能

仓储是物流系统中的一个点。仓储的基本功能是保护并有序地储藏货物；此外，仓储具有价值增值的功能，如表7—1所示。

表7—1　仓储的增值作用

增值作用	平衡领域
运输整合	运输
产品整合	订单履行
服务	交货周期、缺货
意外事件防范	缺货
平稳运营	生产

1. 运输整合功能

企业有时会面临原材料和产成品的零担运输问题，而长距离零担运输货物的费用比整车运输要高得多。通过将零担货物运送到附近的仓库，再从仓库运出，仓储活动就能够使企业将少量运输合并成大量运输，从而有效地减少运输费用。如图7—1所示，对于进货物流系统，仓库能将不同供应商的零担运输结合起来形成整车运输运送到企业的工厂。对于出货物流系统，仓库则可以整合来自不同工厂的货物运输，然后再分解成零担运输运送到不同的市场。

2. 产品整合功能

仓储活动的第二个功能就是可以实现客户订单的整合。产品可以按照颜色、规格、形状和其他特征划分为不同种类，企业的生产线上经常会包括成千上万种不同的产品。客户的订单常常是产品线的组合，例如5打4个茶杯的咖啡套壶，6打10个蓝色花边茶杯的咖啡套壶、10打红色花边的，再加3打成套的蓝色沙拉碗。由于企业通常在不同的工厂生产产品，如果不储存一定量货物，就必须从不同的地点运货来履行订单，这样就会导致运达时间的不同，有时还会把这些产品弄混。因此，对一个多元产品线而言，仓储的产品整合活动能够提高订单履行的效率（见图7—2）。企业通过在人口密集的城市附近建立整合仓库，就可以用小型交通工具进行集货和交付，并在最佳时间安排运输以避免交通阻塞。

除了满足客户订单的产品整合以外，生产企业通常将原材料、半成品整合成整车从供应仓库运送到工厂（见图7—2）。这种方法不仅降低了运输成本，而且避免了将工厂作为仓库。

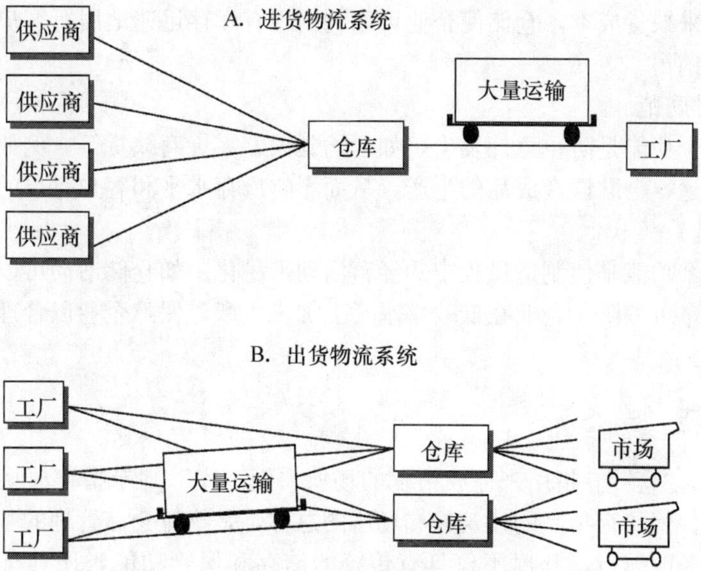

图 7—1　仓储的运输整合功能

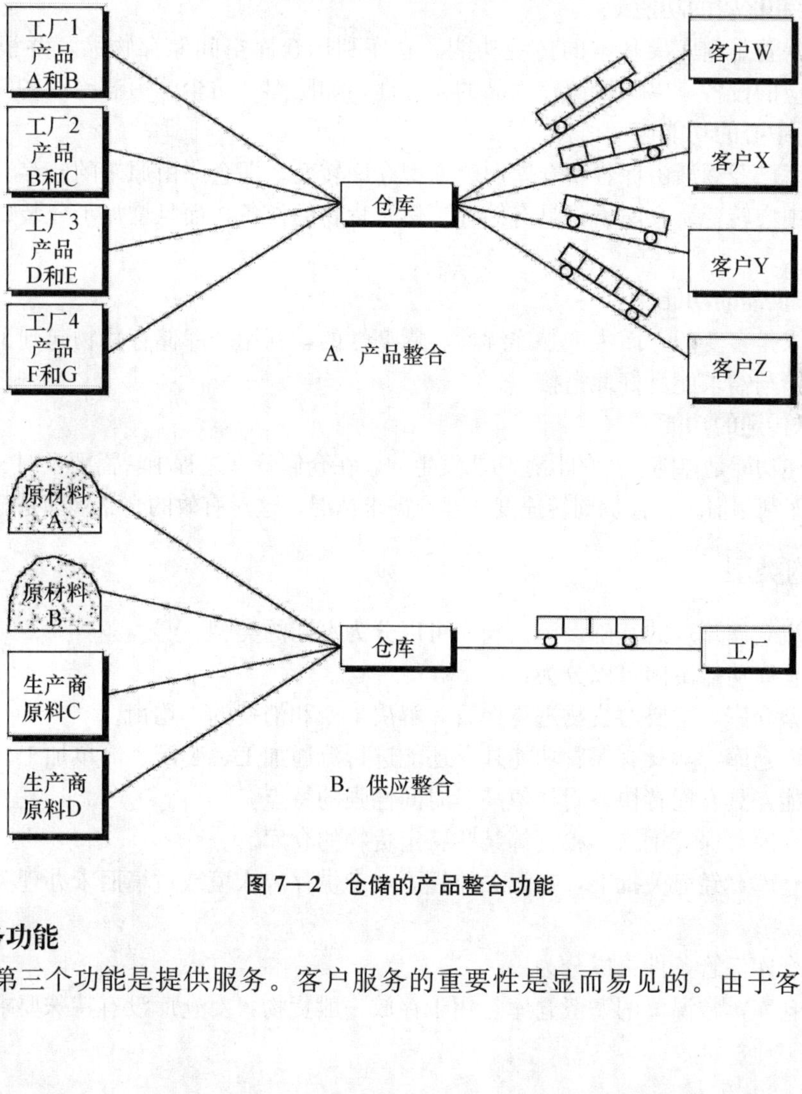

图 7—2　仓储的产品整合功能

3. 服务功能

仓储的第三个功能是提供服务。客户服务的重要性是显而易见的。由于客户需求不确定，而缺货会带来缺货成本，仓储使企业可以利用现有库存迅速地履行客户订单，使客户满意并促进未来的销售。

4. 意外事件防范

仓储的第四个功能是防止意外发生，如运输延误、零售商缺货等。例如，运输延误造成原材料交付的延迟，会耽误产成品的生产，从而影响库存水平和客户订单的履行。

5. 平稳运营

仓储的第五个功能是使制造过程中的经营活动平稳化。如仓储活动可以削减季节性变化带来的需求震荡，可以防止企业在低效率水平上加班生产，保障企业以合理的成本和质量长期运营生产。

三、仓库的功能

在我国古代，“仓”专指用来存放粮食的场所，而“库”则专指存放兵器的场所。现代意义上的仓库是保管储存物品的建筑物和场所的总称，是物流仓储管理的基础设施。

作为物流服务的据点，仓库不仅具有传统的储存和保管功能，还具有拣选、检验、分类、包装和信息传递等功能。

1. 储存和保管的功能

储存和保管是仓库最基本的传统功能。仓库利用仓库空间储存物品，并根据物品的特性，配备相应的设备，以保持储存物品的完好性，如防潮、防尘、恒温等设备、设施。

2. 流通中心的功能

现代仓库已经逐渐由保管型仓库向流通型仓库转变，即仓库由原来的储存、保管货物的中心向流通中心转变。仓库不仅具有储存、保管货物的设备，而且增加了分装、配套、流通加工等设施。

3. 调节供需的功能

市场需求是多变的，而生产是连续性、周期性的，利用仓库储存货物起到了一定的缓冲作用，使供给与需求能良好地衔接。

4. 信息传递的功能

信息传递功能是伴随仓库的其他功能发生的。在仓储管理过程中，需要及时、准确的仓库信息，如仓库利用情况、存货周转速度、客户需求情况，这对有效的仓储管理是至关重要的。

四、仓库的类型

作为物流仓储管理的基础设施，仓库可以分为不同的类型。

（1）按仓库功能不同可以分为：

- 储存型仓库，主要对货物进行保管，解决生产和消费的不均衡。
- 流通型仓库，除具有保管功能外，还能进行流通加工、装配、简单加工、包装、理货以及配送功能，具有周转快、附加值高、时间性强的特点。
- 专用仓库，保管钢铁、粮食等某些特定货物的仓库。
- 保税仓库，经海关批准，在海关监管下，专供存放入境或过境而未办理关税手续的货物的场所。

（2）按仓库保管条件可以分为：

- 普通仓库，常温下的一般仓库，用于存放一般货物，对仓库没有特殊要求。

- 冷藏仓库，具有冷却设备并能隔热的仓库（10℃以下）。
- 恒温仓库，能够调节温度（在 10℃～20℃之间）、湿度的仓库。
- 危险品仓库，保管易燃易爆危险品、高压气体的仓库，如油罐仓库。

（3）按机械化程度可以分为普通人力仓库、机械化仓库和自动化仓库。

（4）按建筑结构可以分为封闭式仓库、半封闭式仓库、露天式仓库。

（5）按保管对象可以分为原材料仓库、在产品仓库、产成品仓库。

第 2 节　仓储基本决策管理

一、基本仓储决策

仓储管理涉及许多重要决策，其中，产权、数量、规模、储量和选址等是最基本也是最重要的决策，即仓库应该是什么类型、设置多少个、每个有多大、储存什么产品、在哪里建造等问题，如图 7—3 所示。

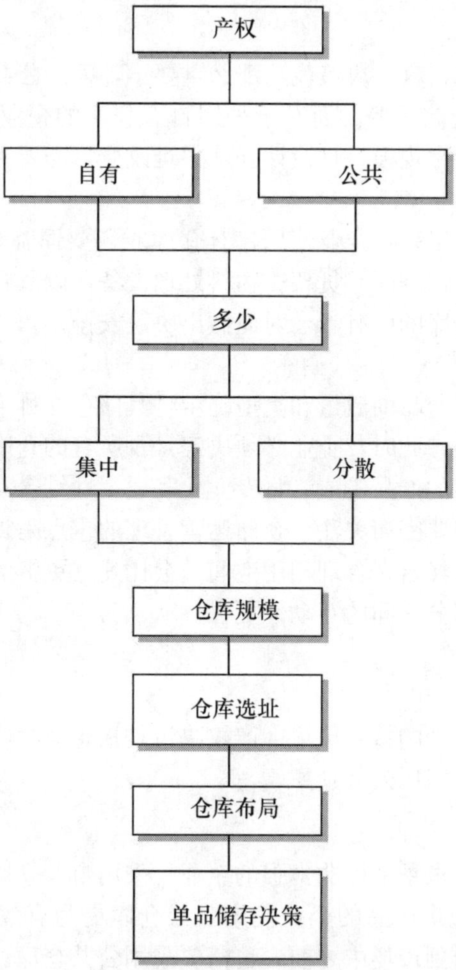

图 7—3　仓储基本决策

1. 产权决策

企业仓储管理首先要考虑的是采用自有仓储还是采用公共仓储。这一选择会影响企业的投资支出和仓储管理成本，从而影响企业的资产负债表（设备投资）和损益表（仓储成本）。

2. 仓库数量决策

这一决策要解决的问题是采用集中仓储还是分散仓储，关注的是在供应链网络中，企业需要多少仓库。拥有地区性市场的中小企业通常只需要一个仓库，而拥有全国或国际市场的大企业就需要仔细考虑这个问题。拥有数目众多的仓库会因为产品离客户很近而提高客户的服务水平，但是，仓库数目过多会带来较高的库存和较高的运输成本。因此，进行仓库数量决策时必须考虑选择的运输方式，如使用航空运输，一两个仓库就可以了，而不必使用五六个仓库。航空运输的高成本会由存货和仓储的低成本而抵消。

3. 仓库选址决策

与仓库数量相关联的问题是仓库选址问题。企业必须从均衡的角度考虑仓库的选址问题。通过分析所要建立的仓库的功能，可以确定仓库的大体位置。一般而言，强调高客户服务水平的产品要临近市场，而原材料众多的产品要临近供应商。企业必须以尽可能低的物流成本保证客户服务质量。

4. 仓库规模决策

企业如果采用公共仓库，这一决策就不那么重要了，因为公共仓库能够在不同时间腾出或多或少的空间满足企业仓储需要。而对于采用自有仓库的企业来说，规模决策就非常重要，因为自有仓储设备的储存规模一旦设计好就很难改变，需要大量资金才能调整。

5. 仓库布局决策

除了上述基本仓储决策以外，企业使用自有仓库时还要面临仓库内部如何布局的问题。企业做决策时必须考虑到通道空间、货架、物料处理设备，以及仓库内部的实体空间。如果使用的是公共仓库，公共仓库的所有者会对此做出决策安排。

6. 单品储存决策

单品储存决策是指根据产品的数量和类型确定将其储存在哪个仓库。单品储存决策只有当企业有多个仓库时才需要，此时，企业必须决定是否所有的仓库都要保管所有的产品，还是每个仓库只储存特定类型的产品，或者将专业化和通用性结合起来。

仓储决策十分重要，需要密切关注。仓储运营管理的重点是提高效率和生产能力。通过详细计划的存货管理和配送经营来合理利用空间，会比建立更多的仓库更加重要，而且仓储决策与物流系统其他组成部分之间的互动性更强。

二、仓库产权决策

产权决策是企业仓储管理的首要决策。产权决策是指企业是应该购买、建造或租赁自己的仓库，还是应该根据需要租用公共仓库。

（一）公共仓库

没有大量存货或存货需求季节性非常强的企业，采用自有仓库显然是不可行的。向分散的客户或工厂长距离运输少量产品的企业使用公共仓库更为有效。新兴企业由于销售不确定，在产品能够有效地渗透到市场中之前，也需要采用公共仓库。

1. 公共仓库的优点

公共仓库的首要优点是经济性。采用公共仓库，企业不需要投资或只需要有限的资本投入，能够避免建立自有仓库而导致的资产投资和财务风险。

公共仓库的另一个优点是灵活性。企业可以只租用公共仓库空间较短时间，这样能够对需求的波动或运输服务质量的变化做出快速反应。开发新市场时要求地点的灵活性，公共仓库使企业能够快速建立、扩大或退出新市场，而不需要因为配送成本而犹豫不决。

公共仓库能够提供从传统仓储功能到完全的库存管理和客户服务等多种服务，如货物检验、装配、贴标签、包装、订单拣选、订单履行等。公共仓库为物流管理者提供了多种可选择方案。契约仓库就是公共仓库的一种，它只对主要或特殊的客户提供高度专业化的服务，是自有仓库的一种替代选择方案。这种公共仓库能够以适当的价格提供几乎所有自有仓库能够提供的服务。

2. 影响公共仓库费率的因素

公共仓库费率通常以单位时间段的单位空间的服务费用来计算。影响费率的基本因素包括以下几个：

第一，价值。公共仓库对所储存的货物负有一定的法律责任。因此，货物价值越高，风险也就越大，费率自然也会反映这一点。

第二，易损性。仓储费率必须考虑产品的易损性，因为这会给仓库的经营者带来风险。物流管理者可以通过保护性的包装减少发生损坏的风险，从而相应降低仓库的损失。包装所产生的成本也要考虑在仓储费率之中。

第三，对其他货物的破坏性。在公共仓库中，所储存货物的不相容性总会产生相互损坏的风险。例如，化学品和食物就是明显的例子。采用正确的包装和必要的防范手段会降低风险，但是这种费用的增加也在仓储费率中得到体现。

第四，存货量和定期性。尽管企业使用公共仓库通常不存在固定成本，但是仓库所有者本身是存在固定成本的。因此，存货量和定期性会影响费率，因为租用企业能够分摊仓库所有者的部分固定成本。换句话讲，合理的存货量和定期性有助于降低单位成本以提高效率。

第五，重量密度。仓库通常以所占空间计费，但有时也会以重量密度为标准计费。也就是说，仓库管理者对重量轻但体积大的产品索要高费率。即使仓库不使用这种方式计费，使用者也应该考虑重量密度的问题，因为这会影响他们对租用空间的有效利用。比如，组装好的产品如果重量较轻，单位重量所占用的空间比较大，如果不组装，储存同样数量的产品所占用的空间就会小很多。

第六，服务。除一般的仓储功能外，公共仓库能够提供多种服务。使用这些服务当然要支付费用，而且所使用的服务越多，价格就越高。但是，公用仓库提供服务所产生的成本可能仍然会比自己提供服务低。

3. 自有仓库与公共仓库的成本比较

如图7—4所示，采用公共仓库时，仓储管理的成本全部是变动成本。随着仓储吞吐量的增加，企业必须增加所租用的公共仓库的空间。仓储空间的租赁费用一般是根据单位仓储空间计算的，企业租赁的公共仓储空间越大，仓储成本就会按比例增加。因此，理论上的仓储总成本是线性变化的。在实践中，公共仓库的所有者对大量租赁仓库者在仓储费用上会有一定的折扣，总成本并不是完全呈线性变化。

采用自有仓库时，仓储成本含有固定成本。由于去掉了公共仓库的利润空间，通常自有仓库情况下，仓储变动成本的变化率要比公共仓库的小。由于存在固定成本，自有仓库需要

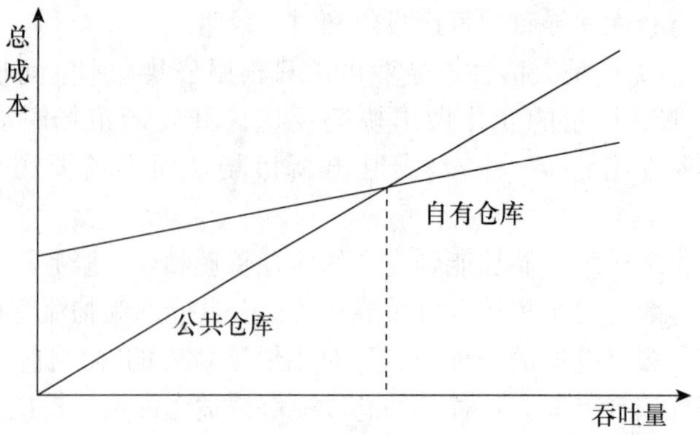

图 7—4 自有仓库与公共仓库成本比较

相对高的吞吐量才能实现仓储的经济性。一般而言，如果企业仓储量较少，使用公共仓库是最佳选择。随着仓储量的增加，单位数量的货物分摊的固定成本在减少，当达到一定仓储量时，企业采用自有仓库更加有效。当然，这种分析方法相对现实过于简单，而且其前提假设是企业仓储需求和仓库的吞吐量稳定。而在现实中，由于企业具有不同的特征。因此企业所面临的形势要复杂得多（见表 7—2）。

表 7—2 影响自有与公共仓库决策的企业特征

企业特征	自有仓库	公共仓库
吞吐量	高	低
需求变化	稳定	波动
市场密度	高	低
特殊的物理控制	是	否
顾客服务需求	高	低
安全需求	高	低
多重用途需求	是	否

（二）合同仓库

公共仓库的一个发展趋势是开始使用合同仓库或第三方仓库。合同仓库是一种以客户为导向的公共仓库，是由外部企业提供以前由企业自己完成的物流仓储服务。合同仓库的优势是能够提供高效、经济和准确的配送服务。

物流管理者必须把合同仓库和普通公共仓库区分开。期望得到高质量仓储服务的企业应该使用合同仓库。合同仓库往往是为满足高标准和专业化管理要求，如药品、电子产品和贵重物品等的需要而设计的。而只需要基本仓储服务的企业应该选择普通公共仓库。合同仓储实质上是制造商和仓储企业之间的一种合作关系，因此，合同仓库的客户数量比传统的公共仓库要少。合同仓库可以为满足客户特殊的产品需求提供定制化的储存空间、劳动力和设备。

合同仓库还可以为仓储客户提供定制化的物流服务，如储存、拆包、组合、订单分类、在途混装、库存控制、运输安排、物流信息系统和其他附加物流支持服务。通过采用合同仓库，企业将其物流管理外包，可以集中精力于生产制造和营销。

三、仓库数量决策

与产权决策一样，仓库数量决策也是仓储基本决策之一。物流管理者要决定在物流系统中所需要的仓库数量，决定是采用集中仓储还是分散仓储。

（一）仓库数量对物流成本有何影响

图 7—5 显示了物流系统中仓库数量对配送成本的影响。如图 7—5 所示，随着仓库数量的增加，运输成本和销售损失成本下降，但同时库存成本和仓储成本却上升了。

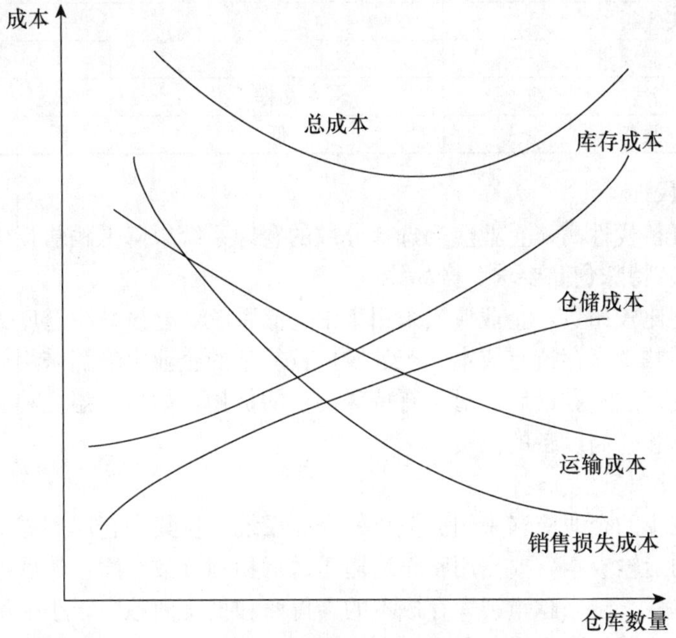

图 7—5　物流成本与仓库数量

1. 运输成本和销售损失成本

单纯从运输角度看，把货物集中起来进行整车运输可以降低运输成本。但是从出货角度讲，仓库数量增加可以使仓库距离客户和市场更近，从而减少运输距离、降低运输成本。

仓库数量增加，可以使仓库距离客户更近，提高客户服务水平，降低销售损失成本。

2. 仓储成本和库存成本

仓库数量过多会增加总的仓储空间，仓储成本就会上涨。例如，管理只有一个 200 000 平方米面积的仓库的企业，不可能与管理两个 100 000 平方米仓库的企业在同样的水平上运营。保养、办公室、卫生间、餐厅和其他机构都需要有一定空间。同时，小仓库的过道也占用了很大的空间比例。

由于需求难以预测，拥有两个或更多仓库的企业不得不在每个仓库中都储存大量流动性低的产品，库存增加，库存成本就会上升。

如图 7—5 所示，随着仓库数量的增加总成本会下降，但是库存成本和仓储成本的增加会抵消运输成本和销售损失成本的降低，这样总成本开始上升。当然，总成本曲线以及它反映出的仓库数量波动而带来的成本变化的范围会因企业不同而不同。

（二）集中仓储与分散仓储

物流系统中仓库数量的问题可以看做集中仓储还是分散仓储的决策问题。使用集中仓储系统的企业拥有较少的仓库，而使用分散仓储系统的企业拥有较多的仓库。表7—3总结了一些影响仓库数量决策的因素。

表7—3　影响仓库数量的因素

因素	集中仓储	分散仓储
可替代性	低	高
货物价值	高	低
购买规模	大	小
特殊仓储要求	是	否
产品线	多样	有限
客户服务	低	高

1. 货物可替代性

如果产品的可替代性高，企业应当选择分散的仓库系统以降低销售损失成本。

2. 货物价值、特殊仓储要求、产品线

如果储存货物比较昂贵，企业应当采用集中仓储系统。通过减少仓库数量，企业可以降低存货水平，从而减少库存持有成本。产品线比较复杂的企业也应当采用集中仓储系统降低存货水平和库存持有成本。最后，对于有特殊要求的货物，如控制温度和湿度等，集中仓储系统可以减少仓库和仓储设备的投资。

3. 购买规模

购买规模比较小的企业应当采用分散化的仓储系统。从集中仓库用零担运输将货物直接运送到客户手中的运输成本，要比用整车运输运送货物到分散仓库，然后再用零担运输运送到客户手中的成本低。越来越重视库存成本的零售商和批发商趋向于小批量多批次购买。为了保证及时交货并控制运输成本，很多企业在距离小批量购买客户较近的地方增设仓库。

4. 客户服务

高水平的客户服务可以实现产品的差异化，从而降低可替代性。因此，为了防止运输服务水平导致交货周期延长，应当采取分散化的仓储系统，通过增加仓库数量来缩短交货周期。

第3节　仓库的布局与基本作业

一、仓库空间的确定

在决定仓储基本空间大小时，企业首先需要对产品需求进行预测，然后根据需求确定每一产品的订货量（包括安全库存）；接着，将产品数量换算成所需要的空间大小，一般要多留出所需空间的10%～15%的浮动范围；最后加上过道占用空间和其他设施占用空间，这样企业对所需要的基本仓储空间就有了大致估计。如图7—6所示，具体包括：

1. 接货区和发货区

这部分区域主要用于执行仓储系统中的运输作业，即接货和发货。接货和发货可以共用一个区域，但分成两个区域运作会更加有效。在决定接货和发货所需空间大小时，物流管理

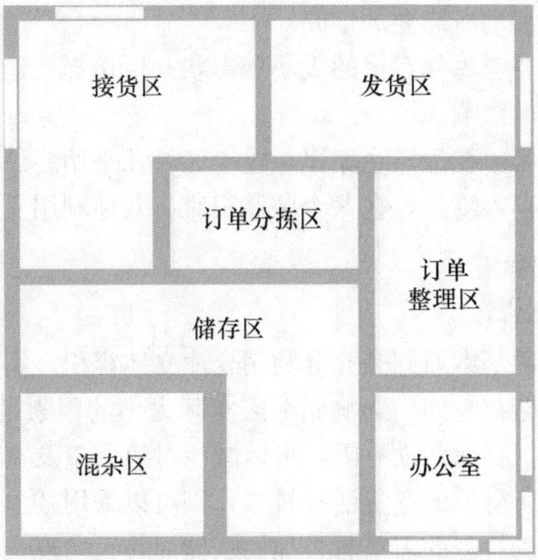

图7—6　仓库空间布局

者必须先确定货物装卸时是利用仓库外的装卸平台，还是从车辆设备卸货后直接运进仓库。此外，这部分空间还需要留出备货区和货物验收场所。仓库吞吐量的大小和频率是决定接货区、发货区空间大小的关键因素。

2. 订单分拣、整理区

如果是配送仓库，仓库需要设立订单分拣和整理区。这部分区域所需空间的大小由订单数量、产品属性、物料搬运设备决定。

3. 实际储存区

企业必须尽可能有效利用仓库里的全部储存空间。这部分区域所占仓库面积最大，其空间具体大小要根据储存区的布局来确定。

4. 辅助区域

辅助区域主要包括三部分空间。首先是货物回收区，主要用来对损坏货物进行补救工作；第二部分是行政办公区；最后一部分包括员工休息室、餐厅、更衣室所需要的空间。

二、仓库布局与设计的原则与目标

（一）仓库布局与设计的原则

仓库布局和设计应遵循以下一般原则：

（1）货物直线移动。货物进出仓库应尽可能地直线移动，避免回流和无效运动。

（2）使用有效的物料搬运设备，提高运作效率。

（3）提高仓库空间利用率。在为储存的货物提供足够的保护和确保易取性的同时，最大限度地利用仓库空间。

（4）减少过道占用空间。根据物料搬运设备的尺寸、类型和转动范围，最大限度地减少过道空间。

（5）最大限度地利用建筑物高度，有效利用建筑物容积。

除遵循一般原则外，仓库各区域设计还应当考虑该区域的具体设计要求。

（1）接货区、发货区。企业需要考虑是否在接货区、发货区短暂储存物品，以及物料搬运设备在这些区域转动、移动所需要的空间。

（2）储存区。企业需要考虑储存区的大小和形状，所选择承运人的类型、货物特征以及物料搬运设备对空间大小的影响。

（3）订单分拣和整理区。在配送仓库里，这个区域几乎始终处于作业活动中。由于需要在拣单员可触及的范围内存入物品，在这个区域很难有效地利用立体空间。

（二）仓库布局与设计的目标

1. 充分利用仓库立体容积

货物储存区布局设计的基本原则是充分利用仓库立体容积。实现这一目标的方法是尽可能地减少过道面积而增加储存空间。影响储存区实际大小的因素是货物周转速度或吞吐量。比如，如果货物周转很慢，存取活动有限，可以减少过道数量及宽度，增加存货区的深度和宽度。如果周转速度快，所需要的存货活动较多，则可以采用减少储存区面积、增加过道宽度的设计方法。从目前客户服务的需求看，加快仓储周转、实现快速存取已经成为仓储管理服务的必要特点。

2. 有效保护货物

第一，危险的物品，如易爆、易燃、易氧化的物品，与其他物品分开存放，防止造成对其他物品的损坏。

第二，保护需要特殊安全设施的产品，以防被盗。

第三，对需要温控设备如冰箱或者加热器的物品进行妥善安置。

第四，避免将需要轻放和易碎的物品与其他物品叠放，以防引起损坏。

3. 提高仓储效率

效率包括两个含义：一是仓库空间的有效利用，这意味着利用设施的高度，减少过道的空间。二是仓库存货的码放方式，以减少人工成本和搬运成本。

采用机械化的仓储系统可以提高仓储效率。特别是当物品形状规则易于搬运、订单稳定、产品大批量移动时，采用机械化的仓储系统是最有效的。

第 4 节　仓库的基本作业

仓储管理包括货物移动和储存两大作业。储存是最常见的仓储作业活动，但短距离的移动作业在仓储管理中也不可缺少。如图 7—7 所示，仓储的移动作业包括以下四种。

（1）接货。货物经过运输进入仓库接货区。

（2）入库。货物从仓库的接货区传送到仓库中指定的位置。

（3）订单拣货。根据客户订单选择货物，或根据生产选择相应的原材料，并将其从指定的存放位置移动到订单整理区。

（4）出货。装载货物并运送给客户或运到生产线上。

这四种作业都属于短距离的货物移动活动。

一、仓库移动作业

1. 接货作业

接货作业中，所选择的承运人按照约定在特定时间运送货物到达仓库接货区。仓库接货

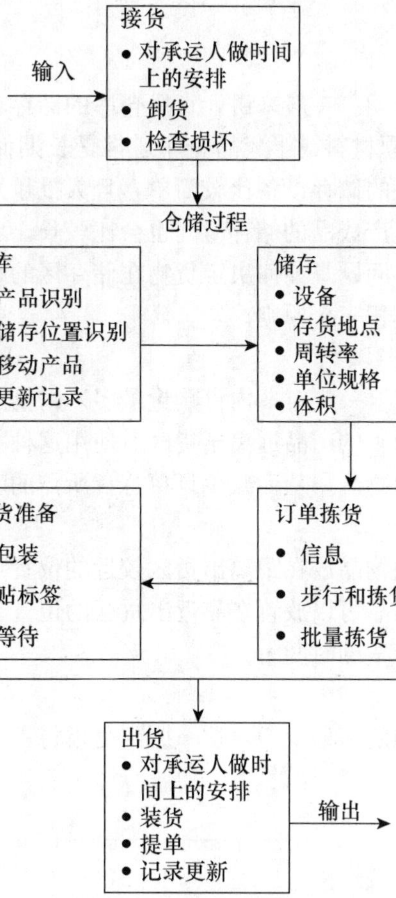

图 7—7 基本仓库作业

人员将产品从运输工具上移动至接货区装卸平台，并对产品进行验收检查。验收检查需要核对产品是否与采购订单一致，数量、质量是否有误。根据验收结果，接货人员将货物损坏情况记录在承运人的发货单上并签收。

2. 入库作业

入库是指将货物从接货区装卸平台移动到仓库储存区的过程。通常通过扫描货物的条形码确认其在仓库的储存位置，并将其移动到相应位置上。然后，计算机系统会更新仓库的存货记录，记录产品的接收情况和储存位置。

3. 订单拣货作业

订单拣选过程是仓储管理人员根据拣货单从储存区选择客户订购的货物或生产过程需要的原材料。为了提高订单拣选效率，仓储管理人员会事先安排拣选路线，使一次拣选过程所经过的总路程最短。如果是批量拣货，则将所有订单上所标注货物总量一次性拣出送到备货区。

当订单到达备货区时，货物会被放入运输包装中或放在托盘上。使用托盘时，仓储人员会用可伸缩的吊带或塑料包装将货物固定在托盘上，然后在包装上贴上注有收货人地址的标签。至此，整个客户订单准备完毕，将等待装车出货。

4. 出货作业

在出货承运人到达出货区装卸平台后，货物将被从备货区移动到装货装卸平台，再装到运输车辆中。托运人签发提单，仓储信息系统更新，此时货物离开仓库被运送至客户。

二、仓库储存作业

储存是仓库的主要作业活动。一般来讲，直拨仓库的储存功能属于临时或短期储存，很多货物会在24小时内运走。原材料或半成品仓库通常是长期储存，这是因为原材料或半成品的价值低、风险小，所需要的储存设备比较简单，且大批量采购可获得数量折扣。如果需求不稳定或季节性比较明显，产成品的储存时间也会比较长。

储存作业所要解决的主要问题是如何决定货物在储存区的存放位置。通常存货存放位置要遵循周转率、单位规格和体积三个原则。

1. 周转率

周转率原则是指将受欢迎（一定时期内订购量最多）的物品放在靠近出货区的位置，而将不太受欢迎（订购量比较少）的产品远离出货区。使用这种方法，订单拣选员经过较短的距离就能拣出所订购的最常用物品，从而减少订单拣货所需的时间。

2. 单位规格

单位规格原则是指将小型物品放在距离出货区较近的位置，大型物品则放置在离出货区较远的位置，从而使更多的物品可以放置在靠近出货区的位置。这一摆放原则可以减少订单拣货员经过的距离以及订单拣货的时间。

3. 体积

体积原则是单位规格原则的一种变通，这一原则是指将占立体空间少的物品靠近出货区放置。

案例分析

卷烟商业企业的仓储管理

一、仓储作业

1. 收货入库作业流程

通过采集采购数据，物流中心提前安排收货作业资源（人员、设备、储区等），卷烟到库后管理员进行初检（品种和数量），扫描合格后，通过无线手持终端对入库卷烟进行组盘，系统根据入库卷烟的储存属性和组盘情况自动分配储区和货位，并向相关设备发送作业指令，各设备接收作业指令后完成入库上架过程并将作业结果反馈回系统，数据库进行及时更新。

2. 仓储作业流程

货物入库后，仓库管理员及时根据仓储管理系统对卷烟进行分类管理，记录卷烟实时信息，及时更新仓储数据库。在此基础上对仓库各个储存区湿度、温度控制，同时对卷烟定时进行翻垛和移库，保证卷烟处于良好的储存条件。根据仓储数据库信息，时刻关注卷烟储存时间，对超过一年的卷烟要进行报警，对超过两年的卷烟则需要通知相关部门，及时制定促销策略，对未超过一年的卷烟进行卷烟日常管理。时刻关注卷烟状态，及时更新卷烟数据库。

3. 补货移库作业流程

补货移库主要是为了满足拆零分拣的需要而提前从仓库货位将整件卷烟移库到分

拣区或设备上。补货分主动补货和按需补货，主动补货是指系统根据预先设定的补货参数（如补货触发点、补货时间等）自动生成补货任务，并在适当的时间触发该任务(通常选在作业空闲间隙时作业)；按需补货则是当某种卷烟需要拆零出库而在其补货区内数量不足时，系统根据分拣而产生的补货任务。

4. 分拣作业流程

对卷烟的分拣主要是通过各种自动化的分拣设备来实现卷烟快速分拣、装箱并打码。通过线路排程优化，系统生成装车和配送方案。

从物流成本的角度来看，拣货成本占物流中心总成本的40%以上，也是物流作业中投入人力最多的。因此，规划合理的拣货系统，对物流的经营业绩影响极大。拣货的目的是将正确数量的正确物品在正确的时间内送达顾客。因此，拣货作业的正确度是物流中心服务品质的重要指标，也是物流中心企业形象的重要影响因素之一。

以下是两种不同的拣货形式（见表A7—1)。

表A7—1　两种不同的拣货方式

合并订单拣货	按单拣货方式
合并订单作业可以提高拣货时的效率，但是这显然只适合在非标包装及C类物品补货时应用。	对于订单数量特别大的情况，还是需要采用按单拣货的方式，以避免过高的错误率。这种情况拣货的频次很高，但是可以借助自动化的拣货设备来解决拣货频次的问题，对于条烟拣货就要采用这种方式。

5. 配送作业流程

根据国家烟草专卖局对商业行业物流系统的指导思路，以市级公司为市场运行主体下的卷烟配送中心有了明确的建设目标，但由于我国幅员辽阔，各地地形情况、交通情况、经济发展状况、人口情况和货源情况各不相同，构建符合当地情况的配送体系在降低物流成本、提高配送效率方面尤为重要。常见的配送模式有两种（见图A7—1)。

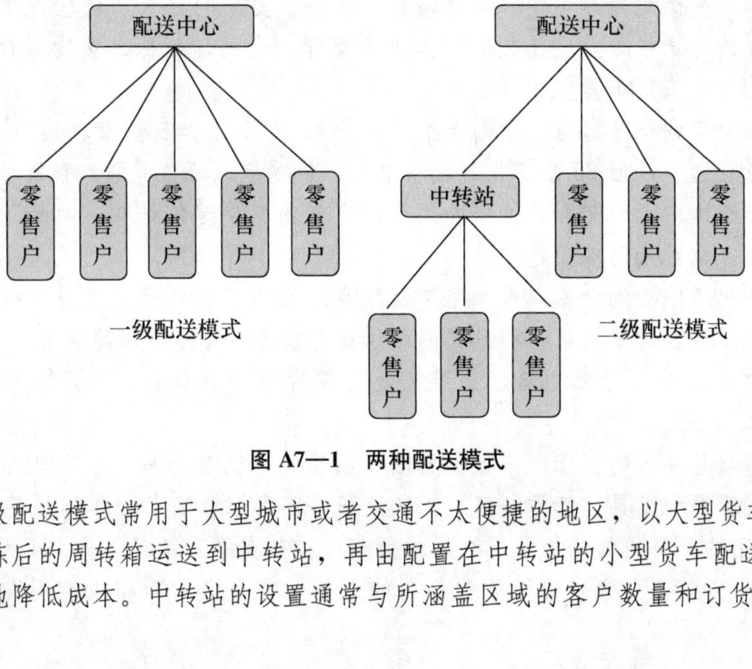

图A7—1　两种配送模式

二级配送模式常用于大型城市或者交通不太便捷的地区，以大型货车配合笼车/托盘将分拣后的周转箱运送到中转站，再由配置在中转站的小型货车配送到零售客户，以有效地降低成本。中转站的设置通常与所涵盖区域的客户数量和订货数量有关，同时以与配送中心相距2小时车程为经济里程。而一级配送模式全部由配送中心分拣到户，并由配送中心的配送车辆直接配送到户，适合小型城市的卷烟物流体系。

一级配送流程为：装车发送后，送货员根据客户地址将货物按时送达，如果客户不在或因其他情况无法送达，则根据相应规定将货物拉回仓库；如货物正常送达，则与客户按相应规定进行结算，并与银行进行结算。

二级配送流程为：送货流程分为两段进行，一段是干线运输，另一段是支线配送。干线运输是把配好的货物用大型货车集中送到各区县的转运站；支线配送是用小型货车把货物送到每个客户。中转站是大车卸货、小车再分装的站点，设置简单的辅助装卸设备。

二、仓库选址与布局

1. 选址

卷烟配送中心的场址，宜选择在其分公司所在地（市）的销量中心点附近，具体位置应按照交通条件、配套设施、水文地质条件等因素进行综合比选。最好建在城郊，有利于降低劳动量，提高运作效率。此外，城郊的土地价格远远低于市区，配送中心建在城郊也有利于降低以后的运行成本。

要系统考虑一个地区卷烟物流的流量、流向和流速。对一个地区的卷烟销量，零售客户的数量、分布、要货频率，车辆的装载量、送货里程，仓储面积等问题，在制定规划时一定要认真进行测算，做到心中有数。同时，制定规划必须考虑流向。如果流向是顺向的，效率就会提高；如果流向是逆向的，就是不合理的。比如，一个地区南部有个卷烟工业企业，市公司却在北部建设仓库，就明显不合理。还有的地方，卷烟工业企业和市局各建一个规模很大的高架仓库，就属于重复建设，没有任何意义。制定规划还要考虑流速，即配送频率。在保证服务质量的前提下，要进行科学的计算，选择合理的送货频率和送货周期。

2. 总平面布置及建设规模

卷烟配送中心的总平面布置，应实现功能分区明确、人货分流、办公区与作业区动静隔离，并满足装卸运输、车辆停放、消防、安全的要求，合理使用土地资源。新建或扩建的配送中心，应优先选择集进货整理、仓储、分拣、发货暂存、配送等功能于一体的联合工房布置方式。

卷烟仓库的仓储容量，原则上按省内产烟10个工作日销量、接壤省产烟15个工作日销量、远省产烟25个工作日销量之和，再乘以（峰值系数）1.25计算。

卷烟配送中心仓储、分拣联合工房，宜采用单层建筑结构，对场地面积较小的改扩建项目，也可采用多层建筑结构。

卷烟配送中心的仓库，可采用单层托盘地面堆放，或三层托盘货架存放，或9层货架立体库存放的方式。各种方式的单位储存能力（每平方米建筑面积）计算标准为：单层托盘地面堆放为2.2箱，三层托盘货架存放为3.0箱，9层货架立体库存放为7.3箱。

分拣及暂存区的面积，应根据卷烟日销售量、销售品种、配送车型、配送线路数量、装载容器和工具、工作制度、工艺流程等因素综合确定。原则上年销量在10万箱（含）以上的分公司的分拣及暂存区的面积应控制在每万箱年销量160平方米以内；年销量在10万箱（不含）以下的分公司的分拣及暂存区的面积应控制在每万箱年销量

200平方米以内。

3. 公用配套设施

公用配套设施应满足卷烟仓储分拣生产作业要求。

位于严寒或寒冷地区的卷烟配送中心，应设置采暖装置；常年空气相对湿度大于70%地区的卷烟配送中心仓库，应设置除湿装置；仓库不宜设置空气调节设施。

一类卷烟配送中心的用电负荷宜按二级设置，二、三类卷烟配送中心的用电负荷为三级；信息系统、防盗系统、消防及火灾报警联动系统的电源应设置备用电源；卷烟配送中心应设置防盗系统。

资料来源：摘自中国烟草企业管理咨询网。

问题讨论：

1. 案例企业的仓储管理有哪些作业环节？各有何特点？
2. 该类企业的仓库布局与设计有哪些特点？

□ 本章小结

仓储是在特定的场所储存物品的行为。仓储管理具有运输整合、产品整合、服务、意外事件防范及平衡运营的功能。仓储管理在企业物流管理和企业运营中具有重要意义。

仓储管理涉及许多决策，基本决策有产权决策、数量决策、规模决策及选址等。在产权决策中，企业可供选择的方案包括自有仓库、公共仓库及合同仓库。合同仓库在具有公共仓库固有的优势的同时，能够为客户企业提供个性化、专业化的仓储服务。随着物流业的发展，合同仓库已经成为越来越多企业的选择。

一般来讲，分散仓储常常可以提高客户服务水平、降低运输成本并增加产品储存空间。然而，分散仓储会带来较高的企业仓储运营的建造和运营成本。因此，集中仓储还是分散仓储是企业基本仓储决策需要解决的关键问题。成本与客户服务水平的均衡是决定仓库数量的关键标准。

仓库设计与布局的基本原则是能够有效利用仓库空间、有利于仓储作业活动的实施，以提高仓储管理效率。仓储作业包括储存和移动两大类作业活动，涉及接货作业、入库作业、储存作业、订单拣选作业、发货作业等。

第8章 运输与配送管理

知识要求

通过本章的学习，掌握

- 运输的概念与功能
- 运输方式的分类
- 基本运输方式及其特点
- 配送的概念和基本功能要素
- 配送中心管理的内容

技能要求

通过本章的学习，能够

- 理解三个基本运输原理
- 比较五种基本运输方式的优缺点
- 理解运输成本的构成
- 区分不同类别的配送方式
- 理解共同配送的实质和方式

引导案例

沃尔沃：全面运输解决方案引领高效物流

沃尔沃卡车携手其华中地区唯一授权经销商——武汉开力，在武汉举行了一场隆重的交车仪式，将10辆沃尔沃FH卡车交给湖北中烟乐道物流公司。这是双方继2010年11月首批10辆卡车交付后的再度合作，在武汉烟草运输业中引起不小的震动。此次湖北中烟乐道物流公司与武汉开力达成采购合作，除了对沃尔沃卡车的青睐，同时更采纳了沃尔沃公司提供的全面运输解决方案的咨询服务。湖北中烟乐道物流公司的领先理念将成为当地物流运输行业的先进管理典范，同时为武汉物流行业在运营管理方面带来新的启迪。

长久以来，沃尔沃卡车都坚持为客户提供全面运输解决方案和一站式服务体系。沃尔沃卡车为客户提供的增值服务包括物流解决方案服务、保险服务、金融服务、挂车和上装服务等多项定制化服务。在这些服务的帮助下，客户能优化其运营模式，降低运营成本，提高作业效率。

全面运输解决方案可以根据客户的要求进行个性化和细致化定制，如针对湖北中烟集团，沃尔沃卡车的服务就深入到运营路线的设计、使用车辆的数量配备等诸多细节。沃尔沃是享誉世界的高端品牌，沃尔沃卡车的卓越品质和性能以及专业的全面运输解决方案，让客户有足够的理由相信沃尔沃卡车是可以托付的合作伙伴。

沃尔沃卡车秉承沃尔沃品牌“品质、安全、环保”的核心价值，在全球重卡市场占据领导地位。沃尔沃FH系列卡车以其出色的长途运输性能在激烈的竞争中坚如磐石，该系列除了配备沃尔沃卡车研发的三点式安全带，调节自如、安全性极高的方向盘外，还囊括了驾驶员支持系统、车道变换支持系统等一系列安全系统，赋予沃尔沃FH卡车卓越的安全性能。同时，沃尔沃出众的节油设计也是沃尔沃FH卡车的主要亮点之一，从而帮助客户快速、安全、低成本、高效率地完成作业并获取最大利润。

源于对创新技术、卓越品质和完善服务的不懈追求，自1992年在北京设立办事处以来，沃尔沃卡车在中国市场稳步发展，正在为越来越多的客户建立低成本、高效益、更优化的运营模式贡献自己的专业知识和经验。

作为沃尔沃卡车在华中地区的唯一授权经销商，武汉开力以全套完备的技术设备及专业的员工，在营业3年多的时间内，落实并贯彻沃尔沃卡车“售后至上，客户至上”的服务理念。“我们提供的不仅仅是产品，更是帮助客户提高效率，取得收益回报。当产品交付给客户后，我们的服务其实才刚刚开始。”武汉开力的总经理丁临城说道。

“沃尔沃卡车很高兴能和湖北中烟乐道物流公司展开合作，与武汉龙头企业的交流是一个学习、了解当地市场的过程，”沃尔沃卡车公司中国区总裁陆博天（Eric Labat）表示，“武汉作为五省通衢的物流重镇，在华中市场占据重要地位，市场潜力巨大。以武汉为中心的华中市场已经成为沃尔沃卡车在中国战略布局中的重要一环。近年来沃尔沃卡车通过提供全面物流运输解决方案，正把自身的竞争优势转变成客户的实际利益。在新的一年里，沃尔沃卡车将寻求更多为当地市场服务、分享经验和知识的机会。”

资料来源：于忠青：《沃尔沃：全面运输解决方案引领高效物流》，载《运输经理世界》，2011（2）。

问题

（1）运输在企业物流管理中有何作用？

（2）物流管理进行运输决策时要考虑哪些因素？

第1节　物流运输管理概述

物流运输是供应链物流活动的重要一环，它是将物品从生产者转移到消费者手中，或者从消费者逆向转移到生产者而发生的物品空间的移动和管理。从现代供应链物流的角度看，运输不仅仅是一种物质产品移动的行为，更是决定客户服务和供应链物流成本费用的重要一环。

一、物流运输系统

物流运输或运输服务是指货物的载运与输送，是为实现货物的空间移动所进行的服务性经济活动。运输是最基本的物流机能之一。运输虽然从行为上看表现为货物在空间上的单纯移动，但事实上它是对多个经济主体从事各种物流功能的综合性管理过程。在一个有效的运输体系中，涉及的经济主体往往包括：产品买卖的供应方和需求方、从事物流系统管理和服务的第三方物流以及具体的承运商，运输系统构成要素则包括：配送中心、仓库、交通枢纽、运输工具、信息系统以及管理体系。

二、物流运输的功能与作用

（一）物流运输的功能

物流运输具有转移和临时储存两大基本功能。

（1）转移功能。无论物品处于何种形式，是原材料、零部件、在产品，还是产成品，也无论是在生产过程中将被转移到下一阶段，还是转移到最终客户，运输都是必不可少的。运输的主要功能就是帮助物品在价值链中来回移动。物流运输的主要目的就是要以最低的时间、财务和环境资源成本，将物品从所在地转移到规定地点。

（2）临时储存功能。物流运输通常将需要转移的零星货物集中成较大批量的运输单位来降低总的运输成本，在运输过程中，运输工具成为临时的储存设施。特别是当转移中的货物需要储存，但在短时间内又将重新被转移时，货物在仓库的装卸成本可能会超过储存在运输工具中每天支付的费用。此时，也可以采用运输车辆作为临时储存设施，短时间储存货物。

（二）运输在物流中的作用

运输是物流系统的一个最基本的功能，是企业物流职能有效、经济地运转的基础。运输通过创造时间和空间效用增加企业的价值，即在物品按照规定的时间向规定的地点进行实体移动的过程中产生了价值增值。

（1）运输是连接企业地理上分散经营的实体线。一方面，劳动分工通常使生产与需求地点不一致，为了弥补买卖双方之间的空间距离，运输成为必不可少的环节。另一方面，全球化背景下，大多数企业与其供应源在地理上是分隔的，也需要依赖运输来连接供给和需求企业。特别是在全球化经济中，供应链越来越长，运输可能需要连接相隔千万里远的买卖双方，空间距离的加大增加了运输成本。同时，企业国际化运营也需要更多的运输时间，这就必然要求更多的存货，进而导致较高的储存成本。因此，买卖双方之间的距离越远，运输和储存成本就会越高。

（2）运输直接影响物流供应链节点的运营。运输服务的质量直接影响节点的存货成本和缺货成本，同时也会影响其运营成本。例如，如果一家企业从供应商向工厂运送原材料时将铁路运输方式改为航空运输，就能提高速度并缩短运送时间。这使得该企业可以在运送期内以低水平的库存满足需求，而且可以减少仓库容积的占用，产品包装的要求也可以降低。但是获取这些优势是以较高的运输成本为代价的。因此，企业需要运用总成本或系统方法来考虑运输决策对物流系统的影响。

三、运输原理

运输原理就是指导运输管理和运营的基本原理。

1. 规模原理

规模原理是指随着一次装运量的增大，每单位重量的运输成本下降（见图8—1）。例如，利用整车能力进行装运的单位成本低于利用部分车辆能力进行装运的单位成本。运输规模原理的存在是因为货物运输固定费用的分摊。与货物运输有关的固定费用包括接收运输订单的行政管理费用、定位运输工具的时间、开票，以及设备费用等，这些费用不随装运的数量变化。

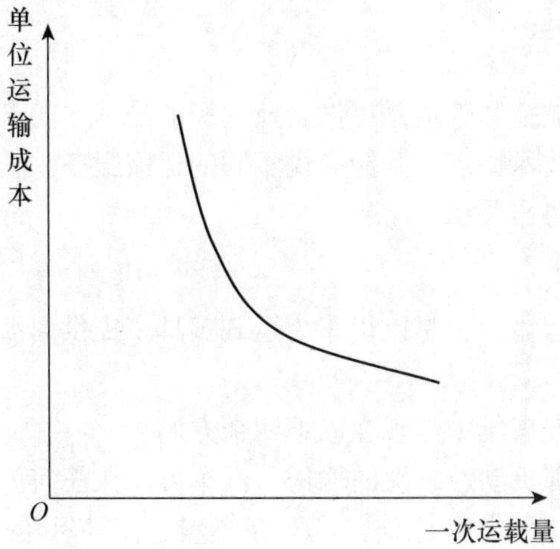

图 8—1　规模原理

2. 距离原理

距离原理是指随着运输距离的增加，运输费用的增加会越来越慢，或者说每单位距离的运输成本随着运输距离的增加而减少（见图 8—2）。距离原理的合理性类似于规模原理。尤其是，运输工具装卸所发生的相对固定的费用必须分摊每单位距离的变动费用。距离越长，可以使固定费用分摊给更多的里程，导致每公里支付的总费用更低。

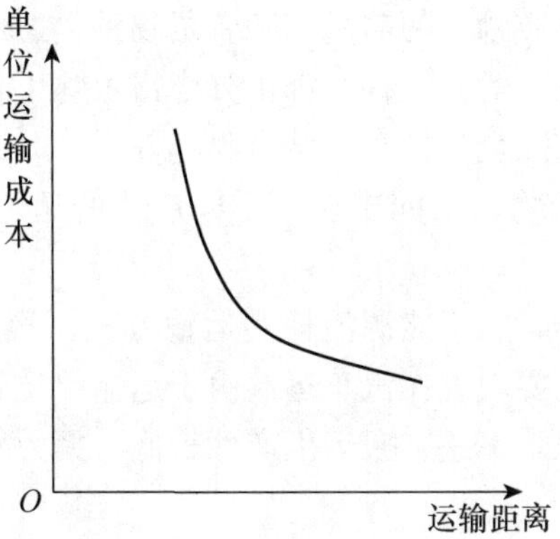

图 8—2　距离原理

3. 速度原理

速度原理是指完成特定的运输所需的时间越短，其效应价值越高。这是因为运输时间缩短，实际是单位时间里的运输量增加，同时物品在运输工具中停滞的时间缩短，从而使到货提前期变短，有利于减少库存，降低储存费用。

第 2 节　运输方式及其选择

运输方式是物流系统的重要组成部分，运输方式的选择是物流系统决策中的一个重要环节，也是实现物流合理化的重要内容。因此，对于货物运输必须选择最适合的运输方式。

一、物流运输的基本方式

汽车、铁路、水路、航空和管道是可供企业选择的最基本的五种运输方式。每一种运输方式都有其不同的经济和技术特点，并能提供不同的运输服务。它们之间既存在一定的竞争关系，也存在优势互补的协作关系。

（一）汽车运输

汽车运输也称为公路运输，它是以货车为运载工具，提供商品在空间移动的物流服务。

1. 汽车运输的特性

货车运输的特性概括起来集中体现在以下四个方面。

第一，汽车运输能实现机动、敏捷的输送。汽车可以在任何可通行的道路上进行运输活动，而且可以随时提供物流服务。此外，汽车在燃料、汽油补给等方面要优于其他运输手段，因此，能够应对多频度、少量配送，实现机动、灵活的输送，在空间和时间上具有相当大的弹性。

第二，汽车运输能迅速、正确地实现门对门的输送。汽车运输与其他运输方式的一个根本区别在于货物发生地与最终到达地之间不存在货物的中转，实行直接输送。其他运输方式都需要在车站、港湾、机场等物流节点实行货物中转，再经由其他运输工具（大部分为货车）输送到目的地，而汽车运输除了受道路限制外，基本上不需要货物收集、输送、配货等活动的媒介，直接完成运输活动。

第三，汽车运输能充分对应顾客的需求。随着货物种类、性质的不同，顾客运输需求多种多样、千变万化，而汽车在车辆和车种上都十分丰富，除了普通载重型货车外，还有各种类型的拖车（如杂货用拖车、完全型拖车、结合型拖车等）、专用特装车以及合理化特装车等，这些车辆能够满足不同货物、不同层次、不同产业的运输需求，实现即时、对应型的服务。

第四，汽车运输单位较小，属于能源消耗型运输方式。汽车运输尽管有以上各种优点，但同时也存在一些不足，这主要表现在汽车运输由于运输单位较小，不可能实现大规模、大单位商品的运输。此外，能源效率差、搬运生产性较低、人力费与运输单价偏高都是汽车运输所特有的问题。

2. 汽车运输方式的类型

汽车运输的类型有营业型汽车运输和自用型汽车运输，这两种类型的运输方式在经济性等方面各有千秋，因此，从企业管理组织的角度来看，正确把握它们的优缺点，对于选择有效的运输方式具有积极意义。

（1）营业型汽车运输的优缺点。

营业型汽车运输的优点首先是能够以较低的价格灵活应对季节变动等需求变化。对营业型汽车运输企业来讲，由于具有多种多样的需求特性，以及以多数企业为服务对象，因而，能够确保稳定、持续的出货量，有效地抑制运输费用的上升。此外，针对突发性需求增长，由于企业车辆保有台数较多，可以灵活、及时做出反应。对于货主企业而言，营业型汽车运输的存在节省了货主企业对车辆等的设备投资，以及雇用、培训人力资源的投资，因而，企业成本和风险全部得到了控制。具体来看，营业型汽车运输的优点表现为：

- 运输费用低廉；

- 能对应运输量的变动实现稳定运输；
- 运输效率高；
- 运输能力大；
- 通融性高；
- 不需要设备投资；
- 不需要人力投资；
- 可以变动成本、价格。

营业型汽车运输的缺点是存在运费提高的可能，因而，难以实现运费的稳定化。另外，在系统一致性方面，与企业系统相比缺乏有机性，而且企业难以对其进行控制、管理，并融入到整个企业系统中，尤其是像宅急送这种运输服务，驾驶员既是直接运输者，又是营销人员，所以，如果企业自身无法加以组织、管理，很难真正实现产销物的结合。营业型汽车运输的缺点可以归纳为：

- 难以实现运费的稳定化；
- 管理机能欠缺；
- 机动性欠缺；
- 缺乏企业系统的一致性；
- 人际沟通较弱；
- 缺乏市场营销的思考。

（2）自用型汽车运输的优缺点。

自用型汽车运输最大的好处是它具有高度的信赖性，由于运输已成为企业整体系统的一部分，所以可以通过接受一致的企业培训、教育，来协调实现营销与物流目标，从而对商流的顺利开展具有积极意义。另外，配送中心与运输、配送系统的联结较强，从而在整个系统有机运转的过程中获得各种有形或无形的价值。自用型汽车运输的优点表现为：

- 具有较高的可信赖性；
- 有利于商流；
- 作业机动性高；
- 可以实现稳定供给；
- 系统具有一致性；
- 风险低；
- 可以实行人才教育和培训。

但是，与此同时，营业型汽车运输的优点正好是自用型汽车运输的缺点，即需求增减应对较难。而且，企业需要进行货车、驾驶员等关联投资，并具有强烈的固定费用的特性。另外，由于受到车种、车辆等投资的限制，缺乏货车运用的弹性。具体反映在以下方面：

- 难以灵活应对输送量的变动；
- 费用固定成本化；
- 需要进行设备投资；
- 需要进行人力投资；
- 受输送能力的限制；
- 受使用车种、车辆的限制。

（二）铁路运输

铁路运输是利用运行在铁轨上的火车来从事货物运输的一种方式。

1. 铁路运输的特点

铁路运输与汽车运输一样，同样具有特定的优点和缺点。

（1）铁路运输的优点。

铁路运输一个首要的优点是运费与运距呈反比例关系，因而能实现长距离货物运费的下降，而且随着运送数量增加，单位运输费用、人力费用和管理费用具有下降趋势，因此，对于大规模、长距离货物运输来讲，铁路运输是一种抑制成本、提高运送生产率的有效方式。

第二，铁路运输可以实现高速运输。目前我国铁路运输时速达到100多公里，随着高速铁路建设的进一步发展，时速将提高到200～300公里，将会大大缩短物流时间。

第三，铁路运输安全度较高。铁路运输中事故率较低，而且不存在堵车等汽车运输所存在的问题，对保障货物及时正确地抵达具有积极作用。

第四，铁路网络遍布全国，可以在全国范围内实现大量运输，这是其他运输方式难以比拟的。

第五，铁路运输属于全天候运输方式，很少受气候变化的影响。

（2）铁路运输的缺点。

第一，铁路运输需要进行货物的中转作业，主要是在铁路始发站或到达站都会发生货车之间的商品中转，因此，装卸、搬运次数较多，进而使物流的速度受到影响。

第二，铁路运输还存在车皮替换、列车编入等问题，这些颇费时间的管理、组织活动使其与汽车运输相比，缺乏机动性。

第三，铁路运输在途管理较难。汽车运输中每辆车可以通过网络相互通信，可以实现货车在途管理、重新调配等活动，而铁路运输由于较难实现，所以管理活动较粗疏。

第四，临时配车运输较难实现。也就是说，铁路运输不具有配车的弹性和灵活性，因此，在出现高度紧急化运输时，很难加以利用。

第五，难以完全实现门对门的运输。目前尽管有部分经铁路运输的商品可以利用集装箱直接配送到户，但是绝大部分产品仍然无法做到，所以，必须由货主自己安排到车站取货。

2. 铁路运输的类型

铁路运输可以分为大量货物运输和小量货物运输两大类，前者是以货车为运载工具，整车、集装箱为单位进行的铁路运输，而后者是由混载和行李运输构成。具体讲，主要有：

（1）整车运输。整车运输是包租一节或几节货车的运输形式，适用于大批量、数量多或是单个长度、重量、容积等特别长大货物的运输。它在铁路货物运输中占有相当大的比例。从车体形状看，主要有封闭车体、无顶车体、特殊车体等。货物的运载根据其形状、特性、体积、重量等要素来选择相适应的车体。

（2）集装箱运输。铁路集装箱运输是以集装箱为运载单位和工具，为实现门对门联合运输，克服铁路运输的缺点，将铁路运输与汽车运输相结合的一种运输形式。集装箱运输中使用的集装箱为铁路公司或运输业者所拥有。集装箱又可以分为干货集装箱（一般集装箱）、冷藏集装箱、特殊集装箱等几种类型。从集装箱标准来看，运输中所使用的集装箱一般为

20英尺箱，但是，值得指出的是，从近年集装箱运输的发展来看，未来的需求重心将从干货箱向冷藏箱、容积大型化箱、40英尺高体箱倾斜，特种箱市场占有率不断扩大，而20英尺箱呈萎缩状态。随着公路、铁路等设施不断完善，40英尺箱的应用范围将越来越广，其他特种箱的种类比例也将上升。

在运输路径上，铁路集装箱运输从门到始发站以及从到达站到门的货物运输主要依靠汽车运输，中间从始发站到到达站的运输由集装箱列车承担，由此可以看出，铁路集装箱运输是实现门对门大量输送最为适当、有效的运输方式。

（3）混载车运输。混载车运输指通运业者从不固定的众多货主那里收集各种货物，集配成整车或集装箱后，再由铁路承运的一种运输方式。这种运输的特点是客户不是以整车或集装箱为单位核算运费，而是以各自托运的货物为基准核算，之后由通运业者统一将零散的货物组成大单位整车或集装箱运输。

（4）行李货物运输。行李货物运输是以小量货物作为运输对象进行的输送活动，它又可以分为小件货物运输与手提行李运输。

（三）水路运输

1. 水路运输的特点

水路运输是所有运输方式中最悠久的输送形式，它具有占地少、运量大、投资省、运输成本低等特点，特别适用于大宗货物的长距离运输。

（1）水路运输的优点。在运输长、大、重量货物时，与铁路、公路运输相比，水路运输具有突出的优点。具体反映在：

- 可以实现大量运输；
- 可以实现巨大货物运输；
- 可以实现长距离运输；
- 远距离运输价格便宜；
- 单位成本较低；
- 节省能源。

（2）水路运输的缺点。水路运输也有自身特有的弊端，表现在：

- 需要进行港湾基础设施的建设；
- 需要配备专用的装卸、搬运机械；
- 易受气候变化的影响；
- 运输速度较慢；
- 杂货品运输比例较高；
- 受运输路线、停靠泊位等限制；
- 货物破损率较其他运输手段偏高。

2. 船舶的种类

船舶根据运载货物的性质、用途、数量、装载方式等条件可以划分为多种类型。

（1）专用船。专用船是考虑到作业运输对象物资的特性，对船舶的构造、装卸设备、保管设施等进行了特别设计的船舶总称。具体讲，矿物专用船、石炭专用船、谷物专用船、木材专用船、汽车专用船等都属于这种类型。

（2）兼用船。即在船舶中混载货物运输的船，例如，汽车专用船在归航时装载谷物运输，这时专用船便具有兼用船的性质。

（3）特殊船。特殊船是一种以特殊物资为运输对象的船，如冷藏船、重物搬运船都是特殊船类。

（4）罐装船。罐装船已成为大量运输液体物资的代名词，它的装载对象主要是原油、特殊液体。

（5）集装箱船。集装箱船是海上运输中最为重要的船舶，它是将货物装载在集装箱中进行海上运输，进而推动实现门对门运输，所以，集装箱船是借助海陆联合运输，进而实现装卸、保管、时间、质量合理化的一种运输船舶。

3. 水路运输的类型

水路运输按船舶航行路线划分，可以分为海上运输和内河航运，前者根据运输的范围来看，又可以进一步区分为远洋运输和内海运输。远洋运输是以大洋为路线所从事的各国之间的海上运输，它是国际物流中运输的主要形式。内海航运是以内海为路线在一国范围内所从事的海上运输，在我国也称为沿海运输。内河航运则是利用河川、湖泊等内陆水域从事的运输活动。我国内河航运主通道主要有京杭大运河、长江水系、珠江水系和淮河水系，共计 20 条河流，总长 15 000 公里。

（四）航空运输

1. 航空运输的特点

航空运输是利用飞机作为运载工具所进行的输送方式。

（1）航空运输的优点。

第一，航空运载能实现高速运输，真正体现“时间就是金钱”的特点，是所有运输方式中最迅速的。

第二，航空运输能维持较高的商品质量。航空运输由于输送时间短、振动小，加之管理体制和设施较完善、发达，因而很少发生商品破损、丢失等事故。

第三，航空运输能充分发挥输送高价值小型商品的优势，诸如高精度电子部件等高附加值产品由于成本绩效高，需要快速、安全的输送，最适合航空运输。

第四，航空运输能实现简易包装运输。航空运输由于是以单个货舱为单位装载货物，因此，包装简易也能够实现安全运输，从而有利于货主企业降低包装成本。

第五，较之短距离输送，航空运输更能够发挥在中长距离输送上的优势。

第六，减轻了货物在库负担。在一般远距离运输或运输速度较慢的情况下，不仅存在仓库或物流中心在库，而且还会发生运输途中商品仓储在库问题，因此，总在库量巨大，而航空运输由于输送的迅速性，削减了商品在库的数量，几乎不存在在途库存。

（2）航空运输的缺点。

第一，航空运输无法实现货物大量输送。

第二，航空运输要受货物重量限制和规格限制，重量物品和大规格货物难以利用航空来实现输送。

第三，航空运输费用较高，对于低价格商品来讲，费用负担过大。

第四，航空运输要受地域的限制，即在没有飞机场或航空运输业务的地方难以开展货物输送活动。

第五，航空运输能源消耗较大。

2. 航空运输的事业形态

航空运输由三种事业形态构成，即航空运输业、航空运输利用业和航空货物运输代理业。

（1）航空运输业。所谓航空运输业是指符合货主的要求，利用飞机有偿地从事货物运载的事业，它由国际航空运输和国内航空运输两部分构成。从最近国际航空运输的发展趋势来看，目前已出现以国际运输为主干线，相互利用位于两端的国内航空网络，进而与汽车运输网络相结合的国际型宅配运输方式，这是航空运输业的一种发展与延伸。

（2）航空运输利用业。航空运输利用业是适应他人需要，利用有偿航空运输业者进行货物运输的行业。航空运输利用业者从众多货主那里把货物收集起来后，到航空公司办理大宗货物托运，即所谓的混装运输业。

（3）航空货物运输代理业。航空运输中运输和销售分离开来，进行运输的航空公司和进行销售的代理店各自专业化。所谓航空货物运输代理业，就是为航空运输业者代行签订飞机运输合同的行业，其业务内容是按照航空公司规定的运输条款，代替航空公司与货主签订运输合同；发行航空公司的货运单，并把接受委托的货物和预付款转交给航空公司，作为报偿，自己从中得到手续费。

（五）管道运输

管道运输是一种以管道输送货物的方法，而货物通常是液体和气体。就液体与气体而言，凡是在化学上稳定的物质都可以用管道运送。因此，废水、泥浆、水甚至啤酒都可以用管道传送。

管道运输的价格构成通常包括两个部分：一是与委托客户最大运量相关的固定部分；二是与实际运量相关的部分。

管道运输的优点有：（1）运量大；（2）占地少；（3）建设周期短、费用低；（4）安全可靠、连续性强；（5）耗能少、成本低、效益好。但是，管道运输也有缺点，主要是灵活性差。管道运输不如其他运输方式（如汽车运输）灵活，除承运的货物比较单一外，它也不允许随便扩展管线，实现门到门的运输服务。对一般用户来说，管道运输常常要与铁路运输或汽车运输、水路运输配合才能完成全程输送。此外，运输量明显不足时，运输成本会显著地增大。

二、运输运作方式与选择

（一）运输运作方式

1. 单一运输方式

单一运输方式是指在运输服务过程中，根据所运输货物的特点和运输要求，使用汽车、铁路、水路、航空和管道五种基本运输方式中的一种。由于每一种基本运输方式都有其固有的特性，单一运输在利用某一基本运输方式的优点的同时，不可避免地会有一定的局限性。例如，航空运输虽然快速，但其运输成本比较高。

2. 多式联运方式

多式联运是吸收铁路、汽车、船舶、飞机等所有运输工具的长处，把它们有机地联合起来，实行多环节、多区段、多工具相互衔接，进行商品运输的一种方式。

通常，物流管理者必须使用不同的运输方式来实现既定的运输服务。使用多式联运方式的根本原因是各种运输方式的服务特征和成本。例如，航空运输的有限可用性使其需要结合地面运输方式来完成集货和交货。铁路、水路和管道运输也有同样的不可用性。多式联运的优势一方面表现在它克服了单个运输方式或手段所固有的缺陷，从而在整体上保证了运输全过程的最优化和效率化；另一方面从流通渠道来看，有效解决了由于地理、气候、基础设施建设等各种市场环境的差异而造成的商品在产销空间、时间上的分离，从而促进了生产与销售的紧密结合以及企业经营机制的不断循环、有效运转。从我国的现实情况来看，由于人口众多、幅员辽阔、商品种类纷繁复杂、顾客需求千变万化，客观上要求运输能跟上这种千变万化的商品产销方式。

图8—3给出了现有各种类型的多式联运服务。最流行的形式是卡车—铁路、卡车—水路和卡车—飞机运输，也存在铁路—水路、管道—水路和管道—卡车运输。空背运输、船背运输和背负式运输都是联合运输的例子。空背运输把汽车的可用性与飞机的速度结合起来；船背运输把汽车的可用性与水路运输的低成本结合在一起；背负式运输则将卡车的可用性融入到铁路服务的低成本中。

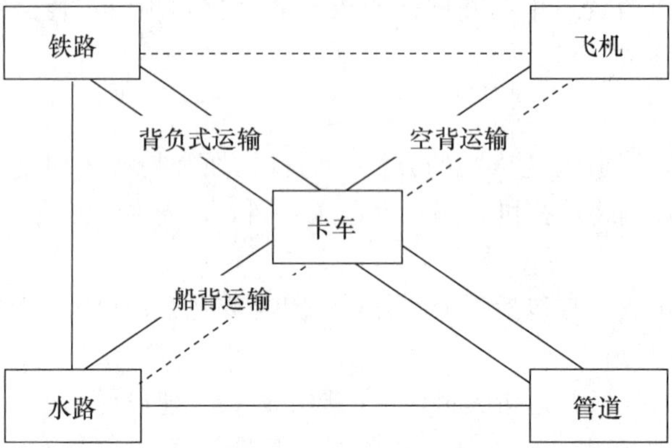

图8—3　多式联运类型

多式联运的优点主要包括以下几个方面：

（1）手续简便。在联合运输中发货单位在发货时，只要在起始地一次办理输送手续，收货方在指定到达站即可提取运达的商品，它具有一次起票、手续简便、全程负责的好处。

（2）能实现门对门运输。联合运输实行全程负责，多种运输方式综合使用，能很便利地实现门对门运输，这对保证供应链管理和产销物结合管理目标的实现具有积极意义。

（3）运费低廉。在交通运输部门的制度中规定，凡交通部门直属运输企业运输时，对联合运输的运费一律核减15%计算；地方经营船舶运输时，运费一律核减10%计算。此外，凡是交通运输部门能办联运的一律不办中转业务。

3. 集装箱运输方式

集装箱运输是一种现代化的运输方式。集装箱是装运货物的标准化容器。采用集装箱运输方式，货物装箱之后直至货物到达最终目的地被卸载前，货物本身不再搬动。整个运输过程中，承运人搬运集装箱而不是货物。托运人可以把集装箱从一种运输方式转移到另一种方式，减少了每次整理货物的需要。集装箱运输因减少了整理货物的时间而减少了搬运成本、毁损成本、偷盗，以及完成运输方式转换所需要的时间。

集装箱运输将装卸活动从劳动密集型操作转向资本密集型操作。对人力搬运而言，集装箱过大过重，许多企业将装卸系统调整为使用起重机、叉车以及其他能够处理大而重的集装箱的设备，装卸集装箱化的货物仅需要较少的劳动力。因此，集装箱运输对于提高生产率和控制装卸成本来说是一个理想的选择，特别是在劳动力成本不断增加的时期。

目前，集装箱运输在国际货运中已经得到了广泛认可。这种服务减少了在港口装卸货物的时间和成本，并且减少了损坏和偷窃。用集装箱将货物运往国外市场成本减少了 10%～20%，同时提高了对这些市场的服务水平。

（二）运输运作方式的选择

物流管理者可以根据运输服务的要求，参考不同运输方式的服务特性，选择使用单一运输方式或多式联运方式。总的来讲，在选择运输方式时一般要考虑以下几个因素：

（1）货物属性。运送货物需要根据货物属性选择合适的运输方式，主要考虑货物形状的规则性、单位货物的重量和容积、货物是否具有危险性和易腐性等。

（2）货物批量。

（3）运输距离。

（4）运输时间。

（5）运输费用。

不同的运输方式在上述几个方面的特性前面已经分别介绍，这里不再重复。当然，这些条件不是相互独立的，而是紧密联系、互为决定的。如果要对运输方式选择条件具体分析的话，可以分成两种类型：一种是不可变量类型；另一种是可变量类型。在上述五个要素中，货物属性、货物批量以及运输距离三个要素是由产品自身的性质和存放地点决定的，属于不可变量。而运输时间和运输费用是由不同运输方式相互竞争产生的，运输时间与运输成本的变化必然带来所选择的运输方式的改变。

第 3 节　运输成本和定价

一、运输成本及构成

（一）运输成本的概念

承运人在一定时间内完成某一货物运输的全部费用支出，称为运输总成本。单位运输货物应分摊的运输总成本称为运输成本。运输成本是制定货物运输价格的重要依据。一般来说，运输总成本包括：货运、车队、燃料、设备维护、劳动力、保险、装卸、逾期/滞留费用、税收、跨国费用等。不同的运输方式之间，运输成本存在一定差异，有不同的构成类别和范围。例如，铁路运输中有整车运输、零担运输和集装箱运输等成本。

（二）运输成本的构成

运输成本是承运人和托运人共同关心的问题。综合考虑运输过程中的各种因素，物流运输管理的最佳选择往往并不是运价最低，而是总运输成本最低。运输成本的构成包括变动成本、固定成本和联合成本。

1. 变动成本

运输服务涉及很多成本，包括人工成本、燃料成本、设备维护成本等。按照成本支出是否随运量变化，运输成本可以分为变动成本和固定成本。

变动成本是指在一定时期内，由于开展运输活动，随运输数量、里程而变动的费用，运输数量越多，运输路程越长，这些变动费用就越高。变动成本包括与承运人运输每一宗货物有关的直接费用，如劳动成本、燃料费用和维修保养费用等。

2. 固定成本

固定成本是指在短期内不随运量的变化而变化的成本。它主要包括运输基础设施，如铁路、站台、通道、机器设备等的建造设立的成本以及管理系统费用（诸如端点站或管理部门之类的费用）。这些成本的大小不受营运量大小有无的直接影响，因此叫做固定费用。固定成本必须通过营运得到补偿。

3. 联合成本

联合成本是指提供某种特定的运输服务而产生的不可避免的费用，例如返程运输的空车费用等。以返程运输为例，承运人将货物从甲地运往乙地，从乙地至甲地空车返回发生的费用就是从甲地至乙地运输的联合成本。这种联合成本或者通过提高从甲地至乙地的运输价格来弥补，或者通过找到需要从乙地至甲地运输货物的托运人弥补。承运人索要的运价包括隐含的联合成本，联合成本会影响运输费用。

二、运价的影响因素

运价（运输费率）是承运人对托运人提供服务所收取的费用。承运人确定运输费率应考虑以下因素。

1. 服务成本

以运输服务成本作为运价确定的基础，是考虑了承运人的利益。服务成本是确定运价水平的底线，也就是说，根据服务成本确定的运价是使承运人能够生存下去的运价下限。一般而言，承运人可以采用平均总成本、平均变动成本法或边际成本来确定运价。通常，承运人以平均总成本或者边际成本作为运价的下限。

2. 服务价值

根据服务价值确定运价，是考虑了运输服务需求方的利益。我们把根据服务价值确定运价定义为“对运输过程中所有负担的索价”。根据服务价值确定的运价是运费的上限。

一般而言，费率随运输的产品而变动。因所运输货物不同而产生的成本差异解释了这一点。但这一差异也包含了服务价值定价这一概念。如表8—1所示，对于价值高的商品而言，运费仅是全部售价中的一小部分。

表8—1　运输费率和服务价值

	煤（美元）	钻石（美元）
每吨产品价值	30.00	10 000 000.00
每吨索要运费	10.00	1 000.00
总售价	40.00	10 001 000.00
运输成本占售价的百分比	25%	0.01%

3. 距离

费率通常要根据距离而变化，也就是说，商品运输的距离越远，承运人的成本就越高，运输费用就越大。然而有些费率与距离无关，如分区运价。分区运价不随距离的增加而上涨。在承运人指定的区域内，所有地方的运费是相同的。以邮费为例，不管寄信的距离有多远，作为托运人（寄信人）的成本是相同的。

当然，大部分运费会随距离的增加而上涨，但是这种上涨并不完全与距离成比例。众所周知，费率与距离的关系称为费率递减原理。如图 8—4 所示，费用随距离增大而上涨，但不是线性关系。由于承运人在更大的里程基础上分摊了固定成本，所以费率呈递减趋势。

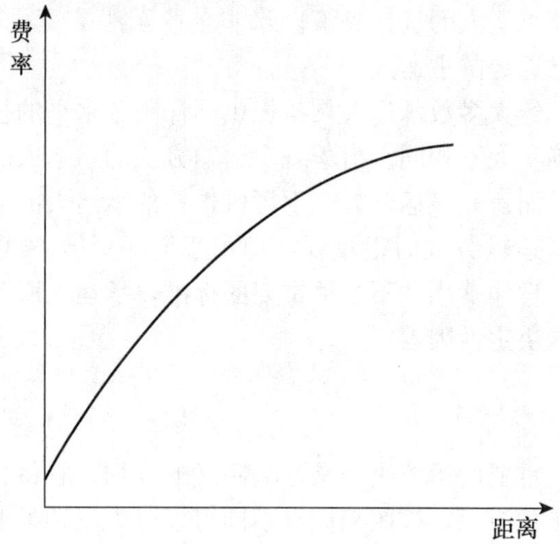

图 8—4　费率递减原理

4. 货物重量

承运人按单位货物费用来索取运费。单位货物的费率与运输量有关，一般而言，承运人对大量运输索要的运费较低，而对零担运输索要的费率要高一些。实际上，承运人对大量运输提供了数量折扣。例如，铁路运输的运价分为整车货运的运价和零担货运的运价。

第 4 节　运输管理的基本决策

一、承运人决策

（一）承运人决策的概念

承运人决策是企业购买承运人服务以在不同物流节点之间提供必要连接的专业采购过程，所选择的承运人将直接影响物流节点的运营和其他物流系统职能。因此，承运人的选择决策不仅需要评估不同运输方式的价格，还必须考虑不同运输方式影响物流节点的运营而发生的其他成本。

（二）承运人决策的内容

承运人决策的第一步是选择一种运输方式。企业可选择铁路、水运、汽车、航空和管道等基本运输方式，也可以选择多式联运方式。

承运人决策的第二步是根据已经选择的运输方式选择具体的承运人。对于具体承运人，企业可选择公共承运人、契约承运人、货运代理人或者自营运输。选择具体承运人时可供选择的承运人数目可能要比选择运输方式时多得多。比如，可供选择的基本运输模式只有五种，而可供企业选择的出租汽车运输公司却有很多。

（三）承运人决策的特点

通常，企业把承运人决策视为重复性的购买决策。也就是说，决定雇用汽车运输公司的企业在选择承运人提供运输服务时，不会每次都重新决策。除非企业重新考虑整体运输成本或者对其物流系统做重大调整，否则，采用汽车运输方式的决策不会改变。这种重复性决策的特征也同样适用于具体承运人的选择决策。除非企业无法接受承运人的服务水平或运价，否则，企业会重复使用已选定的承运人。

既定的运输方式中，绝大多数承运人具备提供同样服务水平的技术特征。但是，这些承运人所提供的服务水平确实大不相同。由于既定运输方式的承运人的成本结构在本质上是相同的，对于同一运输活动而言，该运输方式下可供选择的承运人的运价也是非常相似的。因此，尽管运输费用在选择运输方式时很重要，但由于同一运输方式下承运人的运价差异很小，选择具体承运人时，运输费用并不是最重要的标准，承运人服务绩效才是企业根据运输方式选择具体承运人时的决定性因素。

二、线路规划决策

与运输管理相关的最重要的运营决策是运输路线的规划，它将直接影响到运输设备和人员的利用。在运输路线优化方面，按照起讫点不同可以分为三种类型：单一起讫点、多起讫点以及起讫点重合。

（一）单一起讫点

所谓单一起讫点，指的是只有一个发货点和一个终点，这种情况下的运输规划可以采用最短路径法。该方法是：已知一个由链和节点组成的网络，其中节点代表运输配送可能经过的所有点，链代表节点之间的代价（如距离、成本费用等要素）。起初，所有的节点没有经过求解，只有起点是已解点。该方法按下列原则进行求解：

● 第 n 次迭代的目的：找出第 n 个距起点最近的节点，对 $n=1$，2，…重复此过程，直到找到最近节点是终点。

● 第 n 次迭代的输入值：在前面的迭代过程中找出（$n-1$）个距起点最近的节点，及其距起点最短的路径和距离。这些节点和起点统称为已解的节点，其余的称为未解节点。

● 第 n 个最近节点的候选点：每个已解的节点直接和一个或多个未解的节点相连接，就可以得出一个候选点——连接距离最短的未解点。如果有多个距离相等的最短连接，则有多个候选点。

● 计算出第 n 个最近的节点：将每个已解节点与其候选点之间的距离累加到该已解节点与起点之间最短路径的距离上。所得出的总距离最短的候选点就是第 n 个最近的节点，其最短路径就是得出该距离的路径（若多个候选点都得出相等的最短距离，则都是已解的节点）。

例如，某公司要将产品从A地配送到B地，所有两地之间经过的节点如图8—5所示，节点之间的每条链上都标有相应的行车时间，试求最短路径。

对于以上状况，第一个已解的节点就是起点 A，与 A 直接连接的未解节点是 B，C 和 D 点。第一步，首先计算距离 A 点最近的未解点，从图上可以看出，B 点是距离 A 点最近的节点，因此，B 点成为已解点。第二步，再找出距离 A 点、B 点最近的未解点，只要列出

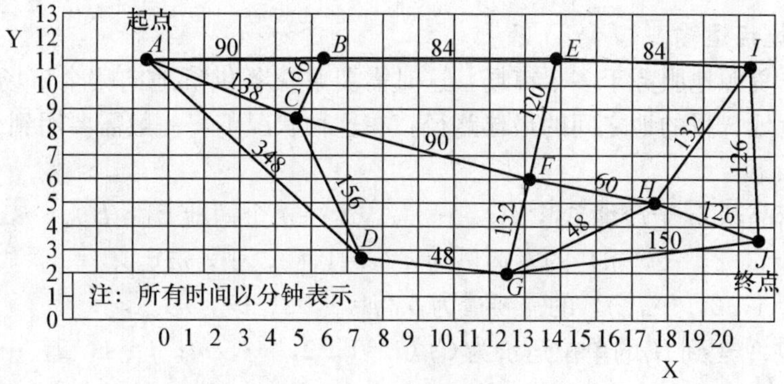

图 8—5　最短路径示意图

距各已解点最近的连接点，有 A—C，B—C。注意从起点通过已解点到某一点所需的时间应该等于到达这个已解点的最短时间加上已解点与未解点之间的时间，亦即从 A 点经 B 点达到 C 点所需的总时间是 AB＋BC＝156 分钟。比较达到未解点的总时间，最短时间是从 A 点到 C 点的 138 分钟，这样 C 点又成为已解点。第三次迭代要找到与各已解点直接连接的最近未解点，这时有三个候选点，从起点到这三个候选点的总时间分别是 348 分钟、174 分钟和 228 分钟，最短时间是 BE，因此，E 就是第三次迭代结果。重复以上过程一直到终点 J，最短路径是 384 分钟，连接各段路径得到最佳路径为 A—B—E—I—J（见表 8—2）。

表 8—2　最短路径计算步骤

步骤	直接连接到未解点的已解点	与其直接连接的未解点	相关总成本	第 n 个最近解点	最小成本	最新连接
1	A	B	90	B	90	AB*
2	A B	C C	138 90＋66＝156	C	138	AC
3	A B C	D E F	348 90＋84＝174 138＋90＝228	E	174	BE*
4	A C E	D F I	348 138＋90＝228 174＋84＝258	F	228	CF
5	A C E F	D D I H	348 138＋156＝294 174＋84＝258 228＋60＝288	I	258	EI*
6	A C F I	D D H J	348 138＋156＝294 228＋60＝288 258＋126＝384	H	288	FH
7	A C F H I	D D G G J	348 138＋156＝294 288＋132＝420 288＋48＝336 258＋126＝384	D	294	CD
8	H I	J J	288＋126＝414 258＋126＝384	J	384	LJ*

* 成本最小路径。

（二）多起讫点运输

如果有多个货源地服务于多个市场，这时需要解决各供货地向哪个市场运送多少产品，并且要找到供货地、目的地之间的最佳路径。在这种状况下，一般需要用到线性规划方法。

具体方法如下：

要将某类商品从 m 个产地 A_1，A_2，…，A_m 运往 n 个销地 B_1，B_2，…，B_n。

产地 $A_i(i=1, 2, \cdots, m)$ 的发运量为 $a_i(i=1, 2, \cdots, m)$。

销地 $B_j(j=1, 2, \cdots, n)$ 的需要量为 $b_j(j=1, 2, \cdots, n)$。

已知从产地 A_i 运到 B_j 的单位运价为 $C_{ij}(i=1, 2, \cdots, m; j=1, 2, \cdots, n)$ 和运输里程为 $L_{ij}(i=1, 2, \cdots, m; j=1, 2, \cdots, n)$。

则从产地 A 运往销地 B 的商品运量应满足：

$$\sum_{i=1}^{m} a_i = \sum_{j=1}^{n} b_j \quad \text{（总产量与总销量平衡）}$$

如 X_{ij} 表示由 A_i 到 B_j 的商品运量，而 X_{ij} 又满足下列约束条件：

$$\begin{cases} \sum_{j=1}^{n} X_{ij} = a_i \quad (i=1,2,\cdots,m) & (1) \\ \sum_{i=1}^{m} X_{ij} = b_j \quad (j=1,2,\cdots,n) & (2) \\ X_{ij} \geqslant 0 \quad (i=1,2,\cdots,m; j=1,2,\cdots,n) & (3) \end{cases}$$

其中，式（1）表示从每个产地运往各销地的商品数量等于此产地的总产量；式（2）表示对于每一个销地来说，从各地运去的某种商品总量等于各销地的需要量；式（3）表示商品运量最小为零，不能为负数。

现在确定一个最合理的产销地联系方案，使决定的 X_{ij} 各值满足上述各方程的约束条件，同时使总的运费（或运输吨公里）最小。

$$\min(f) = \sum_{i=1}^{m} \sum_{j=1}^{n} C_{ij} X_{ij}$$

或

$$\min(f) = \sum_{i=1}^{m} \sum_{j=1}^{n} L_{ij} X_{ij}$$

（三）起讫点重合运输

在供应链物流配送管理中经常会遇到起讫点重合的情况，特别是企业自己从事运输配送的情况下，该问题相当普遍。一般来讲，在这种情况下，运输配送路线和规划应当遵循如下原则：

（1）安排车辆相互距离最接近的站点的货物运输。卡车的行车路线围绕相互靠近的站点群进行计划，以使站点之间的行车时间最短。如图 8—6(a) 就是安排车辆运输配送应该避免的状况，而（b）则是比较合理的方式。

（2）安排车辆各日途径的站点时，应注意使站点群更加紧凑。如果一周内各日服务的站点不同，就应该对一周内每天的路线和时刻表问题分别进行站点群划分。各日站点群的划分

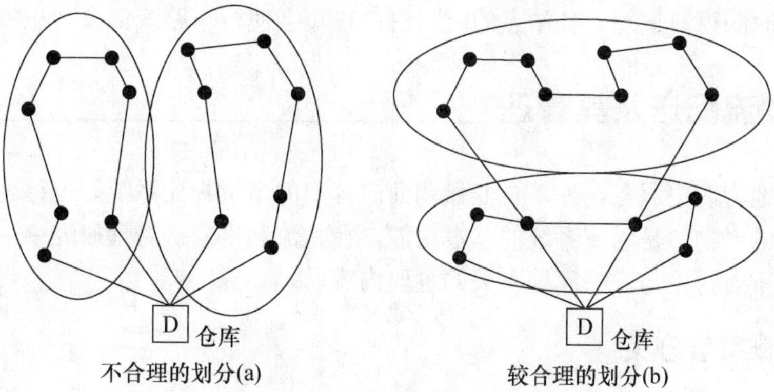

图 8—6　运输配送的站点划分

应避免重叠，这样可以使为所有站点提供服务所需的车辆数降到最低。图 8—7 列举了合理、不合理划分方式的例子。

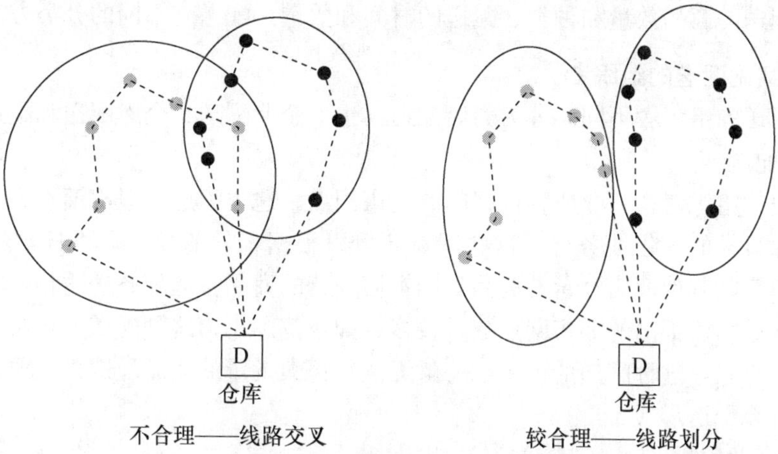

图 8—7　运输配送线路划分

（3）从距仓库最远的站点开始设计路线。要设计出有效的路线，首先要划分出距仓库最远的站点周围的站点群，然后逐步找出仓库附近的站点群。一旦确定了最远站点，应选定距该核心站点最近的一些站点形成站点群，分派载货能力能满足该站点群需要的卡车。然后，从还没有分派车辆的其他站点中找出距仓库最远的站点，分派另一车辆，如此反复，直到所有的站点都分派车辆。

（4）卡车的行车路线应呈水滴状。安排行车路线时各条路线之间应该没有交叉，且呈水滴状。时间窗口（只允许在规定时间取送货）和送货以后才能取货的限制条件可能会造成线路交叉。

（5）尽可能使用最大的车辆进行运送，这样设计出的路线是最有效的。理想状态下，用一辆足够大的卡车运送所有站点的货物将使总的行车距离或时间最短。

（6）取货、送货应该混合安排，应该尽可能在送货过程中安排取货，以减少路线交叉的次数。

（7）对过于遥远而无法归入群落的站点，可以采用其他配送方式。采用小型卡车进行服务可能更经济，此外，利用外租的运输服务也是很好的选择。

（8）避免时间窗口过短。各站点的时间窗口过短会使行车路线偏离理想模式。

第 5 节　物流配送及其管理

为了更好地为客户服务，许多企业强调面向客户的出货物流系统，也称为配送。配送是现代物流发展的产物，是物流系统的基本功能，在物流和供应链管理研究中一直是人们研究的重点。本节重点讨论与这一问题有关的主要内容。

一、配送的概念与分类

根据中华人民共和国国家标准《物流术语》，配送是指“在经济合理区域范围内，根据客户要求，对物品进行拣选、加工、包装、分割、组配等作业，并按时送达指定地点的物流活动”。从配送实施过程来看，配送包括“配”与“送”两个方面的活动。“配”是对货物进行集中、分拣和组配。“送”是运用不同的方式将货物送达客户或客户指定地点。根据配送的组织者、配送的商品数量和种类、配送的时间和数量，配送有不同的分类方法。

（一）按实施配送的组织者

按实施配送的组织者不同，分为商店配送、生产企业配送、仓库配送和配送中心配送。

1. 商店配送

商店配送的组织者是商业或物资部门的门市网点。这类配送一般规模不大，但经营品种比较齐全。除日常的零售业务外，这些网点还可以根据客户的要求，将日常经营的品种备齐，或代客户订购其他商店经营的商品，同本店经营的商品一起配齐送达客户。

由于商业或物资部门的零售网点数量较多、配送范围小，这种配送方式灵活机动。但由于规模、实力有限，这种配送的组织者一般无法承担大批量的商品配送，主要是作为配送中心的辅助或补充配送形式。

2. 生产企业配送

顾名思义，这种配送方式的组织者是生产企业，特别是生产多品种产品的企业。这种配送方式下直接由生产企业进行配送，而不需要将产品发送到配送中心进行中转配送，从而在节省成本方面具有一定优势。这种配送方式多适用于大批量、单一产品的配送，具有一定的局限性。

3. 仓库配送

这种配送形式以一般仓库为据点进行配送。它可以把仓库完全改造成配送中心，也可以在保持仓库原有功能的前提下，以原有功能为主，再增加一部分配送功能。

由于可以利用仓库原有的储存设施及能力，它具有投资小、上马快的优点。但由于受原有仓库规模等条件的制约，仓库配送的规模较小，专业化水平不高。

4. 配送中心配送

配送中心配送是配送的重要形式，其组织者是专职配送中心。配送中心是专门从事物流配送活动的经营组织，经营规模较大，其设施和工艺活动是根据配送活动的特点和要求专门设计和设置的，具有专业化程度高、设施与设备齐全、物流配送能力强的特点。但由于其初期投资较大，且一旦建成很难改变，灵活机动性差，往往在实施配送初期很难大量建立配送中心。

（二）按配送商品的数量和种类

按配送商品的数量和种类多少，分为单（少）品种大批量配送、多品种小批量配送和配套成套配送。

1. 单（少）品种大批量配送

这种配送形式适用于需要量大、品种单一或较少的生产企业。对于工业企业需要量较大的商品，单独一个品种或几个品种就可达到较大输送量。由于配送量大，可以实行整车运输，往往不需要再与其他商品进行搭配，就可使车辆满载并使用大吨位车辆。

2. 多品种小批量配送

当客户需要的产品品种数较多，但每一个品种的数量不大时，如果采取大批量的配送方式，就会造成客户库存加大。多品种小批量配送是指在配送时，根据客户要求，将所需要的各种物品配备齐全，凑整装车后送达客户。

3. 配套成套配送

当客户所需的物品是成套性的，如装配型生产企业，其生产的产品可能需要很多零部件，往往采用配套成套配送。这种配送方式根据企业的生产需要，把生产每一台产品所需要的全部零部件配齐，按照生产节奏定时送达生产企业，生产企业随即可将此成套零部件送入生产线以装配产品。

（三）按配送的时间和数量

按配送的时间和数量可分为定时配送、定量配送、定时定量配送、定时定路线配送和即时配送。

1. 定时配送

定时配送是指按既定的时间间隔进行配送，比如数天、数小时一次。每次配送的品种及数量可以根据预先的约定执行，也可以在配送之前根据客户需求进行调整。这种配送方式的优点是时间固定、易于安排工作计划、易于计划使用车辆，对于客户来讲，也易于安排接运人员和接运作业。缺点是由于配送物品种类和数量的变化，配货、装货难度较大。

2. 定量配送

定量配送是指按规定的批量，在指定的时间范围内进行配送。由于这种配送方式数量和品种相对固定，备货工作较为简单，可以有效利用托盘、集装箱等集装方式，提高配送效率。同时，由于这种配送方式对时间规定不严格，可以将不同客户的物品拼凑整车运输，从而提高运送能力的利用率。

3. 定时定量配送

定时定量配送是指按照规定的配送时间和配送数量进行配送。这种方式兼具定时配送和定量配送两种方式的优点，但因其执行难度较大，采用较少。

4. 定时定路线配送

定时定路线配送是指在规定的运行路线上制定到达时间表，按运行时间表进行配送，客户可按规定地点和时间接货，也可提出其他配送要求。这种配送方式可以对多个客户实行共同配送，比较容易管理且配送成本较低。

5. 即时配送

即时配送是指完全按客户提出的配送时间和数量要求进行配送的方式。即时配送可以灵活高效地满足客户的即时需求。这种配送方式下，客户可以将安全库存降为零，以即时配送代替安全库存，实现零库存经营。即时配送对配送中心要求较高，对配送的时间和速度要求比较严格，配送成本比较高，是配送企业能力的体现。即时配送是企业实现零库存管理的重要保障。

二、配送的基本功能要素

配送的基本功能要素包括备货、分拣、配货、配装、送货及配送加工。

1. 备货

备货是配送的前期工作，包括筹集货源、订货、集货、进货及相应的质量检查、结算、交接等。备货的一个重要环节是集货，即将分散的、需要配送的物品集中起来，以便进行分拣和配货。

2. 分拣

分拣是配送作业的中心环节。所谓分拣，是依据订单要求，迅速、准确地将需要配送的物品从储位上拣取出来，配备齐全，并按配装和送货的要求进行分类，送入指定发货点堆放的作业。

3. 配货

配货是将拣取分类完成的货品经过检查，装入容器和做好标记，再运到发货准备区，待装车后发送的作业过程。分拣及配货是决定整个配送系统水平的关键。

4. 配装

单个客户配送数量不能达到车辆的有效载运负荷时，就存在如何集中不同客户的配送货物、进行搭配装载以充分利用运能运力的问题。配装就是指充分利用运输工具的载重量和容积，采用先进的装载方法合理安排货物的装载。

5. 送货

送货是指将配好的货物按照配送计划确定的路线送达客户指定地点，并与客户进行交接。送货过程中的运输属于运输中的末端运输、支线运输，其特点是运输距离较短、规模较小，一般使用汽车作为运输工具。

6. 配送加工

配送加工并不是配送必要的功能要素，但却具有极其重要的作用。配送加工是根据客户要求进行的一种流通加工，可以提高客户满意度。

三、配送模式

配送模式是指企业对配送所采取的基本战略和方法。常见的配送模式有自营配送、互用配送、第三方配送和共同配送。

（一）自营配送

自营配送是指企业物流配送的各个环节由企业自己筹建并组织管理，实现对企业内部及外部货物配送的模式。自营配送是目前我国国内企业广泛采用的一种配送模式。自营配送有利于企业供应、生产和销售的一体化作业，具有系统化程度较高的特点。这种配送模式既可满足企业内部原材料、半成品及产成品的配送需要，又可满足企业对外进行市场拓展的需求。但是在自营配送模式下，企业为建立配送体系的投资规模将会大大增加，在企业配送规模较小时，配送的成本和费用也相对较高。

（二）互用配送

互用配送是几个企业为了各自利益，以契约的方式达成某种协议，互用对方配送系统而进行配送的模式（见图 8—8）。采用互用配送模式，企业不需要投入较大的资金和人力，就可以扩大配送规模和范围，但这种配送模式需要企业有较高的管理水平以及与相关企业的组织协调能力。互用配送模式比较适合电子商务条件下的 B2B 交易方式。

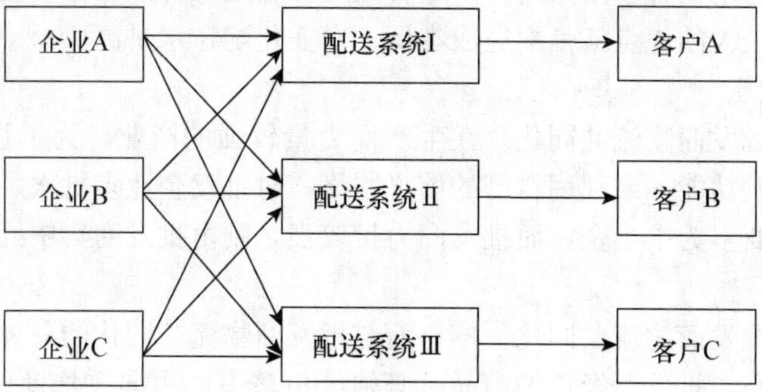

图 8—8　互用配送模式

（三）第三方配送

第三方配送模式是指企业将部分或全部配送活动交由交易双方之外的专业物流配送企业来完成的配送运作模式。随着现代物流业的不断发展以及第三方配送体系的不断完善，第三方配送模式成为工商企业和电子商务网站进行货物配送的首选模式和方向。

（四）共同配送

共同配送是由多个企业联合组织实施的配送活动，实施共同配送的主体可以是作为物流需求方的制造商、批发商和零售商，也可以是作为物流服务供应方的运输企业和仓储企业。

共同配送最早产生于日本，日本运输省将共同配送定义为“在城市里，为使物流合理化，在几个有定期运货需求的货主的合作下，由一个卡车运输业者使用一个运输系统进行的配送。”我国国家标准《物流术语》将共同配送解释为“由多个企业联合组织实施的配送活动”。共同配送的指导思想是单个车辆的运载效率较低，将共同的货物和商品集中在一起配送，一方面可以提高单车装载率和物流效率，另一方面有利于削减在途运行车辆，减少车辆运输对社会所产生的外部不经济。因此，共同配送的实质是通过配送活动的规模化降低作业成本以提高物流资源的利用效率。

从美、日等经济发达国家的共同配送发展历程看，适合商贸企业商品配送共同化的基本模式主要有横向和纵向两种配送模式。根据组织形式不同，共同配送包括横向共同配送和纵向共同配送两种。

1. 横向共同配送

（1）同产业间的横向共同配送。同产业间的横向共同配送是指处于相同产业的生产或经营企业为了提高物流效率，通过配送中心集中送货的一种方式。其具体做法有两种形式。一种形式是在企业各自分散拥有运输工具和物流中心的情况下，根据运输物品数量的多少，采取委托或受托的形式开展共同配送，也就是将本企业配送数量较少的物品委托给其他企业来运输，而本企业配送数量较多的物品，在接受其他企业委托运输的基础上实行统一配送，这样企业间相互提高了配送效率。另一种形式是同产业企业通过共同建立配送中心等基础物流设施来实施共同配送。这种方式对参与的企业来讲，可以在节省大量物流设施、设备及人员投资的同时，实现专业化配送。

（2）异产业间的横向共同配送。异产业间的横向共同配送是指将不同产业的企业生产经营的物品集中起来，通过配送中心向客户输送的配送形式。

（3）共同集配。共同集配是以大型运输企业为主导的合作型共同配送。企业将需要配送的物品转交给指定的运输者，由其向客户进行配送。这是一种第三方物流公司主导的配送模式。这种配送模式最大的优点就是配送成本低、专业化配送水平高。

2. 纵向共同配送

（1）生产商与批发商物流共同化。在生产商力量较强的产业，为了强化物流批发机能，生产商自身代行批发功能，或利用自己的信息网络，对批发企业多批次、少批量的配送服务给予支援。若生产商多为中小企业而批发商力量较强，则由批发商集中处理多个生产商的配送活动。

（2）零售商与批发商物流共同化。零售商与批发商物流共同化的一种方式是大型零售商建立自己的配送中心，批发商经销的商品都必须经由该中心再向零售商的各店铺进行配送。另一种是对于中小型零售商，它们自己不建立配送中心，而是依托大型批发商，由该批发商对各中小零售店进行共同配送。

共同配送与互用配送这两种配送模式都可以提高配送的效率，但二者有着明显的区别。

- 共同配送模式旨在建立配送联合体，以强化配送功能为核心，为社会服务；而互用配送模式旨在提高自己的配送功能，以企业自身服务为核心。
- 共同配送模式旨在强调联合的共同作用，而互用配送模式旨在强调企业自身的作用。
- 共同配送模式的稳定性较强，而互用配送模式的稳定性较差。
- 共同配送模式的合作对象需是经营配送业务的企业，而互用配送模式的合作对象既可以是经营配送业务的企业，也可以是非经营配送业务的企业。

第6节 配送中心及其管理

配送中心是从事物流配送活动的现代化流通设施，是现代物流业的发展方向。

一、配送中心及类型

配送中心于20世纪30年代形成于西方国家并发展至今。对于配送中心，不同国家、不同学者对其有不同的解释和定义。根据我国国家标准《物流术语》的规定，从事配送业务的物流场所和组织应符合下列条件：

（1）主要为特定的用户服务；

（2）配送功能健全；

（3）具有完善的信息网络；

（4）辐射范围小；

(5) 多品种、小批量、多批次、短周期；

(6) 主要为末端客户提供配送服务。

因此，配送中心是接受生产厂家等供货商多品种大量的货物，按照多家需求者的订货要求，迅速、准确、低成本、高效率地将商品配送到需求场所的物流节点设施。

根据配送中心功能的不同，配送中心可以分为以下几类：

(1) 储存型配送中心。

(2) 流通加工型配送中心。流通加工型配送中心的主要功能是流通加工作业。这种配送中心基本上不具备长期储存功能，货物往往采用整进零出的方式，在配送中心里仅做少许停滞。

(3) 综合型配送中心。综合型配送中心既具有商品周转、分拣功能，又具有保管、在库管理等管理型功能，是一种“全功能”的配送中心。

二、配送中心的功能

(1) 集货功能。为了按客户要求配送，满足客户需求，配送中心需要从众多供应商手中购进大量的品种比较齐全的商品。

(2) 储存保管功能。配送中心需要按照客户要求及时将各种配装好的货物送交到客户手中，满足客户需求。为了顺利完成这一任务，更好地发挥保障生产和消费需要的作用，配送中心通常需要配备一定的仓储设施以储存一定数量的货物，并且保障这些货物的质量与数量。储存保管功能已经成为配送中心的重要功能之一。

(3) 分拣功能。由于每个客户对货物的品种、规格、型号、数量、质量、送达时间和地点等要求不同，为了有效地进行配送，配送中心必须采取适当的方式对货物进行拣选，按照配送计划分装和配装货物。

(4) 分装功能。为了提高经济效益，配送中心采用大批量的进货来降低进货价格和进货费用。但是客户为了降低库存、加快资金周转，往往采用小批量进货的方法。为了满足客户这种小批量、多批次的进货要求，配送中心就必须进行分装。

(5) 集散功能。配送中心能够将分散在各个生产企业的产品集中到一起，然后经过分拣、配装向多家客户发运。

(6) 流通加工功能。为解决生产中大批量、少规格和消费中小批量、多样化要求的矛盾，配送中心按照客户的不同要求对货物进行分装、配装等加工活动。

(7) 送货功能。配送中心将配好的货物按到达地点或到达路线进行送货。运输车辆可以租用社会运输力量，也可以使用自己的专业运输车队。

(8) 信息功能。通过汇总及传递信息，配送中心可以提供更加准确、及时的配送信息。

(9) 服务功能。配送中心以满足客户需求为宗旨，以客户需要为导向开展配送服务。

三、配送中心作业管理的内容

1. 订单处理作业

物流中心的交易始于客户的询价、业务部门的报价，然后是订单的接收，业务部门需查询出货日的库存状况、装卸货能力、流通加工负荷、包装能力、配送负荷等来满足客户需求，而当订单无法按客户要求交货时，业务部门需进行协调。由于配送中心不随货收款，因此在订单处理时，需根据公司对客户的授信状况进行核查。此外，还需统计该时段的订货数量，并调货、分配出货程序及数量。退货数据也在此阶段处理。业务部门还需制定报价计算方式，做报价历史管理，制定客户订购最小批量、订货方式或订购结账截止日。

2. 采购作业

接收订单后，配送中心需向供货厂商或制造厂商订购商品，采购作业包括商品数量需求统计、对供货厂商查询交易条件，然后根据所需数量及供货厂商提供的经济订购批量提出采购单。采购单发出后则进行入库进货的跟催动作。

3. 进货入库作业

开出采购单后，进货入库管理员即可根据采购单上预定入库日期进行入库作业调度、入库月台调度，在商品入库当日，进行入库资料核查、入库质检，当质量或数量不符时进行适当修正或处理，并输入入库数据。进货入库管理员可按一定方式指定卸货及托盘堆叠。对于退回商品的入库还需经过质检、分类处理，登记入库。

商品入库后有两种作业方式，一种方式为商品入库上架，等候出库需求再出货。商品入库上架需由计算机或管理人员按照仓库区域规划管理原则或商品生命周期等因素来指定存放位置并登记，方便日后的库存管理或出货查询。另一种方式是直接出库，此时管理人员需按照出货需求将商品送往指定的出货码头或暂时存放地点。入库搬运过程中需由管理人员选用搬运工具、调拨分派工作人员，并安排工具、人员的工作时程。

4. 库存管理作业

库存管理作业包括仓库区管理及库存控制。仓库区管理包括商品在仓库区域内摆放方式、区域大小、区域分布等规划；商品进出仓库的控制——先进先出或后进先出；进出货方式的制定——商品所需搬运工具、搬运方式；仓储区货位的调整及变动。库存控制则需按照商品出库数量、入库所需时间等来制定采购数量及采购时间，并做采购时间预警。制定库存盘点方法，定期负责打印盘点清单，并根据盘点清单内容清查库存数、修正库存账及制作盘盈盘亏报表。仓库区的管理还包括包装容器使用与包装容器保管维修。

5. 补货及拣货作业

统计客户订单即可知道商品真正的需求量。在出库日，当库存数满足出货需求量时，即可根据需求数量打印出库拣货单及各项拣货指示，进行拣货区域的规划布置、工具选用及人员调派。出货拣取不仅包括拣取作业，还需补充拣货架上商品，使拣货不至于缺货，这包括补货量及补货时点的制定、补货作业调度、补货作业人员调派。

6. 流通加工作业

配送中心的各项作业中流通加工最易提高商品的附加价值。流通加工作业包括商品的分类、过磅、拆箱重包装、贴标签及商品组合包装。这就需进行包装材料及包装容器的管理、组合包装规划的制定、流通加工包装工具的选用、流通加工作业的调度、作业人员的调派。

7. 出货作业处理

完成商品拣取及流通加工作业后，即可进行商品出货作业。出货作业包括根据客户订单为客户打印出货单据，制定出货调度，打印出货批次报表、出货商品上所需地址标签及出货核对表。由调度人员决定集货方式、选用集货工具、调派集货作业人员，以及运输车辆大小与数量。由仓库管理人员或出货管理人员决定出货区域的规划布置及出货商品的摆放方式。

8. 配送作业

配送作业包括商品装车并实际配送，需事先规划配送区域的划分或配送路线安排，由配送路线选用的先后次序来决定商品装车顺序，并在商品配送途中进行商品跟踪、控制及配送途中意外状况的处理。

9. 会计作业

商品出库后销售部门可根据出货数据制作应收账单，并将账单转入会计部门作为收款凭据。商品入库后，则由收货部门制作入库商品统计表作为供货厂商催款稽核之用，并由会计部门制作各项财务报表供经营政策制定及经营管理参考。

10. 经营管理及绩效管理业务

除上述作业外，还需高层管理人员通过各种考核评估来实现配送中心的效率管理，并制定经营决策及方针。而经营管理和绩效管理可由各个工作人员或中层管理人员提供各种信息与报表，包括出货销售统计数据，客户对配送服务的反馈报告，配送商品次数及所需时间报告，配送商品的失误率和仓库缺货率分析，库存损失率报告，机具设备损坏及维修报告，燃料耗材等使用量分析，外雇人员、机具、设备成本分析，退货商品统计报表，人力使用率分析等。

案例分析

台湾的超市物流配送

根据我国台湾11家超市的调查情况，生鲜物流的配送多是由生鲜中心接手操作，如顶好惠康、台北农产运销公司、惠阳超市、远东百货超市、兴农生鲜超市、美村生鲜超市、丸九生鲜超市等；只有少数几家是由厂商负责配送，如裕毛屋生鲜超市、大统超市等。

至于在干货和低温配送方面，除了有物流中心、统仓、生鲜中心在做配送外，厂商配送扮演了举足轻重的角色；尤其是低温物流配送，除了顶好惠康以外，几乎都少不了厂商的配送。由此可看出，生鲜中心在超市业态里占有相当重要的地位。

在配送频率方面，生鲜都是1周配送7天，甚至有1天配送3～4次的情形。而干货部分，多则1周配送7天，少则1周1配，平均1周配送3～4次。再谈到低温配送，1周配送1～4次的业者皆有，但仍以1周7配的比例最高。至于牛奶属于鲜度要求严格商品，几乎都是天天配送。

在配送时间方面，大致上，生鲜出车的时间都比干货、低温来得早，而且多在中午以前就出完车。

超市的面积虽然比便利商店大，但其连锁体系却没有便利商店的连锁店数庞大，所以超市业者拥有自属专业物流中心的比例也较低。

虽然调查的11家超市业者里，在生鲜配送方面，有7家超市拥有自属的生鲜中心在做配送，但在干货部分，由自己的物流中心在做配送的，就减少到4家；而自己拥有低温物流中心在做低温冷冻、冷藏配送的，就只有拥有96家店的顶好惠康一家超市了。

上述这种现象，也许是因为超市的连锁店数较少。这种情形证明了超市连锁店数要达到相当规模，业者才有可能发展完整的超市物流配送体系，包括自属专业的生鲜中心、干货物流中心、低温物流中心。而店数呈现个位数的超市业者，由于规模较小，较难整合物流配送，所以由厂商来配送的概率就大了很多。

由此可见，超市物流配送与便利商店物流配送最大的差别，在于超市业者就其所需地发展较健全的生鲜中心，但在干货与物流配送体系，脚步还是比便利商店缓慢些。但话又说回来，经营一家自属的专业物流中心，其硬件设备、信息系统、土地取得等巨额投资自然不在话下，而人事的管理、车队的配送素质要求，也是经营者必须绞尽脑汁、投入相当心力之处。所以，超市业者采用何种渠道配送，其成本的评估是不得不谨慎考虑的。

资料来源：中国物流网。

问题讨论：

1. 台湾超市的物流配送有哪些特点？
2. 根据台湾超市物流配送的特点，思考应如何选择物流配送模式。

□ 本章小结

运输是连接企业、客户、供应商、工厂、仓库等物流节点的实体连接。运输不仅影响运输成本，而且影响这些物流节点的运营成本。运输服务的质量有助于企业在市场中实现产品差异化。

企业物流可选择的运输方式包括基本运输方式、联合运输方式和集装箱运输等。基本运输方式有汽车、铁路、水运、航空和管道运输五种。大宗货物的长途运输使用铁路成本低，但是铁路有可用性的限制和运输时间长的缺点。汽车承运人可用性高并可以使用较短的、稳定的运输时间运送小批量商品，但其成本高于除飞机之外的其他运输模式。水路运输成本较低，适合长途运送大量商品，其主要的缺点是运输时间、服务易受天气情况影响。航空承运人的运输时间非常短但运费昂贵。管道对于液体运输而言费用低，但是不适用于加工制造品。多式联运是在整个运输中结合采用两种或更多基本运输模式。集装箱运输是用集装箱运送货物，它可以直接从一个承运人转移到另一个承运人手中，在缩短运输时间的同时减少了货物装卸和损坏。

我国国内货物承运人一般可以分为公共承运人、契约承运人、货运代理人和自营运输四类。承运人决策包括两方面内容：运输方式的选择和具体承运人的选择。

运输企业在一定时间内完成一定运输量的全部费用支出，称为运输总成本。单位运输货物分摊的运输费用支出称为运输成本。运费的确定是基于服务成本或服务价值。服务成本反映的是承运人成本，而服务价值考虑的是托运人愿意为服务支付多少费用。承运人运价并不是企业考虑的唯一标准。除了要考虑承运人运价外，企业必须考虑承运人的服务质量以及承运人对物流节点运营成本的影响。

配送提供的是物流服务，因此客户的物流服务需求是配送的前提。从物流来讲，配送几乎包括所有的物流功能要素，是物流的一个缩影或在小范围中物流全部活动的体现。配送中心是配送业务得以实现的现代化流通设施。

系统篇

第9章 整合运营与计划

知识要求

通过本章的学习，掌握

- 整合运营的原因、障碍和主要原则
- S&OP 的基本含义与效用
- S&OP 实施的要素
- S&OP 实施流程与步骤
- CPFR 的本质与绩效实现
- CPFR 的实现框架和流程

技能要求

通过本章的学习，能够

- 掌握供应链整合运营的关键
- 制定供应链运营计划
- 实施 S&OP 工作会议
- 具体推进 S&OP 的制度化
- 了解实现 CPFR 的绩效
- 掌握具体实施 CPFR 的步骤

引导案例

高露洁 my SAP 供应链管理系统应用案例

高露洁公司于 1999 年 11 月建立了高露洁全球供应链管理系统，希望充分利用对其核心 SAP R/3 解决方案的投资，进一步完善全球供应链管理，改善对零售商和客户的服务，减少库存，增加盈利。

总部位于美国纽约的高露洁公司是一家资产达 94 亿美元的全球性消费品公司，在美国及全球范围内制造并销售的消费类产品种类繁多，包括牙膏、肥皂、洗涤用品和宠物食品等。该公司的业务遍布 200 多个国家，其中 70%的销售来自国际市场，80%的员工位于海外。高露洁公司在 SAP 企业管理解决方案的基础上建立了高露洁 my SAP 供应链管理（my SAP SCM）系统。

高露洁从 1995 年开始采用 SAP 提供的企业管理核心解决方案，通过财务管理、物流规划和其他业务环节等支持公司的运营。采用 SAP 的系统也推动了高露洁公司内部所有产品命名、配方、原材料、生产数据及流程、金融信息等方面的标准化。

这些方面的改进提高了高露洁公司在全球的运营效率。例如，在经营领域，SAP 企业管理解决方案能够巩固生产设施。国际市场上消费品的竞争十分激烈，尽管高露洁在 SAP 系统的帮助下取得了很大发展，但还有些方面需要完善。通过实施 SAP R/3 系统，高露洁将产生订单和完成订单的实现率提高到 90%，但它仍希望通过突破公司在需求和能力方面的局限进一步提高。此外，通过SAP R/3系统，高露洁在北美将订单在企业内部循环的时间由9天缩减到5天，但即使这样成本还是很高。

为解决上述问题，高露洁建立了高露洁全球供应链系统。在该系统中，高露洁确定了三个主要的供应链战略。首先是推出VMI项目，大幅削减渠道的库存和循环时间。其次，高露洁还想实施一个跨边界资源计划，将地域性模式拓展为全球性模式。这种模式转型可以提高企业的预测能力，减少非盈利股份，平衡公司的全球业务。最后，高露洁还将实施一个与下游企业的协同计划程序，用来管理供应链中的市场需求和协调各项活动。

在高露洁内部，VMI是一个推动过程，公司将根据VMI提供的每日消费需求与库存信息对各消费分销中心进行补充。目前VMI的重点在北美，在那里管理着来自5个工厂40%的集装箱，涵盖40个分销中心，12个消费区，包括高露洁所有的产品（约1 000 SKU）。my SAP SCM使高露洁能更加准确地契合供给与需求，最终降低了成品库存，提高了在产订单和已完成订单的达成率，缩短了补充循环的时间。

VMI商业程序由my SAP SCM供应网络的规划能力支持。每天来自消费分销中心的库存量和需求信息传递到my SAP SCM，对需补充的订单数进行统计。my SAP SCM能够对企业生产能力信息进行综合以确定生产需求和供应不足。随后，补充订单通过EDI传回给消费者进行确认，然后处理顾客的要求。VMI调度98%在产订单和已完成订单，并将补充订单循环时间缩短至一天。随着在北美和其他地域VMI的实施，高露洁所获得的上述收益还将成倍增长。

真正实现全球化资源利用

高露洁的跨地域资源利用系统（CBS）将需求和全球资源信息整合在一起，使以前的月度预测发展成为每周的订货补充。高露洁的投入迅速见效，其中包括出货率上升、集装箱整箱率上升、补充订单的循环次数下降、库存下降等。在新商业模型中，供应商直接负责对高露洁分销中心的资源补充（在此之前，高露洁的销售分支每月发展不均，向海外的工厂发布的补货要求经常不准确）。新的周补给制度是由客户的订单流量来驱动的，通过高露洁在世界各地的分销中心直接传递给供应商。补给要求也是根据高露洁销售机构提供的需求信息（如推广活动刺激的需求增长等）来计算的。

CBS商业控制程序也由my SAP SCM支持，根据每日需求信号和库存量对补货订单进行计算，使供需更加吻合，更加适应特殊订单的要求，同时减少了不准确预测产生的影响，进而降低了成品库存，减少了补充订单的循环次数，大幅提高了企业内部补充和用户订单中的在产订单和已完成订单的达成率等。此外，通过使用功能强大的补货系统，高露洁还提高了订单的实现率和资本使用效率。这个灵活有效的产品补充系统加快了分销中心的物流进程，而且企业的运输成本由于有良好的全局规划并未增加。

需求规划

高露洁采用的my SAP需求规划系统的功能和my SAP SCM的协同引擎能够向供

应商传达公司的需求信息并在供应链网络中作出协调计划。my SAP SCM 能够计算出基本需求，推动各种可重复的补充过程，相应增加因市场推广带来的增长的业务。对市场推广带来的额外需求增长的管理独立于基本需求管理，是进行生产、产品后整理和分销的重要依据。这种协同引擎通过最新计划信息的交流、偶然事件的管理、对预测准确性等功能测试的跟踪等，对市场推广带来的需求增长进行协同管理支持。

绩效确认

高露洁供应链战略的三个主要组成部分由 my SAP 的实时集成模式进行支持，股票、订单和其他市场指数都能实时在顾客、企业内部 ERP 系统和 my SAP SCM 之间更新，确保迅速得到各种能够影响计划的指数。这对计划的推广尤为重要。高露洁希望在 VMI、CBS 和协同引擎广泛应用到所有的品牌和市场以后，SCM 的效益能成倍增长。供应链信息的可见度提高意味着可以得到准确、及时、一致的数据信息来支持各种规划的决策。高露洁还将使用 my SAP 商业智能系统（my SAP BI），以更快速地获得更加一致和精细的数据信息，支持整个企业集团的决策。

通过采用供应链管理系统，高露洁提高了市场竞争力，在价格战、全球业务拓展和市场推广中更有优势。这些商业优势使高露洁能够进一步降低业务成本。同时，公司通过协同加强与全球客户的联系，也进一步降低成本。此外，高露洁通过电子商务还进一步加强了企业内部整合，密切了与合作伙伴和客户的关系。

my SAP SCM 利用互联网将供应链技术拓展到企业之外，使类似高露洁这样的企业及其合作伙伴和消费者能够快速实时地掌握订单、预测、生产计划，以及库存、订单完成比率等重要指标，完全掌握各项关键商业数据。my SAP SCM 帮助企业提高服务质量、减少库存投资，进而提高企业的市场竞争力。高露洁全球信息技术总监说，对高露洁来说，my SAP SCM 所具有的强大功能对全球供应链改进十分关键。my SAP SCM 在三个最重要的前沿领域均有相应的解决方案。它使高露洁能够掌握公司全球范围内的物流数据，能够通过高级数理规划函数优化业务运营，并为我们和我们的顾客、合作者进行协作提供了一个平台。my SAP SCM 使我们在全球运作的供应链管理中真正走向完美。

可持续发展

面对今天的成功，高露洁仍在不断加强能够更加提高其竞争地位的供应链系统的研究与应用。除在全球范围内使用 VMI、CBS 和协同引擎外，高露洁还与 SAP 一起在 my SAP SCM 内开发可重复制造功能和各种进度细分功能。这将实现仅用一张物料订单（BOM）就可以完成整个生产过程的运作，使原料需求更加灵活，生产更适应短期需求变化。同时，高露洁还支持对与 my SAP SCM 相关供需波动计算法则的研究，以优化在需求和功能局限性大起大落的形势中企业的重复性生产。

由于在以推广为主的商业环境中供需随时会变化，第三方供应商在高露洁业务中的地位日渐重要，高露洁希望使用 my SAP SCM 的协同引擎促进与这些供应商的联系。此外，高露洁还计划采用 my SAP SCM 的运输规划和进度规划功能来优化运输网，减少运输成本。高露洁还将物流与顾客和合作伙伴进行多元化的合作。

在加速实现各个目标的同时，高露洁已经通过 my SAP 供应链管理系统实现了很多目标，如提高可视供应链、规划循环的速度，通过全球化资源利用、成本降低、改善客户服务等实现更有效的资本利用。

资料来源：中国贸易金融网。

问题

（1）高露洁是如何实现协同计划的？

（2）my SAP SCM 在协同计划中发挥了什么作用？

第1节 供应链整合运营

企业供应链物流的效率取决于整合运营的程度，这种整合运营不仅要求企业内部各职能部门之间的有效协调，也需要企业之间的通力合作。本节将集中讨论供应链整合运营的依据、主要障碍以及原则。

一、实施供应链整合运营的必要性

1. 实施供应链整合运营能实现高效益的客户服务

供应链整合运营就是利用系统的概念，将供应链运营中各项职能有机地整合在一起，从而取得比简单合并各项职能更好的效果，这是因为通过整合，可以使供应链中的各项职能相互协作、相互支持，追求更高的整体效益。具体来讲，通过整合运营就是要实现各项职能在企业内部和供应链之间达到绩效均衡，例如，如果单一追求客户满意或商品的可得性，就有可能增加库存、采购等成本，同理单纯强调生产和供应的效率，就有可能产生分销无法适应客户的需求。相反，整合运营关注的是各种方法和职能的相互作用对客户的综合影响。

2. 供应链整合运营能增强供需的平衡，减少波动

供应链物流系统中的所有运作领域都有可能出现波动，产生波动的原因是供应链活动的不一致性，以及不能按照预期效果完成作业。例如，由于生产供应系统不了解市场的变化而导致延迟订单实现，或者因为供应准备不足而导致生产中断等现象都是产生波动的主要原因。而供应链整合运营通过制度化、流程化的方式将各项职能活动有机衔接在一起，实现供需之间更好的均衡，从而降低了由于产销供等活动割裂导致的损耗和低效率，同时也使企业经营的稳定性得以增强。

3. 供应链整合运营能降低库存

库存投资指系统中配置库存的业务价值，库存周转反映了一定时期内库存补给的速度，高的库存周转和满足需求的可得性，就意味着库存占用的资金得到了有效使用，同时也说明支持运作的总投入资产达到了最低水平。供应链整合运营由于是通过全局、系统的方式来安排供应链活动，并且这种综合协调管理不仅打破了企业内部存在的业务或信息孤岛，甚至消除了企业之间的业务或信息孤岛，使得整个供应链系统的库存达到了最低，同时因为业务的有效整合，实现了较高的库存周转。

4. 供应链整合运营能使企业实现系统质量保证

全面质量管理是企业运作的基本目标之一，从全面质量管理的观点出发，质量指的并不是物质产品的质量，而是流程质量，尤其是不同职能、环节的界面流程，这些往往是质量管理的重心。著名的质量管理专家戴明曾指出全面质量管理的关键是 SIPOC（即由供应商、投入、流程、产出、客户所组成的大系统），因此，整个系统的目的不能有效确立，系统的运行就会出问题，也就难以实现系统质量保证。例如，如果企业不能很好地向供应商传递明确的要求或信息，就有可能导致投入的质量下降，进而影响产出的质量和客户服务。而供应链整合运营在于识别出客户，并向他们了解需要什么产出、产品或者服务，然后设计出一个合适的流程或方法来生产产出，并确认供应商要提供哪些投入，而这种投入不仅指材料或消耗品等，还包括政策和管理方式等，同时通过不间断的反馈，实现整个供应链系统的质量保证。

5. 供应链整合运营能使企业实现系统总成本最低

成本管理一直是企业管理的重心之一，然而由于供应链活动或职能之间彼此影响、相互关联，一个环节的成本降低有可能导致另一环节成本的上升。供应链整合运营是从系统角度，统一协调各职能活动和运作，避免了因为系统不协调、不一致造成的成本上升，或周期难以控制而导致的各种直接或间接费用，真正实现了系统总成本最低。

二、供应链整合运营的障碍

供应链整合运营尽管能取得良好的系统绩效，但在实际运作过程中，仍然存在许多障碍。这就需要供应链企业克服这些障碍，真正实现全局、系统化的供应链整合运营。这些障碍主要包括：

1. 职能型组织

在企业日常的组织管理活动中，以工作职能为基础的管理结构和方式往往对供应链整合运营产生了阻碍。传统的组织分工和结构中，往往将不同的管理活动和责任以及人员分配到不同的职能部门，以发挥专业管理的特点，提高管理效率。例如，物流部门管理仓储、运输，采购部门管理采购、供应，生产部门管理计划、生产，营销销售部门管理分销、市场等。这样的管理结构和组织方式尽管有利于发挥职能效率，但是不利于整个供应链总体效率的实现，因为职能部门制定的目标和管理政策有可能相互不一致或冲突，例如运输部门为了降低运输费用可能会选择集并运输，但却会使库存增加，服务受到影响。供应链整合运营强调的是跨职能活动，需要职能之间相互协调，只有这样才能提高整体的效能。

2. 工作导向的绩效管理

绩效管理反映的是企业的运行是否实现了相应的战略及其效率和效益，然而，以职能工作为基础的绩效衡量和考核，往往导致局部效率提高，但是并没有实现整体效益。为便于供应链整合运营，就需要企业开发出新的综合性的绩效管理体系，以流程为导向综合反映供应链管理活动的全过程，同时管理层需要根据各职能对整体运作的贡献去评价各项专业职能，而不是通过它们的独立表现来衡量。

3. 库存的调节作用

库存经常被用作抵御需求和运作不确定性的手段，诸如原材料和供应的库存能够为生产稳定运行起到杠杆作用。然而，过度库存带来的结果往往是整个企业持有成本的上升，过期库存也会产生潜在的损失。但是，完全消除库存，则有可能加剧整个供应链运作的波动性。因此，如何协调各项经营活动、实现系统化的库存管理也是供应链整合运营的关键。

4. 分散的信息结构

信息系统的运用是供应链整合运营的关键。由于传统的信息结构和信息获取是基于职能组织关系的，这就产生了很大的问题。在现行的组织管理中，信息通常是按照职能要求和责任分类的，这种分散的信息结构阻碍了供应链整合运营。现代的供应链管理要求企业内外的各种信息能够有效地整合在一起传递和分享，从而真正消除企业不同职能部门之间以及企业之间存在的信息孤岛。

5. 没有有效的协作学习

在供应链管理中，学习不仅是一系列知识从个体向组织扩散的过程，同时也是一种社会过程，即学习不再被看做知识的累积过程，而是一种企业绩效不断改进的动态过程。这种动态性主要表现为个体、团队和合作伙伴之间通过知识共享形成的知识积累，并且通过这种知识的共享产生了隐性的和显性的规则、文化、期望和惯例。然而，一旦企业难以形成这种协作学习的氛围和机制，或者知识只是局限在某个领域，就很难进行全方位的流程整合。

三、供应链整合运营的原则

1. 全局性的视野

供应链整合运营需要企业具有全局性的视野，即不能站在一个部门或职能的角度来考虑问题，而是从系统、综合的角度来设计和运行供应链作业活动。此外，要实现供应链运营整合，还需要企业将其视角转向系统的边界之外。整个供应链可能包括各个不同的企业，而这一变革需要各个不同参加者的通力合作。无论变革的力度有多大，除非这一变革是全局性的，否则客户不会体会到它带来的好处。

2. 采用现代信息技术

信息化在供应链中发挥的典型作用是，通过低成本的信息流通减少了供应链成员之间的交易摩擦。信息化更重要的作用被认为是实现了供应链成员之间的信息共享和整合，促进了供需协调。此外，信息化还能为科学决策提供支持。供应链成员之间信息共享、整合将有效缓解供应链中的信息孤岛现象，减少供应链中需求和预测的不确定性，使供应链成员对相关环节的库存和需求有更明确的了解，从而使订单执行更具效率。供应链成员的信息共享和整合还将促进供应链成员协同计划的制定，据此协调各成员的经营目标，实现对分销渠道更高效的管理和协作，提高供需协调性并最终促进企业绩效。

3. 消除不必要的环节

供应链整合运营强调整个系统的顺畅运行，任何不必要的环节和步骤都会对系统的运行产生阻碍。企业需要分析整个供应链组织结构和运行方式，消除系统中可能产生低效率和延误的环节和活动，通过授权、集并等各种手段，构建最为有效的供应链体系。

4. 与供应链参与者共同确定成本与服务的均衡

供应链成本控制一直是供应链运营管理的关键要素之一，但是过于关注成本可能会使企业丧失效益，产生客户抱怨，因此，成本与服务的均衡是供应链整合运营的目标之一。要做到这一点，就需要企业不同职能部门通力合作，分析预测市场的变化，确立合理的战略框架。另外，与外部供应商的合作也是实现这一目标的关键，例如许多日本公司对关键供应商不惜重金投入，以确保供给的安全及在早期设计阶段密切合作。这种早期的投入不仅能有效控制质量和供应链运行的稳定性，而且由于彼此信任关系和依存关系的确立，能有效应对市场环境的变化，实现成本与服务的均衡。

5. 缩短预测周期的同时提高预测精度

有效实现供应链整合运营的一个关键因素是在市场调研的基础上，缩短预测的周期，同时提高预测的精度。供应链管理运营的起点是对市场需求的把握，然而当获取的信息不可能完全是实际数据时，预测就是必不可少的环节，预测的周期越长，不确定性就越大，因此，如何尽可能地根据行业的状况缩短预测周期，同时动态地反映市场的变化就显得尤为重要。此外，提高预测精度也是一项艰巨的任务，预测精度的提高一方面取决于跨职能综合预测能力的建立，另一方面取决于自上而下、自下而上调整预测的能力。

6. 合理设计和安排生产、分销流程

供应链整合运营的另一个关键问题是如何根据需求计划合理设计和安排生产或分销流程，不同的产品、不同的行业、不同的客户往往使得企业的生产或分销体系显现出差异化的状态，诸如生产方式有的产品可以采用按库生产，有的产品可以按单生产，甚至有的可以按最小订货量生产，同理分销方式也可以采用按单分销、按库分销等多种形式，因此，如何合理设计和制定生产、分销战略以及流程就显得非常重要。

第2节 供应链管理中的S&OP及其效用

一、S&OP概述

在供应链管理中，如何接收订单，将之有效地传递给企业的规划流程，并进一步反馈到制造和生产方，以最大限度地整合各种企业内流程，发挥企业内供应链运作的绩效，是企业供应链物流管理的重心。但是在传统的管理模式下，参与者很难实现这一目标，因为决策者往往质疑需求数据的精确性，以及对库存数据和生产排产的状况缺乏了解。随着现代供应链物流管理的发展，20世纪90年代早期，S&OP（sales and operation planning）作为一种新型的管理模式和平台进入到供应链物流管理的视野。S&OP是销售与运作规划的英文缩写。销售与运作规划是帮助公司更好地管理供求关系的一套商业流程。美国生产与库存管理协会（APICS）对S&OP的定义是“设定整体制造产量及其他活动水平的一种功能，其目的是最好地满足当前计划中的销售水平，同时实现整体商业目标，例如盈利、生产力、有竞争力的顾客交付周期、库存及储备水平等”。Ling and Goddard（1988）提出，S&OP是企业的营销、制造、工程、采购、财务各部门围绕公司目标而开展的一系列制度化的、关于企业规划的沟通、修正和更新活动。Gregory（1996）认为S&OP是一种业务流程，其目标是将制造战略同生产线实际情况联系到一起。Copacino（1998）认为S&OP是将预测、库存规划、生产计划、生产外包等环节进行整合，以提高供应链绩效的管理方式。Smith（2004）认为S&OP是一种流程，通过这一流程，企业的销售、营销、财务、运营各部门共同制定最贴近需求的年度预测，并实现业务目标。

综合上述观点可以发现，理论界对S&OP的定义尽管在表述上有一定差别，但核心内涵基本上是一致的。S&OP至少包括以下三个要素（见图9—1）：

（1）是一种业务管理流程；

（2）强调供应链内部信息的分享；

（3）旨在通过加强供应链内部的合作来实现产需平衡的目标。

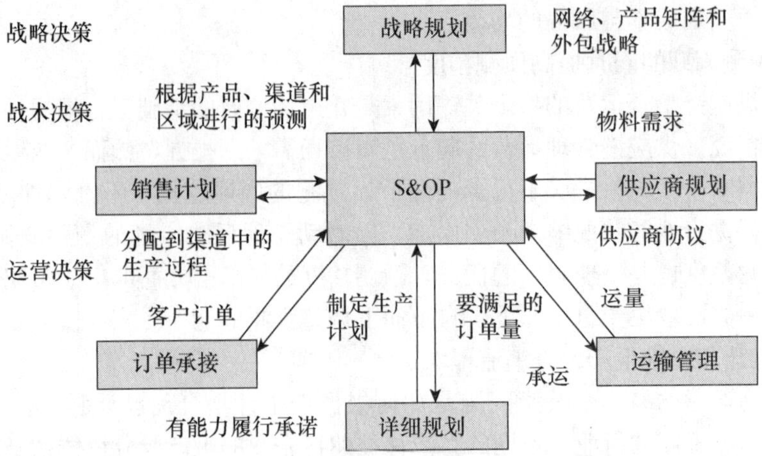

图9—1 S&OP的构成要素

事实上，综观S&OP的运行规律，S&OP是一个以月为单位滚动进行，通过将企业最新的需求计划与既定商业目标进行比较分析，不断改善企业经营行为的过程。在这个过程中，最新的需求预测被用来指导供应链的运作，而需求和供应的数量被输入相应的信息系统中，用来计算出最优的生产供应计划。S&OP通过沟通、协调企业内部各职能部门的功能，将企业的销售活动、市场活动、研发活动、运营活动、财务活动等有效地结合起来，使职能部门原先各自独立分散的计划和活动，成为一个站在企业角度通盘考虑的整体计划和活动，并且通过沟通协调使各职能部门理解企业的整体目标并做出支持承诺，从而给企业创造一个协作和高效的商业运作环境。

二、S&OP的效用与实现要素

20世纪90年代以来，一些学者对S&OP能给企业带来的优势进行了研究。Ling and Goddard（1988）认为，S&OP的最大优势是能够以更低的成本更快地响应市场需求。S&OP给企业提供了更加有效的控制方法和运营方式。通过S&OP，企业能够设立可行的目标，预见未来的需求，评估备选方案，改进运营计划，从而最终实现预期的业绩。Gregory（1999）认为，S&OP的优势主要体现在三个方面：（1）将企业的战略同各部门的运营有机地联系在一起；（2）促进各部门间的沟通；（3）通过制度化方式实现公司的目标和战略。Copacino（2003）认为，S&OP有助于企业实现产需平衡。他总结出产需平衡的五种基本实现方法：严格的计划流程；独立的销售预测；S&OP工作会议；供应链内的合作与信息公开化；修正需求。Smith（2004）指出，S&OP能够为企业带来三方面的利益：（1）通过更好地理解业务以及供需之间的平衡，使业务更加明晰化；（2）通过促使运营团队持续地执行企业的目标，使责任更为明确；（3）通过评估供应链响应变化多端的市场的能力，使企业的运营更为灵活。Mentzery and Moon（2004）认为，S&OP促使供应链各企业开展更深层次的合作，将销售预测整合到企业运营的流程中，以实现供需匹配。

透过以上学者的研究，可以看出S&OP的核心是供应和需求的整合，并且建立起12～18个月的滚动评价，以确定在计划和实施之间采用什么样的举措和协调，顺利地实现良好的企业内供应链运作绩效，因此，S&OP是一系列目标导向的围绕市场展开的同步化管理行为，这些目标起码包括如下因素（Poirier，2004）：

- 支持性和管理性的商业规划；
- 保证所制定的规划是可行的；
- 能提供一些手段以有效地管理变化；
- 能实现良好的产成品库存管理，并支持客户服务；
- 建立起一种体系促使衡量的绩效与企业战略保持一致；
- 在职能活动之间建立团队。

除了上述因素，S&OP 还需要制定一个涵盖目标、流程和参与者的清晰的销售与运作规划政策，来推动上述目标的实现（Poirier，2004），包括：

• 那些负责供应和需求管理的部门应当承担预测，以及使各业务计划与需求、能力、库存政策和服务要求相吻合的责任。

• 那些负责产品准备和物料管理的部门需要制定详细的计划，能够实施有效的补货，满足需求计划的要求。

• 那些负责客户订单履行的部门实施订单并安排承运，并且负责承担反向订单管理和向顾客通知订单状态的责任。

总之，S&OP 的成功实施需要各部门和职能机构在清晰地了解流程和需求的基础上，共同努力来实现，因此，各相关部门的人员需要在预先确定的时间集合，共同审视相应的信息，并且决策主要管理活动，最终实现各业务活动能紧紧围绕需求而展开。

第 3 节 S&OP 成功实施要素

众所周知，企业管理活动的首要工作是制定企业运营的计划策略，而策略制定完成之后，企业必须采取一连串行动去达成所制定的企业目标。为了达成目标，必须将所有职能部门的焦点集中在一起，在相同的目标与策略下开发的职能部门目标才能达成企业的愿景。而 S&OP 正是一种用来协调各职能部门工作的机制，是策略执行的第一步。一个 S&OP 流程从定义上说就是一个例行公事式的功能交叉的、基于多数人意见的过程。

一、S&OP 运作的基本活动

S&OP 常常用于更好地规划需求和供应计划，它的典型处理流程主要包括以下几个方面。

• 制定计划。在召开一个或多个部门的正式会议进行讨论的基础上，形成限制性和非限制性的需求和供应。

• 协作。设计制定出能引导大多数人的、有说明性的一系列单个规划。

• 管理。经常召开由供应链规划小组或是需求管理小组参与的会议，及时互通信息，从而确保已制定的各个规划顺利实施。

S&OP 一般聚焦于以下关键事务：理解基于 S&OP 预测制定的各种经营计划；识别计划中的机会；识别计划中的风险及由此带来的或有费用；计划跟踪商业目标的达成情况。

S&OP 工作通常包括以下内容：

（1）新产品计划。在 S&OP 会议上，新产品开发部门的主管必须提出新产品的构想计划，以便争取更多的开发设备、投资预算，或是要求原有产品的零件供应商在所提供的零件上增加新的功能和组件，以配合新产品的开发。

（2）需求规划。需求规划是由业务部门根据销售预测及订单提出最终产品的净需求，包括需求预测及订单管理两项。

- 需求预测：又分为与顾客接触的预测方式和不能与顾客接触的预测方式两种。
- 订单管理：客户订单处理，将客户的订单需求转换成工厂的制造订单或者 BOM 等的工作。

（3）供给规划。供给规划涵盖的范围很广，大致分为物料计划（material planning）和产能计划（capacity planning）两部分。

（4）财务计划。一般而言，财务计划有以下五项功能：

- 计划功能；
- 协调功能；
- 沟通功能；
- 激励功能；
- 管制功能。

S&OP 是一个由高层管理者领导的流程，是一个产生决策的流程。它能确保所有职能部门在战术层面的计划都符合并得到战略规划的支持。一旦战略计划就绪，S&OP 将被实施。S&OP 的目标是使各方达成唯一的运作计划，这个运作计划对诸如人员、产能、原材料、时间、资金等要素做了合理的分配，以求最有效地符合在市场中获得盈利的要求。S&OP 根据企业实际运行及各项功能提供的需求、资源和库存数据，进行综合的多元分析，对计划及运营结果进行评价，支持决策过程。在制造计划和控制系统的框架内，S&OP 相对于销售来说是一个在生产层面上的长期计划，在这里，资源计划是用来决定合适的产能级别以便支持生产计划。从这些文献中可以看出，S&OP 是处于战略与运作之间连接供应与需求的一系列沟通、协调、决策的过程。在这个过程中，各方能够达成一个一致的计划非常重要。

二、S&OP 成功实施的关键因素

S&OP 流程通过有效的跨供应链信息共享，促进内部各部门（销售、市场、生产）之间需求和供应管理的整合，从而提高商业绩效。在拉式体制下，现代供应链运作的一个重要特点是，通过及时有效信息的传递，确实把握市场需求，并根据实际需求来确立相应的生产、经营和物流运作。如今我们正处在一个信息极度丰富的时代，企业可以通过信息系统将一些极为重要的数据，诸如现金流和订单管理信息，传递给网络中需要这些数据的企业或个体，而且市场竞争的压力也促使企业不断提高信息共享的水平。随着信息实现强有力的衔接，企业运作就实现了高度的弹性化，能够更及时地满足消费者的偏好，结果形成了一个以满足消费者或客户、主宰具体细分市场为共同目标的企业网络或供应链。因此，在一个以需求拉动的现代供应链体制下，S&OP 的参与者不仅仅参与会议，而且能有效、积极地进行商讨，实现信息的有效共享、及时传递、内外整合，这对于 S&OP 流程乃至整个供应链效率都具有重大意义。

正是基于上述原因，S&OP 成功实施的首要因素是结构化、流程化的信息交流机制，即要实现每月的 S&OP 信息的滚动更新，必须设计一套紧凑的、机制化的时间表。S&OP 流程非常严格，通常每个月召开一次会议，由企业大部分职能部门的代表参与，包括高层管理者、销售与市场部、生产部、工程部及财务部。其目标是对每个产品系列的当前状况与未来计划达成共识，包括其需求与供应。在 S&OP 流程中包含四个基本步骤：会议准备；月度 S&OP 会议；需求与供应计划的修订与传达；最终的 S&OP 行政会议。如果在 S&OP 会议上，各部门对销售计划、生产计划、库存水平等问题产生分歧，总经理有责任就此做出最终决定。一个共同目标集合指导着每个月的 S&OP 流程，这个共同目标集合包括下列内容：执行层的一致通过；至少每半年回顾一次目标；将 S&OP 与长期战略紧密结合；目标必须可以量化和衡量；形成文档并共享。然而，仅仅形成共同目标文档是不够的，共同目标文档必须是一套能够对做出决策的流程起指导作用的文档。S&OP 可以提供财务目标与具体运作之间的必要联系。要想使 S&OP 会议完全发挥出效果，不能仅仅将它简单看做一个例会，而是需要将它作为一个严格纪律化的流程，需要做大量的前期准备工作，以保证所有的数据都是精确的，所有的方案都是经过调查研究的。这意味着参与者在没有经过紧密协作得出数据之前几乎无法展开讨论，意味着只能用基于实际数据的行动计划说话，而不是借口和推诿。但这并不是说需要完全精确的产品需求数据，而是要怎样使用现有的可用数据，以及将之转换为有意义的信息来支撑决策的制定。显然，S&OP 是一个严格的流程，以大量的前期准备和分析为前提。

除了建立起流程化、结构化的交流机制，各类信息的有效整合和结构化的交流议程也是成功实施 S&OP 的关键要素。由于 S&OP 交流机制建立的目的是各类信息的有效整合和沟通，并以此确立起协调化的作业和决策，因此，全方位、全过程信息的获取和实现是 S&OP 成功实施的主要输入性要素。图 9—2 反映的是 S&OP 决策过程中所需要输入的各类信息。从信息的类型上看，运营部门的人员需要提供有关制造和分销过程中的约束性数据，包括生产能力的约束、主生产计划、分销资源约束等信息；销售人员需要探讨需求预测以及主要账户的各类信息；营销人员则需探讨新产品信息、各类促销信息和市场发展趋势；财务人员从资金运作上探索财务上能否支持相应的产品经营决策。同时，在以上信息的分析和运用过程中，企业的战略规划部门需要审视当前的绩效是否与企业长远的目标和战略相吻合，这样通过不同部门各类信息的分析整合，为系统化、科学化的决策奠定基础。此外，从信息分析的对象看，所有的信息分析和整合都是以产品组合和单元为基础，这意味着对库存和前

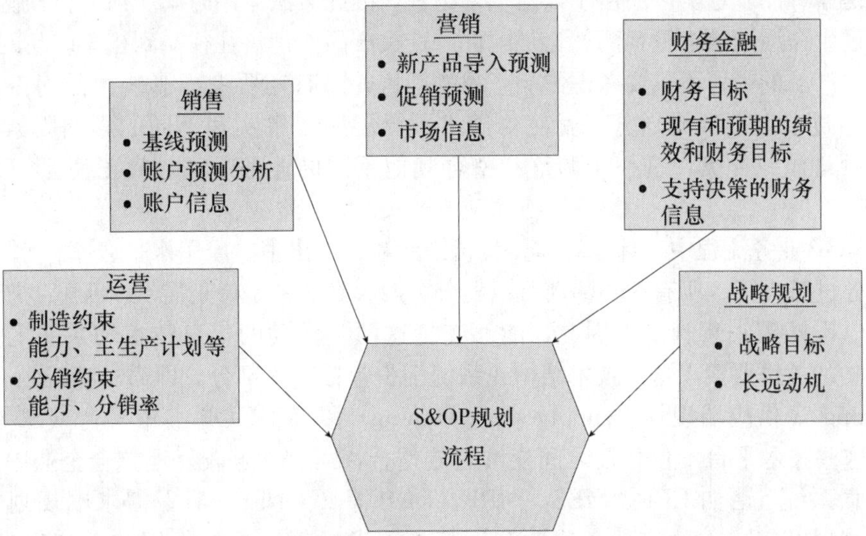

图 9—2　S&OP 主要输入信息

置时间的分析都是衡量各品类单元的月度情况，既包括各品类单元的过去业务，也包括未来的计划。S&OP 成员从事以品类为单元的分析和决策，使得总体的规划与详细的作业计划能有效地结合，S&OP 会议能有效地避免之后可能发生的潜在冲突。

从各类信息的整合议程看，一个典型的 S&OP 议程包括：

- 特定问题的探讨，特别是当前高层管理人员关注的问题。
- 公司绩效的审核以发现问题，并采取措施纠正问题。
- 审核假定和不足。
- 审核所生产的品类组合。
- 探讨新产品的情况。
- 计划和实施的特定项目，特别是促销。
- 审核会议的决策。
- 流程审视。

在 S&OP 实施过程中，要实现上述的信息整合和共同作业决策，精确的基于产品品类的预测是一个关键要素，这种预测不仅是对无约束需求的预测，而且是对其他输入的一种健全性核查（消除单纯销售预测产生的偏误），即通过统计方法，在对品类预测时，应当考虑到所有可能对需求产生影响的因素，这种预测方法就是无偏的基线预测法（unbiased baseline forecast）。在基线预测法中，主要的预测状态有 7 种：一是非促销的既定产品，即销售多年变化不大的产品，这种产品适合采用历史数据运用时间序列进行预测，包括指数平滑法、博克斯-詹金斯法；二是促销型或基于事件的成熟产品，这种产品销售了多年，但是依赖于促销或者受到气候、经济条件等因素的影响，适合将时间序列与因果分析进行结合，计算各种促销因素或影响因素对前期历史需求的回归，借此预测未来需求；三是缓慢和零星产品，这类产品由于不是每期都发生，其交易是零星的，因此，不能使用一般的时间序列方法，而是预测发生需求的频次和规模，这种产品较适合泊松分布以及 Croston 方法；四是依存性产品，即这类产品的销售依赖于一些独立变量和因素，这类产品适合运用多元回归进行预测；五是成套件和部件，这种产品需要先预测成套件的需求，然后根据 BOM 分解部件的需求；六是新产品，这类产品由于以前从未销售，因此无法运用时间序列进行预测，这类产品需要通过生命周期法进行预测；七是配件，这类产品的销售往往受到相关产品的影响，因此，对这类产品的销售不仅要考虑影响产品的销售，同时还要考虑影响产品对配套产品的影响度。通过以上类型的划分，就使得需求预测能基于事实和不同的影响因素进行，进而有效地处理组织冲突，进一步调整和整合其他不同的业务运作，真正使 S&OP 得以顺利进行。

在 S&OP 业务流程中，计划者需要就营销活动、产出率、雇用水平、库存水平、订货、分包等业务进行决策。所有这些活动可以划分为两大类：一是修正需求以匹配生产约束；二是修正供应以匹配销售计划。因此，能够支持这两类活动的信息技术和系统的建立也是 S&OP 成功的关键要素。这类技术结构或系统至少包括三个部分，即需求端规划（demand-side planning）、供应端规划（supply-side planning）以及 S&OP 工作平台（S&OP workbench），这些技术平台不仅相互之间能够有效整合，而且能够较好地整合企业中其他业务导向的信息系统，诸如 ERP，MES，MRP，DRP 等（见图 9—3）。需求端规划主要是制定需求计划以及实施无约束的基线预测，其中需求规划工具的作用在于产生基线预测，并且根据所收集的市场信息进行调整；需求协调工具主要是获取、整合和传递各种来源的信息，如营销、供应和下游客户的库存、经营信息等，一般这种系统都是基于互联网，其目的在于促进这类信息的整合和参与者之间的分享。供应端规划是产生库存、生产和采购计划，以符合无约束的基线预测，其基本构成系统包括支持产成品连续补货和库存管理的 DRP，考虑工厂和分销限制而产生精确生产计划的 APS，均衡客户服务与原料、零部件、产成品库存的库存优化系统，以及基于互联网的获取、管理供应信息和能力的供应协调系统等。S&OP 工作平台支持 S&OP 会议中两类信息的分享，一是产生供应—无约束需求的计划表，这包括反映工厂利用率、产能短缺和关键部门短缺或剩余的供应端矩阵，以及反映未实现客户需求和客户订单状态的需求端矩阵；二是检测 S&OP 是否顺利进行的关键绩效指标。通过以上这些信息系统和技术框架，S&OP 工作得以顺利地展开和运行。

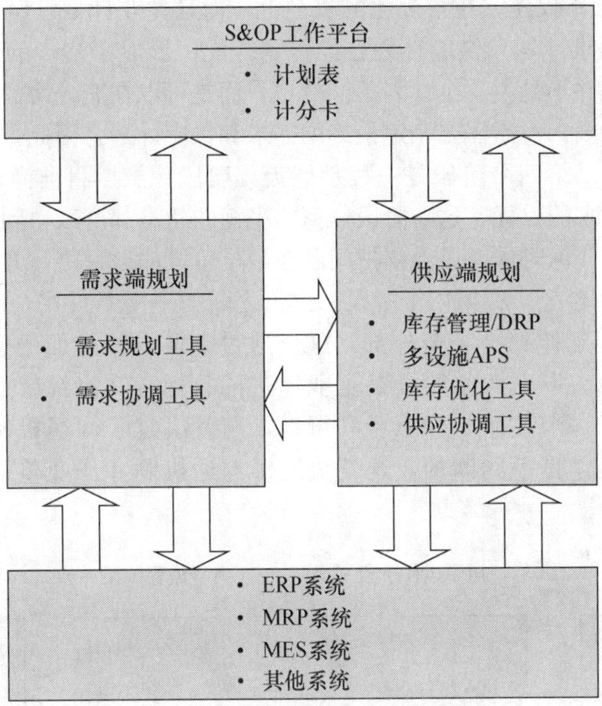

图 9—3　S&OP 整合供应—需求规划技术结构

第 4 节　S&OP 实施流程与步骤

S&OP 的实施是一项系统工程，它涉及多个部门和不同的层次，并且需要多种信息的整合和传递，如果在 S&OP 实施过程中不能合理地组织和开展相应的活动，S&OP 的绩效将大打折扣。Bower 曾指出造成 S&OP 失败的 12 个主要原因，包括：S&OP 与企业战略不匹配、高层管理人员不决策、非现实的预测、形式上的月度见面和会议、流程仅仅强调年度平衡、S&OP 只拥有供应或者需求计划的权力、仅仅以过去月份进行决策、忽视产品生命周期管理、忽视或排除显现的或者外部的市场趋势、无法度量和监控进程、对会议的议程不明确以及公司的制度不支持等。对于企业而言，要成功推进 S&OP，一个关键的要素是打破企业职能的界限，建立起流程化、多层次的实施和管理机制，并且建立起一套有效的指标予以衡量和控制。具体讲，有效的 S&OP 实施需要实施如下步骤。

首先是推动 S&OP 实施的成熟化。所谓成熟化，是指企业如何通过流程化的变革，推动 S&OP 机制的形成和稳定。一般而言，S&OP 的形成与实施不是一蹴而就的，它是企业不断努力和变革的产物，需要长期的关注。从发展的角度看，从传统的业务运作到真正形成完全融合的 S&OP，需要经过四个阶段的变革和努力（见图 9—4）。第一个阶段是传统运作阶段，在这个阶段中，虽然企业在实施一些 S&OP 的工作，但却是非常规性的，而且各个计划的制定分散进行，缺乏真正意义上的整合。第二个阶段称为初步运作阶段，即 S&OP 的实施已经建立在常规化的机制上，但是决策活动并没有完全整合，各需求计划、供应计划等仍然是单独制定的，只不过这些计划能在不同部门之间进行分享，并且计划制定赖以存在的技术也仍然是分散的。第三个阶段是典型流程阶段，这个阶段是当今大多数企业追求的效果，即 S&OP 的实施不仅建立在常规化的机制上，而且作业计划已经得到了整合，在举行 S&OP 会议之前，需求计划和供应计划已经得到匹配，形成了初步的供需计划，带到会议上进行探讨，当然这并不是说这个计划不能变更，而是可以在充分协商的基础上，再加以调整。此外，在这一阶段，由于需要制定最终的需求和供应计划，因此，需求端和供应端的软件应用也得到了整合。第四个阶段是一种理想流程阶段，虽然目前尚未有企业达到这一阶段，但它却是企业追求的目标，这一阶段任何非平衡的状态都可以得到及时的识别，企业各个部门的人员可以在任何时候通过会议把问题在最早阶段加以解决，并且企业所有的系统都统一在 S&OP 系统平台上。在第四个阶段，供需之间的平衡不仅在企业内部得以实现，而且这种协调管理甚至延伸到了企业外部，这样通过企业内外全面的整合和协调，使最终的绩效真正得到保障。以上四个阶段是企业递进的目标，其宗旨就是使供应链内不同的运作单位和部门能像一个整体一样思考和行动，这就决定了沟通机制的建立和决策的整合是关键。而企业运作是不间断的，这就决定了沟通机制和作业整合必须是持续的、长期的。

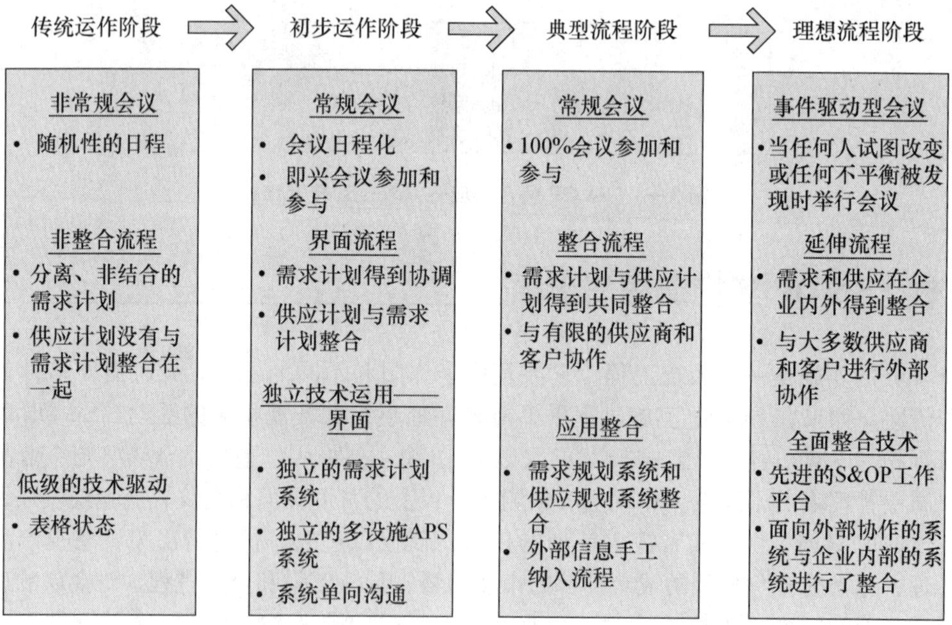

图 9—4 S&OP 流程实施的四个阶段

其次，建立多层次、多方位的计划和责任。由于 S&OP 是一种机制性的整合和决策流程，因此，在实施的过程中，各种计划的制定和整合绝对不是单一层次上的活动，它必然涉及各层次作业计划的匹配和结合。与此同时，这种计划不仅是短期的，而且应该涵盖中期和长期的计划，在此基础上实施滚动。另外，由于不同层次、不同阶段的计划所涉及的领域不尽一致，所要求的资源具有差异性，决策的权限必然也会有差异，这就要求不同的管理层对相应的作业和决策负责，即 S&OP 流程的实施绝对不是某一个层级管理人员的工作，而是企业上下共同的任务和职责，只有形成广泛的自上而下的团队，才能推动 S&OP 的顺利实施。具体讲，短期的规划涉及每天和每周的供需以及采购等计划，工作的领导者是需求计划者，而问题主要是由运营计划团队领导解决，其流程的主要目标是监控需求和供应计划的进展以及解决短期存在的矛盾和冲突，衡量工作成效的主要指标是订单完成率以及外在的成本等因素（见图 9—5）；中期的规划涉及的是月度的供需计划，工作的领导者是运营计划团

规划层次	流程频率	功能团队成员	流程目标	主要流程输入	流程绩效测度
短期 • 周计划持续近6周 • 第一周的日计划	每周	• 领导：需求计划者 • 团队：需求计划者、供应管理人员等 • 问题的解决：运营计划团队领导	• 监督进展以及需求供应计划 • 解决短期的内部冲突	• 企业订单 • 确定的生产计划排产 • 现行物流中心库存 • 资源设施利用规划	• 订单完成率 • 显现的成本
中期 • 周计划持续52周	每月	• 领导：运营计划团队领导 • 团队：需求计划者、运营计划团队成员 • 问题的解决：总裁	• 识别中期供应和需求的不平衡 • 评价过去短期和中期计划的执行绩效 • 制定和实施修正方案	• 需求预测基线 • 供应预测与约束	• 客户服务 • 库存水准 • 资产利用 • 供应链成本
长期 月度计划持续2~3年	季度和年度	• 领导：运营计划团队领导 • 团队：总裁、运营总监、营销总监、财务总监、战略规划经理等 • 问题的解决：总裁	• 识别长期供应需求不平衡 • 评价过去中期和长期计划的绩效 • 制定和实施修正方案	• 长期需求预测和趋势 • 长期供应预测和趋势 • 战略动机财务目标 • 现有绩效	• 投资回报 • 市场份额 • 贡献率 • 利润率

图 9—5　S&OP 规划的各个层次内容

队领导，而问题的解决者是公司的总裁，其流程的主要目标是识别中期的供需不平衡、评价过去一期短期和中期计划执行的绩效，以及制定和实施改进方案，衡量工作成效的主要指标是客户服务、库存状况、资产利用以及供应链成本；长期的规划涉及季度以及年度的供需计划，工作的领导者是运营计划团队领导，最终问题的解决和决策者也是公司总裁，其流程的主要目标是识别长期供应和需求的不平衡、评价过去中期和长期的计划运营绩效以及制定和实施修正措施，衡量工作成效的主要指标是市场份额、投资回报、贡献率和利润率等。

最后，在上述层次内容的基础上，确定总体流程中各主要职能的关键绩效指标。S&OP能否真正得到执行，一个很重要的因素是能否建立起一套流程化的绩效评价体系和指标，这是因为这种衡量指标体系的建立不仅能够反映S&OP执行的情况，而且能够进一步优化S&OP流程。正是因为如此，这种绩效评价指标不仅反映为需求预测精度等，而且反映在其他职能活动方面。具体讲，营销和销售职能不仅为S&OP需求规划提供输入，而且对平均库存水准、工作进程（work in process，WIP）以及客户服务负责；同样负责分销预测的成员需要考虑预测误差、及时性以及变更数等绩效指标，此外还需要与执行分销的成员协调考虑资源的利用、客户承运、及时送达率等要素。负责分销的成员需要关注主生产计划以及制造等（见图9—6）。这样通过这一系列的流程化的绩效指标体系，使得S&OP流程能更好地由数据来衡量和驱动，并且跨越了职能的界限。每个成员在决策相应的计划时，就不可能站在自身的职能上考虑问题，而是更多地从系统的角度进行决策，最终真正实现供应链运作。

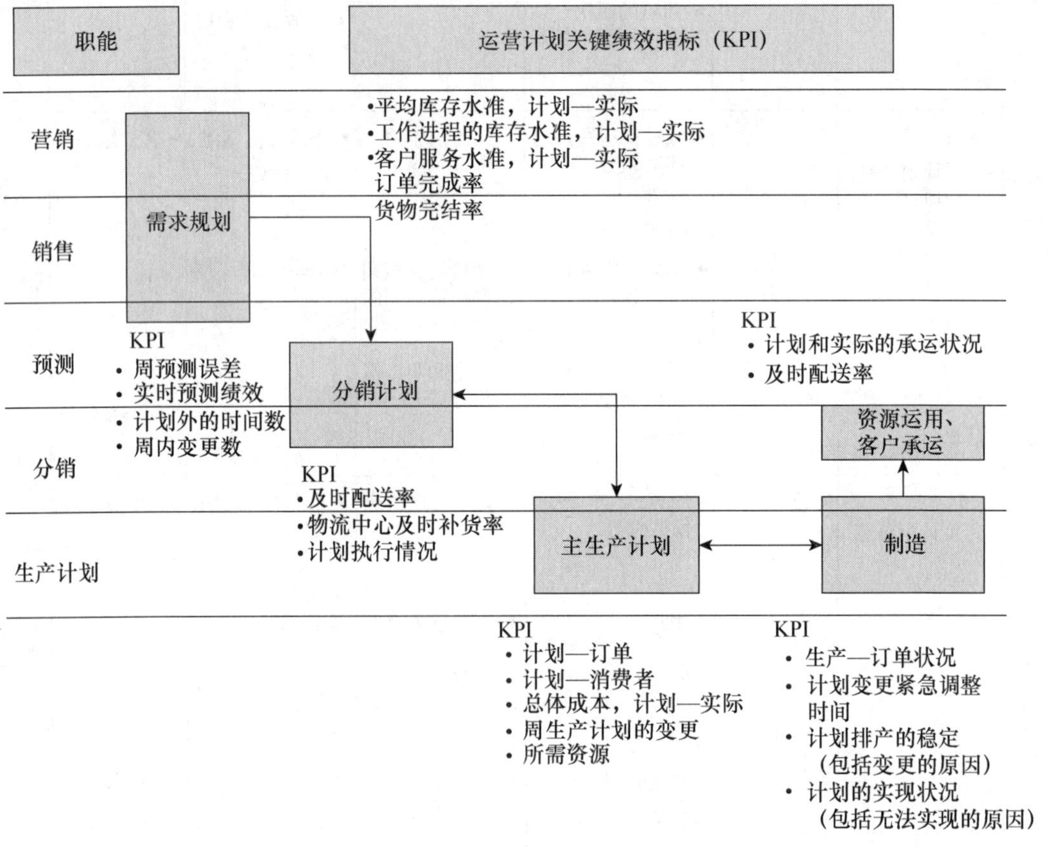

图9—6 S&OP流程化的绩效评价体系

第5节　协同规划、预测和补货

协同规划、预测和补货（collaborative planning forecasting and replenishment，CPFR）是在QR、ECR的基础上，进一步推动共同预测和计划的制定。1995年由沃尔玛与其供应商Warner-Lambert、管理信息系统供应商SAP、供应链软件商Manugistics、美国咨询公司Benchmarking Partners等5家公司联合成立了工作小组，进行CPFR的研究和探索，1998年美国召开零售系统大会时又加以倡导。目前实验的零售企业有沃尔玛、凯马特和威克曼斯，生产企业有宝洁、金佰利、惠普等7家企业。可以说，这是目前供应链物流管理的最新发展。

从CPFR实施后的绩效看，Warner-Lambert公司零售商品满足率从87%提高到98%，新增销售收入800万美元。在CPFR取得初步成功后，组成了由零售商、制造商和方案提供商等30多个实体参加的CPFR委员会，与VICS（Voluntary Interindustry Commerce Standards）协会一起致力于CPFR的研究、标准制定、软件开发和推广应用工作。而且通过全面成功实施CPFR，其产生的绩效是非常显著的，CPFR的参与者商业绩效平均增加80%，销售额的增长以及库存水准减少至少在10%，与此同时，订单完成率大大提高。正是由于CPFR巨大的潜在效益和市场前景，CPFR已成为企业间供应链管理的主要趋势和管理实践。

一、CPFR的绩效实现

CPFR是现代企业供应链整合的发展概念，随着供应链物流实践的不断发展，CPFR的概念也处在进化的过程中。从CPFR的最初概念看，它是指两个合作伙伴之间基于协同规划和预测的常规性流程，并且通过补货和识别、应对任何意外来取得经营成功。

协同（collaborative）着重于供应链上下游企业建立一种共同的管理目标，而这种目标不仅是各自的效益目标，更是协同的盈利驱动性目标，只有这样才能使协同性体现在流程控制和价值创造的基础之上。

规划（planning）是供应链上下游企业进行合作规划（品类、品牌、分类、关键品种等）以及合作财务（销量、订单满足率、定价、库存、安全库存、毛利等）。此外，为了实现共同的目标，还需要双方协同制定促销计划、库存政策变化计划、产品导入和中止计划以及仓储分类计划。

预测（forecasting）是要求供应链双方共同做出最终预测，此外，双方都应参与预测反馈信息的处理和预测模型的制定、修正，特别是如何处理预测数据的波动等问题，只有把数据集成、预测和处理的所有方面都考虑清楚，才有可能真正实现共同的目标，使协同预测落在实处。

补货（replenishment）强调的是销售预测必须利用时间序列预测和需求规划系统转化为订单预测，并且供应方约束条件，如订单处理周期、前置时间、订单最小量、商品单元以及下游长期形成的购买习惯等都需要供应链双方加以协商解决。

最近CPFR的概念得到进一步的延伸，这种扩展表现在两个方面，一是CPFR的应用从双层的合作关系（及买卖双方的供应链管理）延伸到多层的合作关系，即CPFR整合了多个交易伙伴来联合制定规划和满足顾客需求；二是如今的CPFR明确了供应链管理包括分析、战略与规划、需求与供应管理以及执行四个层面。

二、CPFR的实施框架

CPFR不同于以往的管理实践，它关注的是企业间业务合作关系的建立，而不是单一企业内管理框架的建立。不仅如此，它不是简单地挖掘单一的相关数据，而是从多个组织中发现可比较的数据，进而对这些数据进行整合、组织，并以此确立组织间的商业规则。这正是CPFR之所以取得巨大绩效的关键，也是CPFR实施推广的难点。CPFR的实施归结来看，主要是四个基本环节，即识别可比较的机遇、数据资源整合、组织评判以及商业规则界定（见图9—7）。

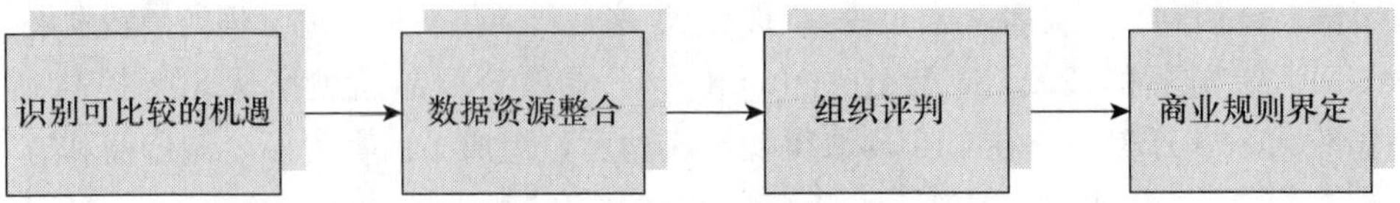

图9—7　CPFR实施框架

1. 识别可比较的机遇

CPFR有赖于数据间的比较，这既包括企业间计划的比较，又包括一个组织内部新计划与旧计划以及计划与实际绩效之间的比较。这种比较越详细，CPFR的潜在收益越大。正因为如此，CPFR实施框架的第一步就是识别可比较的机遇。在识别可比较的机遇方面，应当意识到其关键在于：

一是订单预测的整合。CPFR为补货订单预测和促销订单提供了整合、比较的平台，CPFR参与者应该收集所有的数据资源，寻求一对一的比较。即便不能整合促销计划，最起码分销零售商的基本订单预测也应当同供应商预测相比较，这种一对一的比较虽然对于高促销产品，其绩效要大打折扣，但是它比起根本不作比较，产生的效果要好得多。

二是销售预测的协同。CPFR要求企业在周计划促销的基础上再做出客户销售预测，这样将这种预测与分销零售商的销售预测相对照，就可能有效地避免销售预测中没有考虑促销、季节因素等现实状况，而单纯依赖历史数据产生的差错。

基于上述两个方面的考虑，CPFR的实施要求CPFR与其他供应和需求系统相整合，这样通过综合运作，识别可比较的机遇（见图9—8、图9—9）。具体讲，对于零售商，CPFR要求整合比较的资源有商品销售规划（产生促销、销售预测的计划系统）、分销系统（包括订货、仓储管理或补货计划，这些计划能产生订单预测、货物追踪以及配送中心时点状态信息等）、店铺运作系统（报告店铺销售、店铺订单以及时点信息）；对于供应商而言，CPFR需要整合比较的资源有CRM（帮助销售队伍制定促销和销售预测）、APS（建立最优的补货计划）以及ERP（基于企业需求生产和分销产品）。

2. 数据资源的整合运用

在发现和整合了各方的数据资源后，CPFR实施的第二个阶段就是数据资源的整合运用，这种整合运用不仅是集合、调整数据，而且需要供应链参与方调整相应的业务政策，从而在一致的需求规划上优化库存和成本，实现良好的绩效。

数据资源的整合运用主要反映在如下方面：

(1) 不同层面的预测比较。CPFR要求协同团队寻求不同层面的信息，并确定可比较的层次，这涵盖了两个步骤：一是供需企业从品类管理中获得输入，即在审核产品历史排序、

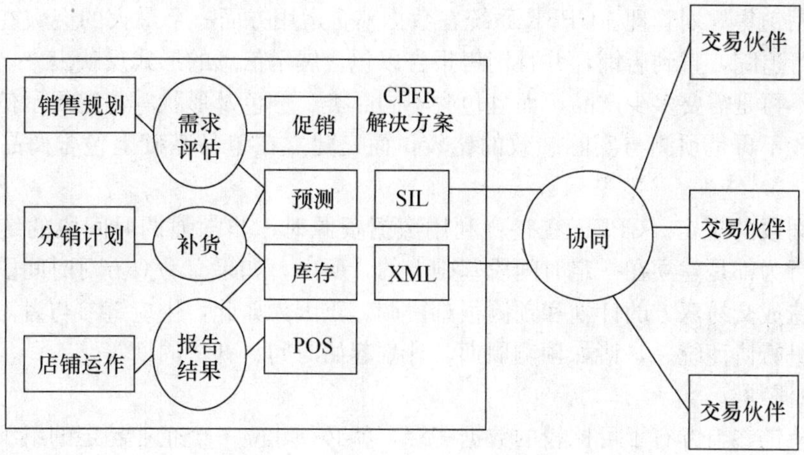

图 9—8　零售商 IT 环境中的 CPFR

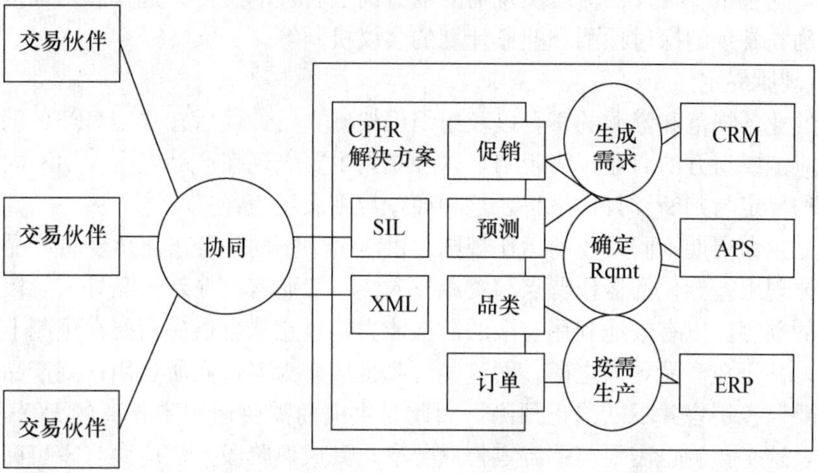

图 9—9　供应商 IT 环境中的 CPFR

促销和活动计划以及市场价格变化等的基础上，确定各品类中的品项排序，并且实施品类的总体预测；二是将排序和总体预测转换成各品项的销售预测，并且进一步转换成物流需求（见图 9—10）。

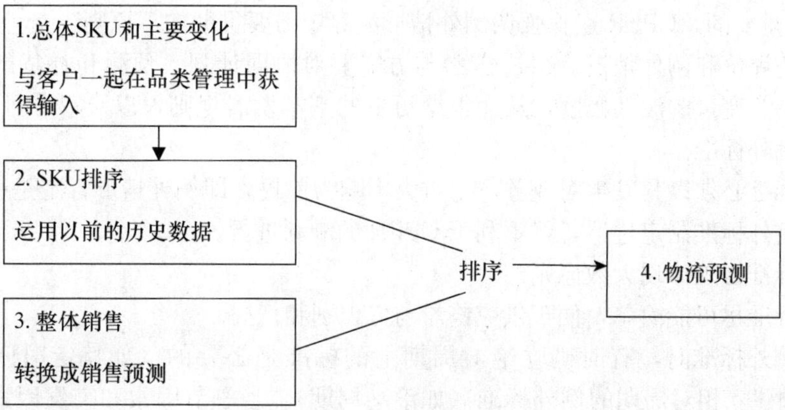

图 9—10　品类预测流程

（2）商品销售规划管理。CPFR系统在数据整合运用方面一个最大的突破在于，它对每一个产品进行追踪，直到店铺，并且销售报告以包含展示信息的形式反映出来，这样预测和订单的形式不再是需要多少产品，而且包含不同品类、颜色及形状等特定展示信息，这样数据之间的比较不再是预测与实际绩效的比较，而是建立在单品基础上包含商品展示信息的比较。

（3）时间段的规定。CPFR在整合利用数据资源时，非常强调时间段的统一。由于预测、计划等行为都是建立在一定时间段基础上的，所以，如果交易双方对时间段的规定不统一，就必然造成交易双方的计划和预测很难协调。正因为如此，供应链参与者需要就管理时间段的规定进行协商统一，诸如预测周期、计划起始时间、补货周期等。

3. 组织评判

一旦供应链参与方有了可比较的数据资源，就必须建立一个企业特定的组织框架体系以反映产品和地点层次、分销地区以及其他品类计划的有效整合。CPFR的成功有赖于一些组织上的要素，这包括CPFR的流程实现需要双方高层管理的支持；选择和培训恰当的跨边界管理人员；确立常规的探讨预测和业务计划的会议机制等。

4. 商业规则界定

当所有的业务规范和资源的整合以及组织框架确立后，最后在实施CPFR的过程中需要决定的是供应链参与方的商业行为规则，这种规则主要表现在产品生命周期不同阶段的运作和例外情况的界定与判断。具体来讲，这种商业规则表现为：

（1）产品生命周期不同阶段的运作规则。供应链中不同的经济主体随着产品生命周期的不同阶段而体现出差异化的运作特点和资源投入。一般而言，在新产品导入阶段，供应商需要做出精确的预测，以有效地利用有限的制造能力，这意味着供应商要在预测上投入更多的时间和精力，甚至在产品导入之前，而这些预测也应该为零售商所运用；到产品成长期，供应商仍然需要监控销售并不断修正预测，而此时供应商需要运用零售商的POS数据以提高预测的精度，这个预测也需要与下游零售商分享；到成熟阶段，供应商与零售商需要合作管理特定事件，诸如分享货架和促销信息等；而在稳定或衰退期，双方需要运用统计监控和交换例外事情的处理信息，确定共同的例外处理方法。

（2）例外事件管理。CPFR强调的是供应链参与方协同计划、预测和补货，但是在实际运作过程中，往往会有很多例外情况，这些例外对供应链参与方的协同行动提出了警告，预示着系统运作可能偏离双方既定的目标或准则，所以，例外情况的界定和发现对于实施CPFR也是至关重要的，CPFR运作强调例外情形的界定需要贯彻如下原则：

- 历史的评价和例外情况。供应链参与方需要对协同计划、预测和补货的历史详加了解，特别是一些变量的波动幅度，从而根据历史的基本发展规则，以及双方可接受的程度，制定相应的例外标准。
- 例外标准必须以其发生对业务产生重大影响为前提，即例外情形肯定是影响了正常的业务，如果例外标准制定过严，将不利于CPFR的顺利进行。
- 例外标准必须体现大数原则。
- 例外标准尽可能简单，便于供应链参与方识别和把握。

在制定例外标准时，有时确立绝对周期上的标准是必要的（如特定时间段），但是，CPFR也强调建立相对周期的例外标准（如滚动周期）。当季节因素和突发因素改变需求或分销行为时，绝对标准是有效的，但是，作为CPFR团队更应该建立相对周期的例外标准，这是因为销售和补货流程往往跨越连续的计划期，如果没有相对周期标准的话，这种例外控制将会流于形式。一般相对周期的例外标准在设立过程中，应该分为三种形式，即较长周期例外标准（如品类、促销和生产计划）、中等周期例外标准（如分销计划和预测）以及短期例外标准（如销售情况）。

案例分析

日本7-11的变革性物流体系

7-11这家70多年前发源于美国的商店是全球最大的便利连锁店，在全球20多个国家和地区拥有2.1万家连锁店。到今年1月底，仅在中国台湾地区就有2 690家门店，美国5 756家，泰国1 521家，日本最多，有8 478家。日本7-11是日本伊藤洋华堂公司20世纪70年代特许经营的产物。在日本，普通的7-11连锁店一般只有100～200平方米大小，却提供近3 000种产品，不同的产品有可能来自不同的供应商，运送和保存的要求也各有不同，每一种产品又不能短缺或过剩，还要根据顾客的不同需要随时调整货物的品种，种种要求对连锁店的物流配送提出了很高的要求。一家便利店的成功在很大程度上取决于物流系统的成功。

7-11物流系统的发展与基本特性

7-11的物流系统是解决现实问题，按不同的商品类别和阶段逐渐形成的。产生这种状况的原因除了企业管理意识、能力的逐步提高和技术的渐进发展外，更在于原有经营体制的惯性在一定程度上抑制了突发式、彻底的变革。具体讲，对于零售业而言，物流服务水准或多或少在短期内是由处于上游的商品生产商和批发商决定的，要改变它们的经营意识和方法无疑要比企业自身的变革困难、复杂得多，所花费的时间也更漫长，所以，7-11物流系统是一步一步在实践中逐渐发展起来的。

日本7-11在刚刚起步时，遇到的一个很大问题就是商品的供应和配送问题，区区100平方米的店铺销售3 000多个品种，而且还必须提高顾客服务性和购物的便捷性，这在没有有效商品供应和配送体系的条件下，显然是无法实现的。开始，7-11试图依靠伊藤洋华堂的关系，利用其供货商来组织商品进货和配送，但是，由于这些供货商对7-11的发展前景并不看好，认为它的经营方式（便捷性所要求的订货小单位、输送及时性的特点）不同于超市（大量进货），会造成配送费用过高，影响自身的利益，因此反应极为冷淡。面对这种状况，7-11不得不自己寻求解决的办法。这其中发挥重大作用的是日本中央大学法学部毕业，曾从事十年纤维代理业务，后任职于伊藤洋华堂的岩国修一，在他的努力下，短短数年间组织了103家合作伙伴，从而真正推动了物流管理的起步和发展。

7-11在发展之初，并不像南大陆公司（7-11的母公司，美国7-11特许经营商）或家庭市场公司那样，自己设立配送中心，而是积极利用批发商的资本、设备和能力来开展物流活动，最大限度地灵活运用外部资源。它之所以能做到这一点，是因为当时日本的流通体系基本上实行的是生产商主导的特约经销制，即生产企业都有自己特定的批发商，而且自己的产品只供应给特约批发商，由这家批发商进行商品的再销售或再批发，并承担相应的商品配送活动（见图A9—1）。这种流通体制对特定的批发商而言，在经营上显然是具有排他性的，即特定批发商不可能同时经营两个竞争厂家的商品，所以，批发商的功能主要是在零售订货的基础上，将生产商生产的商品有效地传递到零售商手中。而批发商要想谋求自身的长远发展和利益，就必须摆脱经营单一的局限性，在商品销售或配送的规模和效率上下功夫。要做到这点，就必须实现计划的订货、计划的配送和能集中向零售店送货。而7-11发达的订发货系统、商品管理和密集的开店战略正好符合了批发商谋求生存和发展的要求，所以，批发商能够很积极、顺利地响应7-11开展共同物流的要求。

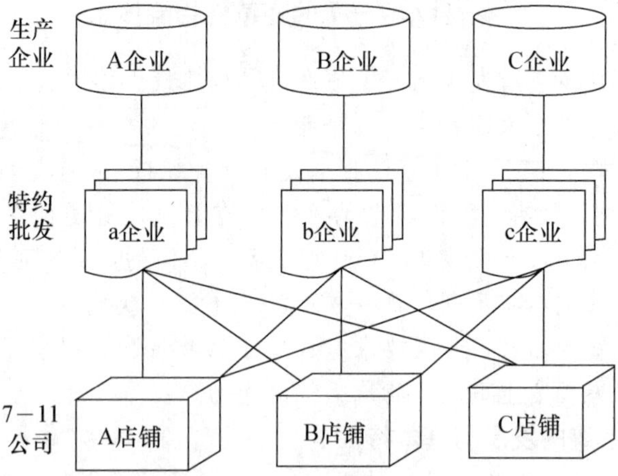

图 A9—1 物流革新前的流程

7-11真正迈出的构建物流体系的第一步是于1976年9月正式与批发商和合作生产商开展集约化的配送和进货。在具体方法上，7-11改变了以往由多家特约批发商分别向店铺配送的物流经营方式，转为由各地区某一特定批发商（即所谓的窗口批发商）来统一收集该地区各生产厂家生产的同类产品，并向所辖区域内的店铺实行集中配送，这样不仅配送距离和配送时间缩短，费用大为降低，而且减轻了7-11管理批发商物流的工作量，这也被7-11称为物流通路的集约化（见图A9—2）。但是，随着物流量、物流品种的扩大和7-11店铺规模的发展，物流通路的集约化还不能完全符合便民店彻底降低物流费用的要求，特别是对于便当、牛奶等每日配送的商品来讲，各产品窗口批发企业分别向店铺进行配送，费用仍然居高不下。为此，7-11又逐渐将物流通路集约化转变为物流共同配送系统，即按照不同的地区和商品群划分，组成共同配送中心，由该中心统一集货，再向各店铺配送（见图A9—3）。一般地区划分的标准是在首都圈附近为方圆35公里，其他地方市场为方圆60公里，各地区设立一个共同配送中心，这样真正实现了多频度、多品种、小单位配送，从其店铺每日接待的运输车辆来看，1974年每天有70多辆车，而实施共同物流后的1990年，下降为12辆（见图A9—4），这足以证明共同物流对降低物流费用、提高物流管理的效率起到了良好的作用。还应该看到的是，7-11共同物流体系的确立对其掌握商品信息的主动权也具有积极的意义，也就是说，由于共同物流中心充分反映了商品销售、在途和库存的信息，因此，商品信息流的起点从上游企业的生产者转移到了处于下游的7-11，而这些信息对企业的成功经营具有至关重要的作用，所以，7-11逐渐掌握了整个产业链的主导权。

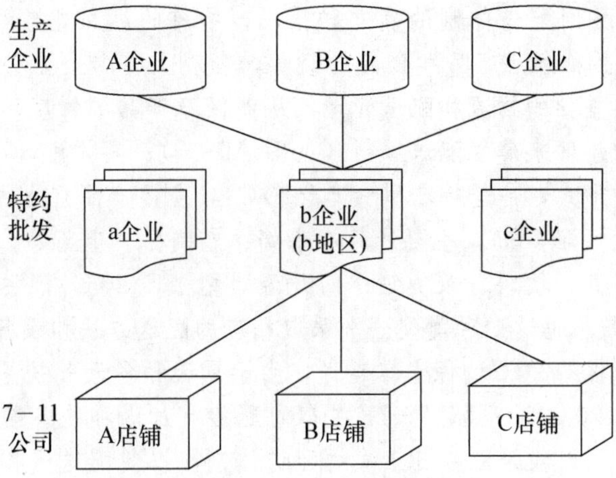

图 A9—2 物流通路集约化

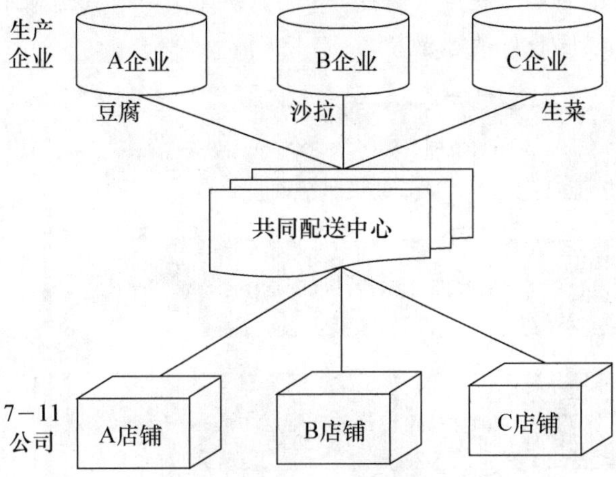

图 A9—3 7-11 的共同配送

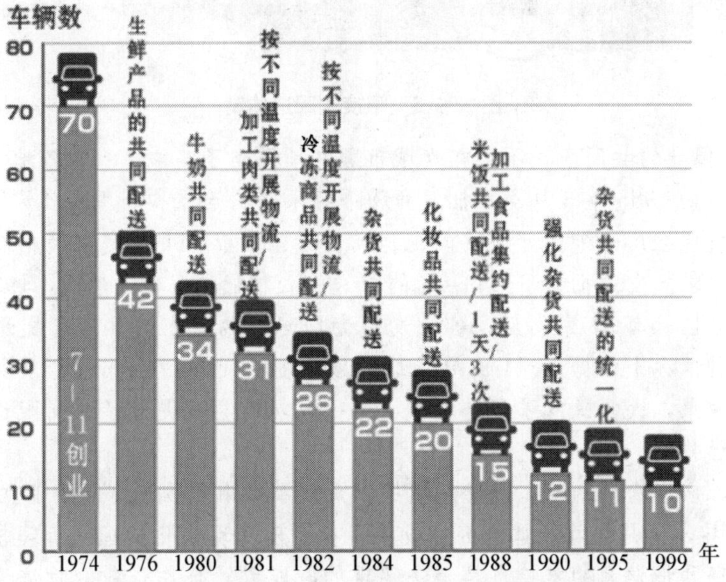

图 A9—4 实施共同配送后各店铺配送车辆的情况

随着7-11共同配送体制的确立和推广，物流的纵深化、细微化变革势在必行，特别是7-11多品种鲜活产品和食品的经营，客观上要求企业必须根据不同的产品特性分别实行各具差异的物流和配送管理，从而保障产品的鲜度，这种新型的管理方法就是根据不同的温度来建立配送体制（见图A9—5）。具体讲，7-11对商品的温度管理主要分为四种形式，一是冷冻型（即－20℃），主要产品有冰块、冰激凌、冷冻食品等；二是微冷型（即5℃），主要产品有牛奶、乳制品、生菜等；三是恒温型，主要产品有罐头、方便面、饮料、杂货等；四是温暖型（即20℃），主要产品有便当、烤面包等。7-11就是根据这四种类型分别采取相应的配送方法和设备。例如便当产品的配送，主要是用能保持20℃的保温车运送，由于夏天和冬天气候是不一样的，所以，为了常年确保车内20℃的气温，7-11在车内配备有加温和冷却装置，与此同时，还根据早、中、晚不同时段采取一日三次的配送体制，以使配送服务能最大限度地符合顾客的需求。又如冰激凌是需要冷冻配送的，但是，在装货或卸货时，由于经常开关车门，会影响冰激凌的冷冻程度，为此，7-11设计了两仓式运输车，从而确保顾客能品尝到美味、冷冻程度较好的冰激凌。

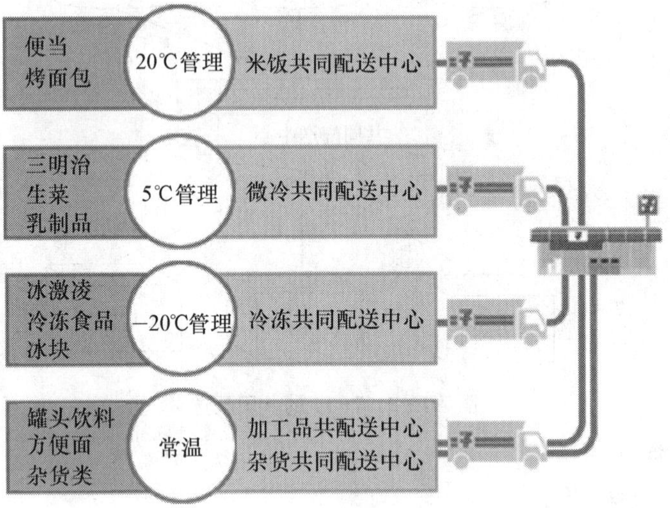

图A9—5 温度别配送体制

7-11倡导的共同配送不仅在大城市顺利地得到了实施，也在各地方市场得到了有力的推广，如1985年3月食品批发商松下铃木、明治屋和利伊米公司开始合作，通过共享物流设施在广岛地区开展共同配送。由于当时7-11规定有严格的验货、配送制度，通常要求批发商拥有7-11专用的配送中心和配送车辆，然而，1985年2月7-11在全广岛地区只有31家门店，各批发商专门建立物流中心和配置配送车辆是不可能的，在这种情况下根据7-11的要求这三家企业决定通过合作来开展共同配送，取得了很好的效果，大幅降低了配送成本，这一成功的尝试促进了共同配送在日本各地方市场的全面推广。

当然，应当看到的是，经营规模的扩大以及集中化物流体制的确立，尽管是由7-11一手主导，但是在物流体系的建设中，要想确立现代化的配送管理机制，如果没有合作生产商和批发商的支持也是无法实现的，所以，合作企业的物流设施发展和现代物流体系的确立也是十分必要的。例如，1974 年 7-11 开店后就一直向其供应点心的批发商高山公司，最初只在东京、琦玉、千叶、枥木和神奈川等首都地区拥有 7 处专门为 7-11 提供物流服务的据点，进入 80 年代后，随着 7-11 的快速发展，高山公司将其原有的物流据点合并为 6 处，从而扩大了物流设施的规模，同时又增建了多处 7-11 专用物流据点并导入了自动分拣装置等设备。此外，原来就已经拥有较完善物流体系网的花王、山崎面包房、雪印乳品等企业，也都进一步调整了自己的物流设施。

7-11 对合作企业的物流建设有严格的要求，并需要合作企业进行专门投资。具体来看，除了一部分向零售店实施直接配送的厂家外，其他加工食品、杂货、便当等商品的配送原则上必须由专业配送中心实施。这些专业配送中心一般都需划出专门的土地、厂房、车辆、分拣设施等为 7-11 提供物流服务。其共同配送的实施主要有两种形态，一种是由特定的生产厂家单独向 7-11 实行多种商品的共同配送，另一种是多个生产厂家合作实行商品的共同配送。一般来说，后一种形式较为普遍。如今，米饭、面包、冷冻商品、微冷商品、杂货等商品的共同配送都采取后一种形式。在配送中心的进货管理方面，米饭、面包、日配食品、点心和其他加工食品是由生产厂家直接运送到配送中心的，而杂货等商品则是由生产厂商的特约批发商运送到物流中心。需要指出的是，这些为 7-11 提供配送服务的物流中心一般是由与其有合作关系的批发商、厂商投资建设的，而其独特的业务流程与技术也是这些批发商、厂商专门为 7-11 开发的。如 1979 年开发的订发货在线网络、1983 年开发的数码分拣技术、1987 年引入的进货车辆标准化系统、1988 年开发的进货时间确认系统、1990 年的验货专用物流条形码技术都属于这种性质。

在 1987 年前 7-11 在九州、广岛、北海道地区已经开始实施一日三次配送制度，在东京也实行了一种变相的一日三次配送制度，即一日两次配送加上一次特别配送，所谓特别配送就是当预计第二天会发生天气变化时对追加商品进行配送。在这些实践的基础上，到 1987 年 7-11 正式确立了一日三次的配送制度。值得一提的是，1989 年 5 月 7-11 一度推出了早、中、晚、深夜一日四次的配送制度，后来由于配送过于频繁取消了这种配送制度。从 1993 年 9 月开始，7-11 对微冷商品也实行了一日三次的配送制度。这种一日三次的配送制度使 7-11 能向其加盟店及时供应高鲜度、高附加值的产品，从而实现了与其他便民店的经营差异化。另外，这种配送制度在提高订货数量预测精度的基础上，改善了商品生产的效率，这是因为在原来一日两次的配送制度下，一般是在前天上午 10 点订购第二天早上或晚上的商品，合作生产商接到订单后进行商品生产并输送到配送中心，配送中心一般第二天早上 3 点至 7 点以及下午 3 点到 6 点将商品配送到各店铺，其中前一天生产的供早上售卖的商品及当天生产供下午售卖的商品各占一半，这样在下午及晚上极易产生断货现象，商品的鲜度也会大幅降低。在采取一日三次的配送制度后，增加了上午 8 点半到 11 点的商品配送，极大地提高了商品配送对顾客需求的应变能力，如当天生产的牛奶、乳制品等微冷商品原来是不可能在早上进行配送的，而在实现一日三次配送后则可以在上午将这些商品配送到位。

随着 7-11 规模的不断扩大，不仅物流体系得到了改进，进货体系也发生了很大的变化。从 1978 年开始，7-11 就一直在努力实现商流与物流的分离，即从原来与批发商就某类商品的进货品种、价格等进行一对一的谈判转为就某类商品规定统一的品种、价格。具体做法是，7-11总部直接就品种、价格等要素与厂家谈判，同时与批发商商定商品配送费用等各种附加费用，由批发商实行集约化、效率化的商品配送，真正做到商流与物流的分离，消除了地域之间的价格差，不仅大大简化了经营管理，而且为与厂商共同开发商品奠定了基础。

下面我们通过简要介绍7-11的点心、日用杂货和米饭共同配送中心的运营，来一睹7-11发达的物流系统和物流管理。

共同配送中心的运营实例

1. 点心共同配送

7-11的点心配送基本上都是由批发商C公司承担，除了北海道以外，日本其他地区的7-11店铺全部由C公司负责商品配送。7-11在开始创业时，一共有80家合作企业，这些企业全部都是其母公司伊藤洋华堂的交易伙伴，C公司也不例外，它原是日本一家具有相当地位的点心批发商，与伊藤洋华堂的关系非常久远。7-11为了进一步扩大关系，加强双方的合作，从1974年5月开始与C公司达成了点心共同配送和物流管理的合作协议。

起初C公司利用它在东京荒川区一处闲置的仓库（大约有330平方米）为7-11从事物流活动，并安排了专门的经营管理人员，可以说C公司是最早为7-11设立专用物流中心的企业。此后，随着7-11的蓬勃发展和店铺规模的急剧扩大，C公司为了捍卫它的商品供应权，加大了物流中心的建设和发展，1976年在东京的用贺，1977年在千叶的八千代，同年在埼玉的大宫设立了新的7-11专用物流中心，到1991年共有专用物流中心22个，其中14处为独立的物流中心，大部分为C公司的资产，是由C公司独自投资建成的。

下面我们以C公司在关东地区的四个配送中心之一为例，来一览7-11点心商品的共同配送流程。该配送中心占地面积约3 000平方米，于1986年11月建成，配送范围包括日本首都圈中的一县和与之比邻的东京都一部分地区，配送对象在1991年为490家店铺，配送商品范围包括所有点心，大概有650～700个品种。从作业流程看，每天早上8点到10点半从生产企业进货，进货的商品在中午之前入库。为了保障稳定供货，该配送中心拥有4天的安全库存，在库水准根据销售和生产情况随时补充。中午11点半左右配送中心开始安排第二天的发货，配送线路、配送店铺、配送品种、发货通知书及时地打印出来，送交各相关负责部门；与此同时，通过计算机向备货部门发出数码备货要求。

在备货部门，全长170米的自动流水线两旁都设置有保管商品的货架，商品的管理由理货员负责，整个理货队伍由30～34人组成，平均每人负责的商品有20～23个品种。理货员负责的商品货架上安有红色的灯，理货员根据计算机控制盘上显示的商品品种和数量，及时将所需数量的特定商品放置在传送带上，有些商品是直接放在配送的大包装中，有些小商品则集中放置在可折叠的商品箱中（见图A9—6）。在传输带的末端，并排停着6辆货车，每辆车两人为一组按照配送订单将商品搬运上车，结束后直接开出停在出发地，下一辆车开进来，进行其他配送商品的装运。

在分拣方面，除了宠物食品外，点心商品的分拣单位一般不低于生产企业的运货单位（生产企业的运货单位一般一个单位有50～60件商品，折叠式商品箱一个单位为10件商品），也就是说，尽管零售店的进货数量有可能小于运货单位，但在配送中心

图 A9—6 自动数码备货

内分拣的单位仍然以生产企业运货单位为基准，这是生产企业、批发企业和便民店三方达成的协议，目的在于有效地降低配送费用，具体的商品拆分和贴附一般在店头进行。

从上述物流活动所需的时间看，一个店铺的备货时间大约为65秒，货车搬运花费5～6分钟。从店头分拣到休息15分钟，所有170～180个店铺要4个多小时，也就是说整个物流活动的时间大约为4个半小时（不包括货车在配送中心停留等待出发的时间）。

一般货车要在配送中心停留一个晚上，第二天早上4点半到5点半，根据从远到近的原则相继出发。最早一个店铺到达的时间应该是上午6点钟，如果交通顺畅的活，店铺之间的运行距离为15分钟，加上另外15分钟的休息时间，每个店铺商品配送需要的时间为半小时。如果遇上交通堵塞和其他问题，最迟上午9点半或10点半左右，就能完成所有店铺的商品配送活动。

从每辆货车的配送效率看，除了夏季某些时候因为气候原因造成商品销售急剧下降外，平均每辆车配送商品金额为75万日元，装载率能稳定达到80%。配送中心每月平均商品供应为50亿日元，相当于为每个店铺供应100万日元的商品。货车运行费用每天为2.4万日元，相当于供应额的3.2%，处于成本目标管理值3.0%～3.5%范围之内。

由此可见，C公司对7-11店铺的点心共同配送，效率是非常高的，可以说，迄今为止没有出现发货延迟或断货、配送错误等现象。

2. 日用杂货共同配送

7-11日用杂货商品的共同配送是由日本首都圈附近8家化妆品销售公司组织承担的，由它们通过将各店所需的杂货混装在一辆货车中，实行对店铺的共同配送。日用杂货的范围包括化妆品、洗液、健康卫生用品、电器、纤维品、文具等多种产品，不同商品的供给方式不一样，因此，与点心相比，日用杂货的配送更复杂，而且不可能由某个特定合作者独自实行所有商品的供给和配送。其中杂货批发商D公司是7-11创立以来的合作企业之一，该批发商除了在首都圈附近拥有自己独立的共同配送中心，还与其他企业运营的三处共同配送中心有业务上的来往。

D公司与从事点心配送业务的C公司一样，从1975年开始将其自有仓库转变为专门为7-11服务的专用仓库，并配备有专用车辆和设施。到1988年，专用仓库面积达到1 122平方米，1989年以后，将化妆品和其他杂货结合起来开始全面实行共同配送。

D公司的共同配送中心经营品种达1 200个，其中350个品种由本公司供给，其他850个品种则是从其他物流合作者处进货。与点心商品不同，除了一部分纸产品外，杂货等商品的进货不可能直接由生产厂家运输到库，而是通过其他合作者（批发商或生产商的销售公司）进货入库，这就意味着一个配送中心必须向另一个配送中心订货，而且与其他物流中心结成紧密的合作关系，以防止断货，共同实施在库管理。D公司每星期向其他合作方订货2次，平均在库保有量为10天。

零售店铺的订货频率为每周2次，与此相吻合，D公司按星期一和星期四、星期二和星期五、星期三和星期六三组对店铺实施商品配送，每一组有140～150个店铺。配送车辆每天有12辆（2吨），每次平均向12家店铺进行配送。

一般D公司在中午前后实行商品入库作业，下午进行订单信息处理、备货和货物装载活动，下午5点钟左右结束，第二天早上向各店铺进行配送。在操作顺序上，与点心产品的物流活动完全一致，而且也是通过计算机进行物流流程管理和数码备货。但是，在分拣或输送单位的规定上，与点心产品不同，杂货的分拣单位要比生产企业运货单位小，通常零售店铺的订货方式是以最小订货单位加若干个商品的形式进行，因此，除了化妆品和干电池，将近90%的杂货都实行小分拣作业。正因为如此，每个店铺的备货时间平均需要80秒，比点心要多花两成以上的时间。

尽管杂货的物流活动要比点心的物流活动复杂得多，但是，其理货队伍只有20人，平均每个理货员掌管60个品种，这一点要比点心高得多。此外，由于杂货需要的在库面积较小，整个备货流水线只有25米长。

从物流效率看，差错率同点心一样近乎为零，但不容否认的是仍然有因为备货或装卸失误等要素造成的发货损失。除了年末特殊时期，每辆货车平均装载价值达70万～80万日元，装载效率不到70%。配送中心每年的供给价值达40亿日元，相当于每个店铺供给金额为920万日元。

还有一点与点心C公司不同的是，D公司每月必须将配送中心的损益表递交给7-11总部进行审核，这是因为D公司对其他中心所购商品提供有偿的物流服务，同时也要支付从其他配送中心进货的物流费用，所以，7-11总部必须根据损益表来监督各配送中心之间所收取的费用是否合理，并且适当地加以调整。

3. 米饭共同配送

在日本首都圈附近（东京、琦玉、千叶、枥木和神奈川），向7-11店铺供应便当、寿司、三明治和面包的企业有6家。与点心和杂货不同，米饭、面包等食品的合作企业集生产机能和物流机能于一体，在配送形式上大多实行一日三次的配送体制。

以合作企业E公司为例，从1978年6月开始就与7-11开展合作，从事食品的共同配送。当时，7-11的店铺正从首都地区向长野、福岛、北海道地区扩展，店铺数达700多家，尽管大部分7-11的食品供给者为中小企业，但E公司却是非常有实力的企业。它不仅自己从事零售店铺的经营，而且与其他零售店进行交易，所以，把E公司纳入到7-11共同配送的行列中对7-11的发展是极为有利的。E公司现有工厂22处，共同配送中心13处，保持着与7-11相当大规模的米饭、面包的交易。

E公司向7-11供给的米饭和面包达90个品种，其中50个品种为米饭，下面以其下属的首都圈米饭工厂和最近距离的2处共同配送中心的活动为例来观察其米饭产品的生产、物流流程。1 320平方米的首都圈米饭工厂由大型生菜调理加工厂和便当、寿司、饭团加工厂两部分组成，该工厂并不是7-11的专用工厂，它也同时为其他零售店从事商品生产。为7-11生产的便当、饭团和寿司每天有2万多盒，生产数量最多的是便当。工厂的中间设置有5条全长25米的流水线，其中3条用于便当生产，2条用于饭团和寿司的生产。每周便当生产的种类有5个品种，每天按配送形式划分的生产量为早上5 000盒、中午6 000盒、晚上3 500盒。产品生产完全实行订货生产制，基本上不存在产品库存。

便当使用的生菜有150个品种，这些生菜加上其他辅助食品（除油炸丸子等6种油炸食品实行外部委托生产外）全部由该工厂自己生产。原材料、半成品也都从强调鲜度的观点压缩库存。米饭一般从货车运行30分钟左右的本公司米饭专业工厂运来，每天运送3～4次，肉、鱼、蔬菜等原材料每天运送3次。

7-11店铺每天进行一次米饭商品的订货，订货信息每天上午11点之前传送到工厂，E公司对店铺实施一日三次的配送（订货当天下午、订货当天深夜、第二天早上）。生产、备货、发货计划都是根据三次配送时间倒推出来的（见图A9—7）。整个生产过程要花费8小时，其中生菜调理加工4小时，食品装饰4小时，这样真正确保能向店铺提供新鲜可口的食品。从工厂外部调达的生菜、米饭等其他原材料一般装饰前半小时或1小时运抵工厂。工厂内储存有3天的具有高度保存性的冷冻食品和调料，以及为生产调整而用的少量原材料，除此之外没有库存。

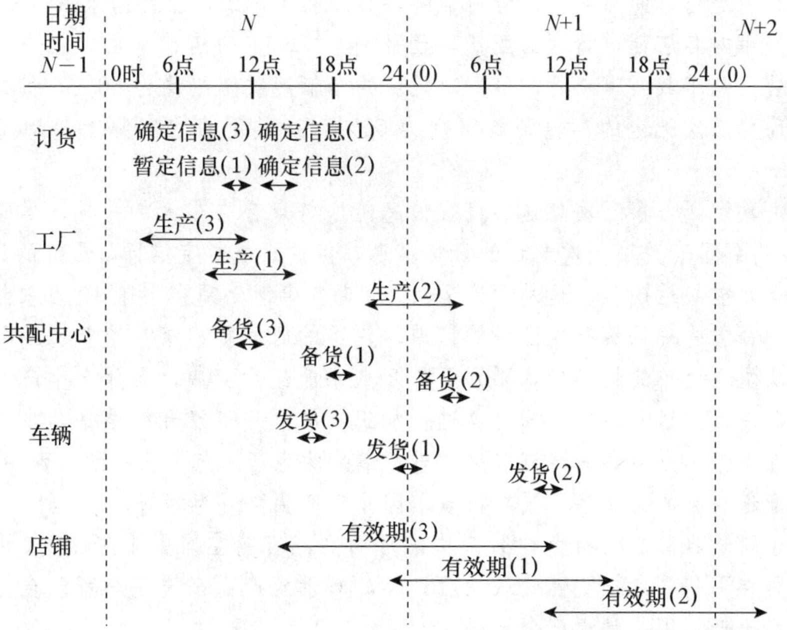

图A9—7　7-11的米饭配送供给系统

食品生产出来后，直接由本企业的车辆运到共同配送中心，由于E公司生产工厂与配送中心在一起，因此，商品调达非常方便。E公司在首都圈附近拥有3处共同配送中心，向660家店铺实行商品的配送，其中一处于1988年12月建立，占地面积1 200平方米，配送店铺数达380家，是首都圈最大规模的食品共同配送中心。中心经营的食品品种有90个，其中55个品种由E公司自己生产，35个品种是从其他合作生产企业调运过来的。

商品配送平均1.5人一辆车，共有25辆2吨货车，每次向14～17家店铺供货。由于食品销售非常讲求新鲜，所以，商品的前置时间很短，平均为4.5或5.5小时。一般来讲，这么短的前置时间无论如何是不可能实现的，因为仅食品装饰就需要4个小时，而要解决这个问题就不能一个工厂完成所有商品的生产加工，而是多个工厂共同作业，共同在配送中心集货，并做到作业流程的同时进行。以晚上配送为例，如果等待上午11点确定订货信息后，再从事商品生产，无论如何到晚上也不可能发货。为此，E公司采取的是早上4点开始就已经从事生菜的生产，到早上8点转成装饰作业，到上午10点左右就完成了当时预测订货量的80%，到11点确定订货数量后，进行调整生产作业，到12点左右就能完成全部食品的加工。在这种生产体制下，库存风险不是产品，而是白饭、生菜等原材料，并且配送中心与7-11努力合作在过去销售预测数据的基础上，做到预测的精确化，同时在预测时保留20%的变动余地。与此同时，米饭生产工厂按上午10点和订货确认后12点两次实行米饭的配送（即把米饭运送到共同配送中心），其他原材料也都是在上午11点半之前运到配送中心，之后在配送中心根据订单进行备货，到下午2点所有订货商品全部加工完成。2点半到3点装载车辆，大约半小时后车辆从配送中心出发，货车最早到达店铺的时间为下午3点半，最迟不超过下午6点半，每次配送大约需3小时完成。订单的最后确认往往在生产结束前一个小时进行，此后对生产进行最终调整。在生产工序全部结束后，从中午12点到下午6点半对各店铺进行商品配送，因此对于7-11的店铺来讲，上午订的货下午就可以销售。从车载效率来看，第一次配送的车辆装载率平均为80%，第二次配送的为90%，而第三次配送的车辆装载率则为60%，这是因为它实际上起到了在库调整的作用。

第一次配送与第三次配送的订货信息传递特点存在很大的差异，尽管生产商在上午11点得到了有关第一次配送的订货信息，但这只是暂定信息，最终的订货信息要到下午2点才能最后确认。这是因为7-11规定各店铺必须在上午10点前结束订货，此时各店铺需首先确认第三次配送的订单，剩下的时间提出第一次配送的初步订单，至于第一次配送订单的最终确认要到下午2点才能最后完成。实际上生产商在上午已经开始对第一次配送商品所需的生菜进行加工，从下午1点开始根据初步订单进行食品装饰，在下午2点得到最终订单后才进行最后的生产。与第三次配送商品的生产相比，第一次配送商品的订单生产要早得多，因此生产调整较为容易。

对于订货日第二天所需的第二次配送商品，店铺在当天上午11点并不报订货信息，而是在下午2点一次性确认最后订单，对于生产商来说完全可以在接到最后订单后再开始生产，因此其生产余地很大。

综上所述，生产商从生产到将商品运送到各店铺共需10小时，其中生产商品需4小时，配送商品的备货需3小时，配送需3小时。而7-11能将前置时间缩短到4.5小时，关键在于对第一次、第三次配送商品的预测性生产。

E公司的配送中心月商品供给额达10亿日元，平均每天超过3 000万日元，配送车辆共75台，相当于每辆车每天承担40万日元的配送任务。直接配送费占商品配送金额的4.2%，这一比例尽管比点心、杂货高，但由于实行的是一日三次配送、不存在在库费用，故深受好评。此外，从物流效率上看，与日用杂货一样尽管追求的是无差错物流目标，却不可避免地存在一定比例的差错。对于米饭配送中心来讲，最大限度地降低差错率，力求做到正确、及时发货，是其需要解决的主要课题。

问题讨论：

1. 日本7-11共同配送中心的基本运作特点是什么？
2. 日本7-11是如何将柔性生产和物流管理结合在一起的？
3. 7-11的点心、日杂和米饭供应链体系的构建有什么特点？

□ 本章小结

供应链整合运营与计划是供应链管理的核心流程，它不仅要求企业内不同职能部门能通力合作，而且要求企业之间的合作与协调，从而实现供应链总成本最低。要实现这一目标，往往要求供应链企业具有全局视野，采用现代信息技术，消除不必要的环节，与供应链参与者共同确定成本与服务的均衡，缩短预测周期的同时提高预测精度，以及合理设计和安排生产、分销流程。

供应链整合运营与计划的关键是S&OP，它是通过沟通、协调企业内部各职能部门的功能，将企业的销售活动、市场活动、研发活动、运营活动、财务活动等有效地结合起来，使职能部门原先各自独立分散的计划和活动，成为一个站在企业角度通盘考虑的整体计划和活动。

如果说企业内部的供应链物流活动整合是通过S&OP来实现的，那么企业之间的供应链物流整合在当今则表现为CPFR，即不仅合作企业实行一定程度的信息共享，而且将原来属于各企业内部事务的预测和计划工作（如需求预测、库存计划、补货计划等）也由供应链各企业共同参与。

第10章 物流信息系统

知识要求

通过本章的学习，掌握

- 物流信息的特征及功能
- 条形码的种类及其对物流信息化的影响
- EDI的含义
- 物流信息系统的功能层次
- 物流信息系统的作业内容

技能要求

通过本章的学习，能够

- 熟悉订单处理的流程
- 了解条形码在物流中的应用
- 理解EOS的含义及应用
- 熟悉物流信息系统的作业内容

引导案例

ZARA凭什么“快”起来

“高速度、小批量、多款式”构成ZARA与众不同的生产方式，ZARA最成功的地方在于把由设计到销售所需的前导时间大幅缩减，ZARA的前导时间只有12天，保证了第一时间为顾客带来最时尚的新款服装。传统的服装零售商由于生产周期长而不能根据季节的变化随时改变设计或增加新的款式，而ZARA由于其快速的生产方式可以随时更换产品的数量、设计、面料、色彩，其速度与20多岁的年轻人改变心意的速度一样快。

高速度——紧随“时尚”的脉动

时尚最大的特点就是多变，一部电影、一张专辑都可能改变人们对时尚的看法，而时装最动人之处正是紧随时尚。当电影或电视媒体中出现新的流行元素，ZARA只需几天的时间就可以完成对歌星的装束或顶级服装大师创意作品的模仿。从流行趋势的识别到将迎合流行趋势的新款时装摆到店内，ZARA只需两周的时间，而传统生产方式下这个周期要长达4～12个月。ZARA与顾客追求时尚的心态保持同步，能够更快地抓住每一个跃动的时尚讯号，以此来打动顾客。

小批量——“饥饿”疗法的实施

与其他服装零售商相比，ZARA每一款服装的生产数量都非常小，这就人为地创造了一种稀缺。越是不容易得到的，就越能激发人们的购买欲望。ZARA执行永远

“缺货”的策略，对于同一种款式的服装，零售店的库存一般只有几件，或许由于你的一时犹豫，就错失了最终拥有它的机会，因为你明天看到的也许是摆放一新的货架。这最初的懊恼，换来的是顾客再次光顾时果断的购买速度。

多款式——让审美不再“疲劳”

ZARA并不讲求每种款式生产更多的数量，而是注重款式的多样性。ZARA每年生产的服装款式超过12 000种。相比它的许多竞争对手，ZARA能在流行时装上提供更多的选择。ZARA商店每周供货两次，因为很少有对售完款式的再订购，商店每隔3～4天架上货品会全部更新，总能给人以新鲜感。紧跟时尚趋势、频繁更新和更多选择，造就了ZARA对顾客的独特吸引力，从而大大提升了顾客对ZARA的偏好与忠诚度。

在如此短的前导时间内完成“小批量、多款式”的服装生产，对大多数企业而言几乎是“天方夜谭”，但ZARA却做到了，并形成了其独特的商业模式。以信息和通信技术为核心的IT系统是ZARA独特的商业模式得以实现的关键。

信息收集的及时化

ZARA的资讯来源于大量分布在酒吧、秀场等时尚场所的时尚买手，他们收集最新的时尚信息，及时向总部汇报；同时，ZARA专卖店也会及时反馈当日的销售报告及顾客需求的相关信息。关于时尚潮流趋势及顾客意见的各种信息每天源源不断地从世界各地进入ZARA总部的数据库。设计师可以一边核对当天的发货数量和每天的销售数量，一边利用新信息来产生新的想法以及改进现有的服装款式。通过访问数据库中的实时信息，设计师与生产、运营团队一起决定，一个具体的款式用什么布料、如何剪裁以及如何定价。

服装信息的标准化

对一个典型的服装零售商来讲，不同产品的有效信息通常需要几个星期，才能被添加到其产品设计和批准程序中。但是在ZARA的仓库中，产品信息都是通用的、标准化的，这使得ZARA能快速、准确地准备设计，对裁剪给出清晰的生产指令。ZARA的裁剪系统也是在数字化信息系统的干预下完成的，准确快捷。

库存管理的清晰化

卓越的产品信息和库存管理数据系统，使得ZARA的团队能够管理数以千计的布料、各种规格的装饰品以及设计清单和库存商品。ZARA的团队也能通过这个系统提供的信息，以现有的库存来设计服装，而不必去订购原料再等待它的到来。

生产模式的整合化

ZARA公司自己在西班牙拥有22家工厂，其所有产品的50%通过自己的工厂来完成，以保证绝对的快速。其余50%的产品ZARA外包给400家小加工厂，它们负责大量烦琐的缝制工作。而且，一个工厂只生产一种款式，这就绝对保证了生产的专业化水平和非常快的速度。这400家企业70%在欧洲，而且主要是在西班牙和葡萄牙，地理位置的便利让这些工厂能对ZARA的订单快速做出反应，尤其是非常时尚的款式。而剩下的30%则主要在亚洲生产，ZARA向这些企业外包“基础型”产品或者当地有明显优势的产品。这也是ZARA取得成功的关键之处。

物流配送的高效化

ZARA的物流配送系统十分发达，大约20公里的地下传送带将ZARA的产品运送到西班牙拉科鲁尼亚的货物配送中心，该中心拥有非常成熟的自动化管理软件系统。为了确保每一笔订单准时到达目的地，ZARA借用光学读取工具进行产品分拣，每小时能挑选并分拣超过6万件服装。物流中心的运输卡车依据固定的发车时刻表，不断开往欧洲各地。ZARA还有两个空运基地，通常欧洲的连锁店可以在24小时之内收到货物，美国的连锁店需要48小时，日本在48～72小时之间。在信息化手段的干预下，ZARA出货的正确率高达98.9%，而出错率不到0.5%。

速度虽然是ZARA占领市场的法宝，但速度的背后却是ZARA集约式的高效管理与有力的IT支撑。高科技支持下的信息手段对企业突破传统商业模式的壁垒起到巨大的推动作用。除了西班牙的ZARA，瑞典的H&M也在以信息化的管理手段演绎着另一段传奇。对于ZARA和H&M而言，速度快、款式多、批量少、迅速准确地占有信息资源、有效地减少库存是它们取得成功的共同特征。

资料来源：中国物流与采购网。

问题

（1）ZARA的经营有哪些特点?

（2）ZARA采用了哪些信息技术来促进其运营？这些信息技术有何特点?

第1节　信息在物流系统中的作用与要求

物流信息在现代物流管理中占据着越来越重要的地位，它带来了企业管理方式和管理效率翻天覆地的变革。企业投入越来越多的努力以信息替代资源削减物流成本，信息化的物流管理成为今天物流管理甚至供应链管理的核心，没有了相应的信息技术和运用，物流管理就失去了发挥作用的基础和平台。

一、物流信息的内容及其功能

物流信息所包含的内容和对应的功能可从两个方面来考察。一是从狭义的范围来考察，二是从广义的范围来考察。

从狭义的范围来看，物流信息是指与其他物流活动（如运输、保管、包装、装卸、流通加工）有关的信息。在物流活动的管理和物流活动的决策方面，如运输工具的选择、运输路线的确定、每次运送批量的确定、在途货物的追踪、仓库的有效利用、最佳库存数量的确定、库存时间的确定、订单管理及如何提高顾客服务水平等，需要详细、准确的物流信息。因此，物流信息对运输管理、库存管理、订单管理、仓库作业管理等其他物流活动具有支持保证的功能。

从广义的范围来看，物流信息不仅指与其他物流活动有关的信息，而且包含与其他流通活动有关的信息，如商品交易信息和市场信息。商品交易信息是指与买卖双方的交易过程有关的信息，如销售和购买信息、订货和接受订货信息、发出货款和收到货款信息等。市场信息是指与市场活动有关的信息，如消费者的需求信息、竞争者或竞争性商品的信息、销售促进活动信息、交通通信等基础设施信息等。

在现代经营管理活动中，物流信息与商品交易信息和市场信息相互交叉融合，有着密切的联系。例如，零售商根据消费者需求预测和库存状况制定订货计划，向批发商（或直接向生产厂家）发出订货信息。批发商在接到零售商的订货信息后，在确认现有库存水平能满足订单要求的基础上向物流部门发出发货配送信息。如果发现现有的库存水平不能满足订单的要求，则马上向生产厂家发出订单。生产厂家在接到订单之后，如果发现现有库存不能满足订单要求则马上组织生产，按订单上的数量和时间要求向物流部门发出发货配送信息。由于物流信息与商品交易信息和市场信息相互交融、密切联系，所以广义的物流信息还包含与其他流通活动有关的信息。广义的物流信息不仅能起到连接、整合从生产厂家，经由批发商和零售商，最后到消费者的整个供应链的作用，而且在应用现代信息技术（如 EDI，EOS，POS，互联网，电子商务等）的基础上能使整个供应链活动效率化，具体地说就是利用物流信息对供应链各个企业的计划、协调、顾客服务和控制活动进行更有效的管理。所以，物流信息不仅对其他物流活动具有支持保证的功能，而且具有连接、整合整个供应链和使整个供应链活动效率化的功能。

正由于物流信息具有这些功能，物流信息在现代企业经营战略中具有越来越重要的地位。建立物流信息系统，提供迅速、准确、及时、全面的物流信息是现代企业获得竞争优势的必要条件。

二、物流信息的特征

1. 信息大量

物流信息随着物流活动以及商品交易活动展开而大量发生。多品种少量生产和多频度小数量配送使库存、运输等物流活动的信息大量增加。零售商广泛应用 POS 系统读取销售时点的商品品种、价格、数量等即时销售信息，并对这些销售信息加工整理，通过 EDI 向相关企业传送。同时，为了使库存补充作业合理化，许多企业采用 EOS 系统。今后，随着企业间合作倾向的增强和信息技术的发展，物流信息的数量将会越来越大。

2. 更新快

物流信息的更新速度快。多品种少量生产，多频度小数量配送，利用 POS 系统的即时销售使得各种作业活动频繁发生，从而使得物流信息需要不断更新，而且更新的速度越来越快。

3. 来源多样化

物流信息不仅包括企业内部的物流信息，如生产信息、库存信息等，而且包括企业间的物流信息和与物流活动有关的基础设施的信息。企业竞争优势的获得需要供应链上各个参与企业相互协调合作。协调合作的手段之一是信息即时交换和共享。许多企业将物流信息标准化和格式化，利用 EDI 在相关企业间进行传送实现信息分享，因此物流信息还来源于企业间的物流信息。另外，物流活动往往利用道路、港湾、机场等基础设施。因此为了高效率地完成物流活动，必须掌握与基础设施有关的信息。如在国际物流过程中必须掌握报关所需信息、港湾作业信息等。因此，物流信息还包括与物流活动有关的基础设施的信息。

第 2 节　订单管理系统

订单处理是物流企业运作的神经中枢，而客户订货信息作为启动物流运作的初始信息，对其处理的速度和质量直接影响物流总成本和客户服务的水准。

一、客户订货周期

客户订货周期是指从客户发出订货通知到接收产品以及产品进入客户仓库的整个时间。客户订货周期通常包括以下几个部分：订单的准备与传输、订单的接收与录入、订单处理、拣货与包装、运输、向客户交货与卸货。图 10—1 描述了客户订货周期的主要流程。

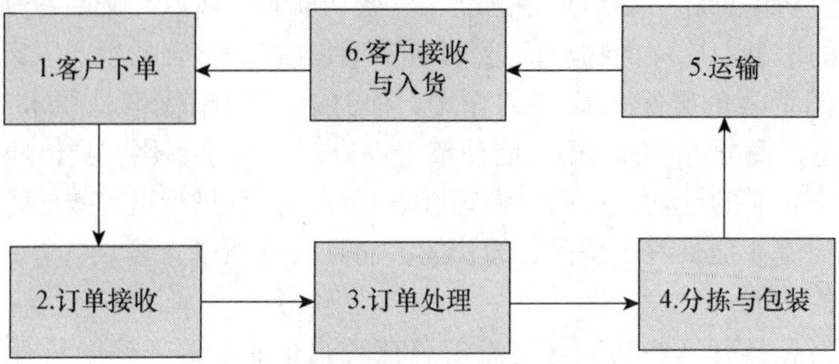

图 10—1　客户订货周期主要流程

二、订单处理流程

如果企业希望通过短时间而且稳定的订单周期来实现高水平的客户服务，首先要对订单处理过程中的各项活动和方法有所了解。所谓订单处理流程，指包含于客户订货周期中的诸多活动，是企业从下单到所订产品进入下一个作业活动的全过程。具体而言，一般订单处理流程包含五个作业环节，即订单准备、订单传输、订单录入、订单履行和订单状况报告等（见图 10—2）。

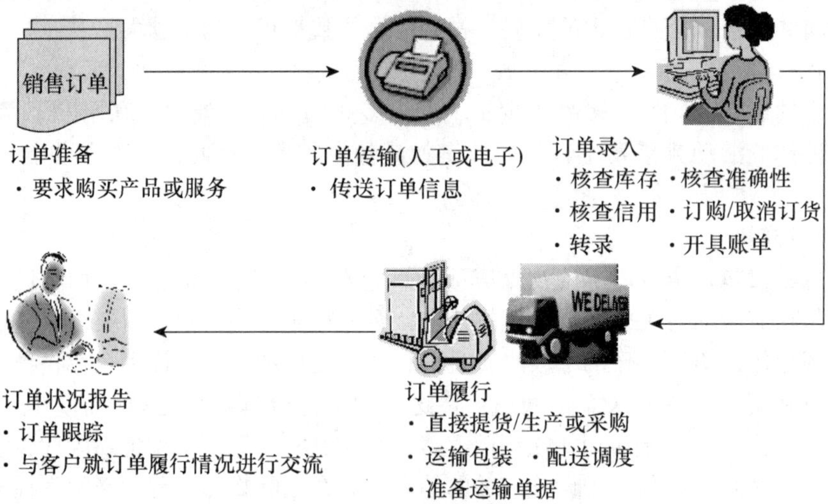

图 10—2　订单处理的一般流程

1. 订单准备

订单准备是指收集所需产品和服务的必要信息和采购要求的各项活动。订单准备可能包含的内容有决定合适的供应商，由客户或销售人员填写订单，决定库存的可得率，与销售人员通报订单信息等。在订单准备阶段，电子信息技术对其效率的提高也是具有相当大作用的，具体看，主要的一些信息技术包括：超市条形码扫描系统，该项技术以电子化方式收集所需商品的信息，并提交给计算机做进一步处理，加快了订单准备的速度；便携式终端或掌上电脑，通过连接到卖方的计算机系统，买方可以与卖方实时讨论特定产品的规格和各种交易条件，并进行选择；EDI 或互联网，借助于买卖双方的互联的信息系统，可以大大降低订单的准备成本，减少补货次数；此外，新技术的应用也使得人们不再需要人工填写订单，语音感应型电脑或射频识别技术还将进一步缩短订货周期中订单准备阶段所耗用的时间。

2. 订单传输

传送订单信息是订单处理流程的第二个活动环节，涉及订货请求从发出地点到订单录入地点的传输过程。订单传输的形式主要有两种，即人工方式和电子方式。人工方式包括邮寄订单，或由销售人员直接将订单送到录入地点等，但是，如今随着免费电话、数据电话、互联网、卫星通信等信息技术的发展和普及，利用电子方式传输订单已相当普及，这种高可靠性、高准确度的传输方式几乎可以瞬间完成订单信息的传输，使供应方对客户的响应能力也大大提高。

3. 订单录入

订单录入指在订单实际履行前所进行的各项工作，包括核对订货的准确性、检查所需的商品是否可得、准备补货订单或取消订单的文件、审核客户信用、转录订单信息、开具账单等，以便于拣货或后续的订单处理。进行这些活动是非常重要的，因为订货请求所包含的信息往往与要求的格式不符，无法作进一步的处理，所以需要借助于订单录入使之转化为标准化的信息，并且添加其他各种必要的信息（如客户信用等）。订单录入在技术进步中受益巨大，条形码、光学扫描以及计算机的大量运用大大提高了订单录入的效率。其中条形码和扫描技术对于准确、快速、低成本录入订单信息尤为重要，与计算机键盘录入数据相比，条形码扫描技术具有显著的优越性，这也正是条形码技术在零售、制造和服务行业应用日益广泛的原因。

4. 订单履行

订单履行由与实物有关的活动组成，包括通过提取货物、生产或采购来获取所订购的货物；对货物进行运输包装；安排送货；准备运输单证等。其中有些活动可能会与订单录入同时进行，以缩短订单处理时间。现代信息技术对订单履行的影响也是非常大的，诸如自动仓储系统、仓库管理系统、自动分拣系统等都对订单履行的效率直接产生作用。

5. 订单状况的报告

订单处理流程的最后环节是通过不断向客户报告订单处理或货物交付过程中的任何延迟，确保优质的客户服务。具体而言，该项活动包括：在整个订单周转过程中追踪订单；与客户交换订单处理进度、订单货物交付时间等方面的信息等。在订单状况报告环节，电子商务发挥了巨大的作用，它可以为客户提供全天候的订单追踪和管理。

三、订单处理形式

由于产品或服务的性质不同，以及客户的要求不同，订单处理的形式往往具有相当大的差异性。具体看，订单处理主要有如下几种形式。

1. 有限自动化订单处理

有限自动化订单处理系统中涉及很大比例的人工活动，其中某些订单处理活动可能是自动化或者采用电子化处理方式，但是，人工活动在整个订单处理周期中仍然占有极大的比重，这种订单处理方式适合标准化程度较高、需求稳定的工业品。其订单处理的流程往往是：

（1）客户服务部接到订单后转录成一定规格的订单，累积到一定数量后，转至客户服务代表，由其转到销售经理。

（2）销售经理了解信息后，标示客户的特别要求，转到订单管理人员。

（3）订单汇总后，转到财务部门进行信用核查，然后交到销售部门核实价格。

（4）订单信息输入计算机，传到工厂，此时信息处理更便捷，订单跟踪更加简单。

（5）高级客户代表对最终订单进行全面审核，并通过电子方式将订单信息传到恰当的工厂，同时通知客户接货。

2. 适度自动化订单处理

适度自动化订单处理要求订单的响应能力比有限自动化提高了很多，订单传输的要求也相对较高，但是它对最终客户的响应时间的要求不是非常苛刻。在生产者与消费者之间起中介作用的公司，在设计订单处理系统时往往追求适度自动化，由于有库存满足最终消费者需求，不一定要求非常快的订单反应速度。库存在这里作为一种缓冲，以抵消补货周期的某些间接影响，但是补货周期的长短和库存水准非常重要，它有助于维持一个稳定的补货计划。

正是因为补货要求很高，在订单处理上，当出现补货要求时，需要供应方能有效地进行订单处理和补货活动。此外，恰当的存货水平的确立也至关重要，这是因为存货水平过低，必然会使企业对追踪客户的订单响应力降低，影响服务水准，而存货水平过高，则加大了企业的负担和机会成本。

一般而言，对于这类产品的订单处理和分销管理主要根据 ABC 分类管理，确定相应的订单响应方式（见图 10—3）。具体而言，对于使用频率高的畅销商品，在流通过程中，该类商品整批进货和储存，然后按顾客的订货单配货，送到零售店。由于这类商品进货批量大，故以较低的价格购入，再以零售价格销售给消费者，既减少了流通环节，又为企业加倍获利，所以，这类商品的储存本身是“创利”的，商品的物流流程是：收货—储存—拣选—分拣—配送—零售店。对于一般类商品，配送中心按照客户的订货单进行汇总后，统一向工厂整箱订货，收到货后无须储存，直接进行分拣作业，再配送到零售店，这样可以节省储存费用，其流程是：收货—分拣—配送—零售店。此外，对于生命周期极短的特殊商品，诸如鲜活商品等，这类商品通常不经过配送中心，直接从工厂配送到零售店，但商品经销全过程信息由配送中心处理。

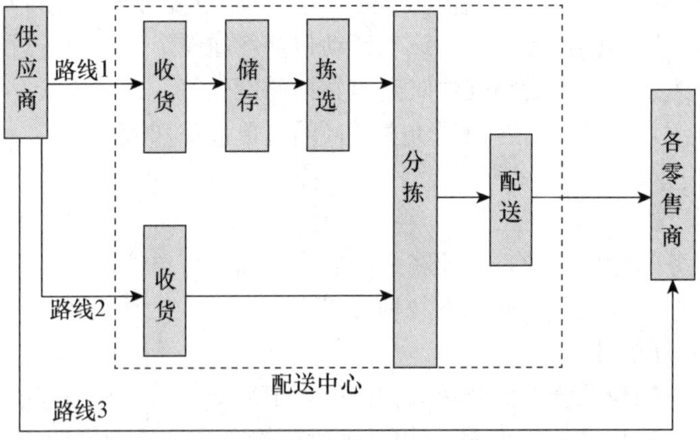

图 10—3　不同商品类别的订单响应形式

如今，随着现代信息系统的发展，对于以上三类订单响应类型，现代信息技术提供了相应的处理能力，尤其是对于第二和第三类商品订单的处理，使得经营公司可以在减少仓储空间，降低库存水平，缩短搬运时间的同时，更好地追踪订单处理速度（见图 10—4）。

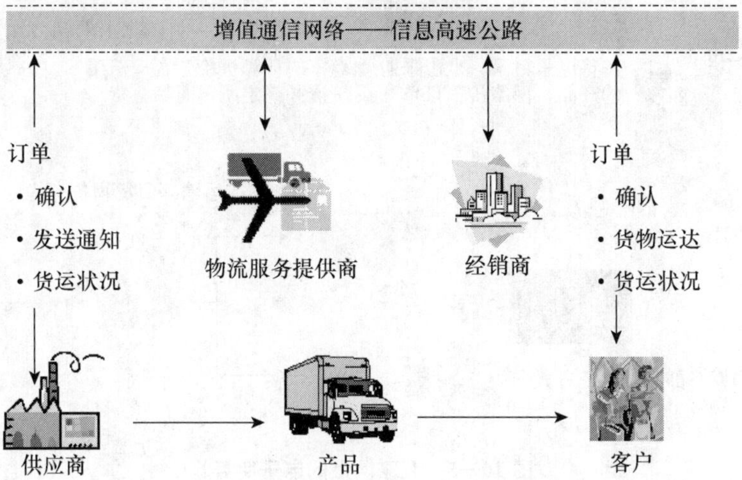

图 10—4　利用 EDI 直接向用户配送货物

具体看，产成品的经销商可以利用 EDI 来建立直接源自供应商的配送系统，在这种系统下，产品无须存放在经销商的仓库或货架上，客户可以直接从供应商得到订购的产品。其订单信息和产品是以下述方式流动的：

（1）通过 EDI，客户告知经销商所需产品的种类和数量以及需要的地点。

（2）通过 EDI，经销商告知供应商需发运的产品种类和数量。

（3）通过 EDI，经销商告知物流服务提供商提货的地点和数量。

（4）通过 EDI，经销商告知物流服务提供商需配送产品的种类、数量、交货时间和地点。

（5）供应商准备货物以供发货。

（6）物流服务提供商根据经销商的具体要求提取货物、分类整理，并将不同货物分隔开来。

（7）物流服务提供商将货物送达客户。

3. 高度自动化订单处理系统

为直接与最终消费者打交道而设计的订单处理系统将以高水平的客户服务为基础，以零售库存来满足客户的产品需求，这使得订单处理必须及时完成，从而做到快速响应。

消费者订单处理的一般流程为：

（1）消费者通过拨打免费电话或其他方式订货。

（2）接到订单的工作人员将订单要求键入计算机终端，通过计算机的库存记录可以立即查到所订产品的库存情况，推算出销售价格，计算出总费用。如果用信用卡结算，还可以电子方式对持卡人的信用状况进行核查。

（3）订货要求以电子方式传到履行订单的仓库，通常在接单的同一天进行。

（4）订单货物利用第三方物流直接送达客户，通常为当天或隔夜配送。

当然，随着现代电子商务的不断发展，消费者订单的处理还可以借助互联网来开展（见

图10—5），尤其是随着互联网安全问题的解决，互联网成了消除企业交易间订单处理过程中文书工作的巨大推动力。

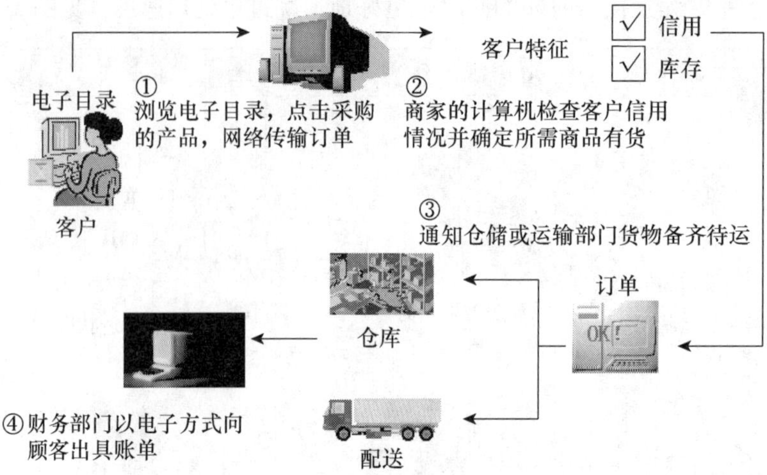

图10—5　互联网上的电子商务

四、订单处理时间的其他影响因素

选择订单处理的系统或类型仅仅是订单系统设计时需要考虑的部分内容，除此之外，还有其他许多因素会加快和延缓订单处理的时间，这些因素包括：

（1）订单处理的先后顺序。享有优先级的客户订单应当先行处理，先后顺序虽然表面上公平，但是不利于订单处理绩效的提高。

（2）并行处理与顺序处理。合理安排订单处理流程中的各项工作能显著缩短订单处理的时间，如果完全依次来完成各项工作，订单处理时间是最长的，如果几项工作同时进行，总的订单处理时间就会缩短。

（3）订单履行的准确度。如果企业能准确无误地完成客户订单的处理，不产生任何差错，那么订单处理时间可能是最短的。

（4）订单的批处理。把订单收集成组，进行批处理，可以降低处理成本，但是另一方面，有可能增加订单处理的时间，所以，企业需要合理决策订单批处理和时间响应之间的关系。

（5）集中运输。与订单批处理类似，企业也可能保留客户订购的货物直至达到一定的经济运输批量，这样可以降低运输成本，但延长了订单处理时间。

五、电子订货系统

电子订货系统（EOS）是指企业间利用通信网络（利用VAN或互联网）和终端设备以在线连接方式进行订货作业和订货信息交换的系统。EOS按应用范围可分为企业内的EOS（如连锁店经营中各个连锁分店与总部之间建立的EOS系统），零售商与批发商之间的EOS系统，以及零售商、批发商和生产商之间的EOS系统。EOS的基本框架如图10—6所示。

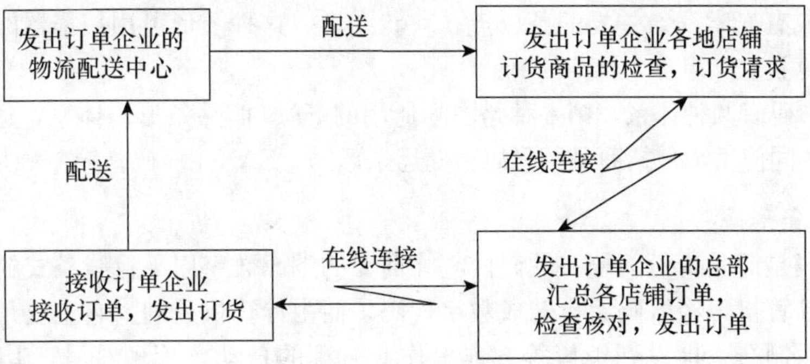

图10—6　EOS系统框架

EOS系统能及时准确地交换订货信息，它在企业物流管理中的作用如下：

（1）相对于传统的订货方式（如上门订货、邮寄订货、电话/传真订货等），EOS系统可以缩短从接到订单到发出订货的时间，缩短订货商品的交货期，减少商品订单的出错率，节省人工费用。

（2）有利于降低企业的库存水平，提高企业的库存管理效率，同时也能防止商品（特别是畅销商品）缺货现象。

（3）对于生产厂家和批发商来说，通过分析零售商的商品订货信息，能发现畅销商品和滞销商品，有利于企业调整商品生产和销售计划。

（4）有利于提高企业物流信息系统的效率，使各个业务信息子系统之间的数据交换更加便利和迅速，丰富企业的经营信息。

应用EOS系统应具有以下条件：

（1）订货业务作业的标准化。这是有效利用EOS系统的前提条件。

（2）商品代码的设计。在零售行业的单品管理方式中，每一个商品品种对应一个独立的商品代码。商品代码一般采用国家统一规定的标准。对于统一标准中没有规定的商品则采用本企业自己规定的商品代码。商品代码的设计是应用EOS系统的基础条件。

（3）订货商品目录册（order book）的制作和更新。订货商品目录册的设计和运用是EOS系统成功的重要保证。

（4）计算机以及订货信息输入和输出终端设备的添置和EOS系统设计是应用EOS系统的基础条件。

（5）需要制作EOS系统应用手册以及部门间、企业间的协调。

第3节　物流信息技术

一、条形码概述

条形码（barcode）技术对现代物流至关重要。以下将讲述条形码的基本概念，商品条形码、储运条形码、EAN-128码、二维条码的应用，以及条形码同POS、物流自动化和EDI的集成应用。

（一）条形码的基本概念与类型

条形码是按规定的编码原则及符号印制标准将文字、数字等信息在诸如标签、吊牌等平面载体上印制成有光学反射差异的条、点、块状图形，这种图形可用扫描器阅读、识别、解码并传输进计算机。

常见的条形码有两种体系，第一种是国际通用的EAN商品条形码体系，适合制造商、供应商和零售商共同使用，包括商品条形码、储运条形码、EAN-128码；第二种是二维条码。

（二）商品条形码

商品条形码是商品身份的统一编码。它将商品的编码数字以平行线条式的符号代替，以便扫描器读入计算机，经解码后再转成数字代码，而由计算机处理。它主要是印在零售包装上，作为商品由制造、批发到销售等一连串作业过程的自动化管理符号，其目的是区别单品，而不是分类。

商品条形码有标准型与缩短码两种。

（1）EAN-13（标准码）：通常用于一般商品，由13位数字组成，其构成如图10—7所示。

图10—7　EAN-13的构成

（2）EAN-8（缩短码）：用于包装面积或印刷面积不足以印刷标准码的商品，由8位数字组成，其构成如图10—8所示，其中加入校验码是为了防止扫描器阅读条形码时的误判。

图10—8　EAN-8的构成

商品代码是按消费者购买商品的单位由申请厂商自由设定的，其设定原则如下：

（1）食品、杂货类。

- 商品名称不同；
- 体积或重量不同，如100克、200克等；
- 包装形式不同，如罐装、瓶装、袋装等；
- 零售单位不同，如1粒、1盒、1瓶等；

- 原料或质量不同；
- 大小不同时，如大、中、小号等；
- 为成套商品，但组合方式或价格不同。

（2）衣料、服装类。

- 品牌不同；
- 出厂厂名不同；
- 售价不同；
- 质料不同，如100％棉、50％棉；
- 零售单位不同，如一打装、三双装；
- 尺码不同的商品，如XL，L，M，S等；
- 组合商品，但价格或组合方式不同。

（3）新商品应使用新代码；对已编码的旧商品，若改变包装或体积等，也应重新设定代码。

在促销时，若对单一商品打折，可沿用原来的代码；若组合成套出售，则需另外编码。

条形码符号是由粗细不同的黑白平行线条及对应的字码所构成的。

条形码符号的基本尺寸（即倍率为1.0时）为：

- 标准码：（高）25.93mm×（宽）37.29mm；
- 缩短码：（高）21.31mm×（宽）26.73mm。

条形码符号的倍率取决于商品本身条形码印刷的面积，最小可至标准尺寸的0.8倍，最大可至2倍。

条形码符号的颜色。条形码的黑条与白条并非绝对的黑白色，只要是合乎光学特性要求的颜色组合都可作为条形码符号的颜色。扫描器一般用红色He-Ne激光，因此只要能通过红色滤光器并合乎反射率、反射浓度、对比值规定的颜色，就可代替黑色或白色，用作条形码的条色或底色。

（三）储运条形码

储运条形码是用在商品装卸、仓储、运输等配送过程中的识别符号，通常印在包装外箱上，用来识别商品种类及数量，亦可用于仓储批发业销售现场的扫描结账。储运条形码符号的应用面向国内储运业界（制造商、批发商、零售商）。零售店以配送包装单位当作销售单位时（如家电或整箱销售的商品），即可用外箱上的储运条形码扫描结账；批发业或零售业在进货、点货或库存盘点作业时，对以配送单位包装的商品可扫描储运条形码，对以零售单位包装的商品则扫描原印条形码。总之，其应用的场合包括自动装卸货、拣货、分货、进出货自动登录与传输，以及订单收货作业。

储运条形码与商品条形码的关系如图10—9所示。

储运条形码的基本结构为原印条形码，当同一商品的包装数量不同或同一包装中有不同商品组合时，就必须加上储运标识码以便识别。

储运条形码包括14位标准码与16位扩大码两种。若有以重量计算的商品，还可追加使用6位加长码，其代码结构如下：

（1）DUN-14码（标准码）。其代码组合如图10—10所示。

（2）DUN-16码（扩大码）。其代码组合如图10—10所示。

图 10—9　储运条形码与商品条形码之间的关系

图 10—10　DUN-14 和 DUN-16 码

(3) 加长码。在用标准码或扩大码不足以计算商品时，另外用 6 位加长码来补足。其代码组合如图 10—11 所示。

条形码符号的基本尺寸（即倍率为 1.0 时）为：

- 标准码：（高）31.8mm×（宽）122.428mm；
- 扩大码：（高）31.8mm×（宽）138.684mm；

图 10—11　加长码

● 加长码：(高) 31.8mm×(宽) 57.404mm。

条形码符号倍率范围为 0.625～1.2 倍。直接印在瓦楞纸箱上时，最好是标准尺寸的 1.0～1.2 倍，印成条形码标签时可缩小为 0.625 倍。

为节约成本，条形码符号的底色可为瓦楞纸箱原色；而条色为黑色最理想，也可以是紫色、蓝色、绿色。在自动化的仓储和配送作业中，当商品在输送带上运动或静止在货架上时扫描储运条形码。因此，储运条形码的印刷位置对配送包装商品的自动化处理是非常重要的。为方便扫描，应在纸箱的四个立面或相邻两面都印制或粘贴，如图 10—12 所示。

图 10—12　储运码的贴附位置

（四）EAN-128 码

商品条形码与储运条形码都属于不携带信息的标识码，在物流配送过程中，如果需要将生产日期、有效日期、运输包装序号、重量、体积、尺寸、送出地址、送达地址等重要信息条形码化，以便扫描输入，就可应用 EAN-128 码。

EAN-128 可携带大量的信息，所以其应用领域非常广泛，包括制造业的生产流程控制、批发物流业或运输业的仓储管理、车辆调配、货物追踪、医院血液样本的管理、政府对管制药品的控制追踪等。应用 EAN-128 码的主要效益如下：

（1）自动输入信息，节省信息传递及输入的成本；

（2）保证信息传输的正确性和及时性；

（3）生产、配送、零售等各环节都能掌握商品动态；

（4）降低配送过程所造成的损耗。

EAN-128码是根据EAN/UCC-128码的定义标准将数据转变成条形码符号，为识别所携带信息的意义，用不同的应用识别码进行识别。编码时，应用识别码定义其后码的长度的意义，而信息码则是固定或可变长度的数字，如图10—13所示。

图10—13　EAN-128码

每个EAN-128码都有五个组成结构：

- 双字起始码（起始码A，B，C+FNC1）；
- 数据码；
- 符号校验码；
- 终止码；
- 安全空间。

符号结构如图10—14所示，图中应用识别码为15，数据码为900616。

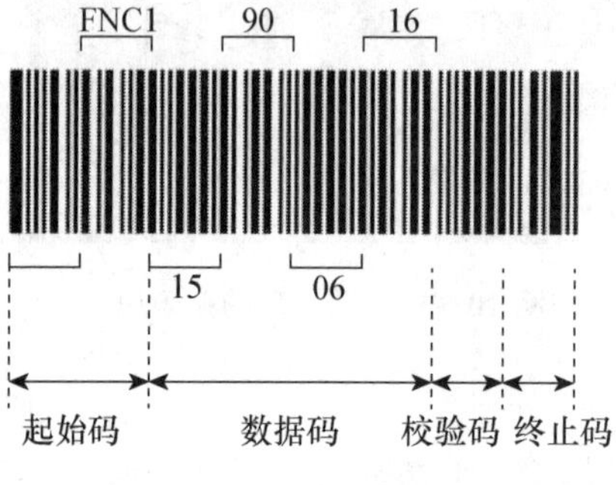

图10—14　EAN-128码的基本构成

符号的尺寸。符号长度取决于所编码的字元数目，为（11N+46）个模组，N为数据字元的个数加上辅助字元的个数。每个模组基本宽度为1.0厘米。因此，条形码符号总宽度为（11N+46）厘米。条形码符号的基本高度为31.8厘米。

条形码符号的倍率为正常尺寸大小的0.25～1.2倍。

条形码的底色可为瓦楞纸箱原色，条色可为黑、紫、蓝或绿色。

EAN-128码的印制规定为：

（1）标签的规格。按规定标签纸为A5（148mm×210mm）大小，也可根据实际需要采用 A7（105mm×74mm）大小的标签纸。

标签纸上的内容应包含：

- 公司名称、标志或其他非标准化的数据；
- 人读形式的产品信息；
- 条形码与符号。

范例如图 10—15 所示。

图 10—15　EAN-128 码的印制规定示意图

（2）粘贴的位置。标签最好粘贴在运输包装的四个立面上，或者贴在两个相邻的立面上。若有产品编码与运输包装代码的条形码，则其他条形码需位于 EAN 条形码之上。

（五）PDF417 码

20 世纪 90 年代初，条形码技术出现了重大的变革，产生了二维条码——PDF417，目前 PDF417 二维条码已成为我国国家标准。PDF417 二维条码信息容量大，可以存储包裹、货物的详细信息，并且容易打印，可以采用原来的标签打印机打印，同时可以根据需要进行加密，防止数据的非法篡改。此外，由于 PDF417 二维条码具有很强的自动纠错能力，因此在实际的包裹运输中，即使条码标签受到一定的污损，PDF417 二维条码依然可以正确地识读。PDF417 二维条码这些突出的特点，使得它广泛应用在邮局、铁路、机场、码头等的包裹和货物运输上，实现了货物运输的全过程跟踪，消除了数据的重复录入，加快了货物运输的数据处理速度，降低了对计算机网络的依赖程度，实现了物流管理和信息流管理的完美结合。比如，美国陆路运输部、新西兰陆路运输部、法国邮局、南非航空货运公司、英国和巴西的快运公司等世界各地的物流机构纷纷采用。

值得关注的是，由于二维条码独特的物流信息加密功能，美、英等国国防部已经把二维条码作为军备物资管理的标准；微软产品的发行、跟踪管理也采用了二维条码技术。在国内，上海大众汽车公司在销售过程中的物流管理或汽车的单件管理、海尔在企业物流管理过程中也采用二维条码。另据报道，美国“9·11”恐怖袭击后，机场开始采用二维条码技术实施物品安全管理，欧洲共同体已开始考虑在欧元的货币流通管理过程中采用二维条码技术。

具体讲，PDF417二维条码是一种高密度、高信息量的便携式数据文件，是实现证件及卡片等大容量、高可靠性信息自动存储、携带并可用机器自动识读的理想手段。PDF417二维条码具有如下特点：

（1）信息容量大。根据不同的条空比例，每平方英寸可以容纳250～1 100个字符。在国际标准的证卡有效面积上（相当于信用卡面积的2/3，约为76mm×25mm），PDF417条码可以容纳1 848个字母字符或2 729个数字字符，约500个汉字信息。PDF417条码可以将照片、指纹、掌纹、签字、声音、文字等凡可数字化的信息进行编码。这种二维条码比一维条码信息容量多近百倍。

（2）译码可靠性高。普通条码的译码错误率约为百万分之二，而PDF417条码的误码率不超过千万分之一，译码可靠性极高。

（3）纠错能力强。PDF417二维条码采用世界上最先进的数学纠错算法，如果条码破损面积不超过50%，由于玷污、破损等所丢失的信息，一般都可破译出来。

（4）容易制作且成本低。利用现有的点阵、激光、喷墨、热敏/热转印、制卡机等打印技术，即可在纸张、卡片、PVC甚至金属表面上印出PDF417二维条码，由此所增加的费用仅是油墨的成本，因此人们又称PDF417是“零成本”技术。

（5）保密防伪性能好。PDF417二维条码具有多重防伪特性，它可以采用密码防伪、软件加密，以及利用所包含的信息如指纹、照片等进行防伪，具有极强的保密防伪性能。

二、条形码对物流信息化的影响

条形码是一种简易自动识别的符号，可利用相关自动化设备自动阅读，从而简化跟踪、监管、录入作业。因此，条形码识别技术是目前最普及的识别方法，无论制造业、商业还是服务业，在商品制造、销售与运输过程中均能见到条形码识别系统的应用。在自动化的物流系统中，条形码识别技术更可以辅助物品装卸、分类、拣货、库存，使作业程序简单而准确。详细来说，条形码的特殊优点体现在以下方面。

1. 高速自动输入数据

以键盘方式输入13个数字，约需6秒，而接触式扫描器扫描条形码只需一两秒，若用固定式扫描器，瞬间即可完成读取。

2. 高读取率

读取率是指对条形码扫描的总次数中能够有效识读的百分比，这取决于包装纸、纸箱、标签纸的印刷精度及条形码扫描器的光学分辨力。

3. 低误读率

利用校验码可以将误读率控制在几十万分之一内。

4. 非接触式读取

以手持式扫描器接触阅读条形码，省力化效果不明显。而使用非接触式扫描器，能够读取输送带上迅速移动的物品上粘贴的条形码，叉车驾驶员可以读取高处或远处的货架或托盘上的条形码，这些能力在物流作业现场是非常有用的。

5. 容易操作

任何种类的条形码扫描器都很容易操作。

6. 设备投资低

条形码扫描器可使用 7 年以上，每年一两次的保养费也很低；而印制条形码标签的费用也很低，若在包装上直接印制条形码，几乎不增加任何费用。

7. 可广泛用于多种作业

扫描条形码可自动、迅速、正确地收集数据，目前在商品流通的很多领域都得到广泛应用。

流通业未来的需求趋势是多品种、少批量、多频率、即时制，若仍依赖人工作业，就无法满足顾客需求，因为人无法持续、长时间地进行识别和寻找作业，作业效率与正确性会递减；而条形码自动识别系统最适合物流作业的高速化、正确化、效率化的新需求。

三、条形码在物流作业中的应用

条形码的物流应用包括配送中心的订货、进货、补货、拣货、出库。

1. 订货作业

以超市价格卡与便利店订货簿的方式为例。在超市的货架上每种商品陈列处都贴着价格卡，其用途有二：一是向顾客告知商品价格；二是可按卡上所注的订货点，指引工作人员计算商品所剩的陈列量是否低于设定的订货点，若需订货，即以手持式条形码扫描器读取价格卡上的商品条形码，就可自动输入商品货号。

连锁总部定期将订货簿发给各便利店，订货簿上有商品名称、商品货号、商品条形码、订货点、订货单位、订货量等，工作人员拿着订货簿巡视各商品以确认所剩陈列数，记录订货量；回到办公室后，用带条形码扫描器的掌上终端机扫描欲订购商品的条形码并输入订货量，再用调制解调器传出订货数据，如图 10—16 所示。

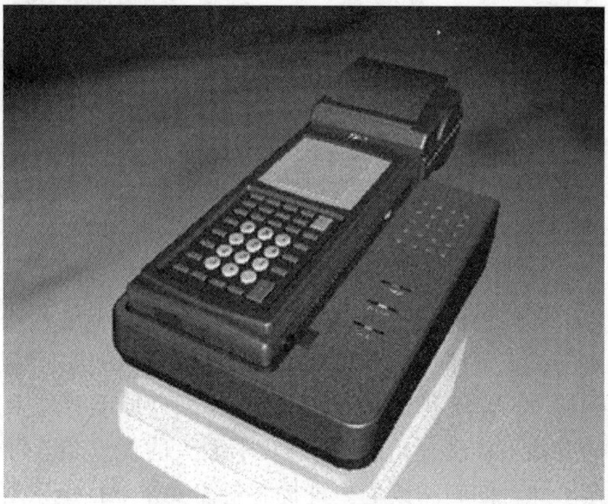

图 10—16　掌上终端机

说明：由计算机、小型打印机、条形码扫描器、调制解调器和红外线通信接口等组成。

2. 配送中心的进货验收作业

对整箱进货的商品，其包装箱上有条形码，放在输送带上经过固定式条形码扫描器的自动识别，可接收指令传送到存放位置附近。

对整个托盘进货的商品，叉车驾驶员用手持式条形码扫描器扫描外包装箱上的条形码标签，利用计算机与射频标识与数据通信（RFDC）系统，可将存放指令下载到叉车的终端机上。

3. 补货作业

基于条形码进行补货，可确保补货作业的正确性。有些拣货错误源于前项的补货作业错误。商品进货验收后，移到保管区，需适时适量地补货到拣货区；为避免补货错误，可在储位卡上印上商品条形码与储位的条形码，当商品移动到位后，以手持式条形码扫描器读取商品条形码和储位的条形码，由计算机核对，可保证补货作业的正确。

4. 拣货作业

拣货有两种方式，一种是按客户进行拣取的摘取式拣货；另一种是先将所有客户对各商品的订货汇总，一次拣出，再按客户分配各商品量，即整批拣取，二次分货，称为播种式拣货。

对于摘取式拣货作业，在拣取后用条形码扫描器读取刚拣取商品上的条形码，即可确认拣货的正确性。

对于播种式拣货作业，可使用自动分货机，当商品在输送带上移动时，由固定式条形码扫描器判别商品货号，指示移动路线与位置。

5. 交货时的点交作业

交货时的点交作业通常分为两种形式，一种是由配送中心出货前即复点数量，另一种是交由客户当面或事后确认。

对于配送中心出货前的复点作业，由于在拣货的同时已经以条形码确认过，就无须进行此复点作业了。

对于客户的当面或事后确认，由于拣货时已用条形码确认过，无须交货时双方逐一核对；若不放心，可在客户处用条形码扫描器进行当面或事后确认。

以上介绍的条形码技术是最早的也是最著名的和最成功的自动标识与数据采集（AIDC）技术。AIDC技术指的是不用键盘直接将数据输入到计算机系统、可编程逻辑控制器（PLC）或其他微处理器中。它包括条形码、射频标识与数据通信（RFDC）、磁条、语音和视觉系统、光学字符识别（OCR）、生物统计等。其中射频标识（RFID）是AIDC目前最热门的技术，虽然已出现了很长时间，但各厂商的格式一直不兼容，正由国际标准化组织（ISO）进行标准化工作。RFID提供了不直接接触采集物品信息的手段，读写距离范围在几毫米到几米之间。标签也有各种形式，可以是信用卡大小的卡片、极小的注射到跟踪动物体内的异频雷达收发器或火车集装箱上的砖形标签。RFID技术的实际应用取决于制造商和应用环境，所用频率范围从125kHz到5.8GHz。制定RFID标准有许多障碍，比如全球可用的频率范围，但现在标准化工作已开始。RFID技术最大的优点是非接触性能，阅读距离可达几十米。其缺点也在于此，同时阅读的多种标签就需要采取措施来解决。

四、电子数据交换

（一）电子数据交换的定义和发展阶段

电子数据交换（EDI）技术是指不同的企业之间为了提高经营活动的效率，在标准化的基础上通过计算机联网进行数据传输和交换的方法。EDI的目的是通过建立企业间的数据交换网来实现票据处理、数据加工等事务性作业的自动化、省力化、及时化和正确化，同时通过有关销售信息和库存信息的共享来实现经营活动的效率化。需要指出的是，企业在应用EDI时不仅应关注在供应链参与各方之间传送信息的及时性和有效性，更重要的是如何利用这些信息来实现企业各自的经营目标和实现整个供应链活动的效率化。EDI的主要功能表现在以下几个方面：电子数据传输和交换，传输数据的存证，文书数据标准格式的转换，安全保密，提供信息查询，提供技术咨询服务，提供信息增值服务等。《财富》杂志评选出的全球500强企业都应用EDI系统与它们的主要顾客和供应商交换商业信息。

EDI的发展经历了三个阶段。在EDI的最初发展阶段，一般由大企业以自己设计的数据格式和系统构造建立以本企业为中心的EDI系统。通过在业务往来频繁的企业设置EDI终端来处理和交换有关订货、库存、销售时点数据、需求预测以及运输日程通知等方面的信息。对于大企业来说，为了获得和维持竞争优势地位，需要建立自己的EDI系统。对于有频繁业务关系的企业来说，利用EDI系统不仅可以减轻票据处理、数据输入输出等事务性作业，而且可以减少库存，缩短订货时间。这个阶段有两个特征。一是由一个大企业主导，建立该企业和其他多个企业间的信息及时交换的EDI系统。二是存在多个以大企业为中心的EDI系统。每个EDI系统采用各自的数据格式和代码，缺乏统一的EDI标准格式。

在EDI发展的第二阶段，随着业务范围的扩大和竞争的需要，主导EDI系统的大企业扩大EDI的使用对象。同时，许多企业由于与多个大企业有频繁的业务关系，必须利用不同的EDI系统。EDI使用范围的扩大使更多的企业通过EDI连接在一起交换信息共享资源。但是使用者必须对应多个不同数据格式和不同代码的EDI系统，不得不增加投资添置计算机终端，同时必须对应不同EDI系统重复输入数据，增加事务性作业成本。从行业范围来看，由于存在多个不统一的EDI系统，造成重复投资，增加成本。

在EDI发展的第三阶段，为了克服EDI标准不统一所带来的问题，需要利用EDI的各方达成广泛的共识，建立统一的EDI标准，避免重复投资，节约成本，提高EDI运用效率。特别是对于物流行业来说，由于它的业务涉及其他许多行业，在建立本行业统一的EDI标准（如与计算机终端的连接方法、数据格式、系统结构等）之时，必须考虑兼容其他行业的EDI标准。为了推进EDI的标准化工作，联合国欧洲经济理事会（UN/ECE）在1987年公布了一套名为UN/EDIFACT的EDI国际标准。UN/EDIFACT是一种用于行政、商务和运输业的电子数据交换的标准文书数据格式。国际标准化组织为该标准配套制定了一套程序规则（SYNTAX RULES，ISO 9735）。目前，UN/EDIFACT标准已占据全球EDI标准的主导地位。

（二）EDI系统的构成和EDI的通信方式

1. EDI系统的构成

EDI是通过计算机联网进行数据传递和订货等交易活动，不需要人的直接介入，因此利用EDI的当事者之间必须预先确定EDI系统的结构和标准。一般地说，EDI系统由以下四个方面构成（见图10—17）：关于信息传送方式的规定、关于信息表示方式的规定、关于系统运行操作的规定和关于交易业务的规定。

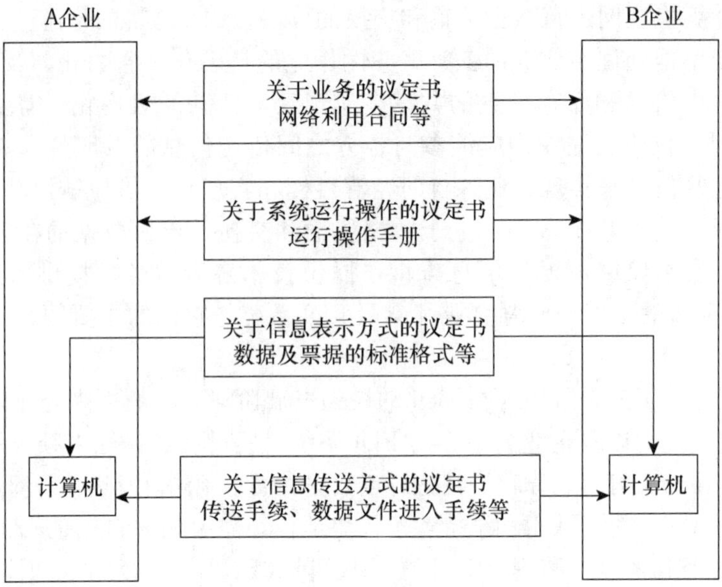

图 10—17 EDI 结构

资料来源：保阿荣司：《物流管理基础》，196 页，北京，税务经理协会出版社，1988。

这些规定（或称为议定书）是利用 EDI 系统的各方达成的共识。这些规定实际上是对这四个方面涉及的内容进行标准化工作。其中最重要的标准化是信息传送方式的标准化和信息表示方式的标准化。信息传送方式标准化是指为了在不同的计算机之间传送信息对通信线路的类型以及传送控制方式等方面进行决策。具体的内容包括通信速度、数据格式、数据长度、检查方法等方面的标准化。信息传送方式标准化工作还包括应用系统界面与数据格式之间相互转换方式的标准化。信息表示方式的标准化是指对应 EDI 网络传送的业务类型确定对该业务信息内容的表示方式并标准化。具体的内容包括数据代码、信息的格式等方面的标准化。

2. EDI 通信方式——VAN

EDI 通信主要采用增值网（VAN）方式。VAN（value added network，又称为在线系统（on line system））是指通过利用（一般是租用）通信公司的通信线路连接分布在不同地点的计算机终端形成的信息传递交换网络。该网络向利用者提供服务，如计算机之间的联网、数据交换服务、通信线路阻塞时的迂回中继等。VAN 是实现 EDI 功能的外部设备。目前广泛应用的销售时点数据（POS）、电子订货系统（EOS）都是 VAN 应用的具体形式。应用于 POS 系统的 VAN 除了传递销售时点数据之外，还能通过对销售时点数据加工计算求得每个商品的利润、商品周转率，区分畅销商品和滞销商品。VAN 的附加价值表现在能提供这些服务方面。VAN 的分类如表 10—1 所示。VAN 按使用目的分为业务共同利用型网络（企业间数据交换网络）、通用数据通信网络和数据库服务网络，按应用范围分为大企业主导的 VAN、行业 VAN 和地区 VAN。

表 10—1 VAN 的种类（按使用目的分类）

业务共同利用型网络（企业间数据交换网络）	流通 VAN：提高流通效率为目的的流通业者共同利用型网络。具体应用业务：在线订货系统即电子订货系统（EOS），交易信息交换，商品信息，支付信息，POS 系统支援，POS 数据分析等。

	物流 VAN：物流管理为目的的物流业者共同利用型网络。具体应用业务：共同物流，物流追踪等。
	金融 VAN：提高金融业务处理效率和金融服务为目的的金融业者共同利用型网络。具体应用业务：企业间结算，银行各店铺终端设备在线连接，信用卡网络，企业与银行间转账，资金运用，金融信息提供等。
通用数据通信网络	不拘泥于具体的数据内容，仅仅作为数据通信的媒介使用的网络。具体应用业务：计算机通信网络（电子邮件），国际数据通信网络等。
数据库服务网络	数据库服务为目的的服务型网络。

资料来源：浅野恭右：《流通 VAN 的实际》，19 页，东京，日本经济新闻社，1992。

3. 物流 EDI

EDI 最初由美国企业应用在企业间的订货业务活动中。后来，EDI 的应用范围从订货业务向其他的业务扩展，如 POS 销售信息传送业务、库存管理业务、发货送货信息和支付信息的传送业务等。近年 EDI 在物流中得到广泛应用，称为物流 EDI。所谓物流 EDI，是指货主、承运业主以及其他相关的单位之间通过 EDI 系统进行物流数据交换并以此为基础实施物流作业活动的方法。物流 EDI 的参与单位有货主（如生产厂家、贸易商、批发商、零售商等），承运业主（如独立的物流承运企业等），实际运送货物的交通运输企业（铁路企业、水运企业、航空企业、公路运输企业等），协助单位（政府有关部门、金融企业等）和其他物流相关单位（如仓库业者、专业报关业者等）。物流 EDI 的框架结构如图 10—18 所示。

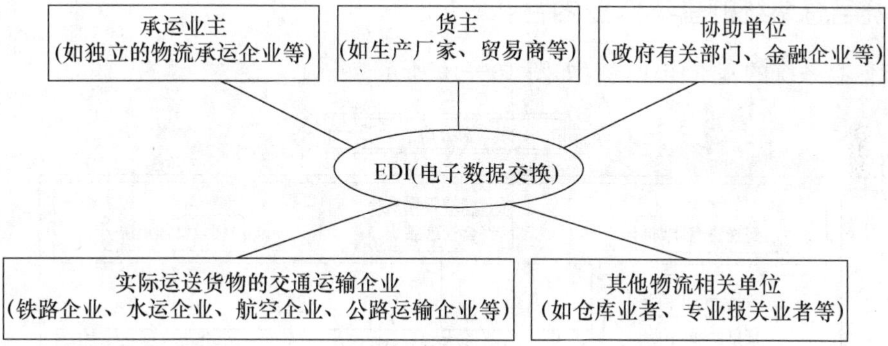

图 10—18　物流 EDI

物流 EDI 的优点在于物流链组成各方基于标准化的信息格式和处理方法，通过 EDI 共同分享信息，提高流通效率，降低物流成本。例如对零售商来说，应用 EDI 系统可以大大降低进货作业的出错率，节省进货商品检验的时间和成本，迅速核对订货与到货的数据。

应用传统的 EDI 成本较为昂贵。一是通过 VAN 进行通信的成本较高，二是制定和满足 EDI 标准是一项较为困难的工作，因此只有大企业得益于规模经济的效应，能从利用 EDI 中得到利益。由于费用的因素限制了 EDI 在中小企业中的应用，近年来，互联网的迅速普及，为物流信息活动提供了快速、简便、廉价的通信方式。从这个意义上说，互联网将为企业进行有效的物流活动提供坚实的基础。

第 4 节　物流信息系统

一、物流信息系统概述

（一）物流信息系统的概念

物流信息系统作为物流系统的子系统，是指由人员、设备和程序组成，为物流管理者执行计划、实施、控制等职能提供信息的交互系统。

物流信息系统建立在物流信息的基础上，只有具备了大量的物流信息，物流信息系统才能发挥作用。在企业的生产经营活动中，物流信息系统与各种物流作业活动密切相关，具有有效管理物流作业系统的职能。它有两个主要作用：一是随时把握商品流动所带来的商品量的变化；二是提高各种物流业务的作业效率。

（二）物流信息系统的功能

物流信息系统的作用主要通过三个层次的功能来实现。

（1）战略决策层：这是物流信息系统的最高层次的功能，主要用于制定物流战略与经营决策，特别是长期物流战略的制定。

（2）管理控制层：位于物流信息系统功能的中间层次，主要功能包括采购管理、配送管理、库存管理、客户服务管理等。

（3）业务处理层：位于物流管理信息系统的底层，主要功能是记录物流活动最基本的内容，如接收客户订单、安排出入库作业、仓库运营、配送工具安排等具体物流活动。

二、物流信息系统的基本作业内容

物流信息系统的基本作业内容如图 10—19 所示。

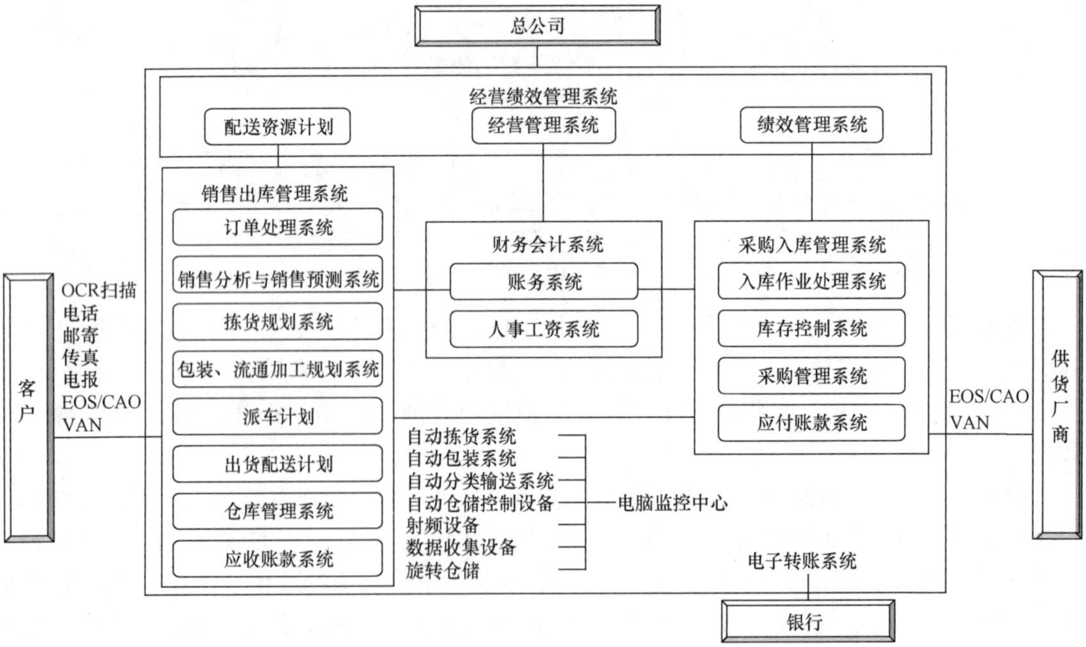

图 10—19　物流信息管理作业流程图

三、物流管理信息系统

物流管理信息系统包括销售出库管理系统、采购入库管理系统、财务会计系统和经营绩效管理系统。

（一）销售出库管理系统

销售出库管理系统所涉及的作业主要包括从客户取得订单、进行订单处理、仓库管理、出货准备到实际配送商品全过程。对内的作业内容则是进行订单需求统计，传递到采购入库管理系统作为库存管理的依据，并从采购入库管理系统取得入库数据；在商品发货后将应收账款转入会计部门做转账用；最后将各项内部数据提供给经营绩效管理系统作为考核参考，并从经营绩效管理系统取得各项经营指示，如图 10—20 所示。

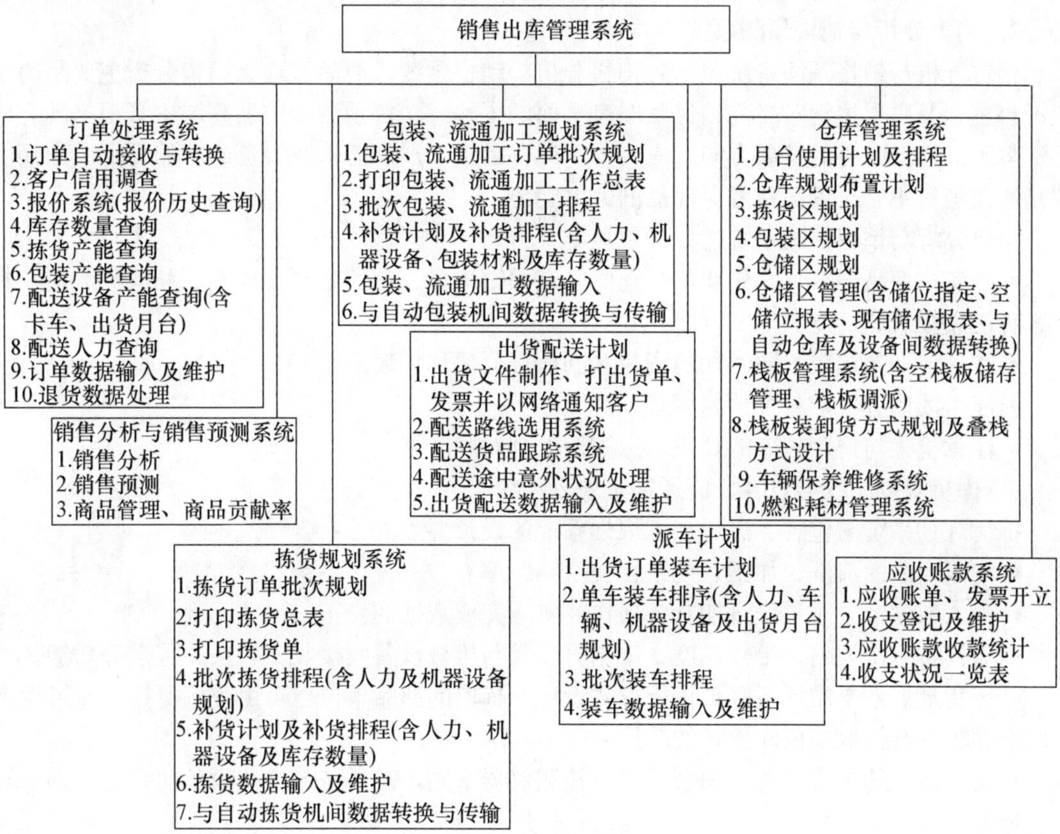

图 10—20　销售出库存管理系统

销售出库管理系统包括以下子系统。

1. 订单处理系统

订单处理系统主要包括两种作业，即客户询价、报价与订单接收、确认及输入。

订单处理系统的设计要点如下：

- 所需输入数据包括客户资料、商品规格资料、商品数量等。
- 日期及订单号码、报价单号码由系统自动填写，但可修改。
- 具备按客户名称、客户编号、商品名称、商品编号、订单号码、订货日期、出货日期等查询订单内容的功能。

- 具备客户的多个出货地址记录，可根据不同交货地点开立发票。
- 可查询客户信用、库存数量、产能分配状况、设备工具使用状况及人力资源分配。
- 具备单一订单或批次订单打印功能。
- 具备由客户名称、客户编号、商品名称、商品编号、最近报价日期、最近订货数据等查询该客户的报价历史、订购出货状况和付款状况等资料，作为对客户进行购买力分析及信用评估的标准。
- 可由销售主管或高层主管随时修改客户信用额度。
- 具备相似产品、可替代产品资料，当库存不足无法出货时，可向客户推荐替代品以争取销售机会。
- 可查询未结订单资料，有利于出货作业的跟催。

2. 销售分析与销售预测系统

销售分析与销售预测系统包括：销售分析、销售预测、商品管理。销售分析主要是为了让销售主管及高层主管对当前销售状况有全面的了解。销售预测是协助高层主管根据现有销售资料预估物流中心的发展方向，应对未来库存需求、产能需求及投资成本的需求。商品管理是协助销售主管了解消费者对商品的偏好趋势。

销售分析与销售预测系统的设计要点如下：

- 具备按商品、客户、作业员、仓库等查询销售量、销售金额、成本、利润等数据及打印各种汇总报表的功能。
- 在固定期间比较不同时期的资料并制作百分比评估表。
- 能由使用者自定各种预测模式。
- 注意检索与排序程序的算法，以缩短处理时间。

3. 拣货规划系统与包装、流通加工规划系统

拣货规划系统与包装、流通加工规划系统的设计要点如下：

- 购入商品的清洗、加工、规格化。
- 输入数据为分派工作日期及各项作业实际完成数据的修正。
- 需具备批次规划、工作调度、单据打印及与机械设备间接收、转换、传送等功能。
- 拣货规划系统需具备多种拣货方式设定，拣取的商品单位也可由程序更换，并可设定不同仓储单位及拣取单位间数量的转换。
- 由于使用的拣货设备、识别工具及检测仪器不同，需具备与这些设备间数据识别、转换及处理的能力。
- 由于各种商品所需流通加工处理的程序不同，包装、流通加工系统需有流通加工程序及设备需求设定的功能。
- 包装、流通加工系统具有组合包装模拟分析及拆包作业分析功能。

4. 派车及出货配送系统

派车及出货配送系统的设计要点如下：

- 派车系统中司机及随车人员的调派要考虑司机的工作能力、体力、以往工作量及曾配送区域的范围，以便有效地安排配送人员。
- 车辆配送中所遇困难及不能完成任务的原因也应返回系统中进行分析，避免车辆调派错误再次出现。

• 现有车辆不足以配送所有物品时，车辆调派系统还需具备估计所需车辆种类、台数的功能。

5. 仓库管理系统

为完成商品的销售和配送，除上述各项作业外还需机具设备的搬运装卸和仓库内部空间的有效使用。此系统包括两部分，一是机具设备的应用规划、使用管理及机具设备本身的保养维护，其中包括月台使用计划及调度、仓储区管理、托盘管理系统、托盘装卸方式规划、堆叠托盘方式设计、车辆保养维修、燃料耗材管理系统。另一个则是使物流中心有效利用现有空间的区域规划布置，包括仓库规划布置计划、拣货区规划、包装区规划、仓储区规划等。

6. 应收账款系统

当商品配送出库后，订购数据即由订单数据库转入应收账款数据库，会计管理人员于结账日调用此系统，将应收账款按客户进行统计并打印催款单及发票。发票的打印可比较灵活，将统计账款总数开成一张发票或以订单为基础开立多张发票。收到账款可由会计人员确认并登录，作为应收账款的销项并转为收支会计系统的进项。系统还可打印应收账款统计表、收支状况一览表等。

（二）采购入库管理系统

采购入库管理系统的工作内容包括：入库作业处理、库存控制、采购管理系统、应付账款系统，如图10—21所示。

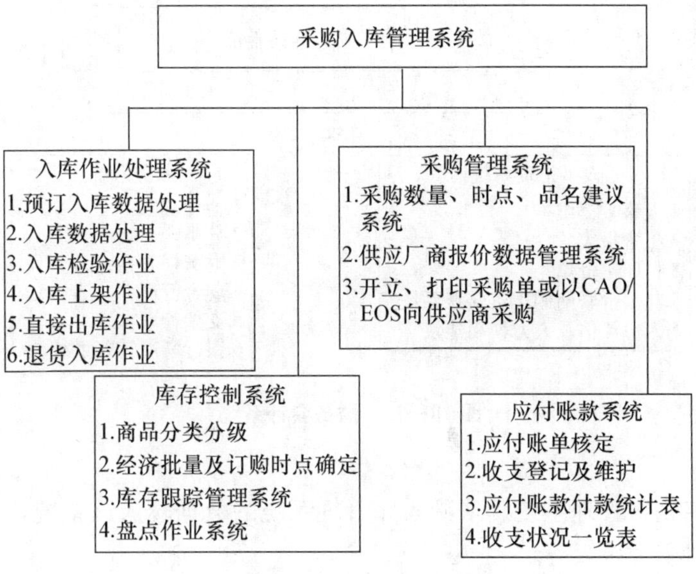

图10—21　采购入库管理系统

1. 入库作业处理系统

入库作业处理系统包括预定入库数据处理和实际入库作业。预定入库数据处理为入库月台调度、入库人力资源及机具设备资源分配提供参考。其数据来自：采购单上的预定入库日期、入库商品、入库数量等；供应商预先通告的进货日期、商品及入库数量。可打印定期入库数据报表。

实际入库作业则发生在厂商交货之时，输入数据包括采购单号、厂商名称、商品名称、商品数量等，可输入采购单号来查询商品名称、内容及数量是否符合采购内容并用以确定入库月台，然后由仓管人员指定卸货地点及摆放方式并将商品叠放于托盘上，仓管人员检验后将修正入库数据输入，包括修正采购单并转入库存入库数据库并调整库存数据库。退货入库的商品也需检验，可用品方可入库，这种入库数据是订单数据库、出货配送数据库、应收账款数据库的减项，还是入库数据库及库存数据库的加项。

2. 库存控制系统

库存控制系统主要完成库存数量控制和库存量规划，以减少因库存积压过多造成的利润损失。它包括商品分类分级、订购批量及订购时点确定、库存跟踪管理和库存盘点作业。

3. 采购管理系统

采购管理系统是为采购人员提供一套快速、准确的工具对供货厂商适时适量地开立采购单，使商品能在出货前准时入库并且没有库存不足及积压太多等情况发生。此系统包括四个子系统：采购预警系统、供应厂商管理系统、采购单据打印系统、采购跟催系统。

4. 应付账款系统

应付账款系统主要用于核算和管理供应商往来款项，从各种角度对往来款项进行分析、决策，使购销业务系统和财务系统有机地联系起来。包括应付账款核定、收支登记及维护、应付账款付款统计表、收支状况一览表。

（三）财务会计系统

财务会计系统主要包括账务系统与人事工资管理系统，如图 10—22 所示。

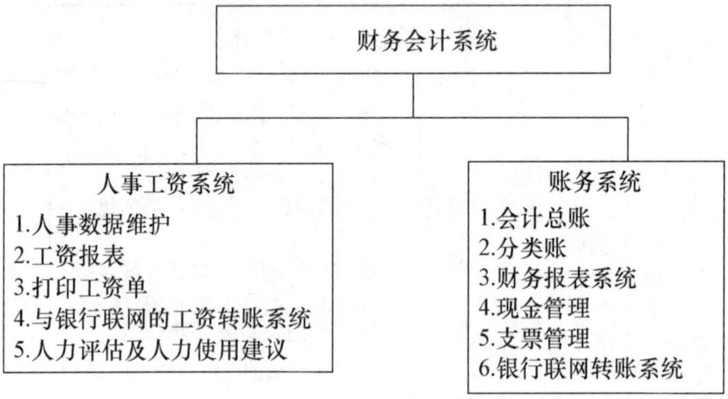

图 10—22 财务会计系统

1. 账务系统

账务系统可将销售管理系统、采购入库管理系统的数据转入该系统，并制作成会计总账、分类账、各种财务报表等。

2. 人事工资管理系统

人事工资管理系统包括人事数据的建库维护、工资统计报表打印、工资单打印以及与银行计算机联网的工资数据库。

（四）经营绩效管理系统

经营绩效管理系统从各系统取得信息，制定各种经营政策，然后将政策内容及执行方针告知各个经营部门，并将物流中心的数据提供给相关部门。

经营绩效管理系统包括配送资源计划、经营管理系统、绩效管理系统，如图 10—23 所示。

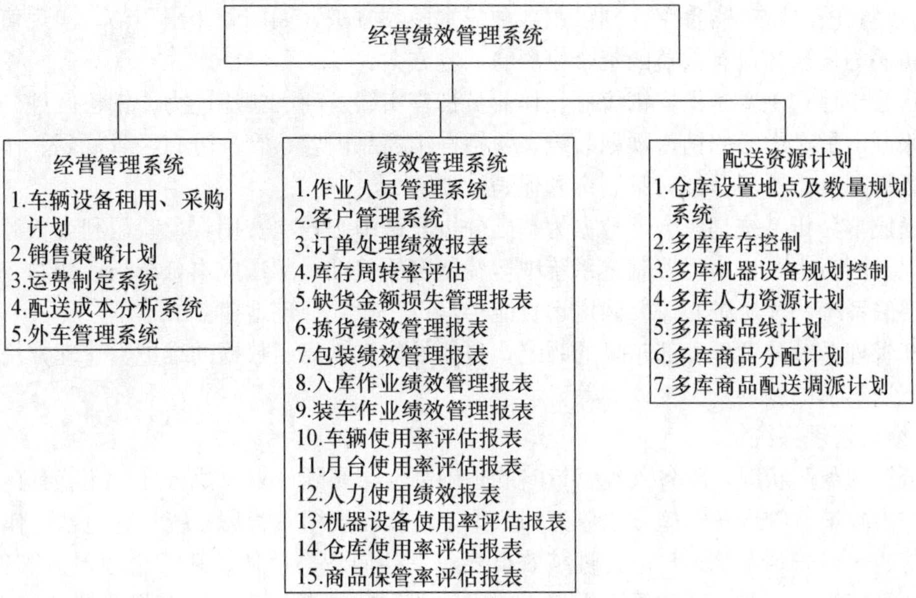

图 10—23　经营绩效管理系统

1. 配送资源计划

配送资源计划是在配送中心有多个运作单位时，规划各种资源及经营方向、经营内容。配送中心有多座仓库、多个储运中心或多个转运站时，应该设置多少仓储据点、仓库的位置如何才可满足市场开发的需求，而哪座仓库应存放哪些商品、商品存放量有多少才足以供应该区域的商品需求，所需仓库空间又需多大才足以存放该商品数量，适应这些配送活动，各据点又需具备哪些机械机具及人力资源，这些资源如何分配、彼此间又如何协调，是建立配送资源计划系统的目的。

仓库设置地点及数量规划系统需从外界收集数据来进行规划，所收集的数据包括区域人口数、年龄分布状况、区域销售商店分布状况、区域商品销售总金额、每一年龄层的消费品种等。根据这些数据来估计该区域的市场潜力、可销售的商品种类、销售金额与数量及设置的仓库数、仓库设立的地点等。

决定了设立仓库的数量及位置后，即可根据市场分析所得的数据来划分每个仓库所进销的商品种类，即多库商品线规划系统。再根据市场调查数据分析计算，则可求得各仓库所需各类商品数量，即多库商品分配计划。然后针对各仓库所需库存数量、机器设备、人力资源进行规划，并且协调、调派及控制，即为多库库存控制系统、多库机器设备规划控制系统、多库人力资源计划系统及多库商品配送调派计划系统。

2. 经营管理系统

经营管理系统供高层管理人员使用，以制定各类管理政策（如车辆设备租用、采购计划，销售策略计划，配送成本分析系统，运费制定系统，外车管理系统等），偏向于投资分析与预算分配。配送中心可通过自有车辆或雇用外部车辆来配送，主要是考虑车辆的管理方便性、投资大小及成本效益。车辆设备租用、采购计划系统是利用现有系统数据，如配送需求统计、车辆的调派现状、人力资源的利用率等作为车辆采购或雇用外部车辆的分析基础；决定采用外部车辆后还可进行多种外部车辆管理方案的选择，如采用租车公司专车配送或雇用货运公司仅作单程单批货物配送，是否雇用个人货车，运费计算，各租车公司或个人间的协调与管理；若决定自购货车，则可用各种成本回收方法，如回收年限预估、净现值法、决策树分析法等来选择最有效益的资金投资与回收方案。

销售策略计划主要是根据销售额、作业员销售实绩、商品销售能力、销售区域分布状况等数据来制定配送中心的销售规划政策，包括进销商品内容、客户分布区域规划、作业员销售额及区域划分、市场营销对策制定和促销计划等。

配送成本分析系统是以会计数据为基础分析配送中心各项费用，反映盈利或资源投资回收的状况，同时也可作为运费制定系统中运费制定的基准。配送成本分析与运费制定系统是非常重要的系统，配送中心需要确定运费能否赢得客户并合理地覆盖成本。

外车管理系统是管理外部车辆的系统，包括外部车辆雇用数据的维护、管理方法的选用分析、配送车辆的调度及调度计划等。

3. 绩效管理系统

物流管理盈利状况，除各项经营策略的正确制定与实际计划及执行外，还需有良好的信息反馈作为政策、管理及实施方法修正的依据，这就需要绩效管理系统。它包括：作业人员管理系统、客户管理系统、订单处理绩效报表、库存周转率评估、缺货金额损失管理报表、拣货绩效管理报表、包装绩效管理报表、入库作业绩效管理报表、装车作业绩效管理报表、车辆使用率评估报表、月台使用率评估报表、人力使用绩效报表、机器设备使用率评估报表、仓库使用率评估报表、商品保管率评估报表等。

作业人员管理系统包括作业销售区域划分、销售总金额管理、呆账率分析、票据期限分析等。

客户管理系统包括客户销售金额管理、客户信用管理、客户抱怨管理等。

订单处理绩效报表是指订单处理失误率分析、订单处理时效分析、订单处理量统计分析等。

库存周转率评估包括资金周转率分析与计算、单品周转率分析、某类商品平均周转率分析与比较。

缺货金额损失管理报表是库存盘点时比较盘盈盘亏并计算报废商品的金额及数量。

拣货绩效管理报表、包装绩效管理报表、入库作业绩效管理报表、装车作业绩效管理报表等均属仓库内部作业的管理考核报表，主要进行作业处理量统计、作业失误率分析等。

车辆使用率评估报表、月台使用率评估报表、人力使用绩效报表、机器设备使用率评估报表、仓库使用率评估报表、商品保管率评估报表等为仓库内部机具设备及人力资源的使用时间统计、效率评估及成本回收状况的显示，可用于机器设备使用政策制定的参考，或机具租用、采购的评估基础。

第 5 节　企业资源计划

一、企业资源计划概述

（一）企业资源计划的核心思想

企业资源计划（enterprise resource planning，ERP）就是在 MRPⅡ 的基础上通过前馈的物流和反馈的信息流及资金流，把客户需求和企业内部的生产活动，以及供应商的制造资源整合在一起，体现完全按用户需求制造的一种供应链管理思想的功能网链结构模式。ERP 是一种全新的管理方法，它通过加强企业间的合作，强调对市场需求快速反应、高度柔性的战略管理以及降低风险成本、实现高收益目标等优势，从集成化的角度管理供应链问题。ERP 的特征包括四个方面：一是超越了 MRPⅡ范围和集成功能；二是支持混合方式的制造环境；三是支持动态的监控能力，提高业务绩效；四是支持开放的客户机/服务器计算环境。

在管理技术上，ERP 在对整个供应链的管理过程中更加强调对资金流和信息流的控制，同时通过企业员工的工作和业务流程，促进资金、材料的流动和价值的增加，并决定了各种流的流量和流速（见图 10—24）。供应链管理还包括以下主要内容：战略性供应商和客户伙伴关系管理；供应链产品需求和计划；企业内部与企业之间的材料供应与需求管理；基于供应链管理的产品设计——制造管理；基于供应链的客户服务和物流管理；基于 Internet/Intranet 的供应链交互信息管理。

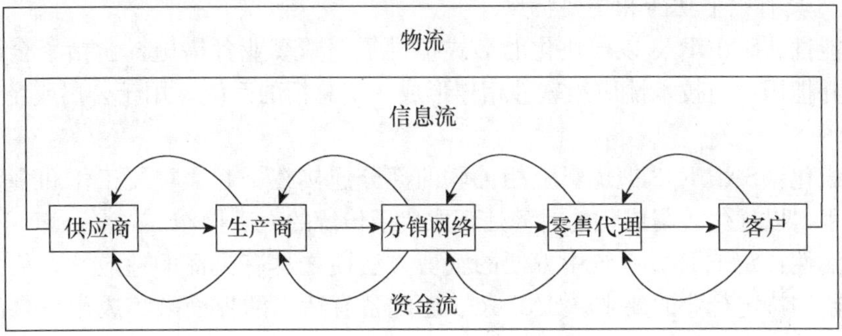

图 10—24　企业 ERP 管理价值链

ERP 已经打破了 MRPⅡ只局限在传统制造业的格局，并把它的触角伸向各行各业，如金融业、高科技产业、通信业、零售业等，从而使 ERP 的应用范围大大扩展。为给企业提供更好的管理模式和管理工具，ERP 还在不断吸收先进的管理技术和 IT 技术，如人工智能、精益生产、并行工程、Internet/Intranet、数据库等。未来的 ERP 将在动态性、集成性、优化性和广泛性方面得到更大的发展。

（二）ERP 与 MRP 的关系

1. MRP 是 ERP 的核心功能

MRP 主要用于订货管理和库存控制，它从产品的结构或材料清单出发，根据需求的优先顺序，在统一的计划指导下，实现企业的产销物信息集成，解决了制造业所关心的缺货与仓储的矛盾。MRP 作为生产计划与控制模块，是 ERP 系统不可缺少的核心功能。特别是 MRPⅡ是 ERP 的重要组成，MRPⅡ是以生产活动中的销售、财务、成本、工程技术等主要环节与闭环 MRP 集成为一个系统，覆盖企业生产制造活动所有领域的一种综合指定计划的工具。MRPⅡ通过周密的计划，有效地利用各种制造资源，控制资金占用，缩短生产周期，降低成本，提高生产率，实现企业制造资源的整体优化。MRPⅡ较好地运用管理会计的概念，实现了材料信息同资金信息集成，保证了资金流与物流同步，便于实时做出决策。

2. ERP 与传统 MRPⅡ的主要区别

ERP 除了传统 MRPⅡ系统的制造、销售和财务功能外，还借助网络通信技术的应用，使 ERP 系统得以实现供应链管理的系统集成，加快了信息传递的速度和实时性，扩大了业务的覆盖面和信息的交换量，提高了信息的敏捷通畅，增强了企业的竞争优势，促进了企业业务流程、信息流程和组织结构的变革，推动了 ERP 通过网络信息对内外部环境的变化做出能动反应，为企业进行信息的实时处理和决策提供了极其有利的条件。

二、ERP管理系统之一——SAP R/3

在实际管理活动中，ERP的实施主要是通过系统软件来进行的，即借助高度信息化的系统来实现整合的生产库存管理。如今这种系统的类型有多种，诸如SAP R/3，Baan，Triton等。这里为了对ERP的管理方法与运作有一个概括性的了解，我们简要介绍一种ERP管理系统SAP R/3。

SAP R/3是一个基于客户/服务机结构和开放系统的、集成的企业资源计划系统，其功能覆盖企业的财务、物流（工程设计、采购、库存、生产、销售和质量等）和人力资源等各个方面。

SAP R/3具有以下功能和主要特点：

（1）功能性：SAP R/3以模块化的形式提供了一整套业务措施，囊括了全部所需要的业务功能，并把用户与技术性应用软件相连形成一个总括的系统，用于公司或企业战略和运用的管理。

（2）集成化：SAP R/3把逻辑上相关联的部分连接在一起。重复工作和多余数据被完全取消，规程得以优化，集成化的业务处理取代了传统的人工操作。

（3）灵活性：SAP R/3系统中方便的裁剪方法使之具有灵活的适应性，从而能满足各种用户的需要和特定行业的要求。SAP R/3还配备有适当的界面来集成用户自己的软件或外部的软件。

（4）开放性：SAP R/3的体系结构符合国际公认的标准，使用户得以突破专用硬件平台及专用系统技术的局限。同时，SAP R/3提供的开放性接口，可以方便地将第三方软件产品有效地集成到SAP R/3系统中。

（5）用户友好：图标与图形符号简化了人机交互时的操作。统一设计的用户界面确保了工作人员能够运用同样熟悉的技术从事不同的工作。

（6）模块化：SAP R/3的模块结构使用户既可以一个一个地选用新的实用程序，也可以完全转入一个新的组织结构体系。

（7）可靠性：SAP R/3始终不断地为集成化软件的质量设立越来越多的国际标准。

（8）国际适用：SAP R/3支持多种语言，而且为跨国界操作而设计，可以灵活地适应各国的货币和税务要求。

下面就SAP R/3的生产计划和控制、销售与分销管理以及材料管理等系统的特征做一些简要说明。

1. SAP R/3的生产计划和控制

SAP R/3生产计划系统是一个综合性的企业资源计划系统，包括制造执行系统的全部功能。它完整地集成各种应用领域的所有业务功能，支持客户订单快速处理。客户可以用SAP R/3业务模型的组织实体同任何现有企业组织结构对应起来。SAP R/3支持跨越多个公司的事务处理，以及同一企业各组织实体之间的分销需求计划。

SAP R/3生产计划系统是一个联机处理的制造资源计划系统，同所有SAP R/3应用程序完全集成。它完全支持MRPⅡ模型，同传统的MRPⅡ系统不同，它不仅集成了财务和物流的计划和执行功能，而且将企业的利润控制贯穿于整个供应链，完成了供应链到价值链的升华。此外，SAP R/3还提供制造执行系统的所有功能，具有强大的面向客户并充分集成各种销售业务的功能。

在所有 SAP R/3 事务处理中，用户可享受到集成的好处。例如：

（1）将销售订单的需求量转换至主计划，新的客户需求量立即显示在主计划员面前，这是保证按时发货的最快途径。

（2）所有存货消耗量及货物入库事务处理同步地过账到总账科目。

（3）车间订单确认及倒冲发料联机过账到所有总账的有关科目；生产成本中心及时从生产作业活动得到贷方金额；分配到生产成本采集点的成本是同步发生的；任何时候用户都可以联机得到与生产有关的最新成本信息。

（4）对于订货生产类型的制造商而言，可以连续监控所有与订单有关的成本，甚至可以用 SAP R/3 对比冻结成本、实际/目标成本和所有发生的成本。当厂商向客户发货并开具发票时，就会立即知道利润有多少。

显然，SAP R/3 集成了所有的业务流程，是业务流程重组的最佳方法，其功能主要有：制定销售计划；编制基本生产进度计划；生成材料需求计划；市场预测；生产资源计划；能力计划；生产活动控制和工厂数据采集等（见图 10—25）。

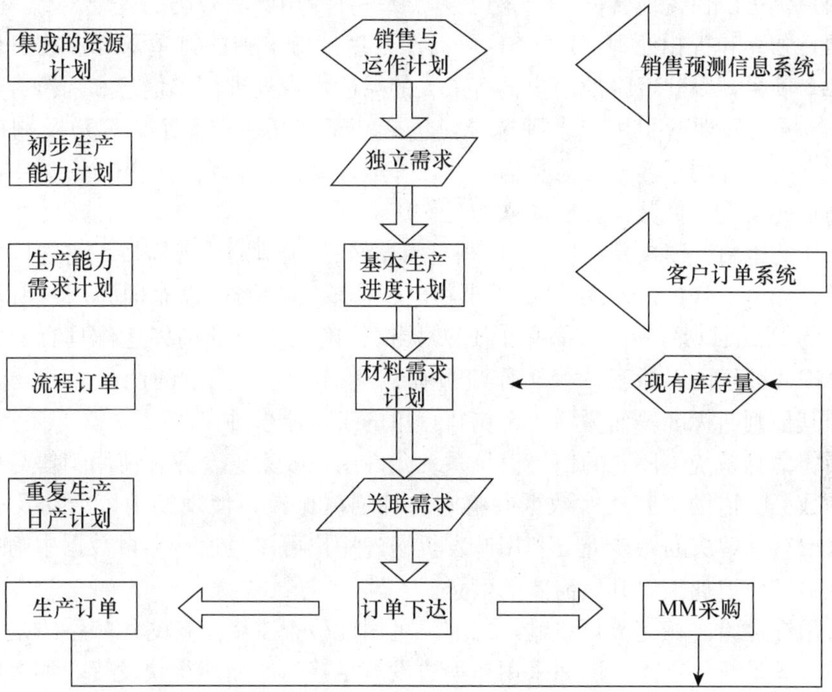

图 10—25　SAP R/3 的 MRPⅡ模型

2. SAP R/3 的销售与分销管理

SAP R/3 的销售与分销（SD）管理强调销售与分销需用世界一流的方法服务于全世界用户，SD 是一种处理过程驱动的应用，全面集成于 R/3 系统中。SAP R/3 中的 SD 特征表现为：

（1）多语种、多货币处理。多企业、多语种、多种货币的销售订单处理功能，使用户用一种语言、输入一个指令便可进行一次国际业务。应用 R/3 SD 与其他国家的伙伴进行交易时，可以自动转换成其他国家语言和货币。通过确定国界，每一个伙伴收到的业务内容是用相应的本地语言和货币来表述的，这将有助于服务全球市场。

（2）微调技术。微调技术能使 SD 适应用户企业功能的需要，通过微调订单类型，用户可以很快地调整系统，以满足用户不断变化的业务需求，而不是在初始运行的基础上重组用户的商业过程，使用户的销售额不会因为业务的调整而出现较大的滑坡。

（3）定价灵活性。R/3 SD的定价灵活性和完备性很强，以致1995年1月Benchmarking Partners of Cambridge Mass对其进行评价时，认为这一能力“是世界级的，甚至可以支持最富挑战性的行业”。用户可以利用有关规则来定价，并且存储最复杂的定价情况。R/3 SD使用户的服务代表从复杂的定价活动中解脱出来，使他们专职于销售和服务。随着SD定价的深入，用户将在竞争中越来越主动。

（4）订单状况和顾客服务查询。订单状况/顾客服务查询使用户很方便地从用户系统中获得有关订单情况的大量信息，通过系统用户甚至可以用图表表示订单的进度，客户服务人员在客户询问之前便可以回答有关订单状况等问题。

（5）优化的订单输入。在日常订单处理中，只要输入客户名、产品、数量，其他都由主数据来处理，基于有效性和信贷，用户只需点击一下鼠标，订单便被登记入库。而且R/3 SD大量的订单输入功能允许用户像处理一份简单文件那样记录销售订单，与此同时，在该订单内，用户仍可以快速地转向一个客户号码或一种专用产品号码的登记。

（6）项目独立和折扣处理。R/3 SD可以像处理一份单独的订单那样，在一份销售订单中处理每一个项目，因此，将使用户具有最大的灵活性来处理订单信息和保持客户满意。特别是SD中的折扣处理给了用户多种选择，包括基于产品、产品组、客户及购买群体的折扣。该功能主要设计用于客户包装货物行业，一般遵循折扣原则，将用户开票中的不便减到最小，使用户的员工去做其他更有意义的工作。

（7）EDI的运用。EDI是销售中的一个关键部分。用户的业务需要尽可能以最快捷的方式进行传递，如电子数据。使用EDI意味着电子传输的数据可以立即为用户所获得，并且应用于用户的R/3 SD系统中。SD中的EDI接口将确保用户的销售运作具有最快的速度和集成功能。EDI甚至可以激活一个工作流过程。例如，由于无效的产品号，或者因信用持有，或者因其他判断标准等而激活一个销售订单的工作流事件。

（8）销售信息系统。R/3的销售信息系统允许用户收集、合并和使用销售与分销活动中任何类型的数据。借助研究实时数据并将它与计划值比较，使现场销售活动及早判断出问题，随后采取行动解决问题或充分利用开发机遇。用户可以迅速从大量数据中筛选出最重要的信息，并且准确地加工出其所需要的信息。

（9）可用性检验。在完成订单输入之前，可用性检查主要是核对用户手边是否具有足够数量的产品以满足新订单需求。如果用户手边没有足够的产品能很快发货，那么可用性检查将随时确定何时可获得所需的数量。用户可以规定用户的系统是否基于可用的约定（ATP）数量来进行检查，或者它是否按照计划来进行检查。系统还考虑补货的提前期。用户甚至可以检查多个工厂的可用性。所有这些都有助于用户做出销售订单的决策，并且在提升客户满意度的同时，帮助用户按计划完成商业过程。

（10）与材料管理和财务会计的集成。与材料管理集成后，当用户生成的一份销售订单包括第三方项目时，该系统自动在采购功能中生成采购申请。这些采购产品可能被直接送到客户处仓库，以便与订单上其他产品一并装运。一旦用户分配销售部门和工厂，便开始了与财务会计系统的集成。在一个公司代码内，保留若干个销售部门可能会十分有效，一个单一工厂可以被分配若干个销售部门。当用户进行这些分配时，便产生了R/3系统中自动财务数据的移动和连接。这就是决定了R/3 SD具有世界级声誉的系统集成。

(11) 批量控制和服务管理。SD的批量控制功能允许用户在销售订单上分配单个批量，或者在装运处理时进一步通过检查确保批量细目能满足客户的清单需求，同时通过检查确保截止日期以及满足客户的其他任何需求。此外，SD中的服务包含一整套客户服务功能，包括呼叫管理、担保管理和服务合同处理等。它还包含出租或采购设备的维护和修理合同，并允许用户记录全过程，确保即时的服务响应和准确无误的开票。

(12) 退货、信贷和借贷处理以及信贷限额检查。SD中的退货、信贷和借贷处理功能主要处理由客户归还的物品，意见收集功能包括不管有无优先销售的参考，均免费传送有关退货、借贷和借贷备忘录。该系统将通过处理交货和开票冻结来帮助获得精确、有效的交易过程，以备另一部门需要查阅这些交易过程时使用。R/3 SD在信贷检查方面也赋予用户极大的灵活性。用户可以在销售周期中的任何时间，从订单收货到交货整个过程，利用信贷限额检查功能，并且当限额超出时确定系统的响应。

(13) 产品结构的配置。可配制的产品是另一个具有极大灵活性的领域，当用户在销售订单上输入一个可配置的产品时，R/3 SD便自动调用可配置编辑器，用户可以很容易地从预定配置选项中进行选择。用户可以定义独立的选项或生成具有多种配置层次的材料系列，甚至可以对配置的产品中的关键部件实施可用性检查。

(14) 外贸管理功能。不断变化的外贸规定和关税对任何一个国际性组织都是艰难的挑战，这些约束将影响用户的整个供应链。R/3 SD的外贸功能可以使用户有效地满足这些需求，包括支持EDI接口用于外贸信息，出口许可证的灵活管理，对当局的自动申报，以及最惠国条约的陈述。R/3 SD将确保国境界限不再是用户的组织机构发展的障碍。

(15) 装运和运输管理。R/3中装运和运输管理使SD与R/3系统中材料管理和财务会计模块紧密结合在一起。因此，不论用户在系统何处，当前装运信息可以控制在用户手中。该装运模块除了对灵活的装运出口提供综合支持外，还提供了对外贸处理过程、装运截止日期的监控、装运的灵活性的综合支持，以及对运送、包装和装卸的综合支持。

3. SAP R/3的材料管理

材料管理模块涵盖了一个集成的供应链中所有的有关材料管理的任务（材料需求计划、采购、库存和仓库管理），其特点表现在以下方面：

(1) 该系统能为计划采购提供重要的交货情况和市场供应情况，并且控制材料采购从请求购买到收货、检验、入库的详细流程，当货物接收时，对相关的采购单进行自动检查。

(2) SAP R/3能对供应商的谈判和报价进行管理和比较，同时对价格实行控制，以取得最佳的效益，对供应商和采购部门的绩效评估可以协助采购部门确定采购环节中有待完善的地方。

(3) 系统还使采购与应付账款、收货和成本核算部门之间建立高效的信息交流，以保证企业的某一环节所提供的信息能在其他有关的环节中反映出来。系统通过建立和维护采购订单方式，来实现采购合同跟踪、安排供应商交货进度和评价采购活动绩效等目标，从而提高采购活动的效率，降低采购成本。

(4) 库存管理系统负责现有库存的管理，直到它们被消耗。其基本目标就是要帮助企业维护准确的库存数。它应能支持各种物品库存状况、库存变化历史以及发展趋势的联机查询，并能从多层次去查看库存状况。此外，该管理系统能提供基本的库存分析报告，帮助评价库存管理的绩效。

(5) 仓库管理系统保证了仓库商品最优的库存吞吐量。不同的盘库方法都可用于库存的清点，范围可以从样品库存到连续库存。

案例分析

联合利华的供应链大揭秘

你从超市货架上取走一瓶清扬洗发水时意味着什么？对联合利华中国公司来说，答案是1 500家供应商、25.3万平方米的生产基地、9个区域分仓、300个超市和经销商都因此而受到牵动。

这是构成这家公司供应链体系的一些基本节点。如果让它的全貌更明晰一些，你将会看到它的一头连接着来自全球的1 500家供应商，另一头则是包括沃尔玛、乐购、屈臣氏和麦德龙等在内的总共约300个零售商与经销商所提供的超过8万个销售终端。但仅凭这条单一的纵贯线，还不足以支撑起它复杂庞大的体系，另外两个维度的填充物是：清扬洗发水、力士香皂、中华牙膏、奥妙洗衣粉等16个品牌3 000多种规格（SKU）的产品，以及这家公司在中国超过100亿元的年销售额。

如何让这个体量庞大的组织灵活运转起来？事实上，每当你从超市货架上取走一瓶清扬洗发水时，这个极为平常的、每天都有可能发生的小行为便开始对联合利华整个供应链组织的运转造成影响。

一、深度数据挖掘与需求分析

和家电、汽车等耐用消费品能够比较容易地预测消费的趋势和周期性不同，快消行业的预测有点麻烦，因为消费者的购买频次更高，消费结构也更为复杂，同时还充满不确定性。如果让一个联合利华的销售人员列举他最头疼的情况，大客户采购一定是其中之一，因为超市的现有库存可能顷刻间耗尽，货架上随即贴出明黄色的“暂时无货”标签，在一堆价签牌中发出一个不和谐的信号，告知推着购物车前来的顾客无须靠近，而他手头的工作内容会立即变成解决这个棘手的问题。

为了避免类似的手忙脚乱，或者说得更商业一些——如果不想产生多余的库存，继而带来更多的成本，也不想丢掉生意，联合利华需要准确地预测出自己未来的销售情况。

这份工作的第一步看上去更像是需要精力和耐力的体力活：千方百计去捕捉消费者随时产生的购买行为，或者换种称呼方式——历史销售数据。

每一天，分散在全国各地的联合利华销售人员在巡店后会将数据输入一台类似手机的手持终端，源源不断地把销售情况汇总到公司数据库中心的主机里，再加上直接对接的诸如沃尔玛POS系统和经销商的库存系统等，联合利华的管理人员不管是在上海的中国总部办公室还是在伦敦的全球总部办公室里，都可以了解到在中国超过1万家零售门店任何一天的销售情况。其余还有7万多个销售终端，数据更新以周为单位。

数理逻辑高强的需求计划经理热爱这些在统计学上被视为大样本的数据来源，这可以保证对销售预测的波动——所谓波动，便包括上面那位销售人员所头疼的难以预料的团购情况——将控制在合理的水平。

但仅仅是通过汇总我们的购买行为这类数据，还不足以让需求计划经理胜任，准确预测出联合利华在未来一段时间（例如13周）内的销售情况——尽管那些代表预测销量和实际销量的分析曲线，也实时在他们的电脑屏幕上循环滚动着——依赖数学模型和复杂计算只能在理论上完成工作。

要对这瓶洗发水背后的庞大体系有所理解，更需要经验——联合利华的市场部门对特定一款洗发水制定了是降价还是买赠的促销方案、在多长时间段内投入了多少宣传力度、覆盖了多少区域或渠道等，都会影响这款洗发水最终增加的销量。因此，这位需求计划经理也同时要懂营销、懂生产，常常去和销售、财务、市场等团队进行沟通。

联合利华按照16个品牌的产品形态划分出四大业务类别，每个品类都有这么一组团队来预测产品的销售情况。只有通过他们，诸如从超市货架上取走一瓶清扬洗发水这一小小行为，才得以进一步影响采购生产环节的实际运作。

在超市，当洗发水成品按瓶为单位被销售出去时，联合利华的采购部门得到的信息则是原材料A和包装材料B又将会有新的需求——在采购人员的计算机里，一瓶清扬洗发水会被分解成40多种原材料，在材料清单（bill of material）上化身为多个普通人不太接触的专业名词。

二、全球协同采购

按照联合利华实行的全球范围的采购与生产体系，消费者购买行为对采购和生产的影响甚至是全球性的。

目前，联合利华公司旗下400多个品牌的产品在全球270个生产基地生产，所有涉及原料和包装材料的采购问题，包括采购地和供应商的选择，以及采购规模及频次的安排，都由全球统一进行调配。这种全球化的操作将在成本节约上体现出规模效应，但也对公司的供应商管理水平提出了挑战。

2002年，随着中国加入WTO，联合利华在上海成立了全球采购中心，在世界最大原材料生产地之一的中国向全球出口原料及成品，它在合肥的生产基地就是在这之后建立起来的，这里生产的牙膏最远要销售到智利。目前，联合利华中国的供应商总规模在1 500家左右。公司的采购、质量管理和研发部门将共同承担对供应商的管理工作。

一些能够同时提高双方效率的合作会在这里开展：一些在内部评定为A级的供应商被视作公司的战略合作伙伴，它们会为联合利华生产定制化的材料，而联合利华自己的设计人员、研发人员往往也对供应商的设备、流程等很熟悉，双方会针对一款新产品在很早就开始合作，联合利华会从技术方面对供应商提供指导。

但这样的合作是有前提的，联合利华对供应商有一套全球共同执行的标准。公司一个跨部门的管理团队每年会对这些A级供应商现场审计两次，除了技术水平、产品质量、资金规模等常规方面，还包括检查污水处理装置这类关于环保、用工条件等社会责任方面的原则。供应商如果在其中哪个方面没能达到要求，就将面临从联合利华的采购名单里消失的风险。

三、高效协同生产

接下来，生产部门也将和计划部门对接，对这瓶被你从货架上拿走的清扬洗发水做出响应。

根据你所购买的具体是哪款洗发水，生产计划经理将做出决策。他必须通过采购团队掌握所有供应商的交货能力，通过工厂负责人了解目前生产线的实际产能，通过需求计划经理得到销售预测——它来自于这家公司对你最初那个购买行为的灵敏捕捉。之后，他将这三类信息汇聚在一起，统筹出下一段时期内（例如13周至一年）的产能供应水平。

根据你所购买的具体是哪款洗发水，最终的生产安排将被制定出，去指挥一个年产值为140亿元的生产基地具体在每一周、每一天里如何动用它的每一家工厂、每一条生产线，例如按照速度和专长不同，10来条洗发水生产线应该如何安排，去生产联合利华旗下300多个规格的洗发水，以尽可能达到产能最大化，使那些分散在全国各地甚至世界其他地区不断增长的购买需求得到满足。

2003年，联合利华在合肥工业园建立了家庭及个人护理产品生产基地。目前，该基地的面积已扩张到了25.3万平方米，2011年的产值已是2003年5亿元的28倍，成为联合利华全球最大的生产基地。

至于你打算在何时何地购买这瓶清扬洗发水这个小行为，将给联合利华的分销资源计划员（distribution resource planner）带来一个复杂的统筹学问题。

四、渠道供应链管理，赢在货架

联合利华在全国设有9个销售大区，合肥生产基地制造出的成品将首先从总仓被发往上海、广州、北京、沈阳、成都等9个城市的区域分仓中。为了保证这瓶洗发水能够准时到达最终的货架上，分销资源计划员既要规划路线，又要考虑库存成本和各条运输线上波动的运输能力。

比如，春节将是联合利华产品的销售旺季，而临近春节时往西方向的铁路线会很拥挤，公路运输也比较忙——这还没算上很多会在路上突发的状况。联合利华的分销资源计划部门就要和业务部门、生产部门、物流部门等沟通，规划如何在西区提前建立库存。

最终，这瓶洗发水在从工厂出发的路途上经历诸如交付和收货的环节后，被联合利华的供应链团队移交给了超商或经销商的供应链团队，到达超市货架。

然而，联合利华还要努力确保消费者在货架前取下的那瓶洗发水恰好来自于自己，而不是竞争对手——那些和自己做着类似的广告、把产品摆进类似超市的其他品牌供应商。这又取决于品牌影响力、市场营销策略，那是这瓶洗发水另一个版本的故事。

这家公司庞大的供应链条还会为你在货架前那个小小的行为做些什么？

事实上，联合利华并不直接和超市货架前的你产生联系，普通消费者和联合利华的中间隔着诸如乐购、沃尔玛这样的大型连锁超市。因此，为了让客户更愿意帮助自己卖出产品，联合利华的做法是把供应链一直延伸到货架前，站在客户的角度提供服务。

比如，过去两年来，陈沛彬和他的团队就一直处于这个行动的第一线。陈沛彬的身份是联合利华（中国）物流及客户服务总监。他所管理的这两支团队其实处于联合利华整个供应链的最后一环。

货架上的缺货标签代表着供应链的某个环节出现了偏差，而缺货将导致一堆合作伙伴的生意受到影响。当很多供应商都把改善缺货问题的努力集中在满足订单这个环节时，联合利华则走得稍微靠前一些，它为自己设置了一个“货架有货率”（on-shelf availability，OSA）指标。这之后，联合利华客服团队的俞晓琦和浣婷婷成为了对乐购货架的直接负责人——她们可不是促销员，前者是OSA专家，后者是对乐购客服小组的组长。

她们进入一个个乐购门店的后仓查看，追踪所有联合利华产品在那里的入库、上架及销售数据，分析出导致一瓶清扬洗发水在货架上缺货的真正原因——到底是门店方面没有及时下单，还是系统虚库存，又或者是因为库存堆放问题，让负责货架的促销员总是不能及时在后仓找到商品……之后，她们通过示范和建立流程，例如给乐购门店的仓储管理人员做培训，帮助他们建立起一个更好的库存整理模式。

这让她们的角色看上去更像是那种提供建议和解决方案的商业顾问。大约3年前，联合利华100多人规模的客服团队还在以处理订单问题为工作重心，比如响应客户投诉、反馈物流情况等，整天和电话、邮件、表格和报告打交道。2010年，联合利华通过改造计算机系统来处理此类工作，客服们被解放出来，"去做一些更有意思的事"。联合利华（中国）物流及客户服务总监陈沛彬说，这在联合利华被称为客户增值服务，作为供应链服务的一种延伸。

这番努力的结果是，联合利华的产品在乐购上海重点门店的货架满足率提高到了98%，通俗地说，就是理应出现在货架上的100种商品实际出现98种，而之前这一水平一直停留在90%左右。对于联合利华和乐购来说，数字指标提升的背后是生意的切实增长，以整个联合利华在全球重点客户门店实行OSA项目的经验来看，OSA每提高3%，就会带动产品销售提高1%。

五、全员增值服务

在联合利华内部，这种对客户提供增值服务的理念最早要追溯到5年前。当时，联合利华被一些大客户批评服务水平低下。在尼尔森2004年针对国际连锁零售商所做的一项调研中，联合利华作为供应商得到的综合评价排在了20名以外。

为了改变留给客户的这种印象，联合利华的销售部、市场部、财务部、物流部、客服部在一起研究后，在公司内部建立了一个名为"Winning With Customer"的项目，很多改进都出现在那之后。

这一过程中，整个公司层面为之也投入了相应的支持，例如升级信息系统，投入大量人员培训，从总部借鉴好的做法和经验等，并且公司管理层开会时也总是会花大量时间去琢磨如何进一步提高效率和客户的投资回报率。2011年，联合利华的这一排名上升至第二名，第一名是宝洁公司，而前者在食品类的排名为第一名。

在2011年联合利华和乐购供应链部门的商业合作计划（Joint Business Plan）里，双方启动了回程车项目（Backhaul），在联合利华合肥总仓、乐购嘉善总仓、乐购合肥门店之间，把双方的取货、发货和运输线路放在一起进行设计，减少返程时的空车率。陈沛彬告诉记者，回程车项目可以节约10%左右的物流成本，同时也在完成公司对碳排放降低的要求。类似的合作还在双方的冷链车上进行。

当联合利华的客户服务团队在通过诸如OSA这样的项目想办法把更多的产品摆上货架时，客户发展团队（即销售团队）则在想办法帮助乐购利用同样的货架空间卖出更多的产品。这时，关于一款清扬洗发水该如何在乐购超市货架上陈列的讨论就可能会在一个大屏幕前展开。

这个屏幕是联合利华客户洞察力及创新中心（Customer Insight & Innovation Center）的一部分，它以实景模拟的方式显示出顾客在货架前的行为，从走动的路线到视线的转移。

当联合利华的消费者研究专家得到一些结论后，这些研究经验也会很快被分享给零售商。例如在给麦德龙运送货物的物流车里，你将会看到同样的清扬洗发水被放进一种特别印制了颜色和图案的包装箱——考虑到麦德龙的消费者以批发采购为主，更经常直接成箱购买，联合利华使用了可以直接放上货架的运送包装。而其他一些出自消费者研究室的经验则通过联合利华客户发展团队被传递给一线的门店促销人员。

现在，联合利华的客服人员已经被编入一个个小组，直接对应一个特定的连锁零售商。过去，他们只需要待在上海联合利华总部，如今则分散在深圳、广州、北京等5个不同的城市工作，与客户发展团队一起驻扎在对方中国总部所在地，方便进行更多面对面的拜访、会议，其中的一些人甚至成为现场客服，每周两天到客户的办公室去上班。在组织结构调整后，客服人员受到的考核，也不再是简单地在什么岗位该完成什么，而是在多大程度上全面协助那些零售商在采购、库存、物流等方面提高效率，给双方的业务带来帮助。

一个周末下午，乐购上海光新门店的联合利华促销员刚刚在当天定时开仓的时间段里取到了清扬洗发水，“为货架补齐了门牙”。

在此之前的两天里，这瓶洗发水经历了一次旅行。无论是颇具大工业生产的魅力，追求有序、精确和高效的采购生产体系，还是直接在为客户的生意操心，把供应链服务一直延伸到超市货架前的客户服务与发展团队，联合利华这个庞大的组织体系里所有环节的存在，都是在对你购买一瓶清扬洗发水的小行为做出回应。

问题讨论：

1. 你认为联合利华供应链管理成功的关键因素是什么？
2. 联合利华物流信息管理有什么特点？

□ 本章小结

在物流管理中，人们要寻找最经济、最有效的方法来克服生产和消费之间的时间距离和空间距离，就必须传递和处理各种与物流相关的情报，这种情报就是物流信息。它贯穿整个物流过程，与订货、收货、库存管理、发货、配送及回收等职能有机地联系在一起，确保整个物流活动顺利进行。物流信息具有信息量大、更新快和来源多样化的特点。

一般订单处理流程包含订单准备、订单传输、订单录入、订单履行和订单状况报告五个作业环节。信息技术的应用可以大大缩短订单处理的时间，从而缩短订货周期。

条形码技术是物流自动跟踪的最有力的工具，条形码在物流的数据采集、快速响应、运输中的应用极大地提高了物流活动的效率，并促进了现代物流的发展。

物流信息系统包括战略决策层、管理控制层和业务处理层三个功能层次。物流信息系统可以有效地提高物流的灵活性、速度和可靠性，从而改进供应链绩效。

第11章 物流成本与控制

知识要求

通过本章的学习，掌握

- 物流成本的分类
- 物流成本的分析方法
- 物流成本的管理框架
- 物流控制体系

技能要求

通过本章的学习，能够

- 掌握物流成本分类的标准
- 计算企业物流成本
- 实施物流成本管理
- 控制物流成本

引导案例

安利如何降低物流成本

非核心环节通过外包完成

据许绍明介绍，安利“店铺+推销员”的销售方式，对物流储运有着非常高的要求。安利的物流储运系统，其主要功能是将安利工厂生产的产品及向其他供应商采购的印刷品、辅销产品等先转运到位于广州的储运中心，然后通过不同的运输方式运抵各地的区域仓库（主要包括沈阳、北京及上海外仓）暂时储存，再根据需求转运至设在各省市的店铺，并通过家居送货或店铺等销售渠道推向市场。与其他公司不同的是，安利储运部同时兼管着全国近百家店铺的营运、家居送货及电话订货等服务。所以，物流系统的完善与效率，在很大程度上影响着整个市场的有效运作。

但是，由于目前国内的物流资讯极为短缺，很难获得物流企业的详细信息，如从业公司的数量、资质和信用等，而国内的第三方物流供应商在专业化方面也有所欠缺，很难达到企业的要求。在这样的状况下，安利采用了适应中国国情的“安利团队+第三方物流供应商”的全方位运作模式。核心业务如库存控制等由安利统筹管理，实施信息资源最大范围的共享，使企业价值链发挥最大的效益。而非核心环节则通过外包形式完成。如以广州为中心的珠三角地区主要由安利的车队运输，其他绝大部分货物运输都是由第三方物流公司来承担。另外，全国几乎所有的仓库均为外租第三方物流公司的仓库，而核心业务，如库存设计、调配指令及储运中心的主体设施与运作则主要由安利本身的团队统筹管理。目前已有多家大型第三方物流公司承担安利公司大部分的配送业务。公司会派员定期监督和进行市场调查，以评估服务供货商是否提供具有竞争力的价格，并符合公司要求的服务标准。这样，既能整合第三方物流的资源优势，与其建立坚固的合作伙伴关系，又通过对企业供应链的核心环节——管理系统、设施和团队的掌控，保持安利的自身优势。

仓库半租半建，核心环节大手笔投入

从安利的物流运作模式来看，至少有两个方面是值得国内企业借鉴的。

首先，是投资决策的实用主义。在美国，安利仓库的自动化程度相当高，而在中国，很多现代化的物流设备并没有采用，因为美国土地和人工成本非常高，而中国这方面的成本比较低。两相权衡，安利弃高就低。“只有安利中国的销售上去了，有了需要，我们才考虑引进自动化仓库。”许绍明说。安利新的物流中心也很好地反映出安利的“实用”哲学。新物流中心占地面积达40 000平方米，是原来仓库的4倍，而建筑面积达16 000平方米。这样大的物流中心如果全部自建的话，仅土地和库房等基础设施方面的投资就需要数千万元。安利采取和另一物业发展商合作的模式，合作方提供土地和库房，安利租用仓库并负责内部的设施投入。只用了1年时间，投入1 500万元人民币，安利就拥有了一个面积充足、设备先进的新物流中心。而国内不少企业，在建自己的物流中心时将主要精力都放在了基建上，不仅占用了企业大量的周转资金，而且费时费力，效果也不见得很好。

其次，是在核心环节的大手笔投入。安利单在信息管理系统上就投资了9 000多万元人民币，其中主要的部分之一，就是用于物流、库存管理的AS400系统，它使公司物流配送运作的效率得到了很大提升，同时大大降低了各种成本。安利先进的计算机系统将全球各个分公司的存货数据联系在一起，各分公司与美国总部直接联机，详细储存每项产品的生产日期、销售数量、库存状态、有效日期、存放位置、销售价值、成本等数据。有关数据通过数据专线与各批发中心直接联机，使总部及仓库能及时了解各地区、各地店铺的销售和存货状况，并按各店铺的实际情况及时安排补货。在仓库库存不足时，公司的库存及生产系统也会实时安排生产，并预定补给计划，以避免个别产品出现断货的情况。

资料来源：安利如何降低物流成本．［2010-11-29］．http://www.chinawuliu.com.cn/xsyj/201011/29/143600.shtml.

问题

（1）归纳安利在降低物流成本方面的具体做法。

（2）你从此案例获得了哪些启示？

第1节　物流成本的定义与内容

随着现代社会经济的不断发展，越来越多的企业开始强调供应链管理和现代物流管理在企业管理变革中的作用，认为供应链物流管理能帮助企业确立创建综合价值的能力以及实现经济的稳定性。供应链管理的作用在于通过企业之间的合作与业务协调战略，整合供应采购、生产、分销配送和服务等作业环节，实现顾客需求的即时响应，并且在达到该目标的同时，实现最低的库存和整体运作成本，亦即实现系统控制、即时响应和存货最低的目标。这种新型的管理理念和战略无疑要求我们必须从全新的视角探索和运用各种管理方法和途径，其中物流成本管理也是供应链物流管理方法体系的重要组成部分。物流成本管理方法的探索和实践对于实现供应链战略目标、提升企业的整体经营绩效都起着举足轻重的作用。

所谓企业供应链物流成本，指的是与特定企业物流作业相关的直接和间接的经济消耗或支出，对于这种物流成本的定义，需要把握的关键要素主要有如下内容：

（1）这里所说的物流成本指的是微观层次的企业别物流成本。如今，社会各界对物流成本和费用非常关注，但是，物流定义本身的差异性导致物流成本的内涵千差万别，从物流成本所涵盖的全部内容来看，可以从两个维度来划分（见表 11—1）：一是根据物流成本发生层次划分，可以有三种形式的物流成本，即微观层次的物流成本（个别企业物流成本）、中观层次的物流成本（包括特定产品水平层面平均物流成本以及垂直层面总物流成本）、宏观层次的物流成本（国民经济物流成本）；二是根据物流成本发生对象来划分，主要有社会物流成本（全社会物流成本情况）、社会资本成本（物流社会资本投资的资本成本）、企业物流成本（作为商业成本的物流成本）、物流业者物流成本（第三方物流成本）、货主物流成本（生产商、批发商、零售商的物流成本）、企业别物流成本（企业全体的物流成本）以及类别物流成本（产品别、地域别、顾客群体别物流成本）。而我们在这里所衡量的物流成本指的是表中ⅠA 形式的货主个体企业所发生的各种物流成本。

表 11—1　　物流成本定义的类别

<table>
<tr><td colspan="5" rowspan="3">物流成本发生层次
物流成本发生对象</td><td>微观物流成本</td><td colspan="2">中观物流成本</td><td>宏观物流成本</td></tr>
<tr><td>个别企业物流成本</td><td>水平层面平均物流成本</td><td>垂直层面总物流成本</td><td>国民经济物流成本</td></tr>
<tr><td>A</td><td>B</td><td>C</td><td>D</td></tr>
<tr><td rowspan="4">社会物流成本</td><td rowspan="3">企业物流成本</td><td rowspan="2">货主物流成本</td><td>企业别物流成本</td><td>Ⅰ</td><td>ⅠA</td><td>ⅠB</td><td>ⅠC</td><td>ⅠD</td></tr>
<tr><td>类别物流成本</td><td>Ⅱ</td><td>ⅡA</td><td>ⅡB</td><td>ⅡC</td><td>ⅡD</td></tr>
<tr><td colspan="2">物流业者物流成本</td><td>Ⅲ</td><td>ⅢA</td><td>ⅢB</td><td>ⅢC</td><td>ⅢD</td></tr>
<tr><td colspan="3">社会资本成本</td><td>Ⅳ</td><td>ⅣA</td><td>ⅣB</td><td>ⅣC</td><td>ⅣD</td></tr>
</table>

（2）企业物流成本是一种物流活动成本的概念，所以，企业物流成本与企业个体的成本概念是不完全一致的。例如，采用直销形式的生产企业其批发及零售活动是必须从物流成本中剔除的；又如，将物流活动外包给其他企业的情况下，其外包的物流成本是必须计算在内的。以前，正是因为活动的概念和企业个体的概念是混同的，同一个企业由于采用直销形式或外包形式所产生的物流成本是不同的，使得物流成本的核算极易出现混乱。

（3）物流是物质商品流的全过程，正因如此，物流成本的核算涵盖了整个企业运作流程，这些流程主要包括：

1）供应物流成本：是生产企业从原材料、包装材料等物品的采购方到进货方，全过程商品时间和空间移动所发生的各种费用。在这一费用中，为实现交易而产生的运输费、保管费、装卸费等费用，在原来的财务管理中分别计入原材料费、包装材料费、采购商品等其他费用中，没有综合一致地反映出来。此外，像生产物流成本，即原材料进货后在生产加工过程中为出产产成品而发生的费用，在原来的核算体系中是计入生产费用当中的，并没有算进物流成本中，所有这些都是供应物流成本核算过程中应当考虑的要素。

2）企业内物流成本：企业内物流成本是生产企业从产成品形成、实施运输包装开始到交由顾客、销售实现结束全过程所产生的费用，这里指的销售实现以销售契约的正式缔结为标准。具体讲，企业内物流成本包括工厂内的包装费、从工厂到销售公司或销售点的运输费、销售公司的进货保管费等。

3）销售物流成本：在实现顾客销售之后，所有将商品让渡给顾客所发生的费用都算作销售物流成本，包括销售公司的包装、出货、配送等费用。当商品是从工厂仓库直接发送给顾客时，向顾客出货以后发生的费用也算作销售物流成本。

4）回收物流成本：回收物流成本指的是为实现再使用的目的，厂商从顾客回收空容器等发生的物流成本，它包括回收费和运输费等，但是清洗费和再加工费不应该包括在内，因为回收物流成本可以看做供应物流的一种形式。

5）退货物流成本：退货物流成本是商品退货过程中所发生的费用，包括退货的验收、分拣、输送、保管、装卸等费用。

6）废弃物流成本：废弃物流成本核算的是商品、包装物、容器或资材废弃而回收所产生的各种费用。该费用包括废弃物的输送、保管、装卸等费用，但一般不应包括废弃物处理或防止公害而产生的费用，因为这些活动都应算作生产费的一部分。

（4）企业物流成本核算的是为实施物流活动而耗费的经济价值，因此，费用的计算不问该费用是直接费用还是间接费用。所谓直接耗费的费用，指的是特定企业自身所产生的费用，无论是企业内部产生的费用还是外部委托产生的费用，都算作直接费用。一般而言，企业内部所消耗的物流成本称为企业内部物流成本，而外包给其他企业产生的物流成本称为支付物流成本。换句话说，企业自身产生的物流成本分为内部物流成本和支付物流成本两种。与直接费用相对应，间接费用指的是虽然第一次费用的支付是由交易对象进行的，但是最终费用的承担者是特定的生产企业。例如，原材料向工厂让渡的情况下，供应物流成本第一次是由原材料厂商支付的，但是由于该笔费用计算进了采购价格中，所以，最终这笔费用仍然是特定的下游企业支付的，类似的状况也同样出现在商品的分销过程中。当然，由其他企业支付的间接费用，由于下游的特定企业很难精确计算，因此只能通过推算方法来求得。

（5）经济价值的耗费是用货币形式表现出来的，但是这种价值表现与货币本身是有差异的。作为经济价值耗费的反映，除了用货币形式支付，还可以用其他货币等价物，如支票、债权债务的抵偿、资产等形式反映。正是因为如此，特定期间的物流成本不一定就是这个期间产生的费用。在核算的过程中，除了当期发生的为实现物流收益而支付的费用，还应补偿计算上期发生的为实现该期收益而支付的费用。

综上所述，物流成本的界定应该有利于全面真实地反映物流活动的绩效，真正将物流成本核算纳入到企业财务管理体系之中。但是，从物流成本核算的原则看，在目前的情况下，物流成本核算方式以统计与会计相结合为宜。统计与会计相结合的物流成本核算方式是在不打破现行财务核算方式的条件下，由专人（物流成本员）进行物流成本的内部管理核算。具体做法是：在财会人员根据原始凭证编制记账凭证、登记有关账户后，由物流成本员根据原始凭证登记物流成本有关账户，同时设置统计台账，登记由公司统一提取或支付而由物流部门负担的费用及按支付形态反映的费用。月末物流成本员根据物流成本有关账户和统计台账编制物流成本计算表，并据此对物流成本发生情况进行分析。统计与会计相结合的物流成本核算方法不需要对现行成本核算的账表体系进行调整就能全面系统地提供物流成本资料，且核算方法简单，宜于掌握，能及时传递与反馈物流成本会计信息，有效地满足监督和控制物流成本的需要。

第 2 节　物流成本测度的方法体系

随着社会经济的不断发展，尤其是全球化的进程逐渐加快，以及供应链物流管理日益得到全社会的广泛关注，企业物流成本的核算越来越成为企业管理活动中的重要领域，特别是如何将物流管理从原来简单的成本削减转到核心能力和整体绩效提升，以及综合物流成本的降低上来已经成为成功推动供应链管理的重要领域。

战略性的物流成本管理的提出，如同在绪论中提到的那样，源于 20 世纪 60 年代人们对当今财务成本管理中有关计量物流成本的缺陷的认识，即从分销过程来看，期间发生的成本常常衡量的是单个物流职能的成本，如仓储和运输，无法涵盖整个分销过程发生的所有成本。正因为如此，分销成本被称为“黑暗大陆”。与此相同的观点还反映在“物流冰山”论上，亦即冰山的特点是绝大部分在水面以下，露在水面的仅仅是冰山的一角。此外，经济活动中的效益背反原则（trade-off）同样也存在于物流活动中，这一方面反映在物流成本与物流服务水准存在此消彼长的关系，另一方面物流的各项活动有时也处于效益背反的状况。由此可见，物流系统就是以综合成本为核心，按最低整体成本的要求使整个物流系统化，强调的是调整各要素之间的矛盾，把它们有机地结合起来，使物流总成本最小。

正是基于综合性物流成本管理的要求，在物流成本的综合管理上，目前运用和探索的主要成本分析方法有直接产品盈利率法（direct product profitability，DPP）、作业成本法（物流作业成本法）（activity-based costing，ABC）、所有权成本法（total cost of ownership，TCO）、目标成本法（target costing）等。

一、直接产品盈利率法

直接产品盈利率法是测算供应链产品流动成本的一种最初方法，在 20 世纪六七十年代的美国杂货行业得到广泛运用。其主要原理在于，在考虑每个单品的特定物流运作和仓储成本的基础上确定每个品种对企业盈利的贡献程度，这种方法被认为能很好地了解各类商品和产品运作决策的盈利性，尤其是对于零售企业而言。以往在衡量物流绩效时，主要是运用边际总利润等这类指标，这种计量方法忽视了物流运作和仓储成本在品项中的差异性，结果导致虽然有些产品从总利润看是盈利的，但是从直接产品盈利率看却是亏损的。其原因在于在计算总利润的过程中没有剔除相关的物流运作和仓储成本。而直接产品盈利率法则不同，由于它考虑到了直接受产品决策而产生的成本，因此更能有效地改善盈利率测度，20 世纪 60 年代中期由麦肯锡以及其他一些咨询公司所进行的调研都揭示了这种状况。

显然，直接产品盈利率法由于在产品的边际总利润中扣除了所有直接相关的物流成本，因而能够更精确地反映产品盈利率。但是，直接产品盈利率法的主要问题在于它扣除的成本主要是直接物流成本，而像监督、管理、滞留、逾期、采购和库存持有成本这类与规模无关的成本却没有很好地加以考虑。此外，如同安永公司（Ernst & Yong）所指出的那样，它只适用于杂货行业，对于其他分销业务领域则很难运用，而且需要建立相对完善的物质活动的数据库。正因为如此，直接产品盈利率法的运用受到了极大的限制。

二、作业成本法

作业成本法是西方国家于20世纪80年代末开始研究、90年代在先进企业首先应用的一种全新的企业管理理论和方法。作业成本法又叫作业成本计算法或作业量基准成本计算方法，是以作业（activity）为核心，确认和计量耗用企业资源的所有作业，将耗用的资源成本准确地计入作业，然后选择成本动因，将所有作业成本分配给成本计算对象（产品或服务）的一种成本计算方法。作业成本法的指导思想是“成本对象消耗作业，作业消耗资源”。作业成本法把直接成本和间接成本（包括期间费用）作为产品（服务）消耗作业的成本同等对待，拓宽了成本的计算范围，使计算出来的产品（服务）成本更准确、真实。作业是成本计算的核心和基本对象，产品成本或服务成本是全部作业的成本总和，是实际耗用企业资源成本的终结。作业成本法在精确成本信息，改善经营过程，为资源决策、产品定价及组合决策提供完善的信息等方面，都受到了广泛的赞誉。自20世纪90年代以来，世界上许多先进的公司已经实施作业成本法以改善原有的会计系统，增强企业的竞争力。

作业成本核算是基于传统成本核算制度下间接费用或间接成本分配不真实而提出来的。在传统成本核算制度下，间接费用或间接成本的分配标准一般采用直接人工小时或机器台时，这种分配方式在以前起过积极作用，即在产品品种少或间接费用数额不大的情况下比较适用，一般不会对产品成本水平产生大的冲击。在现代企业制度下，由于企业生产的产品品种较多，工时或机器台时在各产品间很难精确界定；又由于间接费用或间接成本较高，分配也难以做到合理。在作业成本制度下，成本归属从因果关系出发，间接费用或间接成本不在各产品间直接分配，而是在各作业项间进行分配，这就体现了费用分配的因果性，从而使作业成本乃至产品成本的计算较为准确。作业成本计算是一个以作业为基础的管理信息系统。它以作业为中心，而作业的划分是从产品设计开始，到物料供应，从生产工艺流程（各车间）的各个环节、质量检验、总装，到发运销售的全过程。通过对作业及作业成本的确认、认量，最终计算出相对真实的产品成本。同时，通过对所有与产品相关联作业活动的追踪分析，尽可能消除不增值作业，改进增值作业，优化作业链和价值链，增加顾客价值，提供有用信息，促使损失、浪费减少到最低限度，提高决策、计划、控制的科学性和有效性，最终达到提高企业市场竞争能力和盈利能力、增加企业价值的目的。具体讲，作业成本法的提出，相对于传统会计成本，实现了如下几个方面的突破。

1. 溯本求源，改变成本动因

传统成本法比较关注产品成本结果本身，成本计算的对象是企业所生产的各种产品，产量被看做产品成本的唯一动因，并被认为对成本分配起着决定性的制约作用。按照这一思想，企业的全部成本分为变动成本和固定成本。作业会计的成本计算思路是：产品消耗作业，作业消耗资源，生产费用应根据其发生的原因汇集到作业，并计算出作业成本，再按产品生产所消耗的作业量，将作业成本计入产品成本。按照这一成本动因将成本划分为：

（1）短期变动成本，如直接材料、直接人工。其短期内仍以产品数量为基础，与传统成本法基本相同。

（2）长期变动成本，以作业为基础，作业量是其成本动因。某种产品分配的长期变动成本在传统成本法下多为固定成本。

(3) 固定成本，在给定的时期内不随任何作业的变动而变动的成本，但从长远来看它也是变动的。

在传统成本法下，成本计算的准确性取决于间接成本分配的合理性。而在现代企业制造过程中，资本的有机构成大幅提高，最终产品和劳务吸纳的间接费用大增。这种情况下，按传统成本计算方法分配将会使产品成本信息严重失真。因此，应从成本产生的源头入手，分析成本发生的前因后果，将单一标准的分配基础改为按成本动因的多标准分配，作业成本法应运而生，提高了成本计算的准确性。

2. 强调成本的战略管理，延伸成本概念

传统的成本概念只局限于产品的生产制造过程，但随着市场格局逐渐由卖方市场向买方市场转变，产品的价值实现比价值形成更为重要，因此，应选择实施按成本管理要求的全程管理。作业成本法正是立足于这种全程的成本概念进行管理，将成本视野向前延伸到产品的市场需求，分析相关技术的发展态势，将产品的设计向后延伸到顾客的使用、维修及处置阶段，且尤其重视在产品投产前设计阶段的成本控制。如果说价值工程强调在设计阶段剔除产品的过剩功能，以达到节约成本的目的，作业成本法则强调在设计过程中消除不增加价值的作业，对于可增加价值的作业，在不影响产品必要功能的前提下，也选用低成本作业。因此，作业成本法被看做价值工程在成本会计应用中的深化、细化。

3. 强调决策的成本关联性，辅助相关成本决策法

相关成本决策法是管理会计中发展起来的一种重要的管理决策方法，它将与某种决策相关的成本和收入进行配比来做出决策，只考虑随决策而变动的成本，忽略不受决策影响的成本。相关成本决策法假设决策对成本在短期内发生影响和多项决策之间是相互独立、互不影响的。相关成本决策法考虑了决策的短期影响，但是从长远来看：第一，一旦某项决策敲定，与该决策相关的变动成本就会成为与其他决策无关的固定成本；第二，所有成本均是变动的，这是因为任何一个企业不可能仅仅只做一项决策，前期决策会对后期决策产生影响。换言之，某些成本就某单个决策而言是固定的，但就一系列决策而言却是变动的。相关成本决策法假设决策互为独立是脱离现实的，生产中企业总是面临许多决策，一些决策还同时进行，其相互影响既体现在机会成本上，又表现在未来的潜在成本上。相关成本决策法没有考虑这种相互影响的内在机制，使用它将导致一定时期内从各项决策取得的收益不具可加性，即整体效果小于单项决策效果之和。作业成本法则在一定程度上能辅助相关成本决策法，它从系统的角度出发，认为一项决策不仅要考虑其对同期决策的影响，还要考虑其对后续决策的影响；不仅要预计未来的机会，而且要掌握成本的长期习性，其中包括那些不随单项决策变动但随多项决策变动的成本习性。作业成本法通过揭示各种成本的动因，了解各决策方案的短期和长期效果，使决策后系统的总体效果大于各单项决策效果之和。

4. 重新界定期间费用，完善成本概念

传统成本观下，产品成本是指其制造成本，就其经济内容看，只包括与产品成本直接有关的费用，而用于管理和组织生产的支出则作为期间费用处理。产品成本按费用的经济用途设置相关项目。而在作业成本观下，产品成本是指完全成本。就一个制造中心而言，该制造中心所有的费用支出只要是合理有效的，就是对最终产品有益的支出，就应计入产品成本。即作业成本观强调费用支出的合理有效性，而不论其是否与产出直接相关。作业成本观下也使用期间费用概念；但此时期间费用汇集的是所有无效的、不合理的支出，即所有作业无效耗费的资源价值和非增值作业耗费的资源价值，而不是与生产无直接关系的支出。企业将它们计入期间费用，是希望通过改进相关作业以消除这些耗费。另外，作业成本观下成本项目是按作业类别设置的。这种成本和期间费用的重新界定，是对管理内涵深层次认识的体现，有助于考核企业的管理效益，同时完善了产品的成本概念。

5. 降低成本的主观动因，完善责任会计

在产品成本的形成中，除了受产量、作业量等客观因素的驱动，还受主观因素的驱动。比如，员工的成本管理意识、工作态度和责任感，员工之间以及员工与领导之间的人际关系等。在作业成本观下，按作业设立责任中心，使用更为合理的分配基础，易于区分责任，减少成本的主观动因。同时作业成本法还特别强调产品的零部件数量、调整准备次数、运输距离和质量检测时间等非财务变量，因为它们与产品实际成本耗费也有极强的相关性。

通过以上分析可以看出，作业成本法是适应现代企业的竞争环境而产生的，弥补了传统成本计算方法在现代企业管理中的一些缺陷，但是，尽管如此，单纯的作业成本法并没有为企业的供应链物流管理提供完全满意的解决方案。原因在于作业成本法更加集中于供应链参与者如何影响企业的成本和盈利率，并没有全面地反映个体企业的行为对整体供应链成本或者最终用户所看到的市场成本的影响程度。或者说，作业成本法虽然为企业内部的管理和作业流程优化提供了有价值的信息，但是不能使供应链参与者判定供应链体系中的非增值活动、需要再造或持续改善的高成本活动和流程、驱动供应链成本的关键因素，以及整合供应链物流活动，即从整体和整个渠道的角度依据成本、时间和质量，对物流职能活动进行有效的分解和定位。

三、所有权成本法

所有权成本法提供了另外一种合理测度供应链成本的方法，它最早于 1988 年由 Gartner 集团的副总裁比尔·柯温（Bill Kirwin）提出，根据劳伦斯（P. Lawrence）和克里斯托弗·伊特纳（Christopher D. Ittner）的定义，“所有权成本是一种决定从上游供应商获取相应产品和服务，并进行使用而产生的所有成本”（Lawrence and Ittner，1992）。这种方法认为，商品价格只是整个产品服务获取的一部分，产品出售者的行为绩效同样影响了订单处理、配送、接受和检查等物流行为，通常很多企业在核算物流成本时，忽视了这些因素对总体成本的影响，而所有权成本则试图通过整个上游供应链的运作活动识别，包括采购、持有、质量问题、配送差错等，来确立物品拥有所产生的费用。从所有权成本的构成看，它包括所有的直接和间接物流成本，从而克服了直接产品盈利率法只衡量直接物流成本，而忽视间接物流成本的问题。从这种成本分析的基础框架看，它有些类似全球定位系统中利用三角原理进行精确定位，也是通过三个不同的侧面来反映相应的成本结构（Dalrymple and Kelly，2003）。首先是基础内部应用成本（baseline in-house application costs），利用公司内部应用的基础设施和商业流程作为成本评价的基准，亦即为了维持现有业务的运作，或者安装或管理新的设备和业务需要耗费的成本。为了达到这个目的，需要收集所有应用的软件和硬件的成本数据，此外，还应该包括维持这些运营的人力成本，以及为达到企业目标而利用的所有资源的成本，然后根据这些成本数据最终核算出基础的所有权成本。所有权成本计量的另一个侧面是衡量最佳内部应用成本（best of breed in-house application costs），计算出将企业内部的解决方案向行业最佳实践或建议的方案转化而产生的所有权成本，即为了实现最佳质量、绩效、员工价值、顾客价值和利益相关者价值所耗费的成本。应当注意的是，这里确立的成本数据不是行业的平均成本数据，而是最佳实践成本数据，通过这种所有权成本数据的分析，能够正确地判定企业的流程应用战略，有效地知晓需要改进的经营活动。所有权成本分析的第三个方面是外包应用成本（outsourced application costs），即将某些特定职能或服务外包所产生的成本，计算这个方面的成本在于确保所有发生在企业内外的成本都得到了考虑，防止在成本分析中忽略各种隐性成本。所以。正是借助于上述三个方面，企业得以全面了解某个应用和经营所产生的全部成本费用。

具体来看，所有权成本计量的成本费用包括交易前、交易中和交易后所发生的所有活动成本（见图 11—1）（Michel Leenders and Harold Fearon，1997），也可以将所有权成本按照取得成本、所有权成本和所有权后成本来衡量（Dobler and Burt，1996）。从后一种方法来看，取得成本包括采购价格（即对直接材料、间接材料、产品或服务所支付的价格）、计划成本（在取得过程中发生的成本，包括不断变化的要求及特殊性成本、实施价格分析的成本、供应商选择/采购成本、合同拟定成本、初始订单履行成本和监控成本）、质量成本（在设计阶段与技术和质量相关的成本、供应商质量管理成本以及在经营过程中有利于稳定质量的交易关系成本）、税收（根据里查德·贾尼斯（Richard Janis）的理论，税收对所有权成本的影响包括直接影响如关税、加工税等，和间接影响如燃料税、通行税、设备税等）以及融资成本（利用公司多余的现金、举债筹资如有担保或无担保的定期贷款、周转信用额度、资本契约、售后回租安排、债券等，或者股票筹资对购置资产进行融资的成本）。所有权成本包括所有权成本（即发生在最初购买之后，与所购买商品、物料、设备的使用过程有关的成本，包括定量和定性两个方面，定量成本包括所耗用的数量、停工、定期保养、维修及融资等方面的成本；定性成本包括为方便使用、具有美观性、更具人性化等而实施的成本）、停工成本（包括减少的产品数量及在生产环境中所空闲的资源、由于低劣产品质量而不能销售的产品机会成本、因为延迟交货或者不能交货而产生的与客户之间发生摩擦的成本等）、风险成本（从长期的效率及收益来看，对减少经营中风险的投资）、循环周期时间成本（减少新产品进入市场的时间或者增加单位实践所生产的产品产量而支付的成本，如实施即时物料管理、与重要的供应商建立战略联盟、在组织内建立跨部门的联盟组织等）、转换成本（急需通过直接劳动及经常性的制造过程来加工直接物料以便能适应生产产品及提供服务的成本）以及不增加价值的成本（由于管理不善产生的各种非增值成本）。所有权后成本包括环境成本（防止环境危害或置于环境而产生的成本）、保修成本（维修、替换、返还等各种成本）、产品责任成本（对产品和经营中的瑕疵和问题进行补偿的成本）以及顾客不满意成本。

从上述所有权成本计量的成本内容可以看出，所有权成本分析是一种企业内部的战略性成本分析，其方法的运用体现出六大特点。

（1）如果不探讨企业的服务层次，单纯衡量所有权成本是没有意义的。所有权成本的产生是与特定组织的经营质量相关的，所以，在衡量所有权成本的过程中，必须考虑在特定的服务质量层次条件下相应的所有权成本是多少。

（2）企业各业务集中整合的程度越高，所有权成本就越低。所有权成本由于衡量了整个企业业务前后发生的所有相关成本，因此客观上要求企业必须高度整合各种业务活动和经营活动，这样才能真正实现最优的所有权成本。相反，如果业务之间相互不连贯，虽然某些方面可能会达到较低的成本，但是所有权成本只会居高不下。

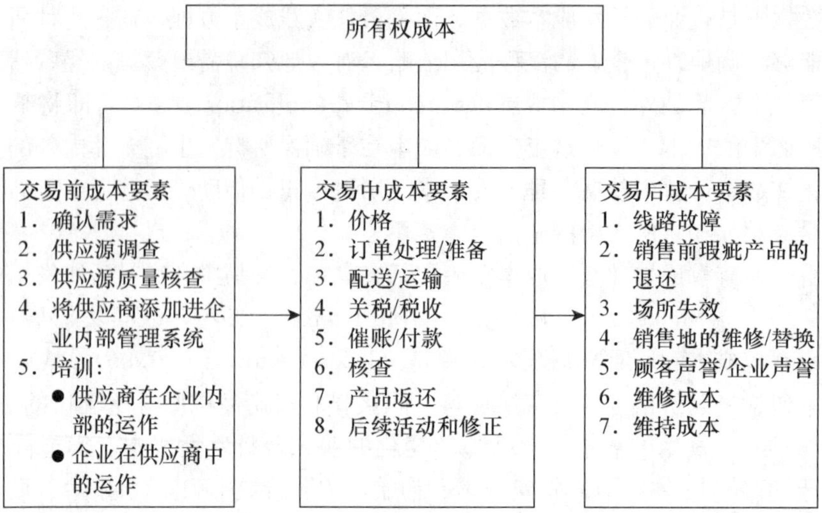

图 11—1 所有权成本的构成

资料来源：LEENDERS M，FEARON H. Purchasing and supply management. 11ed. Chicago，IL：Irwin，1997：334.

（3）标准化的经营系统会控制所有权成本。经营系统或规范的复杂性会增加所有权成本，因为它会使经营系统的规划、应用、维持或调整成本增加；相反，建立标准化的经营系统虽然在初期可能会增加企业的运营成本，但是由于后续的成本大大降低，从而在整体上控制了所有权成本。

（4）局部的经营优化会增加所有权成本。在企业经营过程中，只是单一地从某项职能出发或某个部门出发对相应的作业活动进行优化，未必是最合理的，企业物流成本的综合控制需要从系统的角度进行全局优化，甚至需要建立和完善行业标准来实现整体优化。

（5）在获取或废弃物流设备时必须充分评估相应的利益或费用节约。所有权成本的实现往往来自严格的管理和控制，经验表明，在严格管理环境下使用各种物流设施比无管理环境下至少要降低 26%的费用。

（6）要有长期实施的观点，并在任何时候任何地点进行。所有权成本分析和管理不是短暂一时的，它需要作为一种长期的物流成本管理手段加以实施，这样才能真正将所有权成本分析和管理制度化，并发挥相应的作用。

从以上分析中可以看出，所有权成本提供了评估企业间关系如何影响整体物流成本的途径，它能够帮助企业很好地了解整个物流活动的每个环节是如何产生费用的。然而也应当看到，尽管所有权成本提供了供应链中某个企业物流成本的精确信息，但是没能提供整个供应链的成本信息。换句话说，由于它只考察了围绕单个企业发生的所有物流成本，因此很难全面反映企业间物流成本的背反关系，例如一个企业实施某项物流作业活动（如运输、包装、仓储或库存管理等）也许要比其他企业更为有效（LaLonde and Pohlen，1996）。此外，所有权成本也没能展现购买方的行为是如何影响供应方的成本的，所以，从总体上看，所有权成本仍然没能反映整个供应链物流成本。

四、目标成本法

针对以上成本测度方法只是偏向于衡量单个企业内部的整体运作或物流成本，目标成本法被认为超越了单个企业的界限，具有供应链成本度量的特点。目标成本法 20 世纪 60 年代由丰田公司发明，是一种基于特定的功能、质量和销售价格，实现满意盈利水准前提下的生命周期成本管理工具。这种工具产生以后，在日本企业中得到了广泛的应用，据估计 20 世纪 90 年代初期将近 80%的日本装配型企业都在应用目标成本法，所有运输设备企业也都认同目标成本法的价值。目标成本法尽管有多种实施方案，但是从总体上看，其基本实施框架是：企业首先必须确定顾客愿意为产品所支付的价格，与此同时需要明确在这种价格条件下，顾客能够接受的功能、质量或产品的替代程度。在这种客户认可价格的基础上，企业确立能够满足利益相关者要求的边际利润，然后投资研究未来的产品。应当看到的是，目标成本计量的数目是产品的可接受成本，包括企业经营的所有成本，如制造成本、分销成本、服务成本和产品废弃成本等。在建立了目标成本后，企业接下来的任务是实现目标成本，这就需要大量的管理工具以优化各作业环节，例如利用价值工程法对产品进行再设计，或者利用流程再造工具优化作业流程等，从而消除现有产品成本与目标成本之间的差距。

显然，目标成本法将顾客需求放在产品战略和成本管理的中心，将满足和超越顾客对质量、功能和价格的要求作为实现和维持产品竞争力的关键要素。从目标成本分析的具体运用看，不同的行业供应链要求相应的目标成本分析和管理体系；从目标成本方法体系的划分看，主要是根据供应链中贸易伙伴间的关系和顾客需求两个维度来区分，这样目标成本分析和管理就定位出了三种类型，即基于价格的目标成本管理（price-based target costing）、基于价值的目标成本管理（value-based target costing）以及基于活动管理的目标成本管理（ABM-based target costing）（见图 11—2）。

顾客的需求

供应链的敏捷性		动态	静态
	高	Ⅰ 基于价值的目标成本管理 （目标成本管理中度运用） 关键活动： 整合供应链，创造卓越顾客价值	Ⅱ 基于价格的目标成本管理 （目标成本管理低度运用） 关键活动： 建立具有价格竞争性的供应链
	低	Ⅲ 基于价值的目标成本管理 （目标成本管理中度运用） 关键活动： 对供应链活动实施价值工程分析	Ⅳ 基于活动管理的 目标成本管理 （目标成本管理高度运用） 关键活动： 确定低价值、低质量、无效的供应链活动成本

图 11—2　目标成本分析和管理在供应链中的应用

资料来源：SMITH W I，LOCKAMY A，Ⅲ．Target costing for supply chain management：An economic framework. Journal of Corporate Accounting & Finance，2000，Nov/Dec.

具体来讲，在第一种状态下，环境因素较为复杂，顾客的需求呈现出多样以及多变的特点，要满足这类需求，就需要企业提供多种高增值的产品，而且在这个过程中，大多数产品或服务在较短的时期内就丧失了其原有的价值。在这种状态下，企业的成功得益于敏捷的供应链运作，这种供应链能够较柔性化地分解和重组，从而不断扩展整个集成的供应链的运作能力，只要投入一定的资源，加之没有持续性的破坏企业间关系的因素，供应链就能够很容易地实现构筑以应对灵活多变的顾客需求。在这种状态下，目标成本法的作用在于支持敏捷性供应链的构筑，体现为两个方面：利用目标成本法分解产品或服务成本，确立相应的供应链活动以实现价值增值，亦即确定供应链活动成本和价格；在此基础上，再利用目标成本法确定在相应成本条件下实施供应链活动的成员，以支持供应链的建立和运作。

第二种状态与第一种状态有一个方面非常相似，即供应链都比较敏捷，而且供应链成员能以较低的成本进行转换。但是，在第二种状态下，商业环境变动不大，顾客需求具有同质性的特点，正是因为如此，供应链所经营的商品或服务品种有限。一般来讲，在这种环境条件下，经营商品或服务的价值分解活动相对稳定，也容易得到确立，目标成本法的作用在于为供应链参与方确定合理的市场价格和边际利润，这种在供应链参与方之间分配相应利益和成本的做法尽管比较困难，却是必要的。总的来讲，这种成本和利益的分配必须遵循两个条件：一是为供应链所有成员提供的总价格不得高于市场创造者（即顾客）所能接受的价格；二是这种协议价格必须能充分保障供应链成员的长远利益和生存。

在第三种状态下，供应链面临竞争的艰巨挑战，一方面顾客的需求呈现出动态化的特点，另一方面供应链则相对僵硬，很难灵活快速地再造，替换供应链参与方可能是非常困难的。在这种状态下，目标成本法的功能与第一种状态是基本相似的，即确立在供应链各方以及各种活动间的成本和利益。但是与第一种状态不同的是，它不可能支持供应链再造、重组供应链参与企业，而只能是合理衡量各成员的贡献度，再分配相应的成本和利益。

在第四种状态下，顾客需求表现出一致、稳定的特点，而相应的供应链也较为固定。在这种状态下，供应链运作的目标是严格控制供应链运作的整体成本，所以，参与成员不仅要实现内部运作活动成本的有效控制，更要管理和控制好企业间的作业活动成本。目标成本法在这种状态下的作用在于分析和构筑具有成本效率性的供应链，它表现为根据目标成本法的运用实施成本加成定价，即在了解市场构成和作业活动的基础上，合理实施供应链活动，一方面控制每个作业活动的成本，另一方面确立相应的利益分享机制。

从以上分析中可以看出，目标成本法在供应链物流成本管理中有着明显的优势，即它考虑到整个供应链成本的控制，而且根据市场消费需求的不同特点和供应链类型，合理地确定目标成本法的运用程度和需要解决的主要问题，使得目标成本法更具有实践价值。但是，毋庸置疑，目标成本法也有一些缺陷，首先它无法直接用来支持业务流程的分析和再造，帮助企业明确业务流程中管理的不足之处或需要改善的地方；其次，其成本的分摊和衡量虽然是从市场和实际需求的角度倒推出来的，但是仍然无法明确地指导企业如何进行成本计算和分摊；最后，它无法明确地揭示供应链管理过程中的主要和关键活动，以及相应的具体改进方法。所以，从总体上看，虽然目标成本法为供应链物流成本管理提供了较好的分析思路，但是仍然不能作为供应链物流成本管理的基本工具。

第3节 物流成本核算与管理框架

基于以上各种供应链物流成本测度方法的特点和不足，人们越来越认同供应链成本法（供应链成本测度）（supply chain costing system）在物流战略成本管理中的作用，并将其看做全面真正了解或直接追溯各个产品、顾客和流程成本的有力工具。即使这种核算方法并未完全取代传统的财务方法，它也成为优化物流活动、加强物流成本管理的有效途径。

根据兰伯特（Lambert）等人对物流成本核算的研究，物流成本考核的是产品和服务从最初起点流动到最终消费地的全过程活动成本，诸如顾客服务、需求预测、库存管理、物资处理、包装、服务支持、场地选择、采购、逆向物流、运输、仓储等活动都是供应链管理的环节之一。为了全面地评价供应链整体物流成本，我们需要全面考虑这些活动及其子活动。一旦这些物流作业活动的基本模式得到确立，就能够明确这些活动与主要物流成本之间的关系。

一、物流成本的管理框架

兰伯特等人认为，主要的物流成本可以划分为如下五类。

（1）库存持有成本（inventory carrying costs）；

（2）采购成本（procurement costs）；

（3）订单处理成本（order processing costs）；

（4）运输成本（transportation costs）；

（5）仓储成本（warehousing costs）

这些成本都是受物流作业流程影响的，例如，库存管理、包装和逆向物流活动影响了库存持有成本，而储存和仓储位置的选择则成为仓储成本的主要驱动因素。所有这些大的成本类别又包含一些可变和固定的成本要素，它们都与特定的物流活动相关，并且可以通过物流成本管理模型来加以衡量和识别。

供应链成本测度可以划分为七个阶段。

1. 选择实施团队

研究认为，要成功地在物流和供应链管理中实施成本管理，首要的是选择适合的实施团队成员，在开展作业成本管理时，立足于所有权成本的思想。为了全面、完整地反映物流成本，需要让所有供应链成员有效参与到物流成本的管理过程中。为此，所有了解和实施资源消耗活动的各业务成员都需要参与到物流成本管理团队中，以收集、分析活动成本信息。与此同时，企业的各层级领导在项目实施的整个阶段都需要参与并推动物流成本的核算。一旦实施团队得到确立，就可以进入供应链职能分析阶段。

2. 供应链职能分析

这一步的主要任务是洞察物流职能，识别和区分物流职能中主要的流程。如同一些研究学者所指出的那样，很多流程活动受物流职能影响，并与其交互作用，诸如顾客服务、地点选择、需求预测等。这一步主要是确立大的、包含流程的物流职能，如库存管理、物资处理、仓储、订单处理和运输等。当然，不同的企业由于业务性质不同，主要的物流职能也不尽相同。当确立了流程活动后，需要绘制流程图，以更好地反映物流职能中的流程。

3. 将流程分解为活动

一旦物流职能中的流程得到确立，下一步就是将各流程分解为特定的、消耗资源的活动。例如，物流中心内订单处理流程可以分解为如下活动：文档准备、收集或确立订单、领取现存的托盘、计算和核查订单、装货、分派货车等。将各物流流程细化为清晰的活动对于全面核算流程和物流活动成本是非常有益的。如果流程类别定得过于笼统，就容易造成一些消耗主要资源的活动难以识别，例如，前述的订单处理流程中，计算和核查订单可能会消耗大量的劳动力资源，所以，如果流程不能分解为具体的活动，就很难掌握这种物流成本。

在大多数情况下，各主要物流流程的分解程度需要达到分解的活动能与特定的成本相关联，例如，接收活动可以进一步按照接收的品项或批次再进行细分。然而，当再细分的活动无法提供重要的成本信息或消耗的主要资源时，就不需要分解了。

4. 识别活动实施时消耗的资源

物流成本管理体系的目标是发现与活动相关的成本，然而为了真正衡量物流活动成本，必须明了各活动所消耗的资源。根据各商业团体内部活动实施的不同，所消耗的资源类型是不一样的，在一个企业中可能消耗人工活动，在另一个企业中则可能是完全自动化的，从而消耗了资金设备。但是，大多数企业所消耗的资源基本上可以划分为如下几类：人工、物质、设备、设施、资产和资金。以货车配送为例，人工表现为货车司机的薪酬；设备表现为货车，假定为公司所有；资金表现为汽油费或其他费用等，所有这些资源的消耗情况都有赖于该活动是如何实施的。从核算的原则上讲，无论消耗多少资源，都需要计入活动成本。

5. 确定活动成本

物流活动的资源确定后，就可以确定活动成本了，传统的总分类账户出于各种财务报告的目的，汇集了许多这样的资源消耗成本数据。但是为了能为物流成本管理所用，需要将这些账户按照活动和资源之间的关系分解成各种成本数据。

分类账户中的成本数据可以按照特定的活动来分配，例如在将劳动力成本划分到活动时，每个员工的时间分配和支付划分必须加以明确，以能追溯到相关作业活动。有些活动成本可以直接从分类账户中得到，有些则需要通过访谈或直接调查取得。例如，当员工的所有工作都花费在某一特定活动时，这种活动成本往往容易从分类账户中得到，但是如果员工只将其中一部分时间用于某项活动，而将其余时间用于其他活动，就很难直接获取相关成本数据，这时就需要通过现场调查来取得相关信息和关联成本数据。图11—3展示的是活动成本确定的流程。

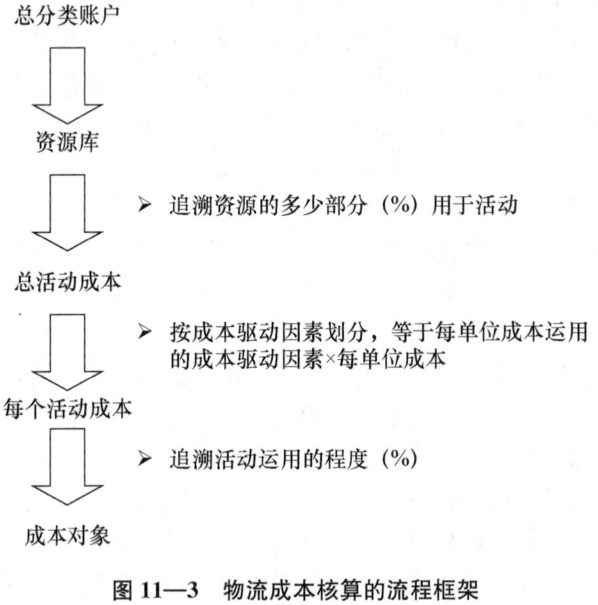

图11—3　物流成本核算的流程框架

为了确立资源消耗和活动绩效之间的因果关系，物流成本管理模型运用了成本驱动因素的概念。成本驱动因素是产生或影响活动成本的要素，例如，工厂或物流中心的布置和面积就是物质活动成本的驱动因素之一。

在物流活动成本测度中，每个成本至少有一个驱动因素，有些成本可能有很多驱动因素，但是所运用的只是最有用的驱动因素。主要驱动因素的识别可以通过询问作业人员什么因素增加或减少他们的作业时间或效率进行。成本驱动因素应该与实施某项活动的努力程度有直接的关系，例如，在订单拣选环境下，每份订单拣选的箱数可能要比订单数更能反映成本的驱动性，因为当订单涉及多种商品的拣选时，往往耗费的时间和成本更多、更大。

6. 追溯成本对象

成本驱动因素常常表现为每单位成本，例如上面订单拣选的例子中，成本驱动因素可表示为每箱处理的金额。将所有用于活动的资源成本除以处理的箱数，然后乘以所有的成本驱动因素，最终得到某个成本对象的全部活动成本，并且各订单拣选活动按照处理的箱数分配相应的成本。

一旦确立了成本对象每个活动的成本，企业就能很好地理解各成本对象利润挖掘的潜力，成本对象可以按照管理决策的需要来确立，可以按不同顾客、细分市场、产品、领域或渠道等划分。

7. 从整体成本的角度分析最终成本信息

物流成本管理分析的最后一步是利用其所反馈的信息进行进一步分析。虽然物流成本管理提供了特定物流活动的关键成本数据，管理者也不应该只关注特定的物流活动本身，而是应该从供应链的角度分析整体成本，从而最终实现整体成本的削减，而不是某个物流活动成本的削减。只关注某一方面的物流成本削减可能会造成其他方面物流成本的上升，例如，运用新仓储技术所产生的成本节约可能会被相应增加的运输成本或库存持有成本抵消。一些研究学者提出，管理者应该全面审视各种可行的方案，以综合分析相应的成本。

二、物流成本测度的管理意义

增强供应链物流成本的透明度对于加强供应链管理具有非常重要的意义。清晰地了解成本和利润贡献度，可以帮助企业战略性地决策供应链的构成和结构。将供应链物流活动成本与非财务测度结合起来，完全改变了公司以往对承运商、卖方以及渠道商进行绩效评估的方法体系，因为它考虑到了所有相关的系统费用成本以及供应链的应变能力因素，同时通过衡量和测度供应链参与企业间的成本费用，为供应链再造提供了坚实的基础。具体讲，供应链物流成本管理的作用主要表现为如下几点。

（1）企业可以利用供应链物流成本管理，作为再造分销渠道关系的战略性工具。传统的成本管理方法忽视了很多非直接的物流成本，而过于关注销售额、总分类账户以及管理项目中的一些费用成本，而这些费用成本基于销售量和运输量，而不是根据实际的消耗情况来测算物流成本，这无助于供应链关系体系的建立。而供应链物流成本管理法通过分解这些成本，并将发生的成本追溯到产品、顾客或渠道，从而明确反映了这些产品、顾客或渠道对企业盈利率的贡献，据此建立良好、有效的供应链关系，削减或消除高成本却低增值的活动，最终优化供应链关系体系。

（2）供应链物流成本管理能够通过展示跨企业流程的整合如何减少市场成本来支持流程再造。供应链物流成本管理可以帮助企业采取行动，以削减高成本的物流活动，这类活动包括削减、再造或职能转换等几类。物流成本的控制可以通过削减物流活动来实现，例如收据审核、处理通知或外部运输的质量控制等。同样，企业也可以通过再造业务流程来实现有效的物流作业，诸如采用电子数据交换来削减与交易伙伴之间有关订单处理、数据录入和订单执行等活动而产生的成本。职能转换则从供应链管理的角度实现了全面成本的最低化，与此同时达到了企业预期的绩效水准。所谓职能转换，就是将某些内部运作成本较高的活动转移给能以更低的成本执行该职能的第三方或者供应链中的其他企业去运作，以追求最终成本的下降。例如，上游制造商实施条形码，就能有效地帮助下游渠道商更好地进行货物追踪，减少了在多个分销地点进行数据录入而造成的成本费用。

（3）供应链物流成本管理通过将非财务绩效测度与供应链活动成本结合，帮助企业关注顾客接受价值的改善，增加提供这种价值而产生的利润。非财务绩效测度，诸如周转时间、及时配送情况、顾客回头率等是考察企业客户服务水准的关键指标，然而，这些指标却并没有揭示供应链企业是否得到了良好的回报。供应链物流成本管理提供了活动成本识别与各绩效测度之间的链接，能帮助企业了解执行特定客户服务，诸如订单处理、订单拣选、配送、库存等所实施的具体活动、所消耗的资源和时间，从而使非财务绩效测度直接反映在物流成本上。

（4）供应链物流成本管理对于成本绩效分析发挥了重要作用。通常情况下，企业对于供应链伙伴实施的活动难以直接控制，而这些活动直接影响到供应链成本和绩效，例如，供应商是即刻还是批量进行订单处理，会影响到供应链周期和相关的成本。在大多数情况下，供应链成员难以了解实施服务活动的成本代价，而这些活动的绩效和成本又直接决定了企业在供应链中的竞争地位，所以，分析这些活动和成本为企业寻求提升竞争力的机会和盈利提供了可能。将那些非增值的成本驱动因素加以剔除不仅降低了供应链成本，缩短了供应链周期，而且推动了供应链企业的持续改善和盈利增加。

（5）将非财务绩效测度与成本信息相结合为供应链变革提供了强有力的分析工具。企业可以利用供应链物流成本测度这种将非财务绩效测度与成本信息相结合的特点，基于企业的能力评估和选择供应链伙伴，或确立战略联盟关系。潜在和既定合作伙伴的绩效能力可以转化为影响企业、供应链或所提供服务的成本，供应链合作伙伴可以利用这种信息弥补或加强它们在某些能力上的不足，推动企业不断改善经营能力和对供应链的贡献度，以提升供应链的竞争力。

（6）供应链物流成本管理为合理分摊费用和效益奠定了基础。在供应链流程变革中，一个很难处理的事情是费用和效益的合理分摊。应当看到，在供应链变革中，一些活动的实施成本和效益在整个供应链参与成员之间是不均等的，例如，上游企业在包装、条形码和电子数据交换方面的投资会增加这些企业的成本费用，但是下游的企业将会享受大部分由于信息管理改善而带来的效益。正是由于这种状况，很多企业不愿意进行供应链活动的变革，以避免承担过多的成本。供应链成本管理对在渠道成员中合理分摊成本和效益起到了关键作用，它能通过追溯成本的资源消耗和责任人，以及各参与方的收益，为建立合理的费用效益分摊机制提供信息基础。此外，利用这种信息，还可以在确定供应链参与方消耗资源的比重的基础上划分供应链绩效改善的成果。

三、物流成本管理实现的阶段

通过以上的论述可以看出，供应链成本测度是一种有效的物流成本计量和管理决策的工具，它对于企业合理优化物流流程和管理提供了一种有益的参考框架。但是，应当看到，由于企业管理水平的参差不齐以及供应链现状的不同情况，供应链成本测度不可能一蹴而就，相反它是随企业管理水平不断提高以及企业对系统成本管理的意识逐渐加强而逐步实现的。从现在企业实施供应链成本管理的实践看，供应链成本管理的最终实现需要经过六个发展阶段。

1. 职能成本最小化阶段

职能成本最小化（functional cost minimization）指的是控制和管理职能成本，使之最小化。在这个阶段，管理人员的职责在于管理好他们分内的本职工作，例如，采购人员在比质比价的基础上能够以最优的价格购买所需要的物品；运输管理人员合理确立运输成本；仓储管理人员将库存水准控制在最低程度；生产管理人员致力于实现最小单位成本；包装管理人员能够做到以最便宜的包装达到物流运作的要求。目前大多数企业都能按照职能成本最小化进行管理，以持续改善各职能活动的业绩，管理和控制相应的物流成本。但是，职能成本管理只是一种企业内局部的成本管理，无法对其他职能环节实施有效的协调和管理，所以，职能成本管理是供应链物流成本管理的初始阶段。

2. 最优分销成本阶段

随着企业意识到职能成本最小化不能实现企业整体最优，就需要审核发生在企业内外的运输活动，以在获取或配送价格的基础上考核采购、资产管理以及运输之间的背反关系。具体讲，此时企业需要考虑不同的运输形式以及不同的供应区域如何影响最终的采购价格，不同的运输模式如何对边际成本以及包装要求和成本产生作用，供应商仓储网络（工厂供货还是远距离供货）对分销价格变化的作用如何。同样的分析也可以运用在企业之间或者是企业与顾客之间的物流活动分析上，如今有很多企业非常关注供应商对企业，以及企业对顾客之间的商流和物流管理，但是忽视了追溯和分析这种作业界面的转移成本。在这个阶段，企业形成了跨职能团队以改善企业的获取或分销成本，满足顾客多样化的需求。

3. 所有权成本管理阶段

在上一个阶段中，虽然企业职能间的成本管理得到了关注，但是仍然有一些因素在物流成本管理中没有有效地加以考虑，即为了支持企业的物流决策（在特定时间多少商品流入、通过或流出），需要多大的库存持有成本或相关投资。企业在实施物流管理时，需要将供应物流、生产物流和分销物流有效地整合在一起，达到既定的物流管理目标，同时实现最合理的所有权成本（关于所有权成本的概念我们在前面已经论述）。这种成本管理阶段强调的是以顾客需求的观点，管理企业内部各种活动之间的效益背反，例如，随着准时制供应、生产和分销要求的提出，企业需要全盘考虑各阶段的库存水平和相应的管理费用等。正因为如此，在物流成本管理中开始运用平衡计分卡来计量和管理成本，而不是简单的表面成本分析和管理。

4. 企业销售增值成本管理阶段

企业销售增值成本管理被认为是企业实施所有权成本管理后的下一步物流成本管理阶段，那么什么是与供应链相关的增值成本？所谓增值成本，指的是除了获取商品所发生的所有成本，增加顾客价值而发生的成本也构成了其成本内容。越来越多的企业开始关注与营销和销售、工程和技术支持、场地服务支持、信息技术和管理等增值服务活动相关的成本，从而有效地开展这些增值服务活动。为此，此阶段需要企业建立能有效分析产品和客户盈利率的经济模型，帮助企业透彻地了解总体盈利构成，这样企业就能合理地掌握采购供应成本、增值成本、税前或税后边际利润以及融资成本等。企业高层管理人员开始从战略上理解增值服务的概念，并且采用系统化的手段协调跨功能团队的活动。

5. 企业间增值成本管理，与相邻合作伙伴协调阶段

在以上阶段中，企业物流成本尽管开始全面地得到考虑和管理，但是仍然倾向于个体企业的物流系统成本管理，而企业间的成本背反没有得到完整的分析和关注。第五阶段强调的是供应商、客户和中间商的成本分析，其分析重点在于多个企业组织，包括企业的客户、供应商和其他中间中介组织，像经销商、代理商、物流服务提供商以及信息技术提供商等。在该阶段，交易成本分析纳入到物流系统分析过程中，从而根据这类成本分析决定由供应链关系中的哪个组织实施某项职能活动最为合适，由此开始了多企业的工作流设计和价值工程管理。比如在供应链管理过程中，分别由谁实施需求预测和规划、库存管理和补货、运输、仓储、装配、货物追踪、技术支持、产品失效分析以及营销和销售活动等，并且决定应该如何实施。通过这样的成本管理，冗余的活动和环节得到了有效精简，企业之间通过有效的合作和整合真正实现了总体成本最优，这种管理要求企业间在分享成本和效益的基础上协同决策。

6. 最终用户供应链成本最优阶段

第六阶段是第五阶段的扩展，它把成本管理和流程的优化分析延伸到整个供应链。在该阶段，成本分析管理的焦点是最终的用户，即从最终用户的角度看，如何实现最优的供应链成本管理。为了做到这一点，不仅要对供应链物流作业流程进行全面的分析和优化，更要在供应链成员之间合理有效地分配资产和利益，并将这种管理活动延伸到所有网络。所以，其成本管理和流程优化的对象不仅包括与企业相关的上游供应商，更要扩展到供应商的供应商，甚至更深层次的供应商；同样，对于下游不仅要管理好分销商的物流成本，而且要延伸到最终用户的物流流程优化和成本管理，这样，供应链系统成本管理真正全面地得到了实现。

第4节　物流成本控制

物流成本有广义和狭义之分，狭义物流成本仅指由于物品移动而产生的运输、包装、装卸等费用，广义物流成本是指生产、流通、消费全过程的物品实体与价值变化所发生的全部费用，具体包括生产企业内部原材料的采购、供应，生产制造中半成品、产成品的仓储、搬运、装卸、包装、运输，以及消费领域的验收、分类、仓储、保管、配送、废品回收等发生的所有成本。

一、物流成本统计的影响因素

具体来讲，物流成本的范围由四方面的因素决定。

（1）物流成本的计算范围，即物流的起止问题。从以上对广义物流成本的认识可以看出，物流的范围是相当大的，包括原材料物流、工厂内物流、从工厂到仓库及配送中心的物流、从配送中心到顾客的物流等部分。

（2）在运输、储存、装卸搬运、包装等多种物流活动中，以哪几种物流活动作为物流成本的计算对象问题。以所有物流活动为对象计算出来的物流成本，与只以其中的运输、储存等部分活动为对象计算出来的物流成本是有很大差异的。

（3）把哪几种费用列入物流成本中。运费、保管费等企业外部支付的物流成本，或人工费、折旧费、修缮费、燃料费等企业内部的费用支出，究竟哪一部分列入物流成本进行计算，将直接影响物流成本的大小。

（4）企业运行机制对成本的影响。销售部门或生产部门决定着物流总成本的一大半，因此，它们是物流成本的决定者。由于物流的结构在很大程度上受销售和生产部门的制约，而物流结构状态又是决定物流成本的最大因素，物流结构一经决定，一大半物流成本就决定下来。图11—4反映的是以销售部门为主体的物流成本形成机制，从中可以看出，由于销售政策的变化，物流成本也随之改变。

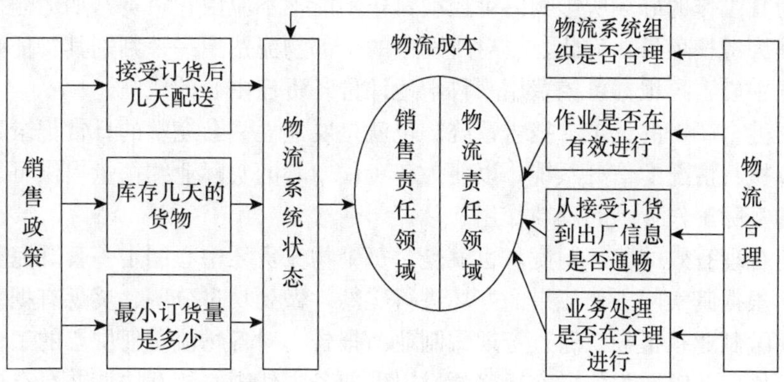

图 11—4　物流成本形成机制

二、物流控制的类型

物流控制包括事前控制、事中控制和事后控制。事前控制是指依据物流成本的历史资料及企业现在所面临的客观实际情况，再结合管理人员的经验，对尚未发生的物流活动作全面预算，制定出费用标准，即标准费用水平。事中控制是指在一定的物流活动过程中，以标准费用水平来控制实际发生的费用水平，并揭示差异及差异形成的原因。事后控制则是指通过对差异及其形成原因的分析和研究，据以采取相应的措施，巩固成绩，克服缺点，实现对物流成本的有效控制，全面提高经济效益。例如，若在一个期间结束后，发现实际退货物流成本高于标准退货物流成本，物流部门就应该分析成本高的原因，或者是产品质量降低、信誉下降、销路受阻，或者是有新的竞争者加入，而后把原因迅速反馈到有关部门（生产、销售部门等），以帮助克服这种状况，降低物流成本水平。物流成本的控制过程中要遵循全面控制原则、责权利相结合原则、节约原则、例外管理原则及目标原则。

三、物流业绩评价体系

业绩评价是指从对物流活动实施分权管理开始，把整个物流过程划分为各种不同形式的责任中心，对每个责任中心，明确其权力、责任及业绩计量和评价方式，建立起以各个责任中心为主体，责、权、利相统一的机制，通过信息的积累、加工、反馈，形成物流系统内部严密的控制系统。具体包括以下几个方面。

（1）合理划分责任中心，明确规定权责范围。实施责任制度，首先要按照分工明确、责任分明、成绩考核的原则，合理划分责任中心。其次必须依据各个责任中心的特点，明确规定其权责范围，使每个责任中心在其权限范围内，独立自主履行其职责。

（2）编制责任预算，明确各物流责任中心的业绩考核标准。编制责任预算，使物流活动的总体目标按各物流责任中心进行分解、落实和具体化，并以此作为它们日常工作的准则和评价成果的基本标准。业绩考核标准应当具有可控性、可计量性和协调性等特征，即其考核的内容只应是物流部门能够控制的因素，考核指标的实际执行情况，要能比较准确地计量和报告，并能使各个物流责任中心在完成物流活动总目标的过程中，明确各自的目标和任务，以实现整体和局部的统一。

（3）区分每个责任中心的可控与不可控费用。对各个责任中心的工作成果评价与考核，应仅限于能为其工作的好坏所影响的可控项目，不能把不应由它负责（如运输线路中断）的不可控项目列为考核项目。为此，要对所发生的全部物流费用一一判别其责任归属，分别落实到各个责任中心，再根据可控费用来科学地评价各责任中心的成绩。

（4）建立健全严密的记录、报告系统。也就是要建立一套完整的日常记录、计算和考核有关责任预算执行情况的信息系统，以便为各责任中心的实际业绩衡量提供可靠依据，并能对责任中心的实际工作业绩起反馈作用。

（5）制定合理有效的奖惩制度。也就是对每个物流责任中心制定一套既完整又合理有效的奖惩制度，根据其实际工作成果的好坏进行奖惩，做到功过分明、奖惩有据。

（6）定期编制业绩报告。通过定期编制业绩报告，对各物流责任中心的工作情况进行全面的分析和评价，并以此为依据实行奖惩，以促使各责任中心相互协调并卓有成效地开展物流活动，共同为最大限度降低物流费用水平、提高经济效益而努力。

从以上的分析中可以看出，供应链物流管理会计是一种系统化、全过程的成本分析和管理，它考察的不是一般财务会计中所计量的物流成本，而是从不同的角度综合地分析物流成本，并且根据这种成本反映出来的情况进行供应链物流作业决策，最终进行物流成本的预算管理（见图11—5）。

案例分析

五朵金花的命运

宏城超市今年的目标是开23家店，宏城超市的总经理洪楚添表示，时机已经到来。一直低调的宏城意识到，不仅要加大社区店的开店力度，也要开拓街区店。种种迹象表明，连续低迷几年的广州本土超市，要一扫盘旋在头顶的阴霾。

广州本土超市低迷已经持续六七年了，7年前，阳光、金田、越秀、广南，一家接着一家关门，终未能撑过新世纪的头几年。至此，广州连锁超市“五朵金花”折损其四，几乎全线崩溃。之后，一度活跃的广州“六小花”也纷纷落马，业界弥漫着一股死亡前的寂静！当初，新兴业态的红火景象，使各超市头脑发热，于是不惜成本、不择选址、粗放管理，以大投入占领市场。然而好景不长，随着宏观消费力的整体走弱，这些超市的高成本投入开始显现病态。

1996年，以万客隆为代表的货仓店在广州冒头，货仓店以低投入、低物价迎合经济低谷期的消费市场，因而迅速蹿红并占领广州市场。而阳光资本实力不够，四处扩张导致资金链断裂；广南、越秀、金田过于追求业绩报告，不惜代价开店，造成开业后营运成本居高不下，无法盈利；而这些企业又盲目乐观，缺少及时的调整和变革，最终广州连锁超市的“五朵金花”中四朵先后夭折。

回忆起当年的同行，宏城一位负责人说，本土超市最大的对手就是自己。在3年学步的过程中，广南曾多次联姻，欲强大自身筋骨。粤海集团旗下独立在香港上市的广南集团，1996年下半年与南方大厦合作成立了广南大超市，1997年年初又与广东省食品公司下属天美公司联姻，诞下广南天美超市。到了1998年，广南大超市与广南天美超市两相合并，成了广南超市。

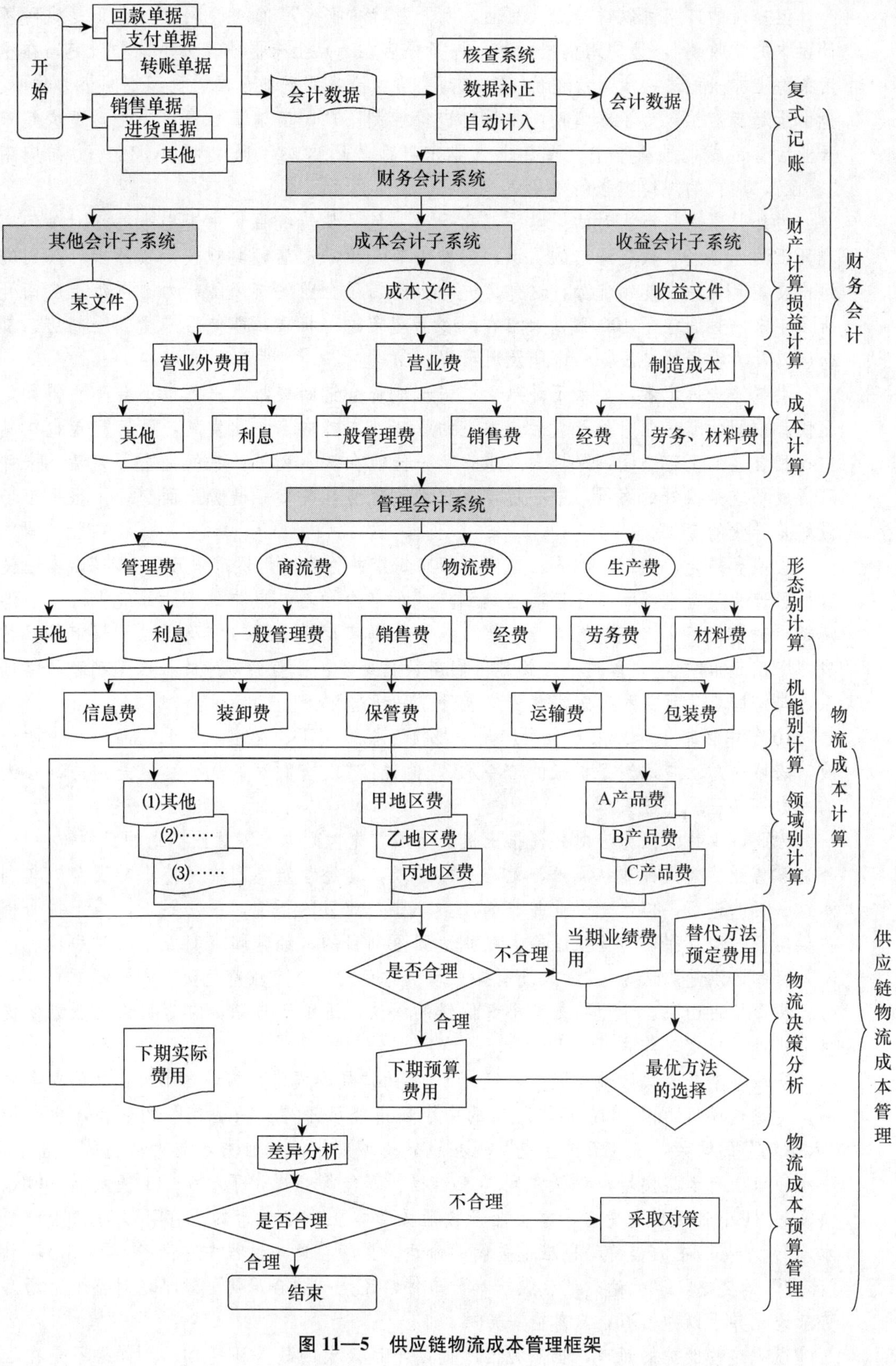

图 11—5　供应链物流成本管理框架

但当时的广南可以说是烈火烹油，刚开业就“收编”30多个网点，也正是这种不计血本的“收编”，让广南祸根始种：许多分店在选点上未能作充分论证和研究，在租用条件上亦未能进一步讨价还价，现在回头看租金水平明显偏高，利润空间极为狭窄。也由于起步匆忙，为了赶工期，原材料进价控制不严，店铺工程费用高企，造成超市开业后营运成本居高不下。再加上大股东粤海集团这些年风波频频，已无力向广南“输血”，广南的规模扩张陷入死角。

另外，广南超市当时的操盘手，几乎清一色是从传统百货中走出来的，对如何实现真正的连锁经营缺乏深刻的认识，乍看去有几十家门店颇具规模，实际上，公司的运作没能真正体现连锁优势，这样又进一步削弱了企业的抗风险能力。再加上广南开店多年来一直固守于400平方米左右的食品超市这一标准，即使后来受到仓储店、货仓店以及大卖场的挤压，仍未能及时警醒。

洪楚添告诉记者，如果不是急于扩张造成资金链断裂，本土超市不会阵亡得如此之快。中国的零售业对外开放后，本土的零售业态趋向多元化发展，民营超市也在其中找到自己的生存空间，深圳人人乐和新一佳能在沃尔玛等巨头的夹击下存活下来并取得成功就是很好的案例，中小超市有自己的优势，关键是避免正面交锋，根据市场做好差异化的定位。

宏城和阳光、金田、越秀、广南等四家超市并称为广州超市“五朵金花”，本土民营社区连锁超市也不断将连锁门店铺到广州的各个角落，其中的“六小花”———港湾超市、胜佳超市、花都五华货仓超市、福特玛超市、嘉福超市及澳之星超市等更结成“广州超市联盟”，以这一广州地区门店数量最多、覆盖面最广的社区型销售网络体系，与跨国零售巨头和外来零售资本展开了一场恶斗。

10年中目睹土洋外来超市在广州一批接一批地倒下、撤出或失利，品味个中的成败，宏城老总洪楚添泼了扩张的“冷水”，他说：“没有利润的规模终究是泡沫，强大的外力一挤压就会破灭。”

因此，洪楚添认为应对外资推土机，必须首先拷问本土零售业扩张的目的与动机。外资零售业的模式都非常成熟，无论怎样扩张，其经营始终围绕保持正常现金流与利润这一目的进行，但本土企业并非如此。一些企业目的不纯，手法不正，向上拼命挤占供应商，向下拼命与业主压价，以此达到盈利目的，经营超市变成了一种手段，而不是目的。洪楚添认为：“如果没有摆正动机与目的，连定位都免谈。那种不顾自身实力、拼命抢占山头、希望将来卖个好价钱的做法，近似于自杀，它为将来企业爆发支付危机埋下了定时炸弹。”

宏城早期是为集团地产服务，经过10年的发展，成为越秀城建不可或缺的业务之一。走过这风风雨雨的10年，广州的中小超市经历了“五朵金花”的盛世，也经历“六小花”的繁荣，但“五朵金花”现在也就宏城超市一枝独秀，在大商超的夹击下，中小超市上有大型卖场，如沃尔玛、家乐福、万佳等高压，下有7-11便利店、OK、快客等24小时便利店夹击，零售业开放后民营本土中小超市的生存环境可谓险山恶水，“六小花”中的福特玛也难逃关闭的命运。尽管在这一过程中它们多次展现出不甘“阵亡”的姿态，但无论是“合纵抗秦”事件，还是“联合采购”策略，对整个市场态势来说无异于以卵击石，只落得一声响。

纵观这些倒掉的超市，虽然死因不同，不过最大的敌人还是自己，如果不是在压力之下急速扩张，寻求突围之路，导致资金链出现断裂，也不会早早关门。财务状况一直良好的宏城正在等待机会，洪楚添表示，在宏城销售最好的品类是日常生活用品，这与宏城社区超市的定位密切相关。另外，敢于告别日用品，敢于开现代化的“菜店”，这种标准型的生鲜食品超市在一定规模的居民区以及中小城市将拥有广阔的市场空间。在上海，小型超市日子过得尚好，现今有能力的都往食品加强型超市方向寻求脱胎换骨，联华超市就是其中的典例。而在广州，“五朵金花”唯独宏城能够盛开至今，重要的原因就在于它从 1998 年就开始有意识地强化生鲜食品，大力调整商品结构。

宏城的定位是服务社区人群，洪楚添表示，经过 10 年的发展验证，社区定位是宏城的发展优势，目前，宏城除了固守城建的项目，已经和合生创展、珠江投资、中海以及万科等地产集团达成战略合作同盟。超市是低利润行业，但是背靠城建这棵大树，宏城得以稳步扩张，发展到现在。

链接——沃尔玛节约成本的神话

业内人士告诉记者，卖场获取毛利空间主要依靠两端：一是进货成本，一是供应链成本。但是实现这两点的前提是规模经营。逸马顾问的总裁马瑞光给记者讲了一个沃尔玛如何通过供应链大规模节约成本的故事，这一故事被业内奉为“卖场的神话”。

据说，1996—1999 年，沃尔玛的销量增加了 78%，而库存仅上升 24%，从而产生了数亿美元的利润。之后，沃尔玛实现了实时门店销售信息共享，通过合作双赢将其供应商米德·约翰逊纳入供应链管理系统后，收效惊人。当库存低于安全库存时，销售点数据自动引发补货。沃尔玛的库存周转率从 10 次以下提高到超过 100 次，而其供应商米德·约翰逊则从 12 次提高到 52 次。为了满足美国国内 3 000 多个连锁店的配送需要，沃尔玛共有近 3 万个大型集装箱挂车、5 500 辆大型货运卡车，24 小时昼夜不停地工作，每年的运输总量达到 77.5 亿箱，总行程 6.5 亿公里。合理调度如此规模的商品采购、库存、物流和销售管理，离不开高科技的手段。

为此，沃尔玛公司建立了专门的电脑管理系统、卫星定位系统和电视调度系统，拥有世界一流的先进技术。全球 4 000 多个店铺的销售、订货、库存情况，可以随时调出查阅。公司同休斯公司合作，发射了专用卫星，用于全球店铺的信息传送与运输车辆的定位及联络。公司 5 500 辆运输卡车全部装备了卫星定位系统，每辆车在什么位置、装载什么货物、目的地是什么地方，总部一目了然，可以合理安排运量和路程，最大限度地发挥运输潜力，避免浪费，降低成本，提高效率。

马瑞光表示，卖场售出的商品价格偏高，且无法保持货架商品的快速变化，是中小超市消费者明显流失的主要原因之一。中小超市要和大卖场竞争，有时是胳膊拧不过大腿，所以要采取更加灵活的包围战，走亲民牌、本地化牌。

资料来源：物流成本扼杀中小零售企业．［2008-08-21］．http://info.clb.org.cn/guanliqianyan/chengbenkongzhi/2008-08-21/30299.html.

问题讨论：

1. 造成“五朵金花”现状的主要因素什么？
2. 通过本案例，对于连锁经营你有什么想法？
3. 沃尔玛的成功经验可复制吗？如果可以，应该怎么做？

□ 本章小结

随着供应链管理的进一步发展，物流成本管理也逐渐提上议事日程，探索合适的管理方法对于实现供应链战略目标、提升企业的整体经营绩效都起着举足轻重的作用。

正是基于综合性物流成本管理的要求，在物流成本的综合管理上，目前运用和探索的主要成本分析方法有直接产品盈利率法、作业成本法、所有权成本法、目标成本法。

物流控制包括事前控制、事中控制和事后控制。事前控制是指依据物流成本的历史资料及企业现在所面临的客观实际情况，再结合管理人员的经验，对尚未发生的物流活动作全面预算，制定出费用标准。事中控制是指在一定的物流活动过程中，以标准费用水平来控制实际发生的费用水平，并揭示差异及差异形成的原因。事后控制则是指通过对差异及其形成原因的分析和研究，据以采取相应的措施，巩固成绩，克服缺点，实现对物流费用的有效控制，全面提高经济效益。

物流与供应链绩效 第12章

知识要求

通过本章的学习，掌握

- 供应链绩效
- 供应链绩效评价特点及原则
- 物流与供应链绩效评价指标
- 现金流量周期
- 供应链的绩效衡量

技能要求

通过本章的学习，能够

- 掌握供应链绩效评价的原则
- 制定供应链绩效评价的指标
- 确定综合性的供应链评价方法

引导案例

盘点波音全球供应链战略演变三大阶段

波音公司曾经是高度纵向一体化的公司，供应商只限于提供原材料，而主要生产都集中于公司内部。历经数十年的发展，波音越来越多地将业务进行外包，逐渐形成了标杆式的全球供应链模式。

供应链战略的演变

20世纪80年代以前，波音公司的零部件供应还是以自行研发和生产为主，例如波音727项目只有2%的部分是由波音以外的供应商完成的。当时在启动新飞机项目时，波音公司都自行承担设计、研制、工装和基础设施建设的资金，甚至要向其美国国内供应商提供生产设备来生产机体部件。

生产外包阶段

到20世纪80年代，美国机体制造商积极寻求生产上的海外合作伙伴，其原因主要有客机的购置与工业补偿贸易联系更加紧密，而且美国国内供新飞机上马的资金紧张，美国企业受到利用海外资金前景的吸引。另外美国制造商明白美国飞机中有其他国家生产的部件，将更容易在相应的国家出口。

波音在这个时期也实行补偿贸易项目，向一些海外国家销售飞机的同时将生产（按图制造）转移到这些国家，主要是一些低端的零部件，这样既确保了飞机海外销售市场，又降低了自行承担的费用。这一时期波音的全球化主要是生产全球化，波音将总体设计图纸转交给全球各地的合作伙伴，由他们提供相关的材料部件。来自世界各地的工程师对所有部件进行工序烦琐的校验、装配、测试和改进，最后制造飞机的部件从四面八方运至西雅图的波音装配工厂。

跨国供应链阶段

20世纪90年代，经济全球化趋势展现。基于技术进步出现的国际分工进一步深化，从产业间、产品间分工发展到产品内分工，原有的完全占有制造资源、直接控制生产过程的纵向一体化管理模式已不能适应市场竞争。从80年代后期开始，利用企业外部资源以快速响应市场需求的横向一体化模式兴起，大体就在这个时期供应链的概念开始提出，供应链管理思想开始发展。

在民机制造领域，机体制造商的一些海外合作伙伴也开始从低端零部件生产商升级为专业化的供应商。实际上波音民机的生产全球化阶段持续时间并不很长，波音很快就开始将一些重要的零部件和分系统的研制工作转包给国外公司，这在波音767的研制中得到了体现。随着大型客机技术复杂性的增加，研制费用快速上升、财务风险扩大，尤其是新项目研制的高技术要求、高资金投入和高市场风险即使对于波音这样的巨头也难以独自承担。到20世纪90年代波音777项目研发之时，其国外供应商的参与份额跃升至30%，波音跨国供应链已形成规模。

全球供应链阶段

进入21世纪，生产组织模式有了更进一步的发展，供应链上的原材料、在制品、产成品在全球范围内流动，供应链上各主体之间的物流活动通过全球的进出口贸易实现，这种模式称为全球供应链。此时，供应商的角色和作用在产品供应链中已日显突出，供应商的角色由传统的零部件生产供应者转变为产品零部件总成的参与设计者，成为战略合作伙伴。网络化的产品开发数据管理平台也为供应商参与新产品的研发提供了信息技术的支持，使供应商参与产品开发不受地域的限制，同时保证了供应商与产品制造商技术资源的互补和共享。供应商参与新产品开发的模式也开始在民机产业中应用。

波音的战略由此从生产的全球化发展为研制的全球化，波音787则代表了目前民机产业研制全球化的最高水平。波音的全球供应链模式将设计和开发成本与全球合作伙伴分摊，与供应商建立了全球性的协作体系，充分利用全球资源，加快了市场反应速度，推动了波音飞机在全球的销售，提高了目标市场占有率。波音采用的全球供应链战略有助于其集中精力于自己的设计研发、总装、供应链管理、营销和品牌这些核心业务；有助于缩短飞机的开发周期，降低公司的供应成本，减少自身投资和削减成本，分散研制风险，提升生产效率，满足全球客户的需求。

供应链战略的形成因素

波音公司作为世界顶级的民机制造商，需要在全球范围内争夺市场份额，因为其国内市场不足以支撑波音公司的发展。因此波音将一些低端的零部件转包给其他国家的企业生产，一方面有利于进入这些国家的市场，另一方面也可以降低制造成本。

不过自从波音公司开始向国外企业转包，美国国内对这一做法的反对声就从未间断，他们认为这不利于美国航空工业创新能力和专业人才队伍的保有及发展。但同样有业内人士指出，作为企业终究是以盈利为目的，因此“不可能指望一家私有企业来承担这一（专业人才流失）责任”。

除了经济和市场等因素，政治因素也是供应链选择的因素之一。民机产业是一个国家的战略性产业，因此民机研制、生产乃至销售的背后都体现着一定的国家意志。民机产业的竞争可以看成是国家间的竞争，民机产业的合作也代表国家间一定程度的合作。在这个层面上，波音海外供应商战略关系的发展与美国国际关系的发展是完全契合的。波音先期建立战略关系的供应商所在国都是美国传统的伙伴国家。例如波音目前的最佳合作伙伴日本、波音在欧洲的第一大供应商英国都是美国的战略盟友；而波音与一些新兴市场国家如中国、俄罗斯、中东国家和非洲国家中的供应商开展合作或建立战略关系，其背后的政治背景也显而易见，都很符合美国全球利益链中的地位，并意在加强美国的战略地位。

典型合作案例

1. 波音767

波音公司对波音767的研制采取了国际合作和国内转包方式。1978年9月22日，波音与日本民用运输部（由三菱重工业公司、川崎重工业公司和富士重工业公司组成）签订协议，日本方面承担波音767研制费和工作量的15%，随后意大利阿莱尼亚公司也参加了波音767项目，承担15%的研制费和工作量，美、日、意三方共同负责波音767项目的财务和管理，各方按约定比例为其销售提供经费和分配红利。

2. 波音777

波音777的生产主要涉及10多个国家的40多家重要供应商、风险共担合作伙伴和转包商，以及一些小型专业供应商。尤其值得一提的是，日本成为波音777项目的一个主要风险共担合作伙伴。1991年5月21日波音与日本三菱、川崎和富士公司签订了风险共担伙伴协议，日方承担波音777制造工作的20%，其中包括在日本研制和生产波音777飞机的机身段和零部件。日本负责制造大部分机身壁板、全部舱门、机翼中央段、翼身整流罩以及翼肋。日本为波音777研制投入了约8.7亿美元，另外又投入了4亿多美元用于新的基建和设备。

3. 波音787

波音787项目采用全球供应链模式，飞机90%的零部件由供应商制造，高达70%由国外供应商制造。波音只负责少数零部件生产任务和总装任务，是有史以来波音承担研制生产任务最少的一次。波音787的主要供应商位于美国、日本、英国、意大利等国，它们在设计、研发和制造方面比以往承担了更多的责任。其中，日本供应商负责整个机身结构约35%的设计制造工作，包括飞机机翼，而此前飞机机翼都由波音自行研制生产。

波音787项目标志着波音公司开始真正转变为一个系统集成企业，与主要供应商之间的关系由转包全面转向战略联盟，这一转变被称为商业模式的转变。在战略联盟关系下，波音公司将波音787项目的风险扩散给供应商，波音公司与30多家主要供应商签订合同，让它们来设计和集成整个子系统和重要的零部件。

波音作为主集成制造商与供应商，制定产品的分工界面和标准规范，将波音787飞机机体结构与各主要系统的功能结构进行合理分解，将全机结构分解成多个整体结构功能模块，接着选定不同的模块供应商，赋予一级供应商全面的结构设计制造与系统集成任务和责任，波音完成产品最终的总装集成、生产和交付工作。

资料来源：盘点波音全球供应链战略演变三大阶段.［2015-07-09］. http://news.163.com/air/15/0709/14/AU3CB22N00014P42.html.

问题

（1）波音的问题是如何解决的?

（2）波音的竞争力是什么?

第1节　供应链绩效概论

随着现代企业物流和供应链管理的蓬勃发展，企业对物流服务和供应链管理服务的要求越来越高，也越来越急迫。如今绝大多数企业都已经意识到物流管理和供应链管理是企业提升竞争力的重要手段，也是企业实现经营绩效的有力方法，因此，在这种状况下合理控制和管理供应链物流绩效、通过体系化的绩效管理体系促使供应链物流的有效运作，成为当今供应链物流管理的重要方面。

一、供应链绩效的概念

供应链各成员通过信息协调和共享，在供应链基础设施、人力资源和技术开发等内外资源的支持下，通过物流管理、生产操作、市场营销、顾客服务、信息开发等活动增加和创造的价值总和，即为供应链绩效。

现行企业绩效评价指标的数据来源于财务结果，在时间上比较迟缓，不能反映供应链的动态运营情况；而且现行企业绩效评价指标主要评价企业职能部门的工作完成情况，不能对企业业务流程进行评价，不能科学、客观地评价供应链的运营情况；再者现行企业绩效评价指标不能对供应链的业务流程进行实时评价和分析，而是侧重于事后分析，因此，当发现偏差时，偏差已成为事实，其危害和损失已经造成，往往很难补偿。基于此，供应链绩效评价指标体系应运而生。

二、供应链绩效评价

供应链绩效评价存在于供应链从建立到消亡的全过程，在供应链中占有重要的地位，是供应链管理的关键组成部分，它对供应链运行状态进行持续的监视和跟踪，为供应链决策者优化和调整供应链运行参数、业务流程，发挥着关键的作用。

1. 供应链绩效评价的原则

随着供应链管理理论的不断发展和供应链实践的不断深入，客观上要求建立与之相适应的供应链绩效评价方法，并确定相应的绩效评价指标，以科学客观地反映供应链的运营情况。供应链绩效评价指标有其自身的特点，其内容比现行的企业评价指标更为广泛，它不仅代替会计数据，同时提出一些方法来测定供应链是否有能力及时满足用户或市场的需求。在实际操作上，为了建立能有效评价供应链绩效的指标体系，在衡量供应链绩效时应遵循如下原则：

（1）应突出重点，对关键绩效指标进行重点分析；

（2）在衡量供应链绩效时，要采用能反映供应链业务流程的绩效指标体系；

（3）在衡量供应链绩效时，指标要能反映整条供应链的运营情况，而不仅仅是反映单个节点企业的运营情况；

（4）在衡量供应链绩效时，应尽可能采用实时分析与评价的方法，因为能反映供应链实时运营的信息要比事后分析有价值得多；

（5）在衡量供应链绩效时，要采用能反映供应商、制造商及用户之间关系的绩效评价指标。

综上，评价企业绩效时应综合考虑企业供应链业务流程、供应链中上下各节点间的关系、供应链经济效益等方面，并分别为每个方面设定对应的评价指标。另外，企业绩效的评价和指标设定应根据具体的发展愿景和战略进行，因而不同的企业（供应链）其评价侧重点和具体评价指标可以不同。

2. 供应链绩效评价的特点

根据供应链绩效评价应遵循的原则，供应链绩效评价指标主要是反映供应链整体运营状况以及上下节点企业之间的运营关系，而不是孤立地评价某一供应商的运营情况。例如，对于供应链某一供应商来说，该供应商所提供的某种原材料价格很低，如果孤立地对这一供应商进行评价，就会认为该供应商的运行绩效较好。其上层节点企业如果仅仅考虑原材料价格这一指标，而不考虑原材料的加工性能，就会选择该供应商所提供的原材料。如果该供应商提供的这种价格较低的原材料的加工性能不能满足该节点企业生产工艺要求，势必会增加生产成本，从而使这种低价格原材料所节约的成本被增加的生产成本抵消。所以，评价供应链运行绩效的指标，不仅要评价该节点企业（或供应商）的运营绩效，而且要考虑该节点企业（或供应商）的运营绩效对其上层节点企业或整条供应链的影响。现行的企业绩效评价指标主要是基于功能的绩效评价指标，不适用于对供应链运营绩效的评价。供应链绩效评价指标是基于业务流程的绩效评价指标。基于功能的绩效评价指标和基于供应链业务流程的绩效评价指标的示意图如图 12—1 和图 12—2 所示。通过示意图可以看出它们之间的差异。

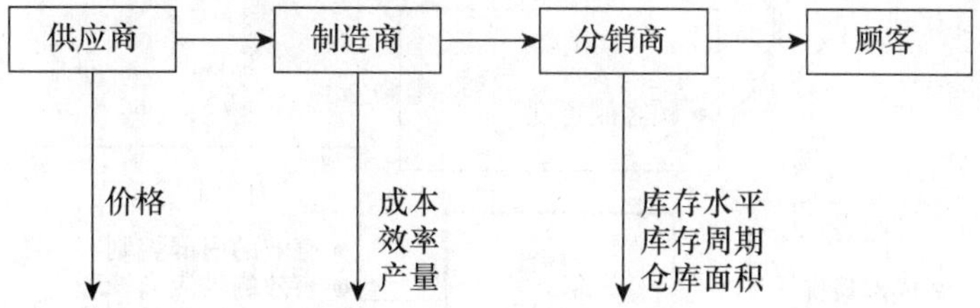

图 12—1　现行的基于功能的绩效评价指标示意图

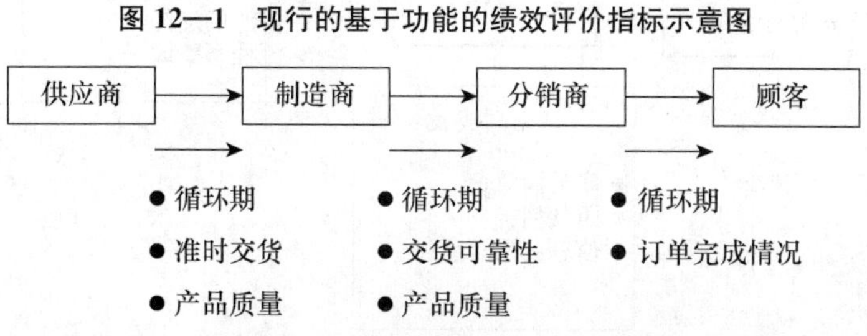

图 12—2　基于供应链业务流程的绩效评价指标示意图

第2节　供应链综合绩效评价模型

供应链绩效评价的关键是利用怎样的评价模型来构造供应链绩效评价指标体系，本节将重点研究分析这一问题。供应链绩效评价模型考虑从哪些方面评价供应链绩效，从而指导建立供应链绩效评价指标体系。在供应链及企业中常用的绩效评价模型有平衡计分卡模型（balanced score card，BSC）、供应链运作参考模型（supply chain operational reference，SCOR），物流计分卡模型（logistics scorecard，LS）、经济增加值模型（economic value added，EVA）、作业成本模型等。

一、平衡计分卡模型

平衡计分卡模型，最早于1992年由哈佛大学教授罗伯特·卡普兰（Robert Kaplan）与诺顿研究所最高行政长官戴维·诺顿（David Norton）共同提出，并在随后的研究运用中得到进一步的丰富和发展。平衡计分卡模型使用一套财务及非财务指标来描述整个组织的绩效。这个想法的初衷是将组织的战略与策略行动具体化以创造组织竞争优势，将组织的战略和策略转换成绩效目标与绩效指标，作为战略衡量与管理体系的架构，重点考虑从不同的角度进行平衡测量与评价。平衡计分卡模型的一个重要特征集中于组织战略业务单元，而且这些战略业务单元是以获得顾客满意度和体现股东价值为目标的。平衡计分卡在企业绩效评价中的研究与应用已经非常普遍。

平衡计分卡模型从四个角度来评价组织的绩效：财务、顾客、内部业务流程及学习与成长，如图12—3所示。

（1）财务（我们在股东眼中表现如何）；

（2）顾客（顾客是如何看待我们的）；

（3）内部业务流程（在哪些方面可以做得更杰出）；

（4）学习与成长（我们能继续改善和创造价值吗）。

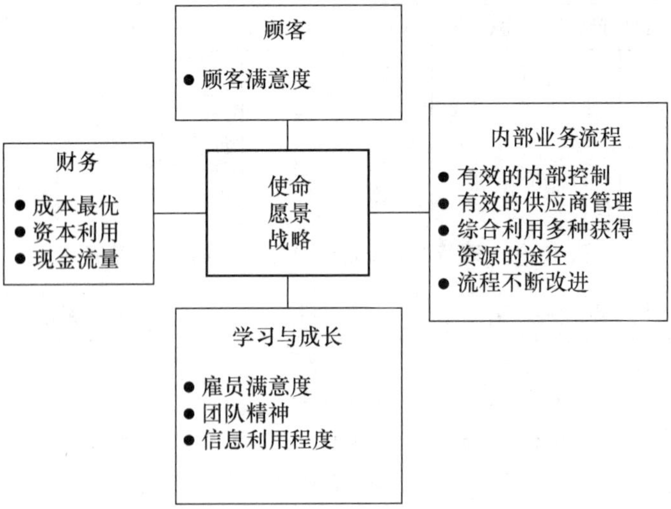

图12—3　平衡计分卡指标体系

平衡计分卡不仅提供过去成果的财务指标，同时兼顾以顾客的角度、内部业务流程的角度、学习与成长的角度为基础的非财务绩效指标，来弥补财务绩效指标的不足，以提升未来的财务绩效。通过平衡计分卡的设计，使管理者澄清组织战略愿景与策略，沟通连接策略目标与衡量的基准，规划与设定绩效指标，并在目标展开的同时，通过绩效面谈、双向沟通而调整行动方案，以及加强策略性的反馈与持续的教育训练，达到组织绩效发展的目标。

平衡计分卡的实施流程如下：

(1) 转化组织战略愿景。让组织所有成员在组织的战略愿景及策略上建立共识，以一套集成的目标和相应的绩效指标来推动组织的长期发展。

(2) 沟通与连接。让组织所有成员在组织中向上及向下沟通战略愿景与策略，并将策略与部门和个人的目标联系起来。平衡计分卡让组织内各阶层都了解组织长期的战略和策略，也让部门、个人的目标与组织长期战略保持一致。

(3) 规划与设计指标。集成组织的业务与财务计划，通过平衡计分卡设定指标，来决定资源分配及设定优先级以实现组织的长期战略目标。

(4) 反馈与学习。使组织有能力将绩效评估的结果与组织相应的战略目标进行比较，在组织管理层、部门层及个人层识别改进之处。

二、供应链运作参考模型

供应链运作参考模型是由供应链协会（Supply-Chain Council）开发支持，适合于不同工业领域的模型。1996年春，两家位于美国波士顿的咨询公司——Pittiglio Rabin Todd & McGrath（PRTM）和AMR Research（AMR）——为了帮助企业更好地实施有效的供应链，实现从基于职能管理到基于流程管理的转变，牵头成立了供应链协会，并于当年年底发布了供应链运作参考模型。

供应链运作参考模型是第一个标准的供应链流程参考模型，是供应链的诊断工具，涵盖所有行业（见图12—4和图12—5）。它使企业间能够准确地交流供应链问题，客观地评测其性能，确定性能改进的目标，并影响今后供应链管理软件的开发。流程参考模型通常包括一整套流程定义、测量指标和比较基准以帮助企业开发流程改进的策略。供应链运作参考模型不是第一个流程参考模型，但却是第一个标准的供应链参考模型。供应链运作参考模型主要由四个部分组成：供应链管理流程的一般定义，对应于这些流程的性能指标基准，供应链最佳实践（best practices）的描述以及选择供应链软件产品的信息。

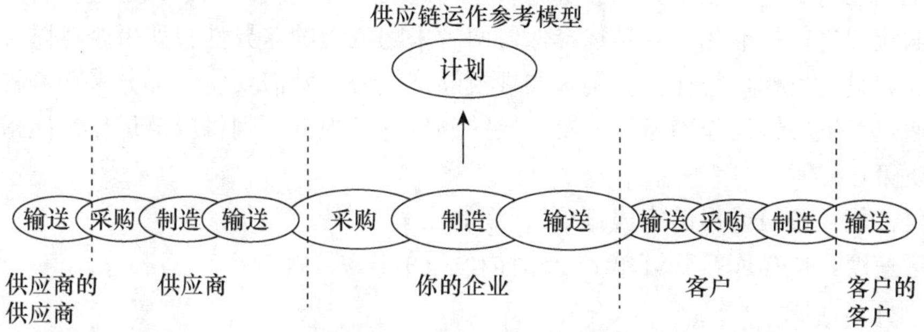

图12—4　供应链运作参考模型第一层

资料来源：www. supply-chain. org.

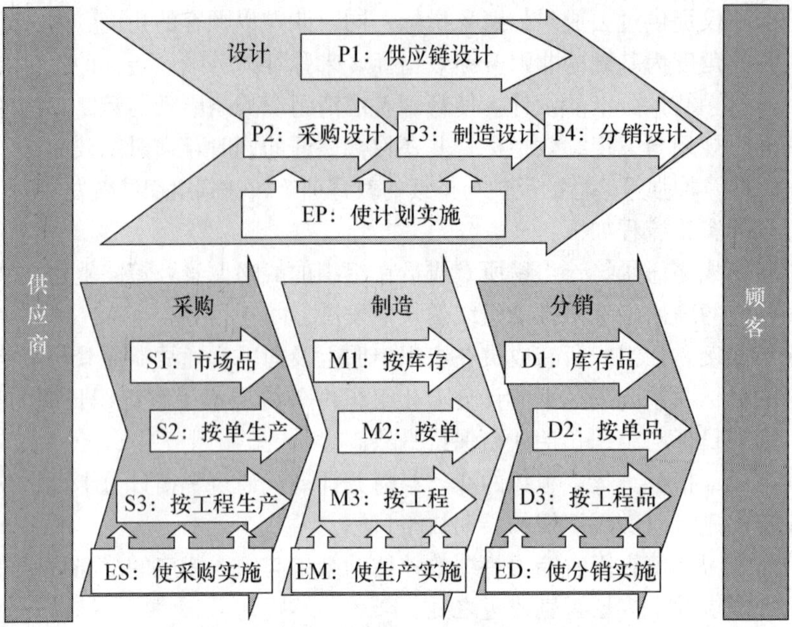

图 12—5　供应链运作参考模型第二层

供应链运作参考模型按流程定义的详细程度可分为三个层次，每一层都可用于分析企业供应链的运作。在第三层以下还可以有第四、五、六等更详细的属于各企业所特有的流程描述层次，这些层次中的流程定义不包括在供应链运作参考模型中。

1. 第一层

供应链运作参考模型的第一层是流程定义层，也是最高层次。第一层主要是从企业的战略决策角度定义供应链的范围和内容，同时通过分析，确定企业需要实现的竞争绩效目标的基础和战略方向。因此，在第一层中，企业必须确定业务流程如何与高层的业务结构（业务单元、业务区域等）及供应商之间相互合作，并界定供应链战略目标，即确定供应链必须支持的业务。

在第一层中定义了5个供应链基本流程，即设计（plan）、采购（source）、生产（make）、分销（deliver）和退货（return）。利用这5个基本流程，就能建立流程和组织领域之间的协调一致，在整个企业内界定哪些关键流程必须标准化。第一层的选择将产生信息系统成本，因为跨业务单元的不同流程一般涉及多个应用系统以及相关的系统实施和维护成本。此外，第一层的流程定义也将决定企业是否能够实施某些特定的业务实践。例如，是选择将两个业务单元间的采购流程进行标准化，还是选择保留两者采购流程的差异性？如果企业以合并跨业务单元的采购数量为目标，想充分利用采购规模经济优势，就需要将大部分采购流程进行标准化。企业通过对供应链运作参考模型第一层的分析，可根据下列供应链运作性能指标做出基本的战略决策：

- 交付性能：按时或提前完成订单/计划的比率
- 发运速度：成品库接到订单24小时内发运的比率
- 完成订单性能
- 订单完成提前期
- 全部订单完成率
- 供应链响应时间

- 生产的柔性
- 供应链管理总成本
- 增值生产率
- 保修返修成本
- 资金周转时间
- 存货供应天数
- 资金周转次数

企业不可能在上述所有供应链性能指标上达到最优，因此，合理地选择那些对企业的成功最为重要的指标来评测其供应链性能极为重要。

2. 第二层

供应链运作参考模型的第二层是配置层，由各种核心流程类型组成。企业可选用该层中定义的标准流程单元构建供应链。该层采用按订单配置方式，利用不同种类的计划、采购、生产、配送和退货流程，来配置企业的供应链流程体系，流程种类的选择将影响到供应链第三层的设计，因为每个流程种类需要不同的、详细的流程元素。举例来说，制造企业对于如何生产产品有多种选择方案：可以选择直接生产后再等待顾客订单的方式；可以选择接到顾客订单后再生产的方式；可以选择先生产出半成品后，等接到顾客订单后再组装的方式；也可以选择按照每个顾客的特定要求生产产品。而在开始任何工作以前，都需要有顾客详细的定制要求。

一旦选择好流程种类，就可以使用这些流程种类来描述既有的供应链配置，这通常需要建立一个实际的供应链地理分布图，来描述顾客、供应商、仓库、工厂及订单中心的地理分布，再根据地理分布情况来描述每一个流程种类的主要物流和信息流。

为了使用供应链运作参考模型这个供应链诊断工具，第一步应从企业供应链的物理布局（physical layout）开始构建供应链的工作，如图 12—6 所示。

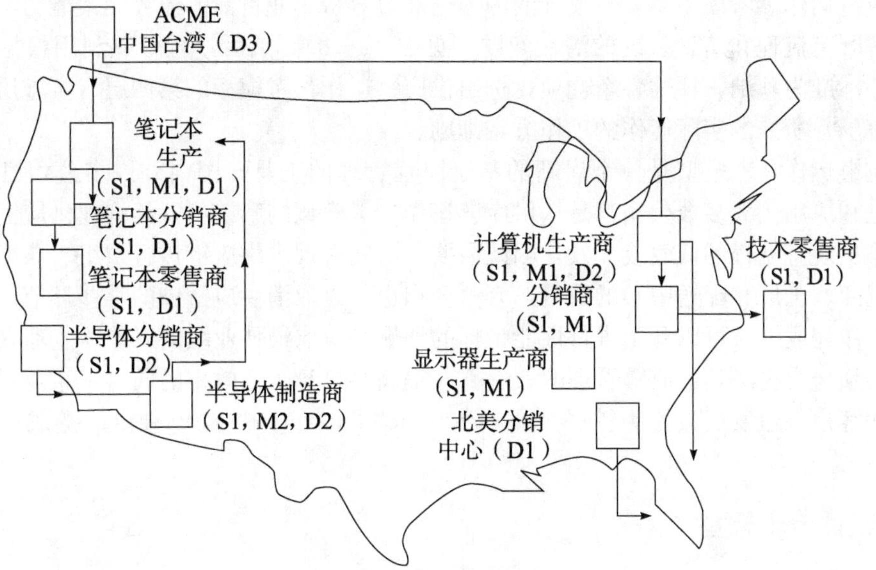

图 12—6　供应链的物理布局

第二步就是根据企业自身供应链流程的特点，适当选择供应链运作参考模型第二层中定义的标准流程元素来描述其供应链，如图 12—7 所示。

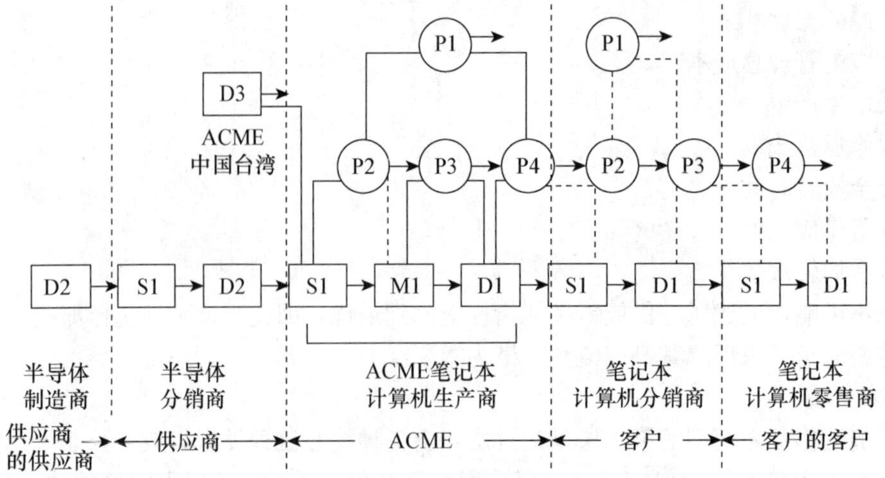

图 12—7　用供应链运作参考模型第二层描述的供应链流程

3. 第三层

第三层是流程元素层，通过流程元素定义，分解和细化供应链运作参考模型的第二层设计，完成整个供应链体系。在第三层中还定义了最佳实践及其适用条件、相关的流程绩效指标以及支持流程所需的信息系统准则（包括功能和支持数据两方面），因此，第三层定义了企业是否能在特定市场中取得成功的竞争能力。企业在第三层，通过现状图，了解流程、实体资产网点和组织之间的协调一致程度，显示库存点、流程元素的提前期以及流程元素与供应链信息系统之间的协调一致程度。

供应链运作参考模型第三层中所有流程元素都附有：流程元素的综合定义；循环周期、成本、服务/质量和资金的性能属性；与这些性能属性相关的评测尺度，以及软件特性要求。企业供应链运作参考模型第三层设计的内容是通过分析企业目前的流程元素能力与未来的要求，了解既有流程和信息系统的潜在问题（见图 12—8）。然后，就可以利用根据第一层制定的业务标准为基础，评估各个选项，选出供应链运作参考模型的第四层（实施层，即流程元素分解层）所需的实际运作的工作方案细则。

供应链运作参考模型是一个崭新的基于流程管理的工具，国内外许多公司已经开始重视、研究和应用。大多数公司都是从供应链运作参考模型的第二层开始构建供应链，此时常常会暴露出现有流程的低效或无效，因此需要花时间对现有供应链进行重组。典型的做法是减少供应商、工厂和配送中心的数量，有时公司也可以取消供应链中的某些环节。一旦供应链重组工作完成，就可以开始进行性能指标的评测和争取最佳业绩的工作。企业在运营中自始至终必须努力提高其供应链管理的效率。在提高其自身运作效率的同时，企业可以开始同供应商和客户一道发展被称为扩展企业（extended enterprise）的一种供应链成员间的战略伙伴关系。

三、物流计分卡模型

物流计分卡由国际物流资源公司（Logistics Resources International）开发，国际物流资源公司是专门从事供应链物流方面咨询、顾问的企业。物流计分卡推荐使用一套集成的绩效指标，分成以下几个类别：

- 物流财务绩效指标（如投资回报率及开支等）。

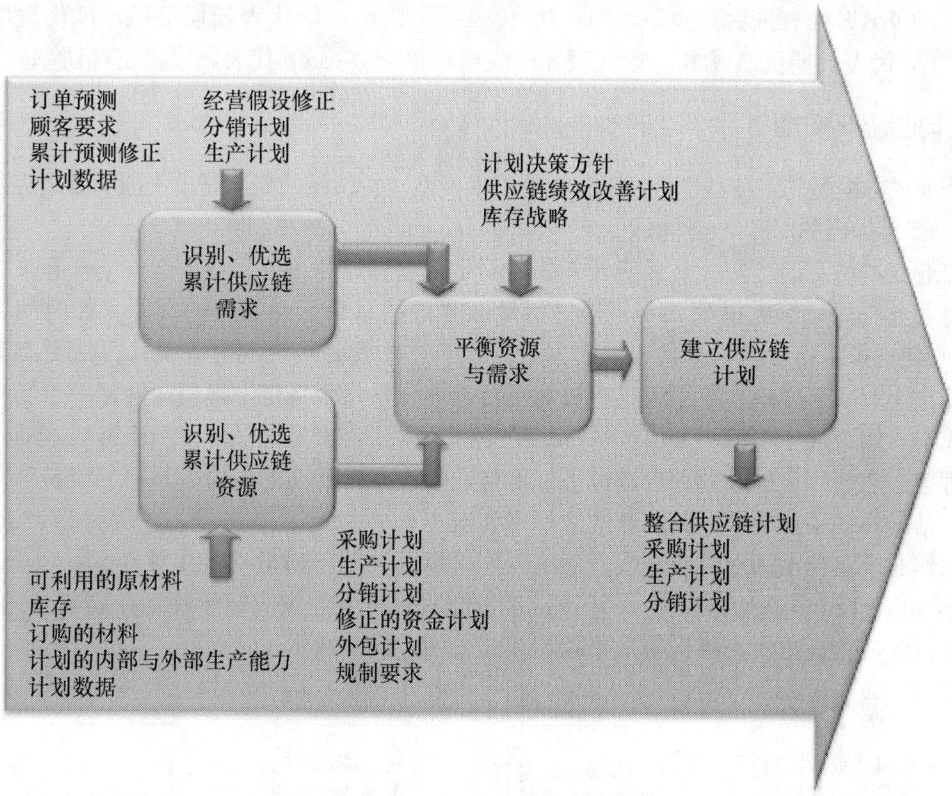

图 12—8　供应链运作参考模型第三层

- 物流生产率绩效指标（如每小时发送订单数及运输工具利用率等）。
- 物流质量绩效指标（如库存精确性及运输损毁率等）。
- 物流循环时间绩效指标（如运输时间及订单接收时间等）。

物流计分卡专门针对供应链物流分发管理的财务、生产力、质量及周转期等进行分析。

四、经济增加值模型

经济增加值由美国斯特恩·斯图尔特咨询公司（Stern Stewart & Co.）于 20 世纪 80 年代提出，背景是当时的企业评价主要集中于短期的财务绩效（比如每年或每季度的利润和税收），而很少考虑股东的长远利益（如人力资源的培养、新产品的开发等）。为了弥补传统方法的缺陷，一些财务分析家提倡预估企业的投资回报率和经济增加值。

经济增加值是指企业资本收益与资本成本之间的差额，也就是企业税后营业净利润与全部投入资本（借入资本和自有资本之和）成本之间的差额。经济增加值最大的特点就是从股东角度重新定义企业的利润，考虑了企业投入的所有资本（包括权益资本）的成本。经济增加值指标的设计着眼于企业的长期发展，鼓励经营者进行能给企业带来长远利益的投资决策。经济增加值是评价企业经营业绩和考核企业资本保值增值情况的核心指标，企业追求其净利润大于权益资本利润。其计算公式如下：

$$EVA=NOPAT-IC\times\left[\frac{D}{D+E}K_D+\frac{E}{D+E}(R_F+R_P)\right]$$

式中，$NOPAT$ 代表税后营业净利润；IC 代表投资资本；D 代表长期负债；E 代表所有者权益；K_D 代表长期负债成本；R_F 代表无风险投资报酬率；Rp 代表风险投资补偿率。

五、作业成本模型

作业成本模型是一种基于价值链分析的成本模型。价值链的概念是由美国学者迈克尔·波特于 1985 年提出的。

作业成本法克服了传统财务统计方法的不足，它将财务评价和业务运作结合起来。这个方法将业务流程分解成单个成本驱动的活动，并评估每个活动需要的资源（如时间、成本等）。它使得供应链业务流程的成本和真正生产率评估较之传统的财务统计方法更有效。例如，使用作业成本模型让组织或供应链能更精确地评估某个特定顾客或面向某一市场特定产品的成本。作业成本模型不是取代传统的财务统计方法，而是提供了对供应链成本绩效更精确的理解。它使供应链绩效评价指标更好地与业务流程及活动的人力、材料、设备等资源相联系，精确评估了供应链业务流程的生产率和成本。

用作业成本模型来对供应链进行成本管理可以满足基于质量功能配置（quality function deployment，QFD）的供应链产品开发、基于价值的增值等供应链管理运作新模式的需要。从集成供应链角度出发，供应链成本控制模式如图 12—9 所示。

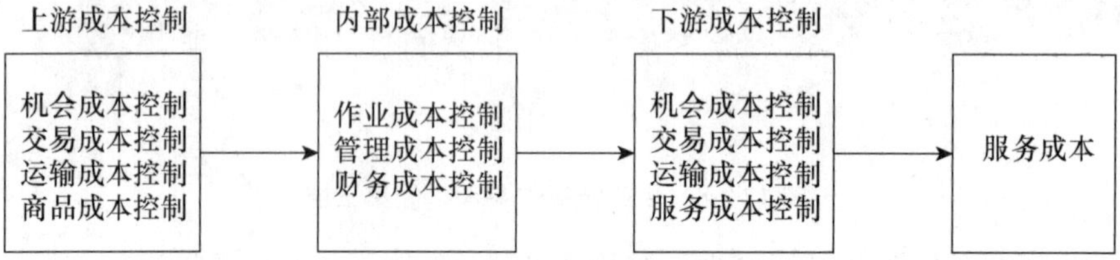

图 12—9 供应链的成本控制模式

第 3 节 毕马威模型

供应链管理的建立不仅是构筑一种协调性的生产管理、物流管理和信息管理体系，更是一种企业之间在文化、战略、体制上的重大变革和融合，没有做到后者，单单做到前者无法保证供应链管理顺利发展，并产生重大绩效。

对供应链管理体系的组成，美国著名会计师事务所毕马威（KPMG）是从企业内供应链和企业外供应链两个方面来说明的，也就是说，真正有效的供应链体系应当是在企业内部各业务流程有机整合的状况下，再与其他企业进行融合或协作，以发挥出整个产业链的全体绩效。所以，要构筑供应链体系，就应该在业务调整和管理能力的培育上，实现从内到外的发展。具体讲，首先应该是将企业内的业务职能，包括生产、物流和销售分解为设计/计划、购入/调达、生产/开发、配送/物流、销售促进/销售管理、顾客服务/市场分析六大机能，并实现这些机能的连锁化，这样才能逐渐延伸发展到企业间（见图 12—10）。所以，根据毕马威的研究分析方法，企业供应链管理的构筑首先是企业内业务流程的再造，其次是企业间业务流程的调整和能力整合。具体讲，整个供应链管理的构筑流程分为如下几个阶段：

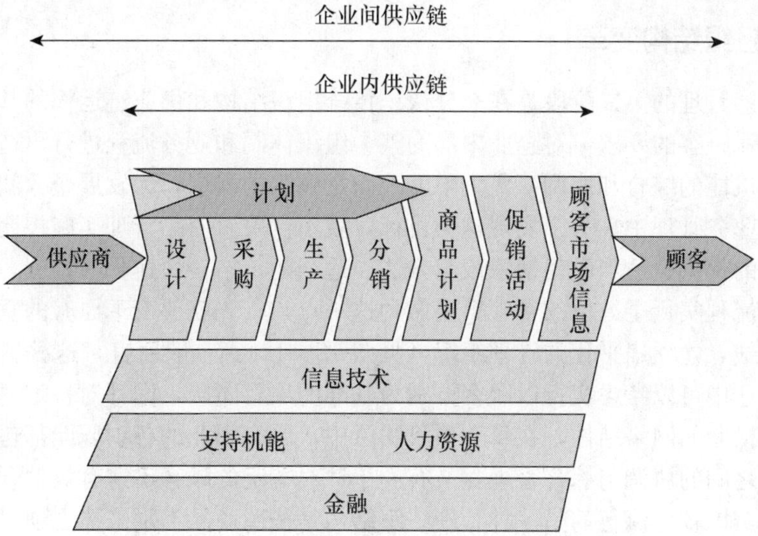

图 12—10　供应链管理框架图

一、对传统组织结构的认识

目前大多数企业所采用的组织结构都是垂直型的，其根本特点在于以大规模消费者为目标市场，通过大量生产和大量销售，以低成本和部门内的效率化作为战略重点，来取得竞争上的优势，实现战略目标。从这种组织形式的各职能看，物流、商品、店铺、财务、信息系统等各职能是相互独立的，职能之间或部门之间存在沟通的阻碍，而且在管理的权限上有着严格的分工，亦即依靠一种金字塔状的组织和权力结构来管理企业，并做出相应的决策。这种组织结构所产生的问题是不仅企业之间很难形成协调关系，甚至部门之间的协调和管理也成为摆在高层管理人员面前一个相当大的课题（见图 12—11）。

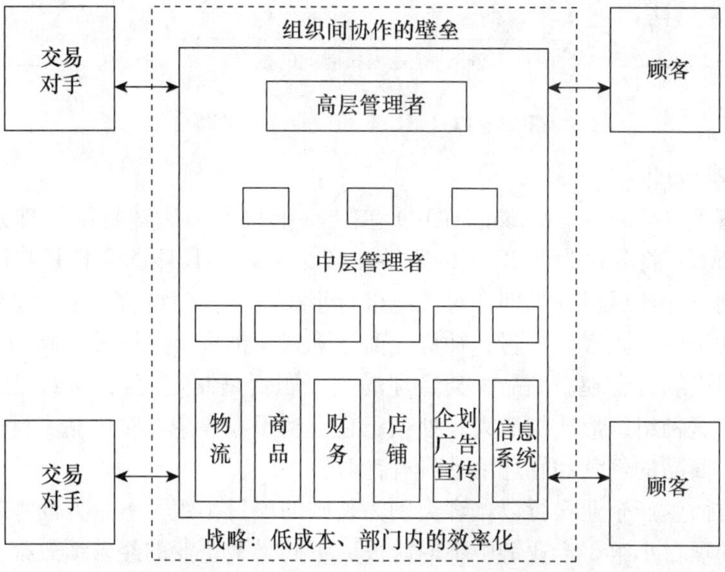

图 12—11　第一阶段：对传统组织结构的认识

二、企业内组织结构变革

实施供应链管理的第二阶段是在充分认识传统组织结构和供应链运作的基础上，根据柔性化地迅速应对顾客的要求，对企业内部的整个组织体制和业务流程进行再造，其目的在于通过企业内各机能的综合和协调，最大限度地满足顾客的需求，为发展企业间供应链打下基础。在具体的业务管理中，为了实现这个目标，就不仅要对商品管理实施控制和协调，同时要对商品信息的提供、适当的促销手段与方法、适当的价格、快速化的物流、合理的库存管理等所有业务流程实行全方位的管理。要做到这一点，首先就要变革原有的垂直型组织结构和企业运作方式，建立扁平化的管理组织（见图 12—12）。一般而言，这种新型的管理组织方式在生产企业中可以考虑实行以顾客类别为基准的项目团队，即针对特定的渠道或主要客户建立起组织横断的网络结构，在每个项目团队中，原有企业的各项职能都包含在内，这样既有利于职能之间的协调与综合管理，又有利于针对特定的顾客迅速有效地开展商品开发和运作。目前在美国较为流行的另一种管理组织结构是按照商品类别来建立项目团队，这种组织形式在零售企业中运用最为广泛。

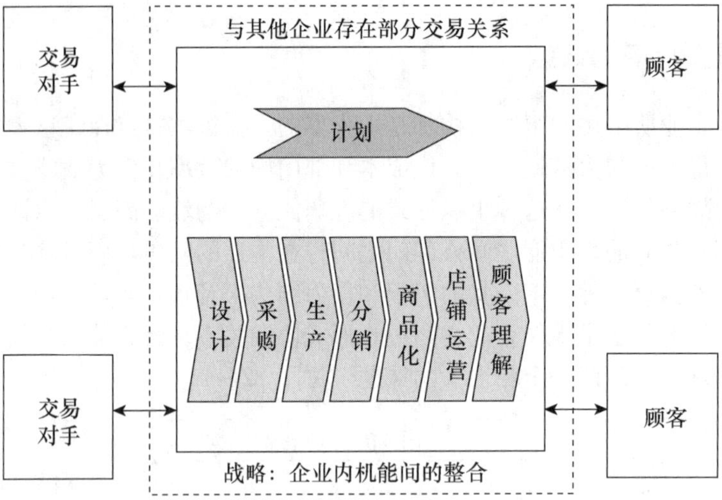

图 12—12　第二阶段：企业内的整合

1. 商品品类管理

商品品类管理（category management）在狭义上也称为店铺货架管理系统，美国全美食品业协会（FMI）将其作为 ECR 中的重要组成部分，其具体的运作是将所有商品按照不同的类别进行划分，然后对各类别针对性地进行组织、运作、评价等全方位管理。例如围绕清凉饮料这一类别商品，宣传广告、补货、商品陈列、销售促进以及与此相关联的营销等活动都由项目小组来综合管理。商品大类经理的主要职责是制定商品计划、选择品种、进货、促销、补货等。这种组织形式的最大好处在于它有利于零售企业对单品实行全面控制，防止滞销品的产生，商品的经营和管理活动具有针对性。

这样，一方面生产企业实行以顾客类别为基础的项目小组，另一方面零售企业实行以商品类别为基础的项目小组，产业链中不同阶段、不同类型企业的经营绩效都能得到提高，从而为以后企业间供应链的构筑奠定基础。否则，仅仅是单个企业内部的效率化无法真正实现全体的效率化，这也是毕马威模型中强调组织内业务流程再造的根本原因。换句话说，如果产业链中的任何企业做不到组织内部的效率化，就不可能指望通过企业间供应链的沟通来提高效率。

2. 标准电子数据交换的采用

要提高企业内部的经营效率，除了组织结构的变革和发展，还需要在具体的业务层次上实现创新。这种业务层次的活动涉及两个方面：一是组织内部的业务流程管理，即不同职能、不同部门之间的业务整合；二是企业间的业务流程管理，这涉及企业与外部企业之间的业务往来。目前，企业组织内部的业务管理多是利用 ERP 来进行整合。ERP 是在 MRPⅡ的基础上通过前馈的物流和反馈的信息流和资金流，把客户需求和企业内部的生产活动，以及供应商的制造资源整合在一起，体现完全按照用户需求制造的一种供应链管理思想的功能网链结构模型。组织间的业务流程管理最初是销售点数据的共有，随后是广泛采用电子数据交换来实现业务上的整合。这里需要指出的是，在供应链发展的第二阶段，企业之间并不是一种全面的战略联盟关系，而仅仅是在业务层次实现协调运作，这种业务层次上的合作无论对哪一方而言，都是大有裨益的。它大大降低了商品生产、经营中的决策失误和风险，有机地整合了业务流程，所以，标准电子数据交换的采用是组织内部效率化的一个重要标志。特别是预先发货通知（advanced shipping notice，ASN）系统的采用，更是能大大降低生产、销售之间的物流成本。在具体的运用方面，主要是零售商通过电子数据交换向生产商、批发商进行商品订货，生产商或批发商在向下游的企业发货前事先将商品配送的数量、装载的内容、到达的时间等物流信息及时用电子数据交换传递给进货方。与此同时，在装载货物的集装箱上贴附条形码，明示内容，这样便于零售企业事先安排相应的人员，做到按计划进货，并且通过条形码的读取装置，顺畅、便捷地进行商品验货，最终大大提高物流活动的效率。因此，电子数据交换的广泛采用是企业组织提高作业效率、构筑供应链体系的必要条件。

3. 拉式供应链

在经营管理的目标上，这一阶段企业还不能对各细分市场或顾客的需求开展针对性、定制化的生产和经营，而是在进行顾客满意度分析的同时，通过销售点数据的分析，及时把握消费者的需求动向，开发经营能满足大多数顾客的需求，并且能大量生产、销售的商品。尽管如此，与第一阶段推式供应链管理相左，这一阶段的供应链管理不是从生产方向下游的企业进行强制式的推行和贯彻，而是生产、零售等各类企业的活动和战略设定都是由消费者的需求来牵引，即所谓的拉式供应链。具体看，企业首先对反映消费者购买行动的销售点数据按照不同地域、不同店铺进行分析，识别出差异化的购买模式，根据这些不同的购买模式分别制定商品经营和管理政策，在将这些政策运用在商品订货和备货管理的同时，通过与生产商或专业物流提供商建立起合作关系，向之提供销售点数据，实现信息的共享。生产方在过去出货信息的基础上，进一步通过对销售点数据的分析来进行需求预测，从而合理安排生产计划，同时，根据不同地域、不同店铺的销售情况，合理配置不同物流中心的在库量和运输工具，实行有效的物流管理。

4. 信息共享

在第二阶段无论是零售业者还是生产商，为了能明确地应对不同地域消费者的差异化市场需求，就必须具备宏观营销的观念，亦即在生产和销售的连接上，不仅实现销售点数据的共享，同时试图通过电子数据交换的广泛实施，寻求整个业务流程的短缩化和快速化，以及所有业务信息的共享。一般电子数据交换运用的范围包括从订发货、商品进货等到预先发货通知、新商品信息、销售促进信息、电子结算（EFT）等各种经营管理活动信息的交换与共享，这样不仅企业内的业务效率得到提高，而且其他企业也因为信息的共享而产生较好的绩效，因此，信息共享的意识和努力是企业在第二阶段中必须具备的。

5. 直接转拨

直接转拨（cross docking）的目的在于尽可能实现配送中心或店铺内无库存。以配送中心为例，货车到达进货地点后，开包、检查、分拣等活动尽可能及早完成，及时向出货环节移动，这样中心内商品在库的时间大为缩短；同样，在店铺，商品运达后尽可能直接上架，甚至进货时就已经完成货架设计，像货盘配送、衣架展示进货都属于这种类型，这样大大降低了商品经营管理费用，也消除了店内库存所产生的诸如商品风险增加、机会损失加大等一系列问题。当然，要实现直接转拨，必须建立自动化的分销中心，该中心能对不同的店铺实行库存管理，以及确立商品进货、出货的流程和自动补货系统，这时也需要电子数据交换特别是预先发货通知系统的建立和运用。

6. 自动补货系统

除了直接转拨，还有一个需要推进的业务革新是计算机支持的自动补货系统，具体讲，就是企业的总部在充分掌握第一线经营信息的基础上，根据商品类别归纳分析销售、订货、结算、配送中心内或在途商品、供应商过去配送的情况、缺货等各种信息，再根据安全库存水准，向店铺或一线部门发出补货的指令和建议，以做到一线部门既能及时有效地供给商品，又能防止滞销商品的产生，实现单品管理。显然，该系统建立的关键在于通过电子数据交换的确立实现信息共享。否则，没有各种信息的拥有和分析，仅仅是根据安全库存标准来补货，是不能真正实现单品管理、杜绝滞销产品产生的，因为补货的提前期和不同商品的补货量必须在全面考虑销售、物流以及供应商情况等综合信息的基础上才能确立。

三、企业间业务流程融合

第二阶段企业之间虽然形成了联盟，但是，从总体上看合作的范围十分有限，仅仅是在部分业务层面上实现合作，所以不可能发挥非常大的供应链效应。而进入第三阶段就需要真正按照供应链管理的思想，以企业战略为核心，实现所有企业组织、战略和业务流程的全面结合（见图12—13）。从国际各产业的情况看，目前做到这一点的只有世界级的零售企业、食品制造业和汽车产业。

1. 沃尔玛式的信息共享

在第三阶段，企业之间的信息共享不是信息的部分共享，而是全面共享，通过这种全面信息共享，最终实现企业之间高效率、协调化的经营和管理。处于这一阶段的典型企业就是沃尔玛，可以说目前它已逐步向第四阶段发展。

在沃尔玛的信息系统战略中，起核心作用的就是其庞大的数据库，借助这个数据库，沃尔玛积累了大量与顾客消费相关的数据。沃尔玛积累的数据主要是过去65周不同单品、不同店铺、不同时期的销售数据，还包括现时点不同店铺、不同单品的在库数据、配送中心内的数据、在途运输数据、退货数据以及商品补货订货所需要的数据等。截至目前，沃尔玛的数据库容量已经达到了100 000GB，计算机中心的规模相当于一个体育馆那么大。借助于先进的数据库，沃尔玛能对其标准店6万个单品、超市中心10万个单品以及遍布全世界4 000多家店铺实行全面的信息管理，所有这些信息都按照不同的标准进行趋势分析、库存分析和顾客分析（见图12—14）。例如，沃尔玛利用过去65周的销售数据、在库数据、配送数据、退货数据等分析来控制和管理各店铺的自动连续补货（CRP）系统，同时将销售点数据按照

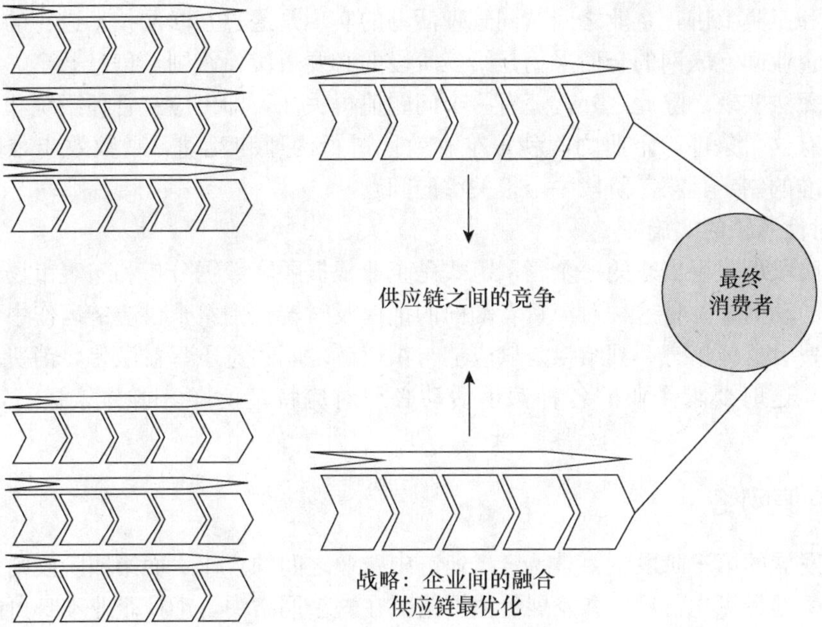

图 12—13　第三阶段：企业间的融合

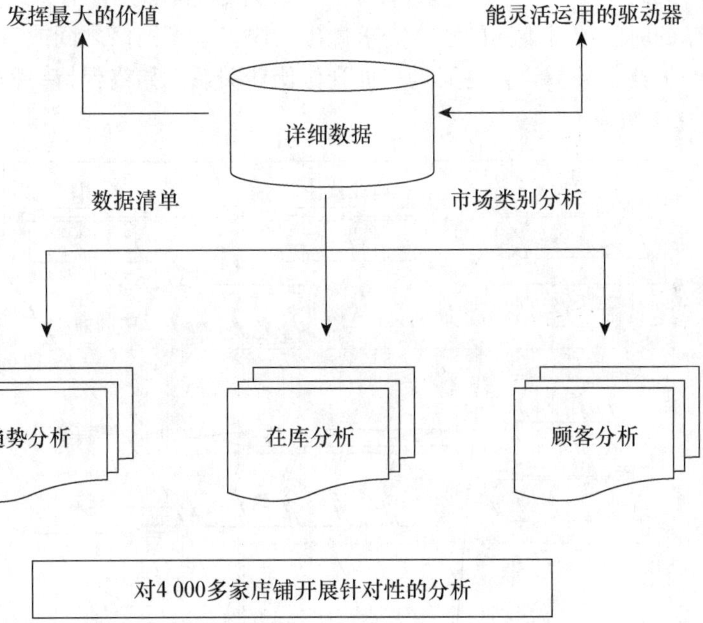

图 12—14　沃尔玛数据库灵活运用的思路

不同地域、不同市场、不同店铺进行研究，加上不同季节、不同店铺的趋向分析，来了解当地顾客的购买行为以及对特定店铺的货架实行控制，可以说沃尔玛所有的经营管理决策都是由信息分析支持的。

2. 合作文化的形成以及互联网的全面采用

在第三阶段，需要构筑一种企业之间相互信赖、相互协调的文化，在这个文化的基础之上，推动跨越企业界限的团队活动，即由参与企业共同来对供应链全过程的活动予以管理和控制。

从方法和工具上讲，企业之间共同管理活动的实现是通过互联网技术进行的，所以，企业内部网和企业间互联网的全面采用是第三阶段的必要手段，否则，信息共享、共同预测和共同计划就无法实现。除此之外，还有一个问题值得关注，即供应链管理系统和软件环境的标准化，没有这一条件，企业之间就很难有效地进行沟通和互动，乘数效应难以实现，所以，产业标准的制定是第三阶段一个很关键的问题。

3. 针对性营销的实施

在第三阶段所表现出来的一个营销范式是企业根据顾客数据分析和宏观市场分析，切实把握消费者的动向，并将这种对消费者动向的把握及时转化到整个供应链运作中，形成确定的商品和消费者群体培育，其结果是供应链与供应链之间的竞争日益激化，消费者之间的分化愈益明显，这时要求企业的各种营销活动必须对应特定的顾客群体来进行，实现实需营销。

四、实现价值网络

供应链发展的第三阶段主要是特定产业链中企业之间的合作，而第四阶段则是为了实现整个产业效率的最优化，形成和发展价值网络。在这个网络中，虚拟企业本身可能就是一个小型网络，它进一步融合其他网络和没有形成供应链体系的单个企业，共同构成价值创造的综合网络体系（见图12—15）。这种价值网络一个最大的特点是能有效地应对多样化的顾客需求，并在最短的时间内对不同的顾客需求做出反映，小型网络之间或者小型网络与单个企业之间有时是一种竞争关系，有时又是一种合作伙伴关系，始终保持一种灵活、动态的联盟关系。

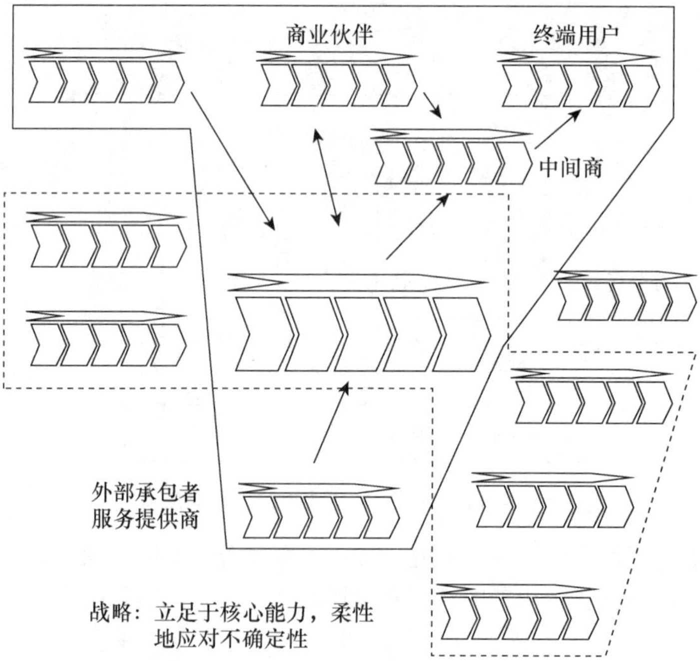

图12—15　第四阶段：价值网络

在价值网络的形成过程中有几点是必须注意的：

（1）核心企业或价值网络中关键性的企业必须具备压倒一切的强大核心能力。由于价值网络本身具有动态性和易变性，因此，如果特定企业不具备长远的核心能力，那么就有可能被排除在价值网络之外，从而丧失发展的机遇。正如我们在前面探讨供应链发展过程中的问题时所指出的那样，如果企业不具备长远发展和革新的能力，就有可能使建立的供应链体系或价值网络最终崩溃。

（2）企业必须培育能对任何不确定性做出敏捷反应的能力。这种能力突出反映为企业能根据市场和顾客需求的变化，在最短的时间内调整业务流程、物流、营销和生产管理，真正做到一对一的定制化经营（即在最短的时间内生产出符合顾客特定需要的商品，并将商品配送到顾客手中）。

（3）积极推动非核心业务的外包。外包是解决企业自身能力和资源不足的有效方法，它通过企业之间业务的合作来共同创造价值，因而既降低了企业的风险和费用，又提高了价值网络对市场的敏捷反应能力。正因为如此，外包在供应链管理中已经成为一种重要的战略工具。有调查表明，1996 年美国外包合同总价值已达到 1 000 亿美元。

第 4 节　现金流量周期

一、现金流量周期的界定

现金流量周期是当今企业供应链运作绩效测评的一种重要工具和手段，其基本内涵是单位货币从原材料投入到市场价值实现的周期时间。这一工具所揭示的含义跨越了整个供应链活动的全过程，不仅包括企业内部的各种作业活动，如采购、仓储、生产、分销等作业，而且涵盖企业外在的经营行为，如客户服务等活动。其计算可以按照库存商品所产生的收益周期进行。一些学者认为，现金流量周期能够帮助企业建立良好的绩效检验工具或矩阵，以优化企业的供应链物流行为，确立优化的商业运作模式。目前，现金流量周期已经为一些先进企业所采用，并取得了良好的效果，最为典型的企业是戴尔公司和思科公司，它们通过合理地控制库存成本，缩短了现金流量周期。戴尔公司 1997 年 2 月财务报告的库存供应期是 13 天，应收账款期是 37 天，应付账款期是 54 天，之后公司强化了供应链管理和运作，到 2001 年财务报告的库存供应期是 4 天，应收账款期是 32 天，应付账款期是 66 天，其结果使得戴尔公司的现金流量周期从 1997 年的－4 天改善为－30 天（见图 12—16）。由此可以看出，现金流量周期是有效衡量和反映综合供应链物流绩效的有力工具。

二、现金流量周期模型的价值

现金流量周期模型的提出，对供应链物流成本管理和综合绩效的实现具有重大的意义，它对成本财务管理方面的影响表现为测度了资产折现力和价值，对供应链绩效方面的影响表现为度量了企业内部和外部的流程状况，并且借助于现金流量周期，确立了一个综合性的物流成本管理体系。

1. 财务成本管理——资产折现力和价值测度

在财务会计上，折现力反映了企业现金可得或需要时即可获得的能力。企业的折现力可以从两个方面来考察：静态考察和动态考察。静态的衡量是基于特定时点的资产负债表，通

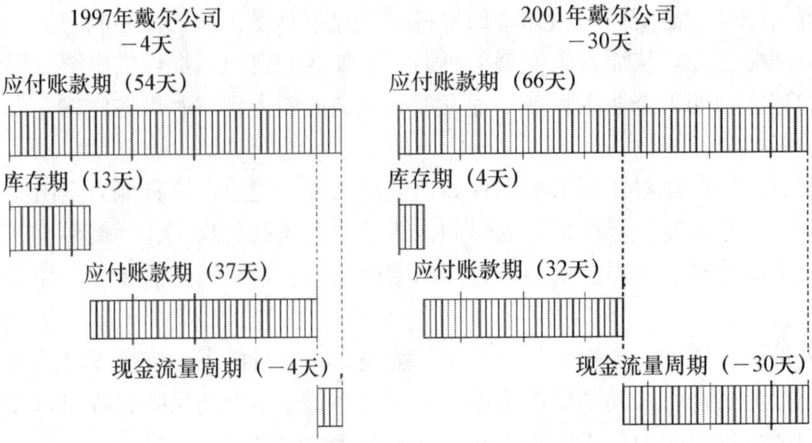

图 12—16　戴尔公司 1997—2001 年的现金流量周期

常运用传统的比率，如流动比率（流动资产/流动负债）和速动比率（（流动资产－库存）/流动负债）来衡量企业通过资产流动而实现目标的能力。这些指标通常用来衡量企业的折现力，但是一些学者认为，其静态的特点阻碍了充分有效地衡量和反映资产流动的特点。为此，一些学者试图从动态的角度来反映因为企业运营而产生的资产循环不断的流动性，吉特曼（Gitman）和萨奇德瓦（Sachdeva）等首先提出了运用现金流量周期作为动态衡量现金流入流出的时间，此后，一些学者开始运用这一模型来检验企业的资产流动性，并且认为现金流量周期能够很好地帮助企业评估流动资金的变化，监控财务运行的状况。除此之外，为缩短现金流量周期，企业还需要对各种财务决策进行权衡，从而提高企业财务管理的战略性。例如，如果企业的现金流量周期较长，那么所要求的最低流动资金就会增加；相反，如果现金流量周期缩短，那么相应的最低流动资金也会减少。同理，如果企业的现金流量周期较长，就需要从外部获得财务资源，而较短的现金流量周期就会产生较高的净现金流价值，而较高的净现金流价值则形成了良好的企业价值。

2. 供应链物流管理——跨组织绩效测评

如今供应链物流管理已成为企业绩效提升的重要手段和发展趋势，这表现在企业管理的重心已逐渐从以前的职能化管理转向整合一体化管理，它强调通过各种活动和流程的整合与协同来降低供应链综合成本，而现金流量周期模型则跨越了供应商、下游企业和客户，为企业全面有效地评价供应链整合的状态和具体绩效提供了基础。具体来看，现金流量周期模型对供应链管理的作用在于：一方面，它反映了企业内部供应链物流运作的绩效，这是因为现金流量周期直接反映了企业内部运作的完善程度和各种流程和作业活动的整合程度，因此成为衡量企业内部供应链物流改善的有力工具。另一方面，现金流量周期也衡量了企业之间的结合程度，因为现金流量周期的长短不仅取决于企业内部的流程改善，也受制于企业之间流程的整合程度。因此，企业能否与供应商实现良好的合作，同时有效地维系客户，都最终反映到现金流量周期上。

3. 确立一个综合性的物流成本管理框架

要想从供应链物流管理的角度合理控制物流成本，实现既定的绩效目标，综合物流成本控制体系必须得到有效的建立。而现金流量周期模型的提出，使人们意识到物流成本的控制和供应链绩效的实现，并不是由单一管理活动能完成的，而是需要从全方位、全过程的角度建立起完善的管理系统。

（1）物流成本横向控制。物流成本横向控制主要包括物流成本或成本因素的预测、计划、计算、分析、信息反馈和控制、决策等步骤，物流成本控制与决策是以物流成本资料为依据，结合其他技术、经济因素等进行研究、分析，决定采取的行动方针，并进行可行性分析后选择最佳方案。现金流量周期由于取决于多种供应链运作因素，因此，对这些供应链因素的识别、预测、规划和控制无疑将会促进供应链库存下降，加速产品的流动和周转，从而最终降低供应链成本。

（2）物流成本纵向控制。物流成本纵向控制也是供应链物流过程的优化管理。物流过程是可以创造时空价值的经济活动过程，要达到最大的市场价值，就必须保证物流各环节的最佳配置。物流系统是一个庞大复杂的系统，要对其进行纵向优化，需要借助适当的控制方法和管理手段（包括作业成本法、供应链运作参考模型、库存优化方法等），使其与横向控制交织进行。

（3）信息网络控制系统。信息网络控制系统是连接多个供货商、生产商、批发商、零售商和客户的大系统。物流成本控制引入信息网络系统，可以大大提高控制的效率。该控制系统不仅能处理从新商品资料的说明到会计结算的所有商品交易过程中的作业，缩短现金流量周期，而且有利于增加运营资金和利润，从而提高供应链整体运作绩效。

三、现金流量周期管理

现金流量周期涉及企业内部跨职能的管理以及企业之间的合作型管理，而且这种合作型管理不仅包括直接的上游供应商和下游顾客，甚至涉及供应商的供应商，以及客户的客户，只有这样，才能真正获得良好的现金流量周期。具体讲，现金流量周期的管理主要涉及如下几个方面。

1. 企业内部管理

在企业内部管理现金流量周期主要应当考虑的因素有：

（1）延长平均应付账款周转期。在企业内部改善现金流量周期的一种有效手段是延长与库存相关的平均应付账款周转期，从而获得更多的无息财务资源。为了达到这一目标，采取的主要方式有：在最后时刻支付原材料、库存、薪金等成本费用，并且可以考虑对供方进行部分支付而不是全额支付。此外，减少对外支付的频度，充分利用无息的信用卡或信用额度进行支付，或者直到应付账款实现后才对上游进行销售承诺，这些都是缩短现金流量周期的有效手段，所有这些手段的目的均在于控制和管理现金的支付。

（2）缩短生产周期，减少库存供应天数。库存是生产效率的晴雨表。一般库存有两种形态：一种是最适库存，另一种是过量库存。所谓最适库存，指的是“必要的库存，正好能够支持生产的需要”，而过量库存则是“超出生产必要量的库存”。过量库存又可以分为“好的”过量库存，即服从于战略上的需要，如防止价格上涨而准备的过量库存；以及“不好的”过量库存，即对整个企业系统产生负担的库存。对于企业而言，要加强现金流量周期管理，就要控制过量库存，采用有效的生产和库存战略，如准时制配送、适时库存追踪，此外，协同计划、预测和补货（CPFR）、同步供应/需求计划以及直接转运都是实现良好现金流量周期的战略性途径。

（3）减少平均应收账款。应收账款的管理也是现金流量周期管理的重要因素，相对于应付账款主要是控制或限制现金支付，应收账款则是要加速资金回笼。为达到这一目标，需要采取的手段有：鼓励快速支付，利用折扣或奖励等手段加速应收账款的回收。有研究证明，较低的销售业绩容易产生拖欠账款，所以，对拖欠账款应当索取利息，并且对这类客户要求立即付款。此外，接受电子支付能够加速资金回笼。在支付的过程中，要采用一些便利手段方便客户支付，如向客户提供贴付邮票的信封等。另外，将应收账款委托金融机构回收也是一种较好的方法。

2. 企业供应链管理

现金流量周期模型是当今供应链物流绩效管理的重要理论和测评方法，它的突破不仅在于整合了供应链各参与企业的业务规划、预测和物流作业，而且随着供应链管理复杂度的增强，有助于整合和管理其中的财务和金融业务，从而有效保护企业的财务资源，产生良好的现金流，降低财务成本，促进实体供应链的顺利运作。与此相同，利丰研究中心从利丰的实践中得出：供应链绩效反映在提供产品进入新市场的途径、扩展产品市场分销范围、品牌产品销售和理货管理、通道营销管理、提供市场信息和本地认识等几个方面，优化资金流程（包括资金取得和运作）是供应链绩效的主要表现之一。供应链中的财务与金融问题主要表现在：一方面供方需要掌握及时配送的订单情况和服务条件，并且当订单产品为需方接收时，产生支付要求，而且这种支付的价格需要与合约的规定相一致。此外，为了保障资金的安全性，供方需要了解财务和金融风险，知晓上下游企业的财务实力和财务状况，同时保持足够的运营资金，以支撑自身的供应链运作。另一方面作为需方需要明确自身的资金状况以支付所配送的商品，同时保持足够的运营资金支持自身的经营。

由此不难看出，供应链管理的发展伴随的是高度的财务和金融管理的发展，从供应链财务和金融管理的角度看，这一领域内的发展主要反映在三个方面：

（1）如何将供应链整合管理与财务绩效管理结合起来，利用财务管理的手段和指标有效地监控供应链运作的各类活动，找出其中的差距，推动供应链整合的发展与优化。

（2）整体供应链运作过程中的财务和风险管理。根据威士公司（VISA）的研究，供应链管理过程中容易产生的财务风险包括财务流程缓慢（由于人工或孤立的流程造成）、不可靠或不可预测的现金流（缺乏及时的信息告知）、高成本的流程作业（缺乏员工授权和认可）、较高的未结账款（支付调节造成）以及欠佳的信用决策（人为设置最优限制造成）。所有这一切均需要采用整合、一体化和自动化的端对端的财务和风险管理体系，包括采购卡和分销卡的运用、电子票据呈现和支付系统的建立、票据的图像化、通过供应商网络端口实现票据和信用查询、基于互联网的财务报告以及以运营资金天数（days of working capital，DWC）、未结账款天数（days sales outstanding，DSO）、库存天数（days of inventory，DIO）和未结支付天数（days payables outstanding，DPO）为表征的财务控制体系的建立。

（3）实现供应链融资，即以为企业解决项目及订单取得、原材料采购、生产经营和货物销售等供应链管理各环节上的各种问题为主要服务目的，为企业集中提供信用服务、采购支付、存货周转及账款回收等多方面的业务支持。这种融资推动了供应链的发展，在供应链的产品形态不断被加工、制造、转化的同时，融资方通过为供应链参与企业安排优惠融资，实际上也扩大了核心企业的生产和销售。同时，核心企业还可以压缩自身融资，从供应链整体增值的部分直接获利，实现“零成本融资”甚至“负成本融资”。此外，对于金融机构而言，供应链的整体信用要比产业链上单个企业的信用强。金融机构提供的利率与贷款成数随着生产阶段而变动，并随着授信风险而调整，例如：订单阶段，因不确定性较高，利率较高，可贷款成数较低；随着生产流程的进行，授信风险随之降低，利率调降，贷款成数调升。因此，风险与收益相互配合，完全符合金融机构的风险控管要求同时照顾客户的融资需求。并且，由于供应链管理与金融相结合，产生了许多跨行业的服务产品，相应也就产生了对许多新金融工具的需求，如国内信用证、网上支付等，为金融机构增加中间业务收入提供了非常大的商机。

第 5 节　整合物流供应链绩效评价指标

供应链绩效评价指标体系，一般由供应链内部绩效评价指标体系和供应链整体绩效评价指标体系组成。供应链内部评价主要是基于供应链成员及其相互关系的，这些评价主要是从供应链成员自身角度出发进行的，并没有上升到供应链整体绩效的高度，如供应商评价、核心企业评价、物流评价、顾客评价。而供应链整体评价指标主要衡量供应链相对于竞争供应链所表现出的杰出性，不考虑具体供应链成员的评价。当然整体供应链绩效评价指标值来源于跨成员的业务流程，这些指标的分解值是与各供应链内部绩效相关的。供应链内部绩效评价是供应链整体绩效评价的充分而非必要条件。供应链绩效评价指标体系的组成如图 12—17 所示。

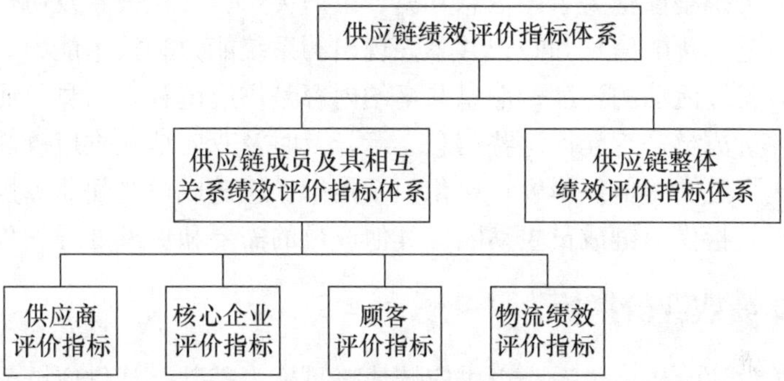

图 12—17　供应链绩效指标体系的组成

一、供应链内部绩效评价指标

供应链内部绩效评价指标体系主要包括供应商评价指标、顾客评价指标以及物流绩效评价指标等，一般从供应链核心企业的角度出发对其进行评价。

1. 供应商评价指标

供应商绩效评价应满足供应链竞争的需要，评价的结果是选择供应链中供应商的重要依据，它对供应链整体绩效产生重要的影响。供应商与核心企业应该追求生产与供应的长期关系，基于此，核心企业选择与评价供应商最主要的四个指标是：

- 按时交付性。
- 产品质量。
- 产品成本。
- 交货柔性。

2. 顾客评价指标

这里的顾客是指核心企业的下游企业，主要指批发、零售企业，而供应链中的顾客是指所有供应商、制造商、分发商以及零售商所共同服务的终端消费者。核心企业主要通过下述指标评价顾客绩效：

- 销售增长率。
- 利润增长率。
- 库存周转率。
- 需求预测准确率。
- 协作信息循环周期。

3. 物流绩效评价指标

物流绩效是指物流企业在供应商、核心企业以及顾客之间传输产品或服务的效率和效能。物流绩效评价指标主要包括：

- 运输效率（成本）。
- 传输准确性（时间）。
- 故障破损率（质量）。
- 协作水平（柔性）。

4. 供应链成员之间的绩效评价比较

供应链成员之间关系的绩效评价也会对供应链整体绩效产生重要影响。可以从5个方面来进行比较，它们分别是虚拟关系、信息共享、组织关系、文化关系及协作水平。虚拟关系是指通过整个供应链优化的信息和知识共享表现出的系统能力和技术能力，也就是支持系统兼容性和信息及时无缝流动的程度；信息共享的内容是供应链管理信息，而不是供应链成员的私有信息，要评价成员是否允许这些信息无缝、及时及双向地在供应链内流动；组织关系主要是指供应链成员之间的信任适度；文化关系是指供应链成员之间业务操作的行为关系兼容程度；协作水平是指供应链成员主动响应其他成员的需要和例外处理的程度。

二、供应链整体绩效评价指标

供应链整体绩效评价指标体系是以供应链战略目标为基础，从供应链整体角度来评价供应链的绩效。供应链整体绩效评价指标体系既要全面反映供应链绩效的关键因素，又要使用最少的关键指标以使评价的复杂性降低。

1. 财务角度

虽然供应链绩效的评价趋势也开始重视非财务指标，但财务绩效依然是所有复杂系统评价的核心。供应链伙伴的目标得以实现之后，供应链必须取得财务上的成功，从而实现股东的利益。实现经营目标的目的是使成本大为降低，从而提高边际收益率，使现金流得以更好地优化，获得更高的收益和资本回收率。以上几个方面绩效的有效提高，才能保证财务上有长期收益，因此整个供应链的财务优化依旧是重中之重。财务角度的绩效可以通过以下几个关键指标来有效地衡量：

（1）供应链内伙伴利润率。供应链内伙伴利润率反映了供应链范围内各成员伙伴的利润分配平衡度，是反映供应链财务状况的重要指标之一。通过对供应链成员伙伴利润率的测量，能有效影响供应链收益在供应链成员之间的分配，从而有效地促进供应链整体绩效的提升。因此，对这个指标的评价能更有效地促进供应链成员之间的协作关系。

（2）现金周转率。这是一个与供应链的整个业务流程相关的关键指标，它评价供应链运作过程中现金在原材料、劳动力、在制品、产成品等业务操作全过程中的周转状况。现金周转率是传统财务评价中的重要指标。供应链系统通过信息技术协调合作伙伴之间的运作，可以达到更快地周转现金的目的。

（3）顾客销售利润及增长。这个指标主要表现财务绩效趋势，反映供应链产品单位时间内销售收入和利润率的增长情况。它反映了供应链下游在三个主要方面的绩效：顾客销售量单位时间内的增长情况、对于特定顾客服务所获的收益随着合作关系的增进而进一步提高的情况、接受产品或服务的基数增加的情况。扩大销售量、不断增加新的顾客是发掘新的利润增长点的主要方法。

（4）供应链资本收益率。该指标由股东的利润除以在此期间所使用的供应链平均资产，反映了使用资产的增值性绩效的大小。

2. 顾客角度

供应链的目标之一是为整个供应链中的顾客提供持久稳定的收益。因此，供应链管理的核心之一就是进行顾客管理，了解顾客的需求以及评价满足顾客需求的程度，用以调整供应链的经营方法和策略。因此评价指标的选择应集中于体现顾客意志、反映顾客需求，既要包括反映顾客价值、客户反馈的一般指标，也要包括集中于顾客价值等特定范畴的指标。顾客角度的绩效可以通过以下几个关键指标来有效衡量：

（1）顾客保有率。供应链利润的持久来源是核心顾客。若想通过特定的顾客群体保持或增加市场份额，最为方便的就是保有现有的顾客。应努力保持和顾客的关系，按照顾客的需求满足他们，并允许顾客积极参与产品的合作开发设计，使顾客能够成为自己的持久利润来源。除了留住顾客，供应链管理还要从对与现有顾客交易量的分析上衡量顾客的忠诚度。当然，供应链要扩大利润源，还要在现有顾客的基础上制定不断扩大顾客范围的战略。

（2）订单完成的总周期。供应链订单完成的总周期是评价整个供应链对于顾客订单总体的反应时间，其中包括接受订单、从投料到生产、从生产到发运、从发运到顾客签单、从顾客签单到顾客收到产品的时间等。快速的响应周期不但能提高对顾客的响应，降低顾客的成本，提高顾客的价值，同时能反映供应链内部响应的便捷和流畅。因此，尽可能缩短订单的完成周期，有利于发现并消除供应链内部的时间冗余，达到提高顾客满意度的目的。

（3）顾客对供应链柔性响应的认同。该指标用于评价顾客对供应链提供服务的顾客化以及响应速度的满意度。它有两个方面的用途。首先，反映顾客是否能自由地就订单的包装、产品性能等提出个性化的需求；其次，顾客是否感到这种顾客化的要求能够及时得以实现。也就是说它反映了顾客对个性化要求的自由度以及服务及时性的要求。

（4）顾客价值率。顾客价值率是顾客在对供应链所提供服务的满意度与服务过程中所发生的成本进行比较后，所得到的价值比。顾客价值率是决定顾客是否选择产品或服务的重要因素，它相对产品或服务的品牌、质量或单价等单独因素更有说服力，因此必须得到充分的重视。

3. 供应链内部业务流程角度

顾客角度的绩效指标固然很重要，但必须在将其目标转化为内部流程指标后才能得以实现。良好的顾客绩效来自组织的流程决策和运作。从供应链内部流程运作角度来考虑供应链竞争力，就是回答如何经营才能满足或超越顾客需求的问题。供应链哲学的本质是将企业内部和企业之间的功能进行集成、共享和协调，达到减少浪费和提高供应链绩效的目的。由于供应链流程涉及供应链成员的生产运作，这样的指标就将不同成员的绩效联系起来，反映出供应链的整体效果。这一联系使得供应链成员企业对于各自的运作有了明确的目标，其所做的改进也将有利于整个供应链的改进。就供应链运作角度而言，实现此目标主要有四个目的：降低流程时间、减少浪费、降低供应链成本、提高柔性能力。内部业务流程角度的绩效指标如下：

（1）供应链有效提前期率。供应链有效提前期率反映了供应链在完成顾客订单过程中有效的增值活动时间在运作总时间中所占的比率。其中包括两个指标：供应链响应时间和供应链增值活动总时间。供应链响应时间为顾客需求及预测时间、预测需求信息传递到内部制造部门时间、采购及制造时间、制造节点运输到最终顾客的平均提前期（或者订单完成提前期）之和。后者则是供应链运作的相关部门增值活动的时间之和。供应链有效提前期率为供应链增值活动总时间与供应链响应时间的比值。该指标体现了减少供应链内部运作的非增值时间和流程浪费的空间的大小。通常情况下，企业之间的传递空间和时间很大部分为非增值活动所占用，很多资源被大大地浪费了。精益供应链必须保证合作企业之间的信息共享以及合作机制的完备，以达到流畅的无缝连接，减少无谓的时间和空间浪费。

同种性质的指标还包括库存闲置率，即供应链中库存闲置时间和库存移动时间的比率。其中，闲置时间包含以物料、在制品、产品库存等不同形式出现在供应链运作中的总停滞和缓冲时间，移动时间则是指库存在加工、运输、发运中的总时间。该指标表现了库存在整体运作中的时间占用情况，提供了库存经营效率的提高空间。

（2）订单完美履行率。订单完美履行率是指将合适的产品及使用说明，在合适的地方、合适的时间、合适的环境和包装下，以合适的价格、正确的数量提供给需要的顾客的完美程度。

（3）供应链成本。供应链成本角度考虑供应链绩效，主要考察运作供应链的所有活动所花费的总成本，并以供应链目标成本达到比率形式反映供应链整体绩效。供应链总成本考察的是供应链成本运作的有效性和成本的集约性，包括计划、采购、制造、分发及退货等流程，涉及成本各个方面的内容。供应链目标成本达到比率是指从单一产品和流程的角度分析其在质量、时间和柔性上的流程改进是否达到预定的目标成本。

（4）供应链柔性。从供应链柔性角度考虑供应链绩效，是指供应链响应市场变化及获得、维护市场竞争优势的敏捷能力。由市场需求变动导致非计划产量增加一定比例后，对供应链内部业务流程必须重新组织，达到使计划、生产等柔性响应的目的。具体来说，主要包括成本柔性、时间柔性、质量柔性以及产品数量和种类柔性等。

4. 学习与成长角度

供应链的未来发展能力与供应链的持续竞争力直接相关。成功的目标是不断变化的，供应链绩效必须能体现供应链的持续竞争力。严峻的全球竞争要求供应链必须不断改进和创新，发掘、整合供应链内部和外部的资源，提高现有流程、产品/服务质量和开发新产品的能力。其相应的指标如下：

（1）产品及流程的革新能力。这一评价指标包括两个方面：一方面是产品的更新换代能力；另一方面是对业务流程的革新能力。产品的更新换代能力主要包括新产品的数量、产品研发技术储备情况及专利申请数等。业务流程的革新能力主要是对供应链中顾客个性化需求趋势的把握，并能根据这种变化对流程作相应调整。这种流程的革新不仅包括流程的重组，还包括供应链成员的优胜劣汰。

（2）成员间协调能力。这个指标主要是评价供应链的组织性。它考察当供应链面临竞争的压力时，供应链管理层有多大能力协调供应链成员，使其调整战略适应新的竞争环境，这种能力受企业文化、员工素质、组织及管理等方面因素影响。

(3) 信息化水平。供应链的特点之一就是信息共享，这是维持供应链伙伴关系的关键。否则，供应链很难降低重复劳动、减少浪费和成本。信息共享的内容包括需求预测、销售点数据、生产计划、战略方向、顾客目标等，以实现组织之间的集成。信息共享是供应链协调与协作的基础，应保证信息在供应链各成员之间准确、及时地流通，信息系统是实现这一目标的重要条件。供应链整体信息化水平的高低，以及信息系统的重用及重构能力是评价供应链未来发展绩效的重要方面。

(4) 危机应对能力。供应链本身是个动态变化的过程，各种新出现的技术理念、环境变化及政策法规等都会对供应链核心竞争力产生重要影响，因此要能针对潜在危机评估新型竞争技术的绩效趋势。

案例分析

百胜餐饮物流运作模式

百胜餐饮集团在中国600多个城市拥有超过2 700家肯德基、440家必胜客、80多家必胜宅急送和18家东方既白餐厅。为了满足如此庞大网络的供应，百胜需要一个高效的物流网络，能够迅速实现包括易腐烂食品在内的各种产品的长途运输。

百胜的物流服务模式

在美国，百胜的配送一直由专业第三方物流公司 Meclane Food Service 来做，所以最初也想把美国的合作伙伴请到中国来继续为其服务。当时中国市场小，营运条件落后，这让 Meclane 公司望而却步。百胜从1987年进入中国到现在，一直找不到一家理想的第三方物流公司，因而该公司创造了业内公认的灵活而实用的物流运营模式：自我服务+供应商提供物流服务+第三方物流服务。

百胜自我物流服务的比例占50%，主要进行核心业务以及有特殊要求产品的物流服务，配送核心城市和餐厅密集型区域的核心产品，如必胜客餐厅的沙拉、肯德基餐厅的薯条（温度要求高）；第三方提供物流服务的比例占40%，主要是在分散的区域以及对温度要求不是很高的产品；供应商提供物流服务的比例占10%，如湖南省长沙市有一家面包供应商。

餐厅种类虽只有三种，但总数量几千家，分布在全国各地，每种餐厅配送的食物品种和状态都不完全一致，而且在一些地方还会有地域差异，这对控制成本是个不利因素。百胜采用的解决方案是配备一种能在同一辆车中营造不同温度的车辆。这样，百胜可以先把所有食品集中到配送中心，根据每家餐厅的需要将需要配送的原料集中到一辆车中，然后一次性配送到餐厅。这虽然提高了物流部门的成本，但是便利了餐厅的运作，同时也提高了百胜的服务品质。

百胜的物流管理经验

有关资料显示，在一家连锁餐饮企业的总体配送成本中，运输成本占60%左右，而运输成本中的55%～60%又是可以控制的。百胜在利用运输环节节约物流成本上是围绕以下几个方面展开的。

尽管在中国百胜已有很多辆车，但还是不能满足其所有配送需求，因而将一部分配送任务外包出去，并遵循三条原则：(1) 对于特别远的路程，车辆无法在一天内返回就外包出去。因为百胜的车辆回程不能运输其他公司的货，配送所花的时间过长，会提高成本。(2) 一些特殊的路线也必须外包出去，如百胜的司机一般不擅长山路，路线中有山路的部分可以交给别的公司来做。(3) 对于长途运输，百胜有时会雇用更熟悉路况的当地运输企业。这种方法使公司能够节省成本，因为它在市场低迷时无须支付卡车及司机方面的成本，而一旦市场反弹，与这类当地企业的长期合作关系有助于确保有足够的车辆满足公司产品的运输要求。

连锁餐饮业餐厅的进货时间是事先约定好的，这就需要配送中心就餐厅的需要制定一个类似列车时刻表的主班表，此表是针对连锁餐饮餐厅的进货时间和路线详细规划制定的。众所周知，餐厅的销售存在季节性波动，因而主班表至少有旺季、淡季两套方案。有必要的话，应该在每次营业季节转换时重新审核运输排程表。安排主班表的基本思路是，首先计算每家餐厅的平均订货量，设计出若干条送货路线，覆盖所有连锁餐厅，最终达到总行驶里程最短、所需司机人数和车辆数最少的目的。

对于产品保鲜要求很高的连锁餐饮业来说，尽力和餐厅沟通，减少不必要的配送频率，可以有效降低物流成本。在运输方面，餐厅所在路线的总货量不发生变化，但配送频率上升，一样会导致运输里程上升，相应地，油耗、过路桥费、维护保养费和司机人工时都要上升。在客户服务上，餐厅下订单的次数增加，相应的单据处理作业也要增加。

百胜从增大卡车尺寸、改变作业班次和二次出车三个方面着手提高卡车的利用率。由于大型卡车可以每次装载更多的货物，一次出车可以配送更多的餐厅，由此延长了卡车的在途时间，从而增加了其有效作业的时间。虽然大型卡车单次的过路桥费、油耗和维修保养费高于小型卡车，但其总体上的使用费用绝对低于小型卡车。运输成本是最大项的物流成本，所有别的职能都应该配合运输作业的需求。

所谓改变作业班次，就是指改变仓库和其他职能的作业时间，适应实际的运输需求，提高车辆的利用率。而朝九晚五的作业时间表只会限制发车和收货时间，从而限制卡车的使用。如果配送中心实行24小时作业，卡车就可以利用晚间二次出车配送，大大提高车辆的时间利用率。在实际物流作业中，一般会将餐厅分成可以在上午、下午、上半夜、下半夜4个时间段收货，据此制定仓储作业的配套时间表，从而将卡车利用率最大化。

百胜物流最大的成本就是运输成本，运输成本的多少主要在于里程的多少，而里程的多少很大程度上取决于路线的安排。

百胜每年都会有几百家新店开张。要跟上这种迅速扩张的脚步，百胜只能对自己的物流部门提出更高的要求：改变以前的静态路线安排，转变为动态模式。百胜的物流部门与餐厅一直有一个协议，一周送3次货，然后根据每个配送中心所要配送的餐厅，制定配送路线表。最初，百胜物流按照排好的路线表在固定的时间把货送到餐厅，就像列车一样，在固定的时间走固定的路线。但后来百胜发现每次的配送车并不都是满的，如果车辆闲置太多，则会增加成本，所以百胜最终改变了这种固定的模式，对路线重新进行安排。配送中心根据餐厅的销售预估送货，而餐厅的销售预估经常变动，因而配送中心的路线安排也必须实时。采用这种变动式的排班方式能有效满足这种实时需求。这种安排虽然增加了配送中心工作人员的劳动强度，但只有这样才能在保证服务质量的前提下最大限度地控制成本。

资料来源：百胜餐饮物流运作模式分析. [2014-12-22]. http://info.jctrans.com/xueyuan/czal/20141222002833.shtml.

问题讨论：

1. 百胜餐饮的基本运作特点是什么?
2. 百胜餐饮这种运作模式的优点是什么?
3. 百胜餐饮的这种运作模式有没有可以优化的地方?

□ 本章小结

如今绝大多数企业都已经意识到物流管理和供应链管理是企业提升竞争力的重要手段，也是企业实现经营绩效的有力方法，在这种状况下合理控制和管理供应链物流绩效，通过体系化的绩效管理体系促使供应链物流有效运作，成为当今供应链物流管理的重要方面。

供应链绩效评价的关键是利用什么样的评价模型来构造供应链绩效评价指标体系，供应链绩效评价模型考虑从哪些方面评价供应链绩效，从而指导建立供应链绩效评价指标体系。在供应链及企业中常用的绩效评价模型有平衡计分卡模型、供应链运作参考模型、物流计分卡模型、经济增加值模型、作业成本模型等。

供应链绩效评价指标体系一般由供应链内部绩效评价指标体系和供应链整体绩效评价指标体系组成。供应链内部评价主要是基于供应链成员及其相互关系的评价，如供应商评价、核心企业评价、物流评价、顾客评价。而供应链整体评价指标主要衡量供应链相对于竞争供应链所表现出的杰出性，不考虑具体供应链成员的评价，供应链内部绩效评价是供应链整体绩效评价的充分而非必要条件。

物流新要素篇

第13章 物联网

知识要求

通过本章的学习，掌握

- 物联网的基本概念和基本特征
- 物联网技术对现代物流的影响

技能要求

通过本章的学习，能够

- 了解物联网对于智能物流建设的作用
- 了解物联网在物流业中应用的未来趋势

引导案例

感知科技有限公司

感知科技有限公司（以下简称感知科技）成立于2011年，是一家专门从事物联网领域的科学研究、模式创新、应用开发、服务运营的企业，是集“研、产、融、商”于一体的创新型大型高科技企业集团。

感知科技的骨干科研团队来自国家专业科研机构，以创新领先的思想和机制聚集了一大批活跃在国际国内科学研究与技术开发第一线的核心学术与技术骨干，经过长年的科研创新和刻苦攻关，在国际和国内物联网理论研究与标准化领域取得了优势引领地位，掌握着国际物联网顶层架构理论标准体系的主导权。领军人物刘海涛博士是国家973物联网首席科学家，国务院信息化专家咨询委员会委员，国家物联网基础标准工作组和国家传感网标准工作组“双组长”。企业核心研发机构无锡物联网产业研究院作为中国成员国代表参与并主导着ISO/IECWG7/WG10的相关工作和主要成果，并在IEEE802.15.4d/g/e，Wireless IOT Forum等相关国际标准化组织中发挥着关键作用，行使投票权或是核心发起人。与此同时，企业经过长期攻关，实现了物联网“共性平台＋应用子集”关键技术体系的重大突破和初步产业化，是国家传感网工程中心和国家环保物联网工程中心“双中心”单位，开创了物联网产业的规模产业化前景，书写了企业跨越式高速发展的篇章。从2011年初创至今，企业净资产规模已达数百亿元人民币，机构和业务遍及全球。

感知科技商业模式创新概述——物联网金融

感知科技与相关金融机构合作，在国际首创了物联网金融全新模式的理论研究、技术突破与产业化开拓，开展了基于客观诚信体系的物联网金融模式研究与服务实践，在产业界引发了巨大反响。在当今电子商务方兴未艾和目前由于商业诚信机制崩溃而引发全国范围内的大宗商品贸易融资风潮迭起的大背景下，意义和影响尤为深远。感知科技通过物联网技术准确感知货物的重量、位置、轮廓、运动状态、管理权限等精确物理信息，保障动产的客观存在，同时生成与货物实时对应的、唯一的动态登记对象信息，屏蔽了传统监管手段所难以回避的固有监管风险与质押风险。

感知科技的物联网动产监管服务确保动产质物真实有效与唯一存在

通过物联网技术能够对于质押动产进行实时感知、无缝监管、信息封装与动态登记，将质押动产的物理状态与对应的质押信息绑定，确保质押动产的客观真实存在、质押动产与仓单的一一对应、登记对象信息的唯一性。

首先，物联网技术可通过多种手段准确感知到质押动产的客观存在。在感知科技的“仓单管理平台”上，可以看到企业质押动产的存放地理坐标信息、地址与室内的精确位置区域，实时感知质押动产各种监管要素的变化，包括重量、位置、移动状态、授权区域、轮廓和堆放形状等，不同的监管动产对应不同的监管要素。同时会生成一张监管服务激活时的照片作为监管初始状态的依据之一。“仓单管理平台”会将质押动产所涉及的监管要素物理信息连同初始监管状态的照片打包封装，形成一张电子的感知仓单与质押动产形成唯一对应关系，只要这些监管要素的物理状态不发生变化，就表示质押的动产没被人动过，如此一来仓单便无法造假。

其次，物联网能够生成唯一的物理仓单登记状态信息。一旦感知仓单需要进行质押融资，感知科技的“动产质押登记平台”会将这张感知仓单进行结构化登记状态描述，并生成一条已经质押融资的标准化登记状态描述信息，所有其他银行可以通过“动产质押登记平台”查询仓单信息，明确相关动产的质押状态，这样就可以避免仓单重复质押骗贷的问题。

最后，物联网技术监管屏蔽了人工监管可能带来的监守自盗道德风险。在动产质押给银行后，监管报警服务激活，一旦系统感知到质押动产的位置、重量、形状轮廓、移动状态等这些足以改变货值或质押状态的监管要素在没得到放贷方许可的情况发生了变化，就会自动发出报警。银行信贷客户经理、监管方和仓库管理方都能在第一时间收到报警信息，同时附带系统实时捕获抓拍的“作案现场”的参数变化与照片，银行便可以将其与之前打包封装的信息照片进行比对。当企业偿还了银行贷款之后，系统对货物的报警服务即刻解除，企业就可以正常从仓库出货。

感知科技物联网大宗货物动产质押监管系统运作模式

感知科技的“仓单管理平台”对大宗货物动产的重量、位置、形状轮廓等监管要素进行实时感知，生成的感知动态仓单主要包括如下部分：

（1）标准仓单：标准仓单的信息项如图13—1所示。

（2）仓位现状和认证状态：是每次访问时生成的最新仓位状态，以及对应仓单的认证状态。一旦该仓单所对应货物的位置状态、轮廓、重量等信息被系统感知并进行监管，该仓单的状态即成为认证状态。

（3）仓单历史：该仓单整个生命周期的库存变化，包括仓单货物入库、仓单认证、仓单拆分（动态定额控货监管模式）、仓单合并、仓单明细拆分、仓单质押登记、仓单货物出库信息等所有对于货物及仓单进行操作的完整历史数据记录。

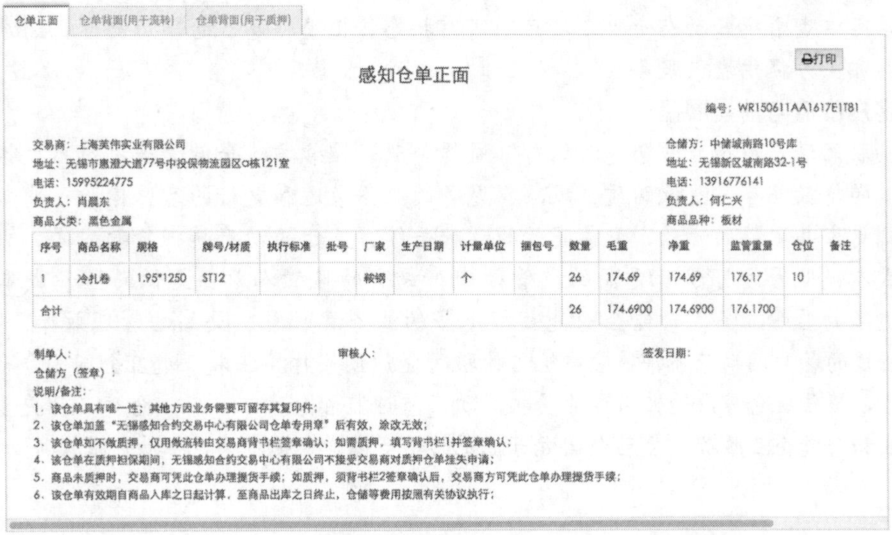

仓单正面　仓单背面(用于流转)　仓单背面(用于质押)

打印

感知仓单正面

编号：WR150611AA1617E1T81

交易商：上海芙伟实业有限公司
地址：无锡市惠澄大道77号中投保物流园区a栋121室
电话：15995224775
负责人：肖晨东
商品大类：黑色金属

仓储方：中储城南路10号库
地址：无锡新区城南路32-1号
电话：13916776141
负责人：何仁兴
商品品种：板材

序号	商品名称	规格	牌号/材质	执行标准	批号	厂家	生产日期	计量单位	捆包号	数量	毛重	净重	监管重量	仓位	备注
1	冷扎卷	1.95*1250	ST12			鞍钢		个		26	174.69	174.69	176.17	10	
合计										26	174.6900	174.6900	176.1700		

制单人：　审核人：　签发日期：
仓储方（签章）：
说明/备注：
1、该仓单具有唯一性；其他方因业务需要可留存其复印件；
2、该仓单加盖“无锡感知合约交易中心有限公司仓单专用章”后有效，涂改无效；
3、该仓单如不做质押，仅用做流转由交易商背书栏签章确认；如需质押，填写背书栏1并签章确认；
4、该仓单在质押担保期间，无锡感知合约交易中心有限公司不接受交易商对质押仓单挂失申请；
5、商品未质押时，交易商可凭此仓单办理提货手续；如质押，须背书栏2签章确认后，交易商方可凭此仓单办理提货手续；
6、该仓单有效期自商品入库之日起计算，至商品出库之日终止，仓储等费用按照有关协议执行；

图 13—1　感知科技标准仓单

(4) 报警信息：报警时的状态描述。系统报警的类型包括场内操作机械和设备在无授权任务时启动预警、监管区域异常情况预警、货物重量变化报警、货物轮廓形状变化报警等。报警信息将会第一时间推送至监管员和银行客户经理的手机监管 APP“仓押卫士”上（见图 13—2、图 13—3、图 13—4）。

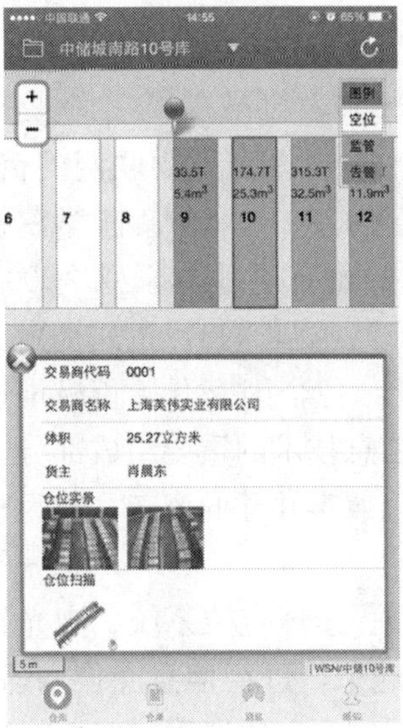

图 13—2　认证仓单信息

图 13—3　报警信息

图 13—4　实时报警画面

总的来看，感知动态仓单具有以下功能：感知动态仓单通过标的物入手，可保障质押真实性，实现早期恶意行为预防和发现；感知动态仓单直接反映动产的现状，可以保障动产在物理上的真实性，如果有人恶意重复质押，通过物理上的唯一性保障，很容易预防和发现；通过感知动态仓单来标准化动产质押物描述，方便动产质押管理；动产质押的质押物描述如果采用感知动态仓单中的标准仓单描述模式，可以规范化、结构化、标准化仓单格式，便于动产状态的查询，便于数据分析和利用；通过感知仓单可以查看感知动态仓单中动产的实时状态、报警信息、仓单历史等，为质权人等利益相关方提供增值服务。

客户价值与前景展望

物联网动产质押监管仓库对银行、商贸企业、监管方、仓储管理都有益。银行会有更多的贷款业务、更低的质押风险、更多的业务渠道和更好的客户体验；商贸企业会得到更容易取得的贷款、便捷高效的放款手续、灵活的动产质押贷款方式、更低的监管成本；监管方可以有更高的监管效率、更少的监管人员、更低的监管成本与投入、更多的监管业务；仓储企业能获得更多的业务吞吐量、更高的管理效率。因此，感知科技的物联网动产质押监管系统与物联网金融服务打算在未来覆盖全国100多个合作仓库，将传统仓库改造升级成为物联网动产质押监管仓库——感知仓库，为更多的商贸企业和仓储企业服务，撬动全国近百亿元的动产融资金融市场，推动金融模式新革命。

问题

（1）什么是物联网与物联网金融？

（2）感知科技的物联网监管服务的优势有哪些？

第1节　物联网的概念和特点

一、物联网的概念

美国麻省理工学院（MIT）的凯文·阿什顿（Kevin Ashton）教授早在1991就提出了物联网的概念，1995年微软创始人比尔·盖茨在《未来之路》中也提到了物联网的概念，但由于技术限制等原因，当时并没有得到业界的广泛关注。直到1999年麻省理工学院提出了物联网的基本概念——“万物皆可通过网络互联”，物联网才开始有了基本原型。2005年国际电信联盟在信息社会世界峰会上发布《ITU互联网报告2005：物联网》，正式提出了物联网的概念，并激情豪迈地指出“物联网时代即将到来”，由此，各个国家开始积极推进物联网的发展，物联网终于成为这个时代的骄子，不仅是新一代信息技术的重要组成部分，也是信息化时代的重要发展阶段。依托众多科技创新，物联网正以兼容并蓄的姿态，成为整个信息科技集大成者，改变着整个社会前进的步伐。

物联网的具体内涵就是通过射频识别（RFID）、红外感应器、全球定位系统、激光扫描器等信息传感设备，按约定的协议，把任何物品与互联网连接起来，进行信息交换和通信，以实现智能化识别、定位、跟踪、监控和管理的一种网络。简单来看，物联网最终要打造物物相连的网络。物联网的本质概括起来主要体现在三个方面：一是互联网特征，即对需要联网的物打造互联互通的互联网络；二是识别与通信特征，即纳入物联网的物一定要具备自动识别与物物通信（machine to machine，M2M）的功能；三是智能化特征，即网络系统应具有自动化、自我反馈与智能控制的特点。

二、物联网的特征

和传统的互联网相比，物联网有其鲜明的特征：

首先，它是各种感知技术的广泛应用。物联网上部署了海量的多种类型传感器，每个传感器都是一个信息源，不同类别的传感器所捕获的信息内容和信息格式不同。传感器获得的数据具有实时性，按一定的频率周期性地采集环境信息，不断更新数据。

其次，它是一种建立在互联网上的泛在网络。物联网技术的重要基础和核心仍是互联网，通过各种有线和无线网络与互联网融合，将物体的信息实时准确地传递出去。在物联网上的传感器定时采集的信息需要通过网络传输，由于其数量极其庞大，形成了海量信息，在传输过程中，为了保障数据的正确性和及时性，必须适应各种异构网络和协议。

最后，物联网不仅提供了传感器的连接，其本身也具有智能处理的能力，能够对物体实施智能控制。物联网将传感器和智能处理相结合，利用云计算、模式识别等各种智能技术，扩充其应用领域。从传感器获得的海量信息中分析、加工和处理出有意义的数据，以适应不同用户的不同需求，发现新的应用领域和应用模式。

第 2 节　物流管理中物联网技术的组成部件

一、传感器技术

传感器技术是物联网技术中的一个重要组成部分。在物流管理中应用物联网技术，首先要解决的就是传感器的安装与配置，安装传感器的目的就是将整个物流系统包括设备终端的各种物理量、化学量、生物量转化成可以使用相关设备进行测量的信号。传感器主要由三个部分组成：敏感元件、转化元件和测量元件，同时配以辅助电源。其中敏感元件用来感受被测量的信息，转化元件主要是将被感受到的信息通过一定的方式转化成其他形式的信息并最后输出。传感器技术是物联网技术的最基本单元，因为如果没有传感器技术，物流活动就不能直接转化为物流信息，也就不存在后期的信息处理。

二、射频识别技术

射频识别也是一种传感技术，是融无线射频技术和嵌入式技术为一体的综合技术，在自动识别、物品物流管理方面有着广阔的应用前景。通过射频识别技术，可以将设备末端的数字信号和模拟信号转化为信息流并传递到物联网上的每一个环节。射频识别技术包括以下几个部分：标签（tag），由耦合元件及芯片组成，每个标签具有唯一的电子编码；附着在物体上标识目标对象的阅读器（reader），也就是读取（有时还可以写入）标签信息的设备，可设计为手持式射频识别读写器（如 c5000w）或固定式读写器；最后是超高频手持机天线（antenna），用于在标签和读取器间传递射频信号。

三、纳米技术

纳米技术（nanotechnology）是用单个原子、分子制造物质的科学技术。纳米技术一方面是现代很多科学技术的基础，另一方面是现代科学（混沌物理、量子力学、介观物理、分子生物学）和现代技术（计算机技术、微电子和扫描隧道显微镜技术、核分析技术）结合的产物。物流系统中使用物联网技术，不可避免地要采用纳米技术，用纳米技术制造一些物联网器材，其寿命更长、质量更轻、硬度更大，是物联网技术很有前景的发展方向。

四、全球定位技术

利用定位卫星，在全球范围内进行实时定位、导航的系统，称为全球卫星定位系统。全方位实时监控，利用全球卫星定位系统实现全球定位，实时跟踪物流信息，是物联网技术支持下物流管理的一个显著特点。定位的基本原理是根据高速运动的卫星的瞬间位置作为已知的起算数据，采用空间距离后方交会的方法，确定待测点的位置。它定位效果好，定位速度快，是对当代物流管理的一个重要贡献。

五、二维码技术

二维码（2-dimensional bar code）是某种特定的几何图形按一定的规律在平面（二维方向上）分布所形成的黑白相间的图形、数据、符号信息等；它在代码编制上巧妙地利用构成计算机内部逻辑基础的“0”“1”比特流概念，使用若干个与二进制相对应的几何形体来表示文字数值信息，通过图像输入设备或光电扫描设备自动识读以实现信息的自动处理。二维码能够在横向和纵向两个方位同时表达信息，因此占用的面积很小。《物联网“十二五”发展规划》中提出二维码要作为物联网的一个核心应用，使得物联网终于从“概念”走向“实质”。

第3节　物联网与智能物流

一、物流信息化的过程

物流业的发展在整个国民经济的地位越来越突出，自2004年开始，国家就出台了一系列物流业调整、振兴、加快发展的规划。在国家的大力支持和重视下，近几年我国物流业发展迅速，为国民经济运行提供了良好的基础性支撑环境。纵观物流业的发展，可以分为以下几个阶段。

1. 传统物流

20世纪80年代我国正式引入物流的概念，可以说对物流的认识是比较晚的。此时对物流的定义为：物品从供应地向接收地的实体流动中，根据实际需要，将运输、储存、装卸、搬运、包装、流通加工、配送、信息处理等基本功能有机结合来满足用户要求的过程。在此阶段，更多关注的是货物的运输，俗称搬运，物流活动中没有太多的技术含量。

2. 现代物流

进入21世纪，随着现代信息技术的大规模应用和普及，物流行业进入了现代物流时期，人们越来越认识到信息技术在物流业中的作用。信息技术开始为物流行业助力，并成为持续推动物流行业飞速发展的关键动力。

现代物流（logistics）指的是将信息、运输、仓储、库存、装卸搬运以及包装等物流活动综合起来的一种新型的集成式管理，其任务是尽可能降低物流的总成本，为顾客提供最好的服务。现代物流的核心是信息化，没有信息化就没有真正意义上的现代物流。

3. 智能物流

2009年国务院总理温家宝在无锡考察时提出，要迅速建立中国的传感信息中心或“感知中国”中心，一夜之间，物联网的概念传遍神州大地，智能化的理念深入人心，由此也产生了一系列在此基础上的应用，如智能物流、智能交通、智能家居、智慧城市等。自此开始，物流业开始朝着更智能化的方向发展。

智能物流就是将条形码、射频识别、传感器、全球卫星定位系统等先进的物联网技术，通过信息处理和网络通信技术平台广泛应用于物流业运输、仓储、配送、包装、装卸等基本活动环节，实现货物运输过程的自动化运作和高效率优化管理，提高物流行业的服务水平，降低成本，减少自然资源和社会资源消耗。

如果说信息化的应用使得物流业从手工化、半自动化发展到自动化，那么智能化就是自动化的继续和提升。自动化过程中包含更多的机械化成分，而智能化中包含更多的电子化成分，如集成电路、计算机硬件软件等。

二、物联网对智能物流供应链的影响

我国物联网技术的不断发展与提升，给物流工作提供了很大的物流供应信息传输空间，从而使我国物流产业的发展前景更大更远，并使物流产业朝着更加专业化的方向发展。并且，物联网智能物流供应技术能将每个产业中的同类资源进行物流资源信息集中化，从而实现同类资源信息横向整合。同时，物联网智能物流供应技术能对每个物流产业中的物流资源进行专业化物流信息采集，从而实现物流资源信息的分层整合优化和物流产业中物流资源的纵向整合。物联网的智能物流供应链管理是指将在此供应链上的企业制造商、企业批发商、企业运输商以及企业零售商所供应的物流资源、物流资金流进行信息整合，从而对企业物流供应链信息进行决策管理，进而使管理决策过程更加方便快捷。物联网的智能物流供应链管理，体现在同步化信息共享、管理过程优化、供应链可视化、网络无缝化、等方面。

1. 同步化信息共享

物联网的智能物流供应链管理目标为信息同步化与信息共享，并且在物联网智能物流供应过程中，对物流供应链中的物流资源进行资源追踪。同时，向物流供应链中所有企业进行实时的物流资源信息传递，并保证其物流资源信息的准确性，从而避免物流资源信息失真的情况发生，高效地进行物流资源信息传输，从而对物流市场需求进行准确的预测，减少各物流企业的库存量。

2. 管理过程优化

在物流供应链管理过程中要优化企业供应链，并将传统供应链管理中物—人—物的模式转变为物—物模式，进而使企业物流供应链得到优化。在物流供应物与物的供应传输模式运转下，能提高整个物流供应的供应链效率，同时降低管理人员进行物流管理工作时的出错率，从而实现物流供应运行中物与物之间的直接传输，并对物流供应过程中的物流资源进行实时监控与追踪管理。

3. 供应链可视化

在物联网的智能物流供应链管理过程中，以物联网为基础的供应链能够实现可视化。其物联网智能物流供应链在网络运行中，可对物流中的每一个产品进行产品物件标记工作，相当于对资源产品贴标签。其标签内容为此资源产品的产品信息与互用性信息，从而使供应链管理人员通过标签内容便可对物流资源产品进行识别，进而使物流资源供应链实现网络内部企业资源信息共享与交换，以及透明式供应链管理，保证供应链管理的公开化。

4. 网络无缝化

随着我国经济建设的快速发展，顾客的个性化需求也随之提升。这就促使网络无缝化工程要不断进行提升与完善。同时，为了满足顾客的个性化需求，物流资源供应企业必须提升资源供应速率，并保证资源供应的灵活性与变通性。由于采用这种资源供应模式导致资源供应的管理成本提升，因此，应采用智能型供应链网络，从而提升资源供应信息交流、资源资金流以及资源供应的控制水平，并使企业选择最为正确的资源供应路线，进而减少企业库存量，同时提高企业产品资源的运输效率，从而实现物流资源供应链的物流资源再造。

三、基于物联网的智能物流供应链管理系统

在快速发展的物流产业影响下，很多数据在各个企业的生产运行过程中形成，合理提取丰富信息流的有效信息，是确保现代化企业决策准确性的根本所在。传统意义上的物流管理信息系统仅仅可以分析和处理简单的数据，然而不断发展的物联网技术可以在建构智能物流供应链系统的基础上，摆脱固有的物流信息系统的束缚，建构立体性与多视角的数据信息，且使决策的准确性提高，从而有助于物流企业对市场做出迅速的反应。

1. 工作流程

智能物流供应链系统的主线是信息流动，且在有效地应用现代信息技术、自动化技术、物流技术的基础上，优化整个物流过程的资源，统一资金流动、产品制造、物流信息，形成运行效率较高的物流服务体系。RFID物流管理系统是物联网技术的基础，重点涵盖Savant系统、RFID、EPC、PML服务器与ONS服务器，在应用这一系列技术的前提条件下，产品由供应商至客户的全面管理流动形成于物联网，它的工作流程重点是借助RFID阅读器获取唯一电子物品代码，且借助Savant系统不间断地传送代码，对于PML服务器IP地址的获得借助ONS服务器，然后通过PML服务器得到查询物品电子代码的PML服务器，查询物流的所有信息。企业内部管理系统也可以在得到信息的过程中自动化地处理物品。

2. 系统功能

立足于RFID/EPC技术的物联网，在应用实践中主要在销售环节、运输环节、仓储环节、生产环节影响供应链，供应链的零售商、输送商、批发商、生产商借助物联网智能物流系统，对产品的现状进行动态跟踪，对市场迅速做出反应，实现企业的高收益与零存货。企业内部信息系统根据数据仓库技术，进行人工智能分析、数据挖掘技术、OLAP分析等，最终实现生产采购管理、输送管理、库存管理、销售管理、产品管理。

（1）生产采购管理——实现运作的自动化。借助EPC技术，生产最终产品所需的零部件与原材料能够在繁多产品的库存当中准确地找到。识别跟踪整个流水线的产品、半成品、零部件、原材料，处理过程的自动化使人为管理会发生的管理费用与误判大大减少。借助信息的实时反馈，生产管理员可以对进度与生产进行科学的组织，确保流水线运行的稳定性，最终保证产品的质量。

（2）销售管理——对消费者的需要做出迅速的响应。应用物联网技术，可以实时地进行补货，以使顾客排队等待的时间减少，顾客的满意度显著提升。并且，顾客可以借助智能秤获取产品的性能、外观、生产日期等一系列信息，进而确保消费者在真正把握产品信息的情况下购买到适宜的产品，防止出现产品过期的情况，减少法律纠纷，实现顾客和商场的双赢。

（3）输送管理——实现流程化的输送。应用物联网技术，将EPC标签贴在输送车辆上，

将RFID接收器安装在输送线路的关键节点，可以对车辆的输送状态进行全程跟踪，进而对预计到达的时间与货物所处的位置进行了解，进行实时反应。并且，如果输送过程中的车辆发生故障，也可以实时进行补救。

（4）库存管理——实现管理的准确性与快速化。在应用物联网技术的基础上，及时盘点货物，以减少库存、实时补货、准确发货。自由放置的仓储产品使空间的应用效率提升。管理的自动化使人工费用减少，并且使送错、损害、盗窃等减少。

（5）产品管理。在产品通过供应链成员节点的情况下，RFID解读器对产品的电子代码进行自动捕获，Savant系统对这时的状态信息进行自动收集。状态信息涵盖供应链成员的地点、时间、读写器号、企业名称、角色等，这一系列信息能够供输送企业、批发商、零售商、制造商进行实时查询，防伪管理中关键的信息也是根据这一系列信息。

第4节　物联网在物流领域应用的未来趋势

随着经济的不断深入发展，我国的物联网也不断完善与发展，物联网理念的引入、传播与应用，给中国智慧物流的变革带来了极大的推动力。加上不断提升的技术和政府政策的支持，相信未来物联网将给中国物流业带来革命性的变化，中国智慧物流将会迎来更快更好更大的发展，具体来说，物联网在物流业的应用将出现四大趋势。

1. 物联网促进智慧供应链与智慧生产融合

物联网在物流业的应用以及实现物与物的互联互通，离不开射频识别技术与传感器网络的普及与应用，越来越多的企业为了在激烈的市场竞争中获得更多的发展优势，将自身的物流、生产、采购与销售系统进行巧妙的智能融合，借助网络的互联互通性将物流完全智慧地融入企业经营之中。物联网的出现为企业实现了智慧生产与智慧供应链的融合，极大提高了企业的经营效益，对企业的未来发展具有极为深远的影响。

2. 物联网促进智慧物流网络开放共享，融入社会物联网

物联网将智慧物流融入企业经营的各个环节，打破传统企业生产与经营的障碍，是一项重要的聚合型系统创新。物联网的出现将互联网信息技术引入企业，让企业从传统单一的个体经营方式中进行转化，实现网络开放共享。比如企业所开放的追溯信息，融入了社会物联网，人们能够通过物联网手机终端，进行实时便捷的产品信息查询与追溯。因此，物联网将企业的物流环节融入社会，融入人们的生活，将企业产品信息的追踪智能化、便捷化，具有十分重要的意义。

3. 多种物联网技术集成应用于智慧物流

当前的物联网发展是建立在多种物联网技术的集成上的，物联网是一种智慧物流，随着经济的不断发展，技术、企业等不断进步，传感器、蓝牙、射频识别等技术的物流应用也将更加完善。而这些技术集成应用于现代物流领域，对促进现代物流业的发展作用巨大，当前比较热门的冷链物流，就是利用现代温控技术实现的。

4. 物流领域物联网创新应用模式将不断涌现

物联网的出现与发展不是一蹴而就的，源于实践的不断累积与创新、社会的不断进步与发展。物联网的物流智慧是数年来无数企业通过不断发展而进行总结与提升的结果。未来的物联网也不是静止不动的，物联网创新应用模式将会不断出现与发展，这也是未来物流业的重要趋势所在。

案例分析

上海浩泽净水科技发展有限公司利用物联网进行商业模式创新

上海浩泽净水科技发展有限公司（以下简称浩泽）是一家集科研、生产和销售为一体的高科技、多元化、国际化大型环保综合企业，旗下以终端净水、空气净化为核心业务，是中国领先的净水服务供货商、继开能以后我国第二个上市的净水器生产企业，也是我国第一个在境外上市的净水器生产企业（香港上市，股票代码HK2014），公司总部位于上海浦东。根据弗若斯特沙利文咨询报告，按2012年的零售销售价值计算，浩泽是中国第三大净水机制造商，占据1.1%的市场份额。此外，根据同一份报告，按2012年的零售销售价值计算，浩泽是市场内商业部分的龙头公司。

浩泽始终倾力自主研发，拥有占地面积近千平方米的净水产品研发中心，与浙江大学及香港理工大学进行技术研发合作。设立了环境技术研究实验室，自主研发了具有国际领先标准的APO+安全净水技术，具有水质安全全周期监测、耗材滤芯的消耗值动态更新显示功能的"云净水技术"。此外，浩泽严格控制产品品质和服务水平。

2013年，继浙江生产基地后，浩泽投入巨资打造陕西环保科技产业园，实现材料、指标、管理、物流等方面的全方位提升。浩泽坚持售后服务不外包，直营售后服务机构遍布全国数百个城市，成为国内率先建立24×365全天全年的客服热线净水服务品牌，保证365天的高品质安全好水。

浩泽通过自己对于技术的追求，开发了近百项以臭氧科技为核心的水处理相关技术并申请了相关专利，由此也荣获"上海市高新技术企业"称号。另外，浩泽对产品品质和服务高要求，不仅通过了ISO 9001：2008质量管理体系认证、香港CB认证、国家CCC认证、SGS水质检测标准等多项国内外权威认证，而且连续多年荣获净水行业"最具影响力企业""中国十大净水品牌"等实力奖项，更在2013年因具有持续高增长潜力而荣获安永复旦"中国最具潜力企业"殊荣。

浩泽商业模式创新概述

浩泽净水业务颠覆了传统的设备出售的销售模式，其创新利用租赁及服务业务模式，结合互联网技术，自建直营服务团队、物流仓储设施等向租赁本企业净水机的终端用户提供优质的净水服务。

一是强调客户体验。浩泽在每台水机里都植入了具备联网功能的SIM卡，能够对水机滤芯寿命到期和水机故障实时报警，可以上网，可以推送故障字段，甚至可以实现远程操控，实现人机对话，让用户享受智能服务带来的快捷；同时，设置沟通连接平台，以客户关系管理系统为依托的总部客服中心负责维护客户关系，第一时间传导客户需求，调度售后资源，依托物联网技术化被动服务为主动服务，用户的产品体验大大提升。

二是强大的技术力量支撑。面对当今的市场竞争，高品质的产品如果没有强大的技术力量支撑，同样会遭到冷落。浩泽不仅有前卫的产品设计创新，还有不断突破的技术创新。为保障用户饮水安全，在技术研发上，通过和香港理工大学合作，浩泽研发团队自主研发了拥有多项专利的APO+安全净水技术。这一技术让浩泽的产品无论是在技术上还是质量上都达到了国际先进水平。

三是浩泽将活氧杀菌技术引入净水领域。采用高效专利气水混合技术，通过微电脑控制，根据水质需要，每天自动定时向水中投加活氧激活水分子，增加水中溶解氧，长效抑制细菌病毒。由于技术的难度颇高，在家用净水领域，几乎很少见到这类杀菌处理方式，但不论从成本上还是效果上，活氧杀菌都是首屈一指的灭菌技术。

浩泽还破解了RO机废水率高的世界难题，经过技术攻关，在保持处理原理不变的情况下，浩泽研发出一种自动控制的节水反渗透处理技术，大幅提升了节水性能。不仅水质完全达到国家标准，ORO技术净水率（净水率=纯水量/进水量）最高可达95%（适用范围：原水TDS值小于100），而传统RO净水率只有20%～50%。

浩泽拥有102项净化及洁净技术、净水机设计的相关专利组合，包括有关改良反渗透技术的7项专利及有关活氧技术的18项专利。浩泽净水技术的领先地位获得同业认可，并在2012年及2013年获委任为全国家用电器标准化技术委员会下的净水行业标准颁布小组副主席，负责为中国的净水机制定国家技术标准。

四是顾客价值提升。浩泽透过创新的租赁及服务模式进行企业的净水业务，这种业务模式使企业可直接向终端用户提供服务，不仅产生了重复且不断增加的收益来源，还能提高顾客的价值。总的来看，浩泽的租赁及服务模式较销售模式能够给客户带来以下好处：

（1）降低了净水机的维修更换费用：客户向浩泽租赁净水机，浩泽则负责向终端用户提供所有维修服务（包括定期更换滤芯），并且不收取任何额外费用。相较而言，客户自行购买净水机后，后续为持续确保水质而产生的更换部件（如滤芯）等服务会产生额外成本。

（2）增强了客户的成本管理弹性。浩泽的租赁及服务模式使终端用户在成本管理方面较购买净水机有较大弹性，终端用户无须花费购买净水机的固定成本支出，只需向浩泽订购净水服务即可，这样更有利于客户的成本及资产管理。

（3）降低了客户最初的购买成本：客户通过租赁以及分期服务订购，减轻了企业的现金流压力，使用浩泽净水服务的初始投资还大大低于购买同类净水机。

问题讨论：

1. 浩泽商业模式的创新体现在哪些方面？
2. 物联网在浩泽商业模式中发挥了什么作用？

□ 本章小结

物联网已成为继计算机、互联网与移动通信之后世界信息产业的第三次时代浪潮，是经济发展的新引擎，也是科技转型升级的助推器。2009年，美国总统奥巴马提出了“智慧地球”，我国温家宝总理提出了“感知中国”，许多国家将其提升到战略高度。工业界与学术界纷纷跟进，物联网成为经济、技术、产业领域关注的热点。本章主要介绍了物联网在物流中的应用以及物联网在物流业中应用的未来趋势。

第14章 物流金融

知识要求

通过本章的学习，掌握

- 物流金融的概念
- 物流金融的运作模式

技能要求

通过本章的学习，能够

- 评价物流金融运作中的相关风险
- 运用物流金融运作中的风险管理措施

引导案例

UPS的物流金融业务

20世纪90年代以来，UPS的发展动向凭借其供应链解决方案备受关注。供应链解决方案形成一个流线型组织，能够提供货物配送、全球货运、金融服务、邮件包裹服务和业务拓展咨询等一揽子服务方案，真正实现货物流、信息流和资金流的三流合一。在该方案的形成过程中，物流金融模式的引入堪称典范。

广义上的物流金融是指面向物流业的运营过程，通过应用和开发各种金融产品，有效地组织和调剂物流领域中货币资金的运动。这些资金运动包括发生在物流过程中的各种存贷款、投资、信托、租赁、抵押、贴现、保险、有价证券发行与交易，以及金融机构办理的各类涉及物流业的中间业务等。

狭义的物流金融是指物流供应商在物流业务过程中向客户提供的结算和融资服务，这类服务往往需要银行的参与。下面主要介绍UPS物流金融的发展历程。

UPS物流金融的引入准备

UPS引入物流金融的前期准备十分充分，用10年时间分两个阶段才真正把金融资本融入物流产业资本中。

(1) 通过货物流的扩张带动信息技术的创新。在UPS的快速发展过程中，日益增长的客户需求以及繁重的服务工作量使得UPS不得不发明新技术来提高效率，以保持价格竞争性和提供新的产品搭配。通过巨额资金的投入，UPS的技术创新得到了很快的发展，将货物流和信息流充分结合，为物流金融模式的引入提供了科技条件和坚实的物质基础。

(2) 货物流和信息流的成熟催生物流金融模式。尽管核心业务是货物和信息配送，但为了企业的可持续发展，UPS 希望摆脱这种结构单一的物流运作模式。UPS 开展了广泛的市场调研，发现对卡车运输、货贷和一般物流服务而言，激烈的竞争使利润率下降到平均 2%左右，没有进一步提高的可能性，而对于供应链末端的金融服务来说，由于各家企业涉足少，目前还有广阔空间。UPS 开始调集核心资源向这一新领域迈进，战略性地重组公司。在随后的发展过程中，通过成立 UPS 物流公司、成立 UPS 资本公司、在纽约证券交易所上市、并购美国第一国际银行（FIB）、成立 UPS 供应链解决方案公司等措施，UPS 的业务成功扩展到以物流、金融、供应链咨询为核心的全方位第四方物流管理，并且可以为中小企业提供信贷、贸易和金融解决方案。

UPS 物流金融的引入

UPS 物流金融模式的引入主要是通过金融机构内部化实现的。借助已并购的银行在中小工商企业方面的信贷销售能力，UPS 资本公司获得了丰富的客户资源。同时 UPS 的客户受惠于其并购银行提供的多种金融产品，从而提高了 UPS 的资金周转率和存货周转率，增加了销售业绩。金融机构内部化实现了物流金融的成功引入。

UPS 的物流金融服务

金融服务为 UPS 及其客户提供了很多实惠：(1) UPS 资本公司通过整合供应管理和供应链融资为各个部门提供流动资金。(2) 开展全球化贸易信贷，根据发票价值预付资金，并承担托收责任，从而让商家有更多机会从事记账销售并扩大出口业务。(3) 租赁有利于保全资金和购买信用，并使公司无须购买可能过时的长期设备。(4) 支付解决方案将 UPS 的运输过程及接收货物的证实过程同发票、支付方式及发票纠纷的解决办法等连接在一起，从而使 B2B 电子发票及支付过程提高到一个新的水平。

1998 年 UPS 专设投资公司为客户提供分销金融服务，不仅加快了客户的流动资金周转，改善了客户的财务状况，还为客户节约了存货成本和运作物流服务网络的成本。

问题

(1) UPS 为引入物流金融服务做了哪些准备？

(2) UPS 物流金融服务为客户创造了哪些价值？

第 1 节　物流金融概述

一、物流金融产生的背景

1. 第三方物流服务的革命

物流金融是物流与金融相结合的产品，不仅能提高第三方物流企业的服务能力、经营利润，而且可以协助企业拓展融资渠道，降低融资成本，提高资本使用效率。物流金融服务开国内物流业界之先河，是第三方物流服务的一次革命。

2. 中小企业融资困境

在国内，中小企业信用体系不健全，融资渠道贫乏，生产运营的发展资金压力大。物流金融服务的提出，可以有效支持中小企业的融资活动。另外，物流金融可以盘活企业暂时闲置的原材料和产成品的资金占用，优化企业资源。

3. 供应链共赢目标

对于现代第三方物流企业而言，物流金融可以提高企业一体化服务水平，提升企业的竞争能力，扩大企业的业务规模，增加高附加值的服务功能，扩大企业的经营利润。对于供应链企业而言，物流金融可以降低企业的融资成本，拓宽企业的融资渠道；降低企业原材料、半成品和产品的资本占用率，提高资本利用率，实现资本优化配置；降低采购成本或扩大销售规模，提高销售利润。对于金融机构而言，物流金融服务可以帮助金融机构扩大贷款规模，降低信贷风险，甚至可以协助金融机构处置部分不良资产。

4. 金融机构创新意识增强

当前金融机构面临的竞争越来越激烈。为在竞争中获得优势，金融机构不断进行业务创新，这就促使了物流金融的诞生。物流金融可以帮助银行吸引和稳定客户，扩大银行的经营规模，增强银行的竞争能力；协助银行解决质押贷款业务中银行面临的“物流瓶颈”——质押物仓储与监管；协助银行解决质押贷款业务中银行面临的质押物评估、资产处理等服务。

二、物流金融的概念

随着物流企业的逐步发展成熟，物流服务逐渐向价值链的其他环节延伸，如提供采购、销售、交易、电子商务、金融等衍生服务，这些服务都是在物流企业提供物流服务的基础上展开的，应该说，物流衍生服务是物流企业发展的高级阶段。物流金融服务是物流衍生服务的一个重要方面，是物流与资金流结合的产物。

物流金融从广义上讲就是面向物流业的运营过程，通过应用和开发各种金融产品，有效地组织和调剂物流领域中货币资金的运动。这些资金运动包括发生在物流过程中的各种存款、贷款、投资、信托、租赁、抵押、贴现、保险、有价证券发行与交易，以及金融机构所办理的各类涉及物流业的中间业务等。狭义的物流金融可以定义为物流供应商在物流业务过程中向客户提供的结算和融资服务，这类服务往往需要银行的参与。

现代物流是对流通方式的革命。现代物流作为一种先进的管理技术和组织方式，通过优化供应链管理，降低企业物流成本，提高综合服务质量，进而增强企业竞争力。现代物流强调即时性，即高速配送、货流畅通；强调企业的零库存和对消费者（或需货方）的零距离；强调时效性，提倡个性化服务。要实现这些快捷、方便、灵活的物流服务，离不开金融业的支持。金融市场能聚集资金托起现代物流体系；大量金融工具的运用能实现无时无处不在的物流结算；金融市场也能转移或分散物流业的经营风险。只有金融市场高效分配资金资源，才能为物流基础设施提供更多的资金来源；只有金融渠道畅通无阻，才能保障物流过程中产供销的进一步循环；只有金融网络安全，才能使需求者既能网上订货，也能网上清算，现代结算方式才能广泛应用于物流的整个流程之中。

物流金融正成为物流企业进行高端竞争的服务创新，并带动银行共同参与的新型金融业务。物流金融还包括银行参与物流业的运营过程，通过针对物流运作开发和应用各种金融产品，有效地组织和调剂物流领域中货币资金的运动。物流和金融的紧密融合能有力支持社会商品的流通，促使流通体制改革顺利进行。物流金融正成为国内银行一项重要的金融业务，并逐步显现其作用。

三、物流金融的运作模式

物流金融主要涉及三个主体：物流企业、金融机构和贷款企业。贷款企业是融资服务的需求者；物流企业与金融机构为贷款企业提供融资服务；三者在物流管理活动中相互合作、互利互惠。根据金融机构参与程度的不同，物流金融的运作模式可分为资本融通模式、资产融通模式及综合模式。下面主要介绍前两者。

资本融通模式是指物流金融提供商（第三方物流企业）利用自身与金融机构良好的合作关系，为客户和金融机构创造良好的合作平台，协助中小型企业向金融机构进行融资，提高企业运作效率。在这种模式中，主要是由金融机构向借款企业提供融资，但由物流企业替借款企业向金融机构提供担保，然后金融机构根据物流企业提供的担保向借款企业提供直接或间接的融资。典型的资本融通模式主要有仓单质押模式、买方信贷模式、授信融资模式和垫付货款模式四种。

资产融通模式是指第三方物流企业利用自身的综合实力和良好信誉，通过资产经营方式，间接为客户提供融资、物流、流通加工等集成服务。这种模式中，基本上没有金融机构的参与，完全是由物流企业自己给借款企业提供融资服务。典型的资产融通模式有两种：替代采购模式和信用证担保模式。

第 2 节　资本融通模式

一、仓单质押模式

1. 仓单质押模式的业务流程

仓单是保管人（物流公司）在收到仓储物时向存货人（借款企业）签发的表示收到仓储物的有价证券。仓单质押贷款是仓单持有人以所持有的仓单作质押，向银行等金融机构获得资金的一种贷款方式。仓单质押贷款可在一定程度上解决中小企业尤其是贸易类企业的融资问题。仓单质押模式的业务流程如图 14—1 所示。

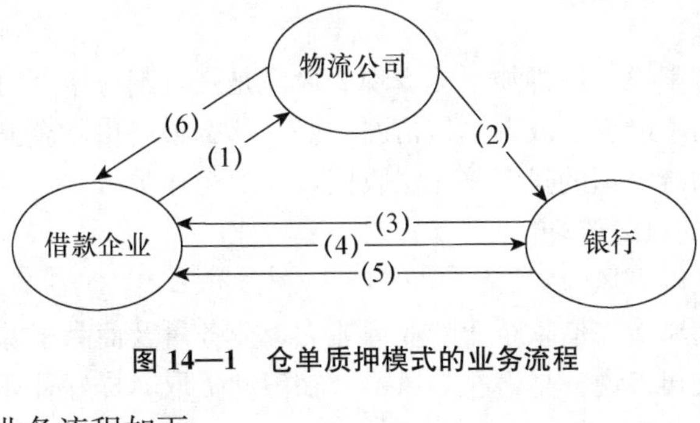

图 14—1　仓单质押模式的业务流程

仓单质押模式的业务流程如下：

（1）借款企业将产成品或原材料放在物流公司指定的仓库（融通仓）中，由物流公司获得货品的所有权；

（2）物流公司验货后向银行开具仓单，仓单需背书质押字样，并由物流公司签字盖章；

（3）银行在收到仓单后办理质押业务，按质押物价值的一定比例发放贷款至指定的账户；

（4）借款企业实际操作中货主一次或多次向银行还贷；

（5）银行根据借款企业还贷情况向借款企业提供提货单；

（6）物流公司的融通仓根据提货单和银行的发货指令分批向借款企业交货。

2. 仓单质押模式的特点

（1）仓单质押业务的开展可大大提高第三方物流企业在供应链中的号召力。物流企业对于库存的变动及流通的区域，可以通过库存管理、配送管理做到了如指掌，所以为客户提供金融担保服务就应成为一项物流增值服务的项目，不仅为自己带来新的利润增长点，也可以提高物流企业对客户的吸引力。在整个运作过程中，物流企业承担的风险相对最小，因为有货物作为质押。如果物流企业手中再有相当多的资金，就可以不必通过银行，在取货时物流公司先将一部分钱付给供应商，货到收款后再一并结清，既可消除供应厂商资金积压的困扰，又可让买家卖家两头放心。

（2）第三方物流企业的参与提高了整个供应链的效率。目前的资金流运作过程非常烦琐，特别是中小企业单笔的业务量较小，运营成本相对较高，这时如果有第三方加入进来，就可集聚业务量，同时分担银行的部分业务及成本，提高整个流程的效率。

（3）在国内，中小企业存在信用体系不健全，融资渠道贫乏，生产运营发展资金压力大。通过开展仓单质押业务，可以有效支持中小企业的融资活动。另外，开展仓单质押业务可以盘活企业暂时闲置的原材料和产成品的资金占用，优化企业的资源。

（4）虽然借款企业必须依赖第三方物流公司和银行开展此项业务，但也正是第三方物流公司的参与，才使得借款企业能够集中精力做自己的事，即关注生产和销售环节。一般借款企业都拥有自己的客户，生产流通过程不畅的原因往往是资金问题，现在资金问题解决了，就可以将主要精力放在产品的生产和销售上，最终达到合作的最终目标。

（5）对物流公司来说，质物的实际价值与评估的价值不相符是最大的风险，有可能导致整个业务合作的失败。借款人为了多得到贷款，想方设法将质押物的价值抬高，第三方物流企业为了争取业务，不惜弄虚作假以迎合这种需要，使得资产的评估带有很大水分；第三方物流企业由于技术、经验等方面的原因对某项财产的价值判定不准或不能科学预测财产的价格变动趋势，以致评估结果失真（高估情形偏多）。这就使质物不足值成为抵质押贷款的重要风险点。

（6）对整个供应链来说，质押物不能变现的风险是三方都应该努力规避的。因为对整个合作来说，如果质押物不能变现或者销售情况不好，那么最终借款企业就不能及时还贷或根本无力还贷，银行和物流公司的投资将无法收回，导致合作失败。

3. 仓单质押模式的风险管理

仓单质押模式存在以下风险：

（1）借款企业资信风险。借款企业的业务能力、业务量及商品来源的合法性（走私商品有罚没风险）对物流公司来说都是潜在的风险；在滚动提取时提好补坏，有坏货风险；还有以次充好的质量风险。

（2）仓单风险。仓单是质押贷款和提货的凭证，是有价证券，也是物权证券，但目前仓库所开的仓单还不够规范。

（3）质押商品选择风险。并不是所有的商品都适合用作仓单质押，商品在某段时间的价格涨跌幅度和质量的稳定状况都是在选择时需要考虑的内容，会带来一定的风险。

(4) 商品监管风险。在质押商品的监管方面，仓库同银行之间的信息不对称、信息失真或信息交换不及时会带来双方决策的失误，影响仓单质押业务的开展。

(5) 内部管理和操作风险。许多仓库的信息化程度很低，还停留在人工作业的阶段，难免出现人员操作失误。

基于以上的风险分析，物流企业应该采取下列风险管理措施：

第一，信用的建立与整合。从仓单质押的业务过程分析，银行贷款给借款企业要以信用为基础，银行委托物流企业代理监管商品也需要信用，物流企业存储借款企业的商品并融入商品产销供应链中同样需要信用，那么开展仓单质押业务就需要物流企业来建立和整合这些信用。仓单是在物流企业接受借款企业要存放的商品以后，向借款企业开具的说明存货情况的存单。这种存单不单纯是证明性的，还具有特殊的功能，即具有有效证券的功能。仓单可以作为一种有价证券进行质押，实现资金融通，辅助完成现货交易，提高交易效率，降低交易成本，是仓单质押业务开展的重要法律依据和凭证。

第二，仓单的管理和规范化。具体来说，仓单管理办法要明确指定印刷单位、固定格式、预留印鉴，由指定专人送至银行，并在仓单上和银企合作协议中申明：由借款人保证仓单的真实性和有效性，否则由此产生的贷款资金风险由借款人负完全责任。

第三，商品的限制及价格的确定。在商品的限制方面，借款企业希望商品品种数量和标准化程度能不受限制，不同品种之间具有可替代性，只要总价值能满足银行的要求即可；而对于银行和物流企业来说，它们要求质押的商品有所限制。物流公司要考虑自身的存储能力、管理水平与借款企业的需求，并协同银行做好商品的限制工作。

第四，商品的监管和处置。物流公司作为双方信任的第三方，在商品的监管环节要持认真负责的态度，积极有效地与银行和借款企业做好信息的沟通和共享工作。首先，物流公司要和借款企业签订仓储协议，明确商品的入库验收和养护要求，开具商品已经抵押给银行的专用仓单，最好向指定的保险公司申请办理仓储物品保险，以便仓储物出现损毁时，保险公司可以赔偿。其次，物流公司要与银行签订不可撤销的协助银行行使质押权保证书，承诺：保证仓单与商品存储情况相符，手续完备；质押期间无银行同意不得向借款企业或任意第三人发货；不以存货方未付有关保管费为由干涉和妨碍银行行使质押权等；借款企业提货要在银行的监管下采取仓单提货。

商品的处置通常有两种情况，一是贷款还未到期，由于商品市场价下跌，银行通知借款企业追加风险保证金，在双方所确定的日期限制内借款企业仍未履行追加义务的，银行可委托第三方（很有可能是物流公司）对尚未销售商品按现行市场价下调一定比率以内，尽快实现销售，收回贷款本金。二是贷款到期，但监管账户内销售回笼款不足偿还贷款本息且无其他资金来源作为补充，银行也可委托第三方（很有可能是物流公司）对仓储的相应数量商品按现行市场价下调一定比率以内，实现销售处理，直到收回贷款本息。当然以上两种处置方式和有关要求均需在贷款前以书面协议方式与借款人做出明确约定，仓库要尽职尽责地做好工作，降低银行的风险。

第五，信息化建设。先进、完善的物流服务需要有先进的管理方法，信息技术是实施先进的管理方法的前提和保障。信息技术只有结合先进的管理思想，才能发挥其强大的推动和促进作用。对物流公司来说，信息化分为两个部分：一是其内部管理流程的信息化，一是和其合作伙伴、客户以及监管机构协同作业的信息化。内部的信息化能优化其仓储物流，更好地完成内部的管理和操作；协同作业的信息化能优化其物流网络和服务体系。就仓单质押而言，信息化在降低内部人员作案和操作失误、提高工作效率的同时，更为明显的好处就在于更高效地同借款企业与银行进行信息的沟通和共享，降低物流公司、银行的风险，方便银行对物流公司仓库的监管，完善为客户即借款企业提供的物流服务。

二、买方信贷模式

1. 买方信贷模式的业务流程

买方信贷模式的业务流程如图14—2所示。

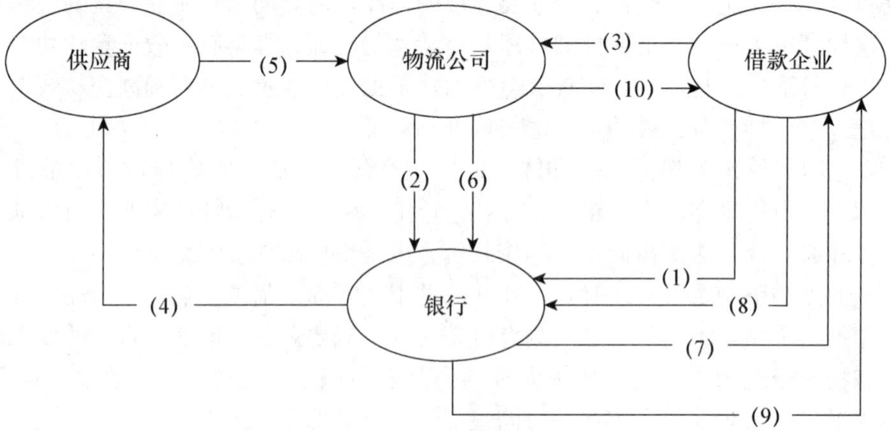

图14—2 买方信贷模式的业务流程

买方信贷模式的业务流程如下：

（1）借款企业根据与供应商签订的购销合同向银行提交一定比例的保证金；

（2）第三方物流公司向银行提供承兑担保；

（3）借款企业以货物对第三方物流公司提供反担保；

（4）银行开出承兑汇票给供应商；

（5）供应商在收到银行承兑汇票后向物流公司的保兑仓交货，物流公司获得货物的所有权；

（6）物流公司验货后向银行开具仓单，仓单需背书质押字样，并由物流公司签字盖章；

（7）银行在收到仓单后办理质押业务，按质押物价值的一定比例发放贷款至指定的账户；

（8）借款企业实际操作中一次或多次向银行还贷；

（9）银行根据借款企业还贷情况向借款企业提供提货单；

（10）物流公司的融通仓根据提货单和银行的发货指令分批向借款企业交货。

2. 买方信贷模式的特点

从买方信贷业务的运作流程可以看出，其是在仓单质押业务模式的基础上发展出来的，在此业务过程中，由于有借款企业向银行提供的保证金及向物流企业的货物反担保，极大降低了金融机构及物流企业的风险，同时降低了整个供应链的风险，有利于此项业务的开展。

由于买方信贷业务是在仓单质押业务基础上发展起来的，因此在仓单质押业务模式中进行的分析在此同样适用，可参考仓单质押模式的相关分析。

3. 买方信贷模式的风险管理

开展买方信贷业务存在许多风险，归纳起来主要有如下三点：

（1）借款企业资信风险。借款企业的业务能力、业务量及商品来源的合法性（走私商品有罚没风险）对仓库来说都是潜在的风险；在滚动提取时提好补坏，有坏货风险；还有以次充好的质量风险。

（2）反担保商品选择风险。并不是所有的商品都适合用作反向担保，商品在某段时间的价格涨跌幅度和质量的稳定状况都是在选择时需要考虑的内容，也会带来一定程度的风险。

（3）反担保的方式也是需要考虑的问题。作为第三方物流公司，针对以上风险，应当在实际操作中注意以下事项：首先物流企业作为承保人，要了解经销商的基本情况，然后对于商品的完整和承保比率进行核准。

三、授信融资模式

1. 授信融资模式的业务流程

授信融资模式的业务流程如图 14—3 所示。

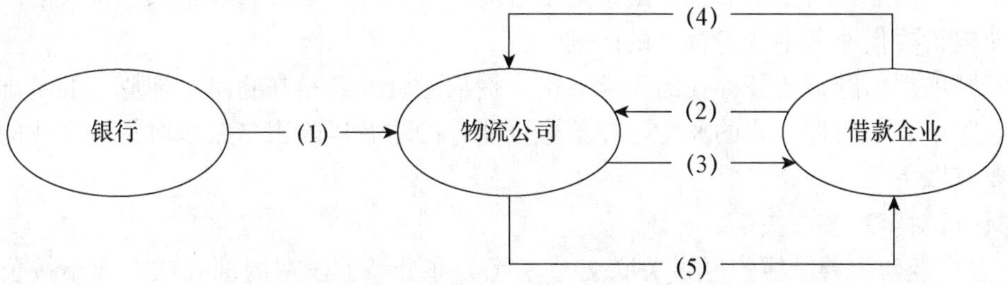

图 14—3　授信融资模式的业务流程

授信融资模式的业务流程如下：

（1）银行根据物流公司的实际情况授予物流公司一定的信贷额度；

（2）借款企业将货物质押到物流公司所在的融通仓，由融通仓为质物提供仓储管理和监管服务；

（3）物流公司按质押物价值的一定比例发放贷款；

（4）借款企业一次或多次向物流公司还贷；

（5）物流公司根据借款企业还贷情况向借款企业提供提货单，物流公司的融通仓根据提货单分批向借款企业交货。

2. 授信融资模式的特点

（1）授信融资模式是仓单质押模式的进化，因为它简化了原先仓单质押的流程，提高了运作效率。金融机构根据物流公司融通仓的规模、经营业绩、运营现状、资产负债比例以及信用程度，授予融通仓一定的信贷额度，融通仓可以直接利用这些信贷额度向相关企业提供灵活的质押贷款业务，由融通仓直接监控质押贷款业务的全过程，金融机构则基本上不参与该质押贷款项目的具体运作。融通仓直接同需要质押贷款的会员企业接触、沟通和谈判，代表金融机构同贷款企业签订质押借款合同和仓储管理服务协议，向借款企业提供质押融资的同时，为借款企业寄存的质物提供仓储管理服务和监管服务，将申请贷款和质物仓储两项任务整合操作，提高质押贷款业务运作效率。

（2）该模式有利于企业更加便捷地获得融资，减少原先质押贷款模式中一些烦琐的环节。借款企业在质物仓储期间需要不断进行补库和出库，传统的仓单质押业务中，借款企业出具的入库单或出库单需要经过金融机构的确认，然后融通仓根据金融机构的入库或出库通知进行审核。而现在这些相应的凭证只需要经过融通仓的确认，即融通仓确认的过程就是对这些凭证进行审核的过程，中间省去了金融机构确认、通知、协调和处理等环节，缩短补库和出库操作的周期，在保证金融机构信贷安全的前提下，提高了贷款企业产销供应链运作效率。

（3）对物流企业来说，开展授信融资业务能极大地拓展公司的业务规模，只要企业能够获得银行的授信，就能方便地为中小企业提供灵活的融资服务。而目前困扰大多数中小企业的问题就是资金问题，物流企业在获得授信后就能更好地为中小企业提供融资服务，提高运作效率。

（4）对银行来说，开展授信融资有利于银行提高对质押贷款全过程监控的能力，更加灵活地开展质押贷款服务，优化其质押贷款的业务流程和工作环节，降低贷款的风险。

3. 授信融资模式的风险管理

近年来，商业银行授信业务不断暴露出各类风险案件，给银行业带来了很大的风险，暴露了商业银行授信业务中普遍存在的问题。

（1）开展授信融资业务存在的风险。由于授信融资业务是在仓单质押业务的基础上发展出来的，除了仓单质押模式的风险，授信融资业务的主要风险来自银行对物流企业的授信方面，主要有以下几点：

1）银行对客户多头授信。

2）客户经营不善及客户经过关联交易、资产重组等手段在内部关联方面不按公允价格转移资产或利润等，导致银行不能按时回收由于授信产生的贷款本金及利息。

3）客户给银行带来的其他损失。

（2）银行对客户授信应遵循的原则。

1）统一原则。商业银行对客户授信实行统一管理，集中对客户授信进行风险控制。

2）适度原则。商业银行应根据授信客体风险大小和自身风险承受能力，合理确定对客户的总体授信额度，防止过度集中风险。

3）预警原则。商业银行应建立风险预警机制，及时防范和化解客户授信风险。

（3）授信融资风险管理。

第一，商业银行在对客户授信时，应当要求客户提供真实完整的信息资料，包括客户的名称、法定代表人、实际控制人、注册地、注册资本、主营业务、股权结构、高级管理人员情况、财务状况、重大资产项目、担保情况和重要诉讼情况等。

第二，商业银行在给客户授信时，应当进行充分的资信尽责调查，要对照授信对象提供的资料，对重点内容或存在疑问的内容进行实地核查，并在授信调查报告中反映出来。调查人员应对调查报告的真实性负责。

第三，商业银行在给客户贷款时，应在贷款合同中约定，贷款对象有下列情形之一，贷款人有权单方决定停止支付借款人仍未使用的贷款，并提前收回部分或全部贷款本息：

1）提供虚假材料或隐瞒重要经营财务事实的。

2）未经贷款人同意擅自改动贷款原定用途、挪用贷款或用银行贷款从事非法、违规交易的。

3）拒绝接受贷款人对其信贷资金使用情况和有关经营财务活动监督和检查的。

4）出现重大兼并、收购重组等情况，贷款人认为可能影响到贷款安全的。

第四，商业银行对客户授信应实行客户经理制，要指定专人负责客户授信的日常管理工作。

第五，商业银行在核定最高授信额度时，要充分考虑授信对象自身的信用状况、经营状况和财务状况，最高授信额度应根据以上状况及时做出调整。银行应定期或不定期开展针对客户的联合调查，掌握其经营和财务变化情况，并把重大变化的情况记录到银行的信贷管理信息系统中。

第六，当一个客户的授信需求超过银行风险的承受能力时，商业银行应采取组织银团贷款、联合贷款和贷款转让等措施分散风险。这里所指的超过风险承受能力是指商业银行对客户授信总额超过银行资本余额的规定比例或银行视为超过其风险承受能力的其他情况。

第七，商业银行应建立健全信贷管理信息系统，为授信业务提供有效的信息支持。信贷管理信息系统应能够使各商业银行共享客户信息，能够支持商业银行全系统的客户贷款风险预警。

四、垫付货款模式

1. 垫付货款模式的业务流程

垫付货款模式的业务流程如图 14—4 所示。

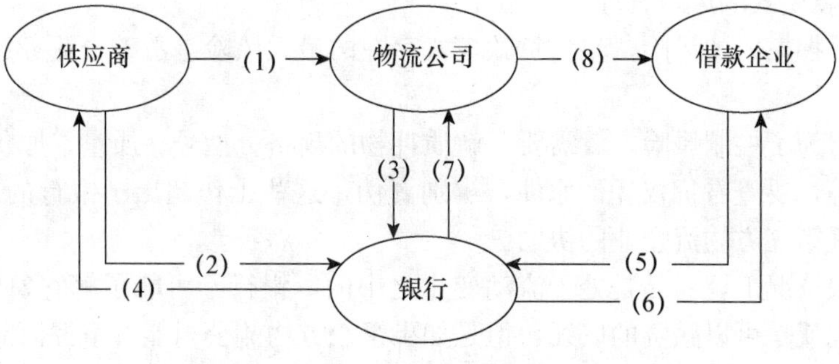

图 14—4　垫付货款模式的业务流程

垫付货款模式的业务流程如下：

(1) 供应商将货物发送到第三方物流公司指定的仓库；

(2) 供应商开具转移货权凭证给银行；

(3) 第三方物流公司提供货物信息给银行；

(4) 银行根据货物信息向供应商垫付货款；

(5) 借款企业还清货款；

(6) 银行开出提货单给借款企业；

(7) 银行向第三方物流公司发出放货指示；

(8) 第三方物流公司根据提货单及银行的放货指示发货。

关于垫付货款模式的说明如下：在货物运输过程中，供应商将货权转移给银行，银行根据市场情况按一定比例提供融资，当借款企业（提货人）向银行偿还货款后，银行向第三方物流公司发出放货指示，将货权还给借款企业。当然，如果借款企业不能在规定的期间向银行偿还货款，银行可以在国内外市场拍卖掌握在银行手中的货物或者要求供应商承担回购义务。

2. 垫付货款模式的特点

（1）垫付货款业务中，货物的所有权先由供应商转移给银行，实际的货物还是存放在物流公司的仓库中，由物流公司向银行提供货物的信息，银行根据这个信息向供应商垫付货款，再根据借款企业还款情况指示物流公司发货。此过程中，物流公司提供给银行的货物信息是银行垫付货款的一个重要指标，那么物流公司与借款企业合伙提供虚假的货物信息对银行将是一个致命的损失，所以对银行来说对物流公司及借款企业的信用评估就显得极其重要，是整个业务得以顺利开展的关键。

（2）对物流公司来说，通过为供应商存储货物以及帮助借款企业（经销商）进行销售和为银行提供货物信息，拓展业务领域，从而增加新的利润源。

（3）在整个业务过程中，借款企业存在的风险最小，只需要货物按时按价销售，能够还清货款就有利可图。

（4）站在整条供应链的角度，货物的变现风险是三方都应该努力规避的。因为对整个合作来说，如果质押物不能变现或者销售情况不好，那么最终借款企业就不能及时还贷或根本无力还贷，银行和物流公司的投资将最终成为泡影，导致合作失败。

（5）这个过程中，物流企业必须具有先进的管理信息系统，能及时获得商品的现时状况，及时为银行提供最新的信息。

3. 垫付货款模式的风险管理

除了仓单质押模式的风险，垫付货款模式存在的最大风险是由整个业务过程中信息的不对称引起的：

第一，银行为了控制风险，就需要了解质押物的规格、型号、质量、原价和净值、销售区域、承销商等，要查看货权凭证原件，辨别真伪，这些工作超出了银行的日常业务范畴，这时银行离不开第三方物流企业的协助。

第二，一般情况下，商品是处于流动变化之中的，银行不可能了解它每天的变动情况，安全库存水平也就是可以融资的底线，但是如果第三方物流公司能够掌握商品分销环节，向银行提供商品流动的情况，则可大大提高这一限额。商品销售的网点分布、单点销量、平均进货周期、结款信誉度，在信誉诚信体制尚未健全的情况下，这些资料的取得依赖于第三方物流公司提供的资料。

在整个过程中，银行必须实时监控商品的最新信息，然后根据这些信息对整个业务过程进行监管。如果提供给银行的信息不及时或不准确，就会影响银行的判断，使银行根据错误或不准确的信息做出决策，导致整个业务过程失败。

针对以上风险，一般需要第三方物流公司建立完善的信息系统，使整个资金周转过程透明化，使银行、生产商随时得知商品的现有状况，更好地把握风险。

如果第三方物流公司注重数据库的建立，给生产商、经销商、银行提供信息，也可以提供物流金融服务。

该模式在实施过程中，应该注意到货物的市场价值变动将直接影响到质押金额以及银行的利益。所以在协议中应规定当货物市值发生波动，下跌幅度到达货款发放日市值的 10%时，银行有权要求发货人在接到银行通知后三个工作日内，必须提前偿还部分货款以保证达到双方约定最高质押率的要求，否则银行有权自行处理质押货物。当银行按规定处理质押货物时，发货人应无条件向银行出具相应的增值税专用发票。

第 3 节　资产融通模式

一、替代采购模式

1. 替代采购模式的业务流程

替代采购模式的业务流程如图 14—5 所示。

图 14—5　替代采购模式的业务流程

替代采购模式的业务流程如下：

(1) 由第三方物流公司代替借款企业向供应商采购货品并获得货品所有权；

(2) 第三方物流公司垫付扣除物流费用的部分或者全部货款；

(3) 借款企业向物流公司提交保证金；

(4) 物流公司根据借款企业提交保证金的比例释放货品；

(5) 第三方物流公司与供应商结清货款。

在采购过程中，物流公司通常向供应商开具商业承兑汇票，并按照借款企业指定的货物内容签订购销合同，物流公司同时负责货物运输、仓储、拍卖变现，并协助客户进行流通加工和销售。

除了供应商与借款企业签订的购销合同，第三方物流公司还应该与供应商签订物流服务合同，在该合同中供应商应无条件承担回购义务。

2. 替代采购模式的特点

(1) 第三方物流公司的加入，既可以消除供应商资金积压的困扰，又可以解决借款企业因资金不足而无法生产或无法扩大生产的困境，使两头的企业因为有物流公司的参与而解决各自的困难。

(2) 对第三方物流公司而言，当物流公司代替借款企业向供应商采购货品时，物流企业首先代借款企业预付一半货款；当借款企业取货时则交付给物流企业全部货款。物流企业在将另一半货款交付给供应商之前，产生了一个资金运动的时间差，即这部分资金在交付前有一个沉淀期。在资金的这个沉淀期内，物流公司等于获得了一笔不用付息的资金。物流公司可以利用这笔资金从事贷款，而贷款对象仍为物流公司的客户或与物流公司业务相关的主体。在这里，这笔资金不仅充当交换的支付功能，而且具有资本与资本运动的含义，而且这种资本的运动是紧密地服务于业务链的。

(3) 通过开展此项业务，物流公司可以将客户与自己的利益连在一起，客户群的基础越来越稳固，有了更加稳定的客户源也就有了更加稳定的利润源。

（4）这里第三方物流公司必须有足够的资金用来代借款企业采购货品，并且要负责货物的运输、仓储、拍卖变现等，协助借款企业进行流通加工和销售，因此公司的管理水平也应该是相当高的，否则是无法开展此项业务的。

（5）对借款企业来说，此项业务的开展有效地解决了融资难的问题，有利于企业长期稳定的发展。但另一方面，此项业务的开展，对借款企业来说，必须依赖第三方物流公司，由物流公司代替自己采购货品，所以必须选择有一定实力的物流公司开展合作。

（6）借款企业必须依赖第三方物流公司开展业务，但正是由于有第三方物流公司的参与，使借款企业的产、供、销活动没有后顾之忧，而且能将有限的精力和资金投放在产品的生产和销售上，这也有利于此项业务的顺利实施。

3. 替代采购模式的风险管理

替代采购模式最大的威胁是货物的流通销售环节，也即商品的变现环节。那么，开展此项业务对商品品种就应该有所选择，必须选择那些市场销路好、价格相对稳定的商品，这样，即使由于借款企业本身的原因而导致商品无法顺利销售，物流公司也能将库存商品按自己的销售渠道销售出去，从而将损失减少到最小，并且物流公司还能在借款企业的销售过程中，协助借款企业进行销售。所以，站在供应链的角度考虑，要达到共赢，最重要的是合作的三方共同努力，将最终的商品销售出去变现，遇到困难能从供应链共赢的角度出发，而不是只考虑自身的利益。

二、信用证担保模式

1. 信用证担保模式的业务流程

信用证担保模式的业务流程如图14—6所示。

图14—6 信用证担保模式的业务流程

信用证担保模式的业务流程如下：

（1）第三方物流公司与外贸公司合作，以信用证方式向供应商支付货款，间接向采购商融资；

（2）供应商把货物送至第三方物流公司的监管仓库，物流公司控制货物的所有权；

（3）采购商向物流公司提交保证金；

（4）物流公司根据采购商提交保证金的比例释放货品；

（5）最后由采购商与第三方物流公司结清货款。

在物流公司的采购过程中，物流公司通常以信用证方式向供应商支付货款并按照采购商指定的货物内容签订购销合同，此时物流公司负责货物运输、仓储、拍卖变现，还要协助客户进行流通加工和销售。

2. 信用证担保模式的特点

（1）第三方物流公司的加入，既可以消除供应商资金积压的困扰，又可以解决采购商因资金不足而无法生产或无法扩大生产的困境，使两头的企业因为有物流公司的参与而解决各自的困难。

（2）对第三方物流公司而言，在向供应商开出信用证后，还要负责货物运输、仓储、拍卖变现，另外要协助采购商进行流通加工和销售变现，这个过程扩大了物流公司的业务范围，从而获得新的利润源。

（3）对第三方物流公司来说，还可以将客户与自己的利益联系在一起，客户群的基础越来越稳固，有了更加稳定的客户源也就有了更加稳定的利润源。

（4）开展此项业务，物流公司必须对采购商客户的经营状况及信用状况非常了解，才有可能和采购商合作为采购商提供信用证担保，否则就会因为风险过大而不愿开展此项业务。要了解采购商的情况，如果是物流公司本身的老客户，得到这方面的信息是非常方便的，但对于一般客户或新客户，物流公司就要通过建立先进的管理信息系统，用来对采购商进行评估及管理，以方便开展此项业务，这样就对物流公司提出了更高的要求。

（5）对借款企业来说，此项业务的开展有效地解决了融资难的问题，有利于企业长期稳定的发展。对采购商来说，此项业务的开展必须依赖第三方物流公司，由物流公司向供应商提供信用证担保，才能从供应商那里拿到货品，因此必须选择有实力、资信良好的物流公司开展合作。

（6）虽然采购商必须依赖第三方物流公司开展业务，但正是由于有第三方物流公司的参与，使采购商的产、供、销活动没有后顾之忧，而且还能将有限的精力和资金投放在产品的生产和销售上，这也有利于此项业务的顺利实施。

3. 信用证担保模式的风险管理

信用证担保模式最大的风险来自两方面：一是采购商信用缺失的风险；二是货物的流通销售环节存在的风险，即商品的变现风险。此项业务的开展对物流公司来说，最大的风险来自采购商信用的缺失。

物流公司开展此项业务对采购商的选择应该非常严格，可以从已有的老客户中进行选择，对新客户则要运用先进的管理信息系统对其进行评价，然后根据评价结果来决定要不要和这家采购商进行合作，或者合作到何种程度等。只在这样做，才能有效避免物流公司的风险，因为只有经营业绩良好、产品适销对路并且信用度良好的企业，才能有效地将商品变现并按照合同及信用证的条款，将货款还给物流公司。这就要求物流公司建立先进的管理信息系统来支持此项业务的开展，对物流公司的管理水平也提出了更高的要求。

另一个风险是商品的变现风险。站在供应链共赢的角度，即使是具有先进的管理信息系统并且管理水平很高的物流公司，和信用度高的采购商合作开展此项业务，如果合作生产出来的商品最终销售不出去，那么此时不只对采购商，对一同合作的物流公司也会带去巨大的损失，并且这个损失除了保险外几乎无法弥补。所以对商品品种应该有所选择，必须选择那些市场销路好、价格相对稳定的商品，这样，即使因为采购商本身的原因而导致商品无法顺利销售，物流公司也能将库存商品按自己的销售渠道销售出去，从而将损失减少到最小，并且物流公司还能在采购商的销售过程中，协助借款企业进行销售。所以，站在供应链的角度考虑，要达到共赢，最重要的是合作的三方共同努力，将最终的商品销售出去变现，遇到困难能从供应链共赢的角度出发，而不是只考虑自身的利益。

案例分析

顺丰速运（集团）有限公司供应链金融创新

顺丰速运（集团）有限公司（以下简称顺丰）成立于1993年，总部设在深圳，是一家主要经营国内国际快递及相关业务的服务企业。自成立以来，顺丰始终专注于服务质量的提升，不断满足市场的需求，在大中华地区（包括港、澳、台地区）建立了庞大的信息采集、市场开发、物流配送、快件收派等业务机构，以及服务客户的全国性网络，同时，也积极拓展国际件服务，目前已开通新加坡、韩国、马来西亚、日本及美国业务。

顺丰不断投入资金加强公司的基础建设，积极研发和引进具有高科技含量的信息技术与设备，不断提升作业自动化水平，实现了对快件流转全过程全环节的信息监控、跟踪、查询及资源调度，促进了快递网络的不断优化，确保了服务质量的稳步提升，奠定了业内客户服务满意度的领先地位。

顺丰的自有服务网络具有服务标准统一、服务质量稳定、安全性能高等显著优点，能最大限度地保障客户利益。顺丰自1993年成立以来，每年都投入巨资完善由公司统一管理的自有服务网络：从广东中山，到立足珠三角，到布局长三角；从华南先后扩展至华东、华中、华北；从中国大陆延展到中国香港、中国台湾，直至海外。

顺丰商业模式创新概述——供应链金融模式

顺丰的客户价值发展战略是基于物流速运及物流结算提供良好的客户体验。供应链金融模式的构建需要结合“四流”（物流、资金流、信息流、商流）来进行。为了打造供应链金融业务，顺丰很早就开始注意在交易数据、物流信息、系统对接、监控系统这四个方面不断提升，从而为今后实现供应链金融打下了良好的业务基础。首先在物流方面，主要是顺丰速运、顺丰仓配、顺丰供应链以及顺丰家；在信息流和资金流方面，主要是历史交易数据、支付交易数据、物流系统信息以及征信引入，这些来自B2B交易过程中沉淀下来的数据，便于顺丰对供应链金融业务进行评级和评估；在商流方面，主要是顺丰优选、顺丰海淘等，这些板块支撑着整个顺丰供应链金融业务的开展。目前，顺丰供应链金融主要通过四个产品来实现：基于货权的仓储融资、基于应收账款的保理融资、基于客户经营条件与合约的订单融资和基于客户信用的顺小贷。四个产品基本涵盖了与快递物流有关的所有金融服务（见图A14—1和图A14—2）。

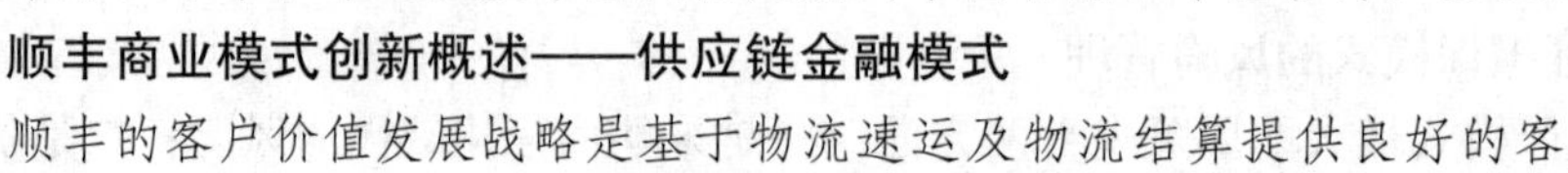

图A14—1　顺丰供应链金融产品全景图

1. 仓储融资

顺丰拥有80多个物流产业园，200多万平方米的仓储面积，并且可以实现全国仓与仓之间的及时调配和信息的实时沟通，获取垂直管理等方面的优势。另外，在仓储服务方面顺丰已经有四五年的丰富经验，这是实现“分仓备货＋仓储融资”的基础。

金融信贷系统建设

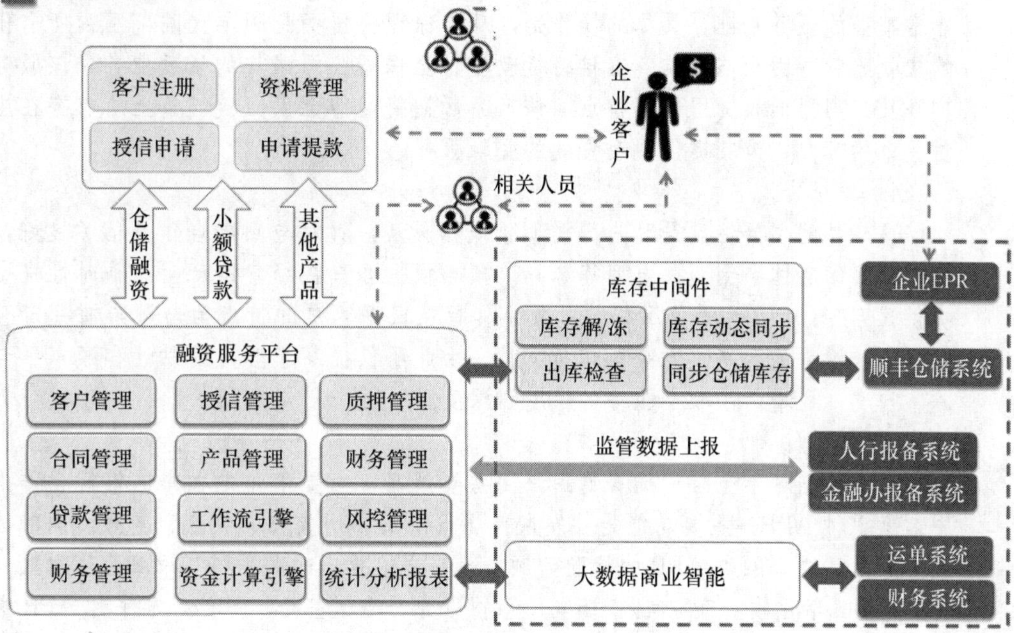

图 A14—2　顺丰金融信贷系统结构示意图

2015 年 3 月全国上百个仓库为电商商家提供分仓备货，同时推出顺丰仓储融资服务。优质电商商家如果提前备货至顺丰仓库，不仅可以实现就近发货，还可凭入库的货品拿到贷款。就此，顺丰通过自己庞大的物流配送网络、密集的仓储服务网点，再加上新兴的金融贷款业务，形成完整的物流服务闭环，极大提高了客户的服务满意度和客户黏性。

仓储融资的具体操作为，顺丰首先对具有融资需求的客户进行信用评级从而决定服务对象。随后，评级符合要求的客户将顺丰仓储中的商品作为抵押，顺丰则根据企业的资质和抵押的货品情况，给予客户 100 万～3 000 万元的贷款额度，使客户能够获得质押贷款以解决其商品采购等临时性资金需求。总体来看，顺丰的仓储融资服务使客户在使用顺丰分仓备货的同时享有可灵活调整的信贷额度，增加了顺丰仓储服务的价值。另外，顺丰的仓储融资服务具有灵活性，客户可以根据短期的资金需求灵活地随借随还，最大限度降低了客户的资金使用成本，增加了客户的价值。目前，顺丰仓储质押业务已经可以实现动态质押，由于仓储数据可以进行实时更新，仓储质押业务也能够实现动态变动授信额度的功能。

2. 订单融资

这一服务主要是针对与顺丰有深层次合作的客户。具体方式表现为：客户在发起订单时，把订单信息提交到顺丰融资平台，之后的整个订单采购资金付款全权由顺丰代为完成。订单生成之后，包括运输、仓储环节以及最后的交货，顺丰金融全程介入，为客户提供全方位、全流程的供应链金融服务，帮助客户实现更多的合作价值。

3. 保理融资

在保理融资方面，顺丰所做的仓储质押业务，全部可以实现动态质押。因为顺丰仓储方面实现了仓储数据实时在线更新功能，从而使顺丰在仓储质押业务方面，实现动态变动授信额度的功能。与以往在仓单质押过程中需要提供很多数据相比，提供了非常精准的服务基础。具体的操作是，顺丰保理公司买断顺丰大陆范围内所有供应商的应收账款，由顺丰采购商直接将货款支付至保理公司账户的贷款业务，该服务具有期限长、门槛低和费用低等特点。该产品后期将延伸至供应链链条上所有存在应收应付关系的客户，为其提供现金贷款的金融服务。

4. 顺小贷

该产品的主要特点是客户门槛低、操作灵活，针对与顺丰合作且信誉良好，从事商品销售的实体经销商、电商等客户。顺丰根据客户在经营中产生的临时性资金需求提供5万～100万元的信用贷款。顺小贷旨在根据客户的特点为与顺丰有一定合作基础和合作潜力的客户提供金融信贷支持，由此不仅提高了客户的黏性和顺丰平台的资源整合度，还增加了顺丰服务的广度和深度。

5. 顺手付

顺手付是顺丰金融面向普通用户的主要产品，主要中介是和中信银行合作推出的中信顺手付APP，主要功能是收发快递场景下的扫码支付、收款、转账。同时，类余额宝产品已成金融类APP的标配，顺丰也将之前推出的顺手赚货币基金理财融入顺手付里，7日年化收益率在4%～5%，合作方为易方达基金。另外，顺手付APP中还融合了寄快递、充话费、好友间发红包和顺丰优选购物功能，集转账、付款、线上下单、线下物流等于一体，为消费者提供一站式服务，使广大消费者受益，不用再担心购物流程复杂。

顺丰供应链金融创新商业模式的优势及特色

整体来看，顺丰供应链金融创新商业模式具有以下几个方面的优势及特色：

1. 动态性

顺丰的仓储融资展现出了快递行业的特点。传统的质押贷款是相对静态的，而顺丰的产品是动态的、灵活的。在客户使用仓储融资产品期间，顺丰可以通过仓储WMIS管理系统监测客户每天的货流量和货值，进行动态记录，从而可以根据监测到的数据给客户提供变化的、流动性的融资服务安排，这种动态的融资服务尤其适用于电商，因为电商的货物流动性较高，每天都有货物进出，由此便增加了传统的质押贷款方式的管理成本。而顺丰通过把仓储和金融的信息联通，可以通过仓储的数据对贷款额度进行精准的调整，完善了它给客户的授信模式，使该授信模式更为成熟和灵活。

2. 灵活性与多样化

顺丰的仓储融资服务提供不同的贷款模式，客户可以根据自己的融资需求进行灵活的选择，为轻资产的电商客户带来更大的优惠：(1) 先款后货模式：顺丰先为客户提供贷款，然后客户利用贷款进行商品采购并将采购的产品存到顺丰的仓库内，通过销售回款来偿还贷款；(2) 先货后款模式：客户先把货物存放在顺丰的仓库，然后顺丰根据货物的价值与客户的信用评级为客户提供一定额度的贷款，客户利用销售回款偿还贷款。

3. 覆盖B端客户

让网中的B端客户受益、纳入金融服务范围，是行业竞争的必然结果。顺手赚、顺手付等金融产品相继面世，四大供应链金融产品也陆续有了稳定发展，顺丰的金融业务正在稳步推进，各项产品的成长速度也在加快，这些创新产品和服务必将带动顺丰更广阔的业务发展。

4. 服务闭环

顺丰一直在谋求打造一个物流服务领域的完美闭环，随着互联网发展得越来越快，并迅速渗透至物流和金融领域，把三者合一是顺丰的必然选择，金融服务的介入填补了顺丰在物流金融领域的空白。顺丰充分理解电商客户的轻资产性来设计金融产品。电商企业正逐渐往轻资产的方向和模式转变，部分电商因为依靠互联网销售，无银行认可的固定资产，很难从银行获得贷款，时常会陷入资金困境。顺丰也可以相对控制资金的风险。这是顺丰金融和银行等金融机构不同的地方，同时也是更灵活的地方。

问题讨论：

1. 顺丰商业模式的创新体现在哪些方面？
2. 顺丰商业模式具有哪些优势？

□ 本章小结

随着物流企业的逐步发展成熟，物流服务逐渐向价值链的其他环节延伸，如提供采购、销售、交易、电子商务、金融等衍生服务，这些服务都是在物流企业提供物流服务的基础上展开的，应该说，物流衍生服务是物流企业发展的高级阶段。物流金融服务是物流衍生服务的一个重要方面，是物流与资金流结合的产物。本章主要介绍了物流金融的概念、物流金融的发展背景、物流金融的运作模式以及物流金融的风险管控等内容。

第15章 电子商务中的物流

知识要求

通过本章的学习，掌握

- 电子商务中物流管理的含义
- 电子商务中物流管理的特点
- 电子商务物流模式
- 电子商务中的逆向物流与几种常见的模式

技能要求

通过本章的学习，能够

- 理解电子商务对物流的影响
- 分析电子商务与物流的关系
- 运用电子商务中物流管理的相关内容

引导案例

京东自建物流

在上海嘉定占地200亩的京东商城华东物流仓储中心内，投资上千万的自动传送带已投入使用。工人们手持PDA，开着小型叉车在数万平方米的仓库内调配商品。

这是京东迄今最大的物流仓储中心，承担了一半销售额的物流配送，也是公司将融到的2 100万美元的70%投放到物流建设的结果。在这里，京东每日能正常处理2.5万个订单，日订单极限处理能力达到5万单。

不难发现，京东对仓储物流的“热衷”并不是个案。此前，马云便参股星晨快递、百世物流，当当亦宣布斥资10亿元在华北、华东、华南新增三个物流基地。而京东的老对手新蛋更是先行一步，在全国7个分公司都设有分仓和自主配送队伍。大笔的资金换成了实实在在的土地和库房，B2C电子商务公司俨然迎来了一阵“仓储热”，各地的物流竞赛正在上演。

令人好奇的是，B2C公司为何要不惜血本地大建物流？这轮竞赛背后的商业本质又是什么？

降低配送成本，是电子商务自建仓储中心的原因之一。刘强东认为，京东有两大重要成本，即仓储成本与配送成本。“我们核算数字发现，从北京发到西安的大家电，平均成本是每件400多元。但如果在西安租一个库房，每件的配送成本只有48元，能省下90%，所以我们把很多城市的大家电配送停止了。”刘强东称。家电的利润率本身不高，有时配送费甚至高过产品本身的利润。

但话说回来，自建物流队伍的成本并不低。在刘强东看来，只有城市的日订单达到10万个以上，买地自建物流的投入产出才能算作合理。而对于租赁库房，当地的日订单量也要达到5 000个以上。如果低于5 000个，将物流外包就会更加经济。

除了成本的考量，提高供应链的响应速度也是京东自建物流的出发点。刘强东不止一次抱怨，由于订单增长太快，物流中心的处理能力根本跟不上，越来越多的消费者体验不佳。换句话说，京东成长的脚步正在被物流环节拖累。由于物流能力与处理订单能力尚未匹配，公司还通过媒体向消费者喊话：请暂时不要来京东购物了，去别的地方买吧。

巨大的订单量成为京东“甜蜜的负担”，由于业务发展过于迅猛，京东每10个月就要搬一次家。刘强东坦言：“无论过去还是现在，物流都是我们最大的挑战。公司能不能继续平稳地发展，就在于物流体系建设的成功与否。”

基于这项考虑，京东对物流仓储的投资周期越来越长，投资金额越来越大，只有前瞻性的规划才能满足未来三年的发展速度。“两年前，要搬一个库房，只要提前三个月租赁和装修就行。但刚建成的华东物流中心，我们花了10个月来规划建设。”刘强东称。

业内似乎正在慢慢达成共识，一家B2C企业的本质和传统零售业并无二致，物流都是其价值链上最重要的一环。B2C的由轻变重，一方面是经济效益和用户需求决定的，包括物流、仓储、呼叫中心是否需要自建等；另一方面则是为了管理效率的提升，包括库存精准率、订单与财务管理、供应商管理等。销售额做得越大，仓储与物流便越发重要。

在物流后台具有优势的苏宁面前，京东的投入可谓倾尽全力。毕竟，眼下国内的物流体系远远跟不上电子商务的发展速度，“配送成了电子商务公司的核心业务”。B2C的物流操作比B2B复杂很多，需要重新构建场地、设备和人员，并重新设计拣货、配货、包装等一系列流程。刘强东甚至认为，B2C公司发展下去实际就是个物流公司，正如“当今世界上最大的物流公司是沃尔玛，而非DHL”。

奔跑在通向网络沃尔玛梦想的道路上，刘强东选择了“仓库决胜”的战略方向。可以预见的是，随着规模的不断扩张，仓储物流就像B2C水桶的底座，决定了整个水桶的体积。

资料来源：华东物流仓储中心　京东商城的“物流战”．［2010-05-27］．http://smb.chinabyte.com/84/11349084.shtml.

问题

（1）京东为什么要自建物流？

（2）如何评价电子商务中“仓库决胜”的战略方向？

第1节　电子商务与物流

一、电子商务概述

1. 电子商务的概念

电子商务（electronic commerce）指的是通过计算机技术和互联网技术，以电子交易为手段实现物资、金融、服务和信息等的交换，迅速高效地从事各类商务贸易活动的一种新方法，是商流、信息流、资金流等商务活动的电子化。现代社会，电子商务的应用能够更好地满足企业、供应商和消费者等各方面对提高产品及服务质量、加快服务速度、减少费用等方面的需求。

现代信息技术主要指的是互联网、内部网和电子数据交换。商务活动主要涉及与上游企业、下游企业以及一般客户的沟通活动，涉及企业前台的商务电子化，企业后台的生产、销售、库存、服务和人力资源等整个运作体系的全面信息化，以及企业整体经营流程的优化和重组等所有活动环节。

从上述定义中我们知道，电子商务强调的是一种采用先进信息技术的买卖方式；电子商务造就了一个虚拟的市场交换场所；电子商务是现代信息技术和商务的集合；电子商务是一种理念，而非简单地采用电子设施完成商务活动。

2. 电子商务的特点

电子商务与传统贸易相比，具有以下三大特点：

（1）全球性：根据美国商务部的报告，21世纪头4年，全球上线人数增长了3倍。支撑这种爆炸性增长的是互联网商务应用的普及和个人联网使用者的持续增加。互联网的特征就是信息被全球人分享，只要你愿意上网，就不受国界和时空的影响。

（2）直接性：网络使交易双方通过互动方式在网上完成交易全过程。它使商品和信息的交换过程不再受时间和空间的制约，人们不必专门为了得到某国市场的商品信息而前往该国。供求双方都提高了效率，不需要通过中间媒介迂回的沟通，不用再为中间商环节付出成本，企业自身的运转成本和用户支付费用都大大降低。

（3）便捷性：电子商务是互联网商业应用的最高境界，从售前服务到售后支持的各个环节实现电子化、自动化，给当前的商务活动提供了极大的便利。互联网商业功能的增强与便捷，已经受到各国特别是发达国家的喜爱。

二、电子商务与物流的互动关系

1. 电子商务与现代物流的关系

（1）电子商务是现代物流和信息技术发展的产物。电子商务概念的提出首先是在美国。作为电子商务前身的电子数据交换技术的产生是为了简化烦琐、耗时的订单等的处理过程，以加快物流的速度，提高物资的利用率。电子商务的提出最终是为了解决信息流、商流和资金流处理上的烦琐对现代物流过程的延缓，进一步提高现代物流的速度。可见，在电子商务概念之初，就有强大的现代物流作为支持，只需将电子商务与其进行对接即可。

（2）电子商务离不开物流。电子商务是20世纪信息化、网络化的产物，由于其自身的特点已引起了人们广泛的注意，但是人们对电子商务所涵盖的范围却没有统一、规范的认识。过去，人们对电子商务过程的认识只局限于信息流、商流和资金流的电子化、网络化，忽视了物流的电子化过程，物流仍然可以由传统的经销渠道完成。但随着电子商务的进一步推广与应用，物流的重要性对电子商务活动的影响日益明显。试想，在电子商务下，消费者网上浏览后，通过轻松点击完成了网上购物，但所购货物迟迟不能送到手中，甚至出现了买电视机送茶叶的情况，其结果可想而知，消费者势必会放弃电子商务，选择更为可靠的传统购物方式。

（3）物流是电子商务的保证。无论是传统的贸易方式，还是电子商务，商品生产是流通的基础，而生产的顺利进行需要各个物流环节的支持。整个生产过程实际上就是系列化的物流活动。在电子商务交易过程中，人们通过上网交易，完成了商品所有权的交割过程，最终还是要通过物流才能实现货物的送达和验收、售后服务以及技术支持，从而实现商品的实质性转移，使整个交易活动结束。如果没有现代物流，任何轻松的商务活动都是纸上谈兵；缺少现代物流技术，电子商务给消费者带来的便捷等于零。

2. 电子商务对物流的影响

电子商务和物流业之间有着密切的联系，电子商务的兴起也对物流业产生了极大的影响，这种影响是革命性的，改变了很多传统的物流模式，对物流业的发展起到了极大的推动作用，主要有以下四个方面：

第一，电子商务提升了物流业的地位。在电子商务环境下，物流公司不仅是很多生产商的商品存放基地，也是消费者购买货物的直接提取商，物流行业在社会上的地位得到提升。它已经发展成为生产商和消费者之间的协调者，是商业产业链中非常重要的一个环节，为社会提供全方位的物流服务。电子商务的出现让社会对物流业有了一个全新的认识，人们对物流业的定位也更高。电子商务将物流业提升到了一个前所未有的高度，在这样的高起点下，物流业的发展就有了更多的机遇与空间，也必将更加繁荣。

第二，电子商务改变了传统物流的经营方式。电子商务让物流业实现了网络全程监控。通过网络技术，可以很清楚地了解物流公司的发货状态以及仓库库存等，除此之外，随着网络的发展，电子商务还能使物流实现全球化，对一些跨国公司的发展起到了非常大的推动作用。传统物流企业在从事商业活动时，不管以何种方式进行公司的日常运转，都是以商流为中心，进行的都是单一的商流活动，物流的运行方式受到了商流的牵制。而在电子商务环境下，物流企业的运行是以信息为中心，通过信息来对物流进行调控，不仅可以轻易控制物流的运行方向、运行时间，还可以结合实际情况来决定物流的运行方式等。这种灵活的物流运行方式不仅能节省大量的人力物力，还能通过合理分配物流运动，为物流公司节省大量的成本。不得不说，电子商务对传统物流经营方式的改变对物流业来说是迎来了春天，为其蓬勃发展奠定了坚实的基础。

第三，电子商务优化了传统物流的供应链管理。传统物流的供应链由于生产厂商和消费者之间缺乏必要的沟通和了解，造成了供应链脱节，生产厂商不能及时、准确地获取市场信息，不仅耽误了企业的发展，消费者也不能及时获取自己想要的商品。电子商务的出现减少了消费者和生产厂家之间的供应链环节，缩短了两者之间的距离，也改变了传统物流的供应链结构。生产企业可以通过官方网站直接和消费者沟通和交流，这种方式降低了物流成本，缩短了物流所需的时间，也让物流信息更加准确。供应链一体化是电子商务的显著特征，生产企业和经销商都能及时掌握产品的销售信息以及消费者群体信息，避免了物流业出现库存紧张的现象，及时准确的信息可以让物流业实现零库存，可以将企业的商品及时运送到消费者身边。物流配送就是“库存”，极大提高了物流业的工作效率，对经销商及时销售产品、物流业及时运送商品、消费者及时得到产品都具有非常大的促进作用。电子商务对物流业产业链的优化是当代物流飞速发展的又一重要因素。

第四，电子商务推动物流技术的提高。电子商务具有高效性和全球性这两个显著特点。为了适应现代市场经济的发展，物流业也必须具备这两个特点，所以，各地必须改善相关的物流基础设施，完善交通运输网络。电子商务对物流业基础技术的提高起到了推动作用。除此之外，电子商务还能促进物流业管理水平的提高，不仅要求物流管理人员具备较强的物流专业知识，也要求他们掌握一定的电子商务技能，才能在电子商务革命中有效地将电子商务和物流管理结合起来。电子商务的发展势必会增强物流行业的网络商业活动，单纯的专业物流管理人员已经不能满足电子商务对物流业发展的要求，掌握必要的电子商务知识才能让物流业的发展跟上现代经济的步伐。

第2节 电子商务中的物流管理

一、电子商务中物流管理的内涵与特点

所谓物流管理，是指根据物质实体流动的规律，应用管理的基本原理和科学方法，对物流活动进行计划、组织、指挥、协调、控制和监督，使各项物流活动实现最佳的协调与配合，通过降低物流成本和满足市场需求来提高社会效率和经济效益的过程。电子商务中的物流管理是指在电子商务过程中，使用各种现代化手段和工具，对发生的物流活动进行网络化、电子化的管理以降低成本、提高效益的过程。其具体内容包括对电子商务中的物流系统、电子商务中的物流过程、电子商务中的物流技术以及电子商务中的物流费用的管理等。同时，电子商务中的物流管理具有如下特点。

1. 信息化

电子商务时代，物流信息化是电子商务的必然要求。在供应链管理方面，物流企业需要沟通上下游，与上下游之间进行频繁的信息交换，实现整条供应链各个部分之间的平滑对接。在与供销商的交易中，将以往以贸易单据（文件）流转为主体的交易方式，转变为采用数字化电子方式进行数据交换和商务活动。在库存管理方面，零库存的实现、运转周期的缩短都必须依赖于信息的灵敏传送。

2. 网络化

物流的网络化是物流信息化的必然趋势。当今世界，由互联网提供的全球网络资源及网络技术的普及为物流的网络化提供了良好的外部环境。如果离开了网络，物流信息就只能在企业内部流转，信息传输与共享变得不可实现，整条供应链各个环节之间的沟通也将难以进行。

3. 智能化

智能化是建立在物流信息化、网络化之上的一种高层次应用。物流作业过程中大量的运筹和决策，需要借助于计算机精确的运算和智能安排才能得以解决。只有实现物流的智能化，才能使物流的效率得到提高，整条供应链才能够根据客户需求灵活地安排供销，减少"长鞭效应"，真正实现低库存、高效率。

二、电子商务中物流管理的目标

电子商务作为一种新的数字化生存方式，代表着未来的贸易、消费和服务方式。要完善整体生存环境，就需要打破原有工业的传统格局，发展建立以商品代理和配送为主要特征，物流、商流、信息流有机结合的社会化物流配送体系。

实际上，电子商务中的物流是伴随电子商务技术和社会需求的发展而出现的，它是辅之于电子商务真正的经济价值实现不可或缺的重要组成部分。由于电子商务所独具的电子化、信息化、自动化等特点，以及高速、廉价、灵活等诸多好处，电子商务中的物流

在其运作、管理等方面也有别于一般物流。概括地讲，电子商务中的物流管理应实现如下目标。

1. 现代化的管理水平

电子商务中的物流作为一种全新的流通模式和运作结构，要求达到科学和现代化的管理水平。只有通过合理的科学管理制度、现代化的管理方法和手段，才能确保物流配送中心基本功能和作用的发挥，从而保障相关企业和用户整体效益的实现。管理科学的发现为流通管理的现代化、科学化提供了条件，促进了流通产业的有序发展。同时要加强对市场的监管和调控力度，使之有序化和规范化。总之，一切以市场为导向，以管理为保障，以服务为中心，加快科技进步是电子商务物流的根本出路。

2. 专业化的人员配置

电子商务物流能否充分发挥各项功能和作用，完成应承担的任务，人才配置是关键。为此，电子商务物流配送中心必须配备数量合理、具有一定专业知识和较强组织能力、结构合理的决策人员、管理人员、技术人员和操作人员，以确保高效运转。电子商务物流的发展需要大量的专业人才，从事经营、管理、科研、仓储、配送、流通加工、通信设施和计算机系统维护、贸易等业务。因此，必须加大人才培养的投入，培养和引进大批掌握先进科技知识的人才，并给他们施展才华的机会；还应对现有员工进行有计划的定期培训，形成系统的学习科技知识的制度。在企业里要引入竞争机制，形成能上能下的局面；要提高员工的科技创新意识，培养企业对知识的吸纳能力，促进物流产业的人力资源得到开发和利用，造就大批符合知识经济时代要求的物流配送人才，利用各种先进的科学技术和科学方法，促进物流配送产业向知识密集型方向发展。

3. 系统化的装备配置

为电子商务服务的物流据点（如配送中心），面对成千上万的供应厂商和消费者，以及瞬息万变的市场，需要为众多用户进行商品配送，及时满足他们的不同需要，这就要求必须配备现代化装备和应用管理系统，具备必要的物质条件，尤其是要重视计算机网络的运用。通过计算机网络可以广泛收集信息，及时进行分析比较，通过科学的决策模型迅速做出正确的决策，这是解决系统化、复杂化和紧迫性问题最有效的工具和手段。同时采用现代化的配送设施和配送网络，将会逐渐形成社会化大流通的格局。专业化的生产也对物流手段的现代化提出了更高要求，如对自动分拣输送系统，立体仓库，水平、垂直、分层、分段旋转货架，AGV 自动导向系统，商品条码分类系统及悬挂式输送机这些新型、高效、大规模的物流配送机械系统有着广泛的需求。自动分拣输送系统能将不向方向、不同地点、不同渠道运来的不同物资，按照类型品种、尺寸重量及特殊要求分拣输送后集中在指定的主库旋转货架上，其输送速度高、分拣能力强、规模大、卸货及分拣的通道多、适用的货物范围广，是面向 21 世纪配送网络的大型物流机器系统。自动分拣输送系统和立体库、旋转货架设备能适应市场需求，提供更完美的服务，在多用户、多品种、少批量、高频度、准确、迅速和灵活等服务方面具有独特的优势。

4. 物流全过程的科学管理

除了上述三个目标，实现对电子商务中物流的全过程科学管理也是电子商务成功至关重要的环节。其主要内容包括以下几个方面：

（1）电子商务物流目标的管理。明确电子商务的销售目标，确定物流、配送的服务目标和成本目标（可用一些指标来衡量，如送货频率、反应时间、订货满足率和配送成本等）。

（2）电子商务物流运作流程的管理。通过对可用的物流和配送资源进行正确评估，以及市场预测与定位，确定最佳的物流和配送运作流程，并在实践中不断调整和优化。

（3）电子商务物流运作形态的管理。一方面是对物流、配送系统形态的选择，如委托第三方物流、自己承担或与其他企业合作物流；另一方面是对物流合作伙伴的评估、管理与控制。

（4）电子商务物流资源的管理。准确分析需求，合理配置物流配送资源（送、配货车辆及仓库资源等）。

（5）电子商务客户服务的管理。包括对市场客户的需求预测、客户信息资源的收集与分析、物流配送系统的信息跟踪与查询，以及用户反馈信息的管理等。

（6）电子商务物流成本的管理。制定物流、配送系统的总成本控制指标以及对物流全过程的成本进行控制与管理等。

第3节　电子商务中物流管理的内容

一、物流系统的管理

电子商务物流系统是指在实现电子商务特定过程的时间和空间范围内，由所需位移的商品（或物资）、包装设备、装卸搬运机械、运输工具、仓储设施、人员和通信联系设施等若干相互制约的动态要素构成的具有特定功能的有机整体。电子商务物流系统的目的是实现电子商务过程中商品（或物资）的空间效益和时间效益，在保证商品满足供给需求的前提下，实现各种物流环节的合理衔接，并取得最佳经济效益。电子商务物流系统既是电子商务系统的一个子系统或组成部分，也是社会经济大系统的一个子系统。

电子商务物流与一般系统一样，具有输入、转换和输出三大功能。通过输入和输出使物流系统与电子商务及社会环境进行交换，并相互依存。输入包括人、财、物和信息，输出包括效益、服务、环境的影响及信息等；而实现输入到输出转换的规则是电子商务物流的各项管理活动、技术措施、设备设施和信息处理等。

电子商务物流系统与传统的物流系统并无本质的区别，不同之处就在于电子商务物流系统突出强调一系列电子化、机械化、自动化工具的应用，以及准确、及时的物流信息对物流过程的监督，更加强调物流的速度、物流系统信息的通畅和整个物流系统的合理化。随着电子商务交易过程中实物流的流动过程，拥有畅通的信息流把相应的采购、运输、仓储、配送等业务活动联系起来，使之协调一致，是提高电子商务物流系统整体运作效率的必要途径。图15—1所示是一个简单的电子商务物流系统，其中大方框中的内容即为电子商务物流系统的主要结构模块。

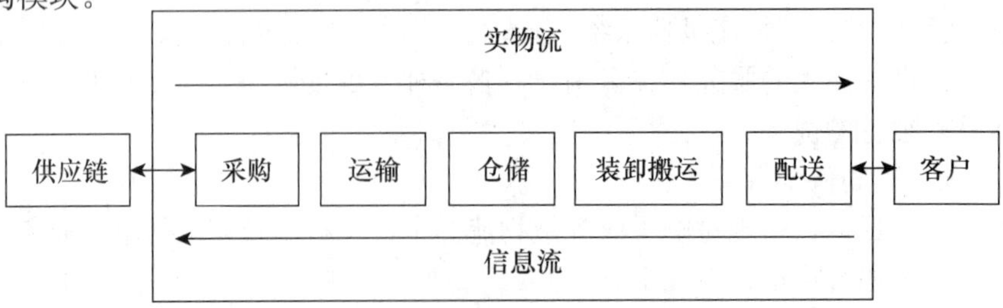

图15—1　电子商务物流系统图示

电子商务物流系统合理化的作用主要体现在以下方面：

（1）确保电子商务企业的正常运转。它的作用主要包括：将商品在适当的交货期内准确地向顾客配送；满足顾客的订货要求，不缺货；适当配置仓库和配送中心的位置；实现运输、装卸和仓储自动化；确保信息畅通。

（2）降低物流成本和费用。对于电子商务企业来说，物流费用在成本中占有相当大的比重。物流系统合理化可以提高物流作业效率，减少运输费用和仓储包装费用，从而达到降低成本的目的。

（3）压缩库存。库存控制是物流系统合理化的重要内容，库存控制的目的是通过各种方法使电子商务企业在满足客户需求的前提下把库存控制在合理范围内。

二、物流业务流程的管理

电子商务的物流业务流程同普通商务一样，都是要将货物送到用户手中，其主要业务环节与一般物流的业务环节一样，包括商品包装、商品运输、商品储存、商品装卸和物流信息管理等。

电子商务物流系统的基本业务流程因电子商务企业性质不同而有所差异。例如，制造企业的电子商务系统，其主要业务过程可能起始于客户订单，中间可能包括与生产准备和生产过程相关的物流环节，同时包括从产品入库直至产品送达客户的全部物流过程；而对销售型的电子商务企业（如销售网站）而言，其物流过程就不包括生产过程物流的提供，但其商品组织与供应物流和销售物流的功能则极为完善；对于单纯的物流企业而言，由于它充当为电子商务企业（或系统）提供第三方物流服务的角色，因此功能和业务过程更接近传统意义上的物流或配送中心。

虽然各种类型的电子商务企业的物流组织过程有所差异，但从电子商务物流过程上看，还是有许多相同之处。具体地说，其基本业务流程一般包括进货、进货检验、分拣、储存、拣选、包装、分类、组配、装车及送货等。与传统物流模式不同的是，电子商务的每个订单都要送货上门，而有形店铺配送则不用，因此电子商务的物流成本更高，配送路线的规划、配送日程的调度、配送车辆的合理利用难度更大。与此同时，电子商务的物流流程可能会受到更多因素的制约。电子商务物流业务流程的管理主要包括以下几点内容：

（1）物流的计划管理。主要有长远计划（物流远景计划）——通常包括预测未来的物流量及构成，未来运输、储存的发展规模，物流机械化、自动化的发展水平，未来物流经济效果的分析等内容；年度计划——在对物流各种业务活动进行预测的基础上，在一个年度内所要达到的物流目标，如对物流量的分析，物流设备的更新、维修、改造的估计，物流成本的分析，物流效果的目标及达到这一目标的措施等；季、月、旬生产计划——各物流部门对各自的物流业务规定的物流数量、质量方面的具体生产计划。

（2）调整物流关系。主要包括物流部门与产品生产部门的关系、物流部门与销售部门的关系、物流部门内部的关系等。物流管理要把各种物流活动有机协调地联系起来，使之尽可能达到同步运行，这对物流水平的提高具有十分重要的意义。

（3）物流经济活动管理。对物流各种经济活动进行管理，是物流管理中的一项重要内容。物流管理的目的，就是为了使人、财、物得到合理的运用，以取得最佳的经济效果。物流经济活动管理包括物流成本管理、物流费用分析、物流成果预测等内容。

（4）物流的系统管理。物流的系统管理主要通过物流情报系统和物流作业系统两方面的管理来实现。物流情报是组织、调整物流活动的“眼睛”。通过对订货、发货、库存等一系列情报的管理，掌握生产、销售、物流信息是物流情报系统管理的目的。物流的作业系统分别由包装、装卸、运输、保管等子系统组成。对上述这些子系统进行合理的组织、安排、调度属于物流作业系统的管理。

（5）物流的人才管理。主要包括物流人才的合理运用、物流人才的培养等内容。合理的物流系统的建立、物流新技术的发明和推广、科学的物流方案的设计与选择、物流经济效果的提高，全要依靠合格的物流人才来完成。

三、物流技术的管理

电子商务物流技术是指在电子商务物流活动中，把商品（或物资）进行移送和储存，为社会提供无形服务的技术。它的作用是把通过电子商务方式提供的各种商品（或物资）从生产者一方转移给消费者。物流技术水平的高低直接关系到电子商务物流活动各项功能的完善和有效实现。电子商务物流技术包括硬技术和软技术两方面。硬技术主要包括以下四点：

（1）与电子商务物流密切相关的基础设施，如仓库、公路、车站、港口及机场等。

（2）机械技术：装卸机械、分拣机械、包装机械及运输机械等。

（3）材料技术：集装材料和包装材料等。

（4）物流信息与通信技术：与客户和供应商保持联系的计算机系统与通信网络等技术。

软技术主要包括以下三点：

（1）规划技术：对流通形态和硬技术进行规划研究与优化改进的工作。

（2）运用技术：对运输工具的选择使用、装卸方法、库存管理、资源与劳务调配等。

（3）评价技术：成本控制与核算及系统绩效评价等。

电子商务物流系统是为电子商务活动服务的，因此必须适应电子商务多样化、个性化、柔性化及舒适、快捷和灵活的需求，适应电子商务系统发展变化的需求。从目前的发展趋势看，以下物流技术发展比较迅速：

（1）运输技术。运输工具的专门化、运输路线的规划、运输配载的优化及运输全过程的跟踪控制技术等都有较快的发展。

（2）仓储技术。仓储技术的发展是现代物流发展的典型体现。目前，集高度自动化保管和搬运为一体的自动化仓库、自动分拣出货系统、自动流程式分类系统等硬技术，以及以库存控制理论为典型代表的仓储软技术都成为电子商务物流研究的技术领域。

（3）搬运技术。由于搬运作业的复杂性，搬运技术和相应的设备也呈现出多样化的特点。除了传统的叉车和连续传送带，机械手和机器人、轨道式自走台车，以及机电一体化的无人搬运车等高速、间歇式系统正在成为这一领域的研究和应用热点。

（4）包装技术。包装技术是指包含包装材料、包装设备和包装方法在内的相关技术。包装材料常常是包装改革的新内容，新材料往往导致新的包装形式与包装方法的出现。包装设备的发展是包装技术水平提高的标志，目前出现的各种自动化包装机械和包装容器的自动生产线使包装水平有了很大提高。包装技术还涉及防震、防潮、防水、防锈、防虫和防鼠等技术。

（5）集装单元化技术。集装单元化技术是一种物流硬技术（设备、器具）与软技术（方法、程序等）的有机结合。它既涉及设备、器具的机械化和自动化技术，又涉及合理组织这些硬件使之充分发挥作用的管理技术。通过集装单元化技术的推广使用，使传统的包装和装卸搬运工具发生了根本变革。集装箱本身就成为仓储包装物和运输器具，使物资在仓储、运输和装卸搬运等环节有效地实现合理化、省力化和低成本，是一种很有发展前景的储运方式。

（6）物流信息技术。物流技术一般是与物流要素活动有关的所有专业技术的总称，可以包括各种操作方法、管理技能等，如流通加工技术、物品包装技术、物品标识技术、物品实时跟踪技术等，还包括物流规划、物流评价、物流设计、物流策略等。

物流信息技术是指现代信息技术在物流各个作业环节中的应用，是电子商务物流中极为重要的领域之一，尤其是飞速发展的计算机网络技术的应用使物流信息技术达到新的水平。物流信息技术是物流现代化的重要标志，也是物流技术中发展最快的领域。从数据采集的条形码系统到配送跟踪的全球卫星定位系统，乃至货物配载和运输规划的决策支持工具，以及用于客户服务、信息查询和反馈的计算机网络和通信系统都在日新月异地变化。同时，随着物流信息技术的不断发展，产生了一系列新的物流理念和物流经营方式，从而推进了物流的变革。

四、物流成本的管理

电子商务物流在将商品（或物资）由生产者手中移送至消费者的过程中，必然产生大量的物流成本，因此控制和降低物流成本成为电子商务物流管理中最为关键的环节之一，也是电子商务得到迅速发展的一个主要原因。电子商务中的物流系统要达到的目标并非仅仅是简单的送货和库存，所需要的也不仅仅是车队和仓库，最重要的还是对整个物流系统的优化设计，以及对物流全过程的科学管理。比如，要使物流配送系统能在满足电子商务销售目标的前提下花费最少的物流成本，并不意味着要求单一的送货费用最少或者库存费用最少，而是要使整个物流的成本最小化，这一目标只有在现代物流理论的指导下，通过对物流的科学化管理才能达到。从消费者的角度来看，电子商务物流管理中最敏感的方面就是物流服务质量的管理与控制。

要加强电子商务物流成本的管理，首先必须明确在当今电子商务活动中物流成本的特征及相应的问题。由于目前我国大多数企业采用的财务会计制度中没有单独的物流项目，一般是将所有发生的成本都列在费用一栏，这样做的结果是很难对企业发生的各种物流成本做出准确、全面的计算和分析。还有很多是物流部门无法掌握的成本，如过量服务产生的成本等。另外，物流成本的各个项目间存在此消彼长的关系，即某些项目成本的减少，可能会引起其他项目成本的增加。以上各种原因更是增加了电子商务物流成本管理的难度。

实现电子商务物流现代化管理，首先要全面准确地把握包括电子商务系统内外发生的各项物流成本在内的整体物流成本，也就是说，要降低物流成本必须以系统整体成本为对象。此外，在努力削减物流成本的同时，还应当注意不能因为降低物流成本而影响对用户的物流服务质量水准。电子商务活动的特点之一是多频度、定时进货的要求极为普遍，这就要求物流企业或部门能应对这一特点。例如，为了迎合顾客的要求、及时配送发货，物流企业可能需要进行物流配送中心或据点等设施的投资，显然，如果仅为削减物流成本而节省这种投资，就会影响电子商务系统对顾客的物流服务质量。

进行电子商务物流成本管理，不仅要把握企业对外的物流成本，更要掌握企业内部发生的物流成本。也就是说，对物流成本的计算，除了通常所理解的仓储、运输等传统成本，还应当包括流通过程中的基础设施投资、商品在库维持等一系列费用，诸如配送中心的建设、电子数据交换等信息系统的构筑、商品在库保存等相关费用都是现代物流管理中重要的物流成本。当然，投资的成本还应考虑投资可能获得的收益和回报率等因素。

第 4 节 电子商务物流模式与发展趋势

一、典型的电子商务物流模式

1. 电子商务企业自建物流体系

在电子商务企业自建物流体系中，企业在网民密集地区设置配送点，在获得消费者的购物信息后，马上将相关的信息送往离消费者最近的配送点，再由配送点将商品送货上门。在电子商务的发展过程中，凭借原有庞大的连锁分销渠道和发达的零售网络，一些大型传统企业集团利用电子商务技术构建自身的物流体系，进行物流配送服务。自建物流体系增强了这些企业的竞争优势，使其物流配送管理更加有效。

但这种模式也存在不少问题。首先，配送点的选址、人员的数量、商品库存的确定等很难合理地安排。其次，由于要满足用户的即时需求，对配送时效有严格的要求。大多数电子商务网站都很难在提高配送时效和控制配送成本之间找到平衡点，花费巨资所建立的物流体系将会成为企业的沉重负担。

2. 第三方物流管理模式

第三方物流通常又称为契约物流，是指在从生产到销售的整个流通过程中提供服务的第三方，它本身不拥有商品，而是通过合作协议或结成合作联盟，在特定的时间段内按照特定的价格向客户提供个性化的物流代理服务。由于技术先进、配送体系较为完备，第三方物流以其配送速度快、效率高成为电子商务物流配送的理想方案之一。除了有实力自建物流体系的大企业，更多的中小企业倾向于采用这种外包方式。实践证明，第三方物流的高效服务既满足了客户复杂多变的物流服务要求，又减轻了电子商务企业的负担，从而推进了社会化分工。

3. 第四方物流联盟

第四方物流的概念是由埃森哲咨询公司首先提出并注册的，它将第四方物流定义为："第四方物流是一个供应链的整合者以及协调者，调配与管理组织本身与其他互补性服务所拥有的资源、能力和技术来提供综合的供应链解决方案。"

作为一个全新的概念，第四方物流联盟的提出融合了诸多现代管理思想。从本质上讲，第四方物流供应商是一个供应链的集成商，它充分利用包括第三方物流、信息技术供应商、合同物流供应商、呼叫中心、电信增值服务商、客户以及自身等多方面的能力，对公司内部和具有互补性的服务供应商所拥有的不同资源、能力和技术进行整合和管理，提供一整套供应链解决方案。此外，第四方物流还要对第三方物流资源进行整合、统一规划，以为企业客户服务。

总的来说，第四方物流服务供应商可以通过物流运作的流程再造，使整个物流系统的流程更合理、各个环节的合作更紧密，在提高效率的同时，使整个物流系统产生的利益在各个环节之间均衡分配，使各个环节的利益都得到保障。

二、电子商务中物流管理的发展趋势

电子商务时代的来临给全球物流带来了新的发展，使物流具备了一系列新特点。为适应

市场的需求，管理功能的多样化、服务水准的专业化、管理手段的信息化以及管理系统的全球化已成为电子商务中物流管理追求的目标。

1. 管理功能多样化

在电子商务时代，物流发展到集约化阶段，无论是一体化物流模式、第三方物流模式还是配送中心模式，其功能已不仅是提供仓储和运输服务，还必须开展配货、配送和各种提高附加值的流通加工服务项目，也可按客户的需要提供其他服务。现代供应链管理即通过综合从供应者到消费者的供应链运作，使物流达到最优化。作为一种战略概念，供应链也是一种产品，而且是可增值的产品。其目的不仅是降低成本，更重要的是提供用户期望以外的增值服务，以产生和保持竞争优势。处于供应链各个环节上的企业追求的综合效果也更加全面和系统，而不是单一的、孤立的。从某种意义上讲，供应链是物流系统的充分延伸，是产品与信息从原料到最终消费者之间的增值服务。

2. 服务水准专业化

在电子商务中，物流业是介于供货方和购货方之间的第三方，以服务作为第一宗旨。从当前物流业的现状来看，物流企业不仅要为本地区服务，而且要提供长距离的服务。因为越来越多的客户不但希望在一个地区得到良好的服务，而且希望能够在不同的地区得到相同的服务。因此，如何提供良好的服务便成为物流管理的中心课题。而在提供物流服务的过程中，由于配送中心离客户最近，联系最密切，因此配送中心的服务水平直接影响到物流服务的水平。美日等国物流企业成功的要诀，就在于它们都十分重视客户服务的研究。如何满足客户的需要、把货物送到客户手中，就要看配送中心的作业水平了。

3. 管理手段信息化

这属于物流管理中物流信息管理的内容。在电子商务时代，要提供最佳的服务，物流系统中必须有良好的信息处理和传输系统。良好的信息系统能提供极好的信息服务，以赢得客户的信赖。

4. 管理系统全球化

电子商务的出现加速了全球经济的一体化，使物流业的发展全球化。发达国家的物流业从不同国家收集所需资源，加工后再向各国出口。

第 5 节　电子商务与逆向物流

一、逆向物流的概念

通常所说的物流一般是指正向物流，但一个完整的供应链除了包括正向物流，还应包括逆向物流。逆向物流最早是由斯托克（Stock）在 1992 年美国物流管理协会（CLM）的一份研究报告中提出的，是指将产品从销售终点向生产起点或其他节点移动的过程，主要是对因损坏、召回、商业退回、使用寿命到期、多余库存等造成的退货进行回收。

逆向物流是以市场和顾客为导向，以信息技术为基础，通过渠道成员将物资从消费点返回原产地的过程，包括退货、不合格品退回、维修与再制造、物品循环利用、废弃物回收处理等流程，从而使这些物资重新获得价值并得到正确处置。有很多原因促使逆向物流形成，而且逆向物流的形成可能发生在终端顾客、零售商、批发商、运输商等多个节点上。逆向物流包含回收逆向物流和退货逆向物流。退货逆向物流是指最终顾客将不符合其订单要求的产品退回给供应商，其流程刚好与正向物流相反。回收逆向物流是指将最终顾客所持有的废旧物品回收到供应链上各节点企业，通过检验分类做报废处置或是进行再加工，分销到顾客手中。

二、电子商务与逆向物流关系

电子商务市场成功地打破了时空界限、简化了贸易流程，但由于市场所独具的虚拟特性，也大大提升了不稳定性。这主要体现在如下方面：信息技术带来的低成本优势让产品入门障碍变低，大量信息涌入，给消费者提供参考的同时也增加了虚假信息误导的可能。电子商务市场中有形产品的交易订购和配送与经营者分离，这种独有的方式体现了电子商务领域交易的方便性，但同时也给交易安全埋下了隐患。无形产品（信息商品）的比例大增，消费者使用之前并不知道该产品的质量如何，而在电子商务环境中消费者可以方便地在不同页面中进行跳转，因此，一旦消费者购买了一次次品，他便更有可能马上转向替代品市场。

那么，商家如何在这一潜力巨大却缺乏稳定性的市场中获得更多的客户信任？波士顿咨询公司发现，缺乏良好的退货机制是导致顾客拒绝网上购物的第二大原因。因此，把逆向物流战略作为降低成本、增加顾客满意、强化竞争优势的重要手段，对于大多数涉足电子商务领域的企业来说，显得尤为重要。

三、逆向物流的潜在价值

电子商务环境下，企业对逆向物流应该给予足够的重视，逆向物流能否在企业中积极正确地实施，在某种程度上决定了电子商务企业能否立足、提高核心竞争力。之所以这样说，是因为逆向物流存在以下潜在价值。

1. 提高客户忠诚度

如上所述，无论是虚拟企业还是电子商务企业，要想拥有稳定的顾客群和较低的运营成本，必须拥有一个高效的退货系统。在电子商务的发展过程中，由于消费者看不到实物，因此无论购物网站设计得多么富有吸引力，如果不能处理退货问题，消费者就只能是好奇的看客而绝非忠诚的客户。但是，退货绝非无原则的，首要的是制定合理的退货政策，比如，制定合理的退货价格，退货货款包括按照原先的批发价进行全额退款和按批发价再打一定的折扣两种方式；还应明确退货责任，避免出现纠纷等。要设计出电子商务环境下有利于妥善处理退货逆向物流的网站，比如，在网页中设置确认购买的按钮，消费者可以在一定时限内取消订单，以及设置在线和离线退货处理流程，并严格按照网站上的承诺积极处理退货问题等。也就是说在线销售商应使购物者在线购物的同时，清晰退货程序或者将退货说明和产品一起发运。总之，行之有效的退货逆向物流策略，在电子商务中不但不会流失客户，反而在一定程度上可以提升客户的忠诚度。

2. 再售渠道中增加收入

对于一些滞销商品，或是性能状况较好的回收商品，经过适当的加工、包装、处理后，可再次出售。有时再售的价格会高于原销售的价格，例如每台售价34.98美元的Uniden无绳电话被退还给制造商后，制造商把这批电话卖给一家回收公司，而该公司把这些电话经过翻新改造后，以高达48美元的零售价格在墨西哥市场上重新出售。

3. 提高企业自身及产品的品牌形象

合理利用逆向物流中的废旧产品可为企业树立良好的形象。耐克公司利用回收旧跑鞋获得的收益来修建公众篮球场和田径场，作为其支持公益事业的行动，虽然在运作上付出了一些成本，但是这些行为提高了品牌的价值，赢得了消费者的认可。

总之，在电子商务环境下，企业需要通过有效的逆向物流管理来降低退货与召回损失，提高再生循环利用意识。而通过对逆向物流的潜在价值进行分析并合理利用，企业可以占据领先竞争对手的地位，保持甚至提高企业在电子商务领域的核心竞争力。

四、逆向物流的解决方案

1. 返还到购买地

如果在传统的实体商店购买产品，这种方式很容易做到，但虚拟商店不行。想把一件产品退还给虚拟商店，顾客需要获得授权、将商品打包、付运费、上保险，然后等两个对账周期才能拿到对账单。在这个过程中买家不愉快，卖家也麻烦。他们要打开邮包，核对文件，再重新卖掉这件商品，并且通常要亏一笔。因此，这种方式只适应于退货数量少并且商品昂贵的情况。

2. 外包

有一些外包运营商，如 UPS，会为退货提供物流服务。这些服务不仅涉及运送和退货，还可以处理完整的逆向物流过程。例如，索爱公司选择将整个售后运作外包给 UPS，包括海关经纪、检测和维修、售后、运入和运出运输等。通过合作，索爱公司对零部件的库存有了更大的可见度、更精确的检测和维修，以及维修产品的确保交付，而 UPS 随时向索爱公司通告系统运行状态。索爱公司能得到每日报告，报告给出每笔交易的可见性，这些信息能完全整合到索爱公司内部的企业资源计划中。在这个过程中，UPS 成为索爱公司服务网络的一个“虚拟仓库”。

3. 在买方所在地设置收集站

这种方式是通过为客户提供一些允许他们放置退还商品的场所，在亚洲部分地区和澳大利亚，便利店和加油站是可以接受退还货物的。还可以直接跟邮局合作，客户将他们需要退还的商品直接放置在邮局，然后有专门人员进行接下来的操作。

4. 集中处理再销售或向顾客提供新的产品

返回的物品有保修和非保修两类。非保修产品维修是由消费者付费解决问题，所以对企业来说，真正的问题在于保修产品的回收。企业需要认真考虑和平衡维修成本和新建成本。如戴尔公司对于处在保修期内的笔记本电脑常常采用直接回收损坏产品给消费者予以调换的办法，但调换的部件也并非全新的，而是来自集中整修后的。有些返还产品状态良好，可以进行再次销售。比如消费者在网站上购买的包退物品，不合适的退给商家，商家经过处理可以再次销售。而有些返还产品的部分零部件状态良好，它们会被放置在零件仓库中供维修使用。在电子商务市场中可以直接体现在网站上的二手零部件专栏内。

案例分析

解读鲜易控股的完整生态

去超市选购食品，然后自己做一顿既好吃又健康的大餐，对很多上班族来说都是一件比较幸福的事情，但在经历了一天的劳累之后，还有多少人愿意这样做？答案是，很少。随着电子商务的兴起，很多科技创业公司自然而然地开始提供食品快递服务。你可以不用自己去超市，只需在家等待食品送上门就可以下厨。

2009年，美国的风险投资机构共投资了24家食品相关公司，2013年就增长到57家，食材订阅服务作为一种新颖的O2O模式，正在全世界范围内受到热烈追捧。

而有一家国内公司则因为其独特的理念和营销模式引起了资方的注意——鲜易网。这是一家商业模式非常有趣的公司，从原来传统到不能再传统的肉制品企业，转型做生鲜电商，这一自我革命的举动，在肉制品行业和生鲜电商行业引发了极大的关注。鲜易控股短短2年内就探索出一条完整的生鲜电商产业链，涵盖食品产业链整合能力、标准食品安全保障能力、冷链仓储配送能力、供应链金融服务能力等，为生鲜电商开辟了新的天地。

鲜易控股之所以能够如此迅速地在生鲜电商站稳脚跟，得益于它的创新基因。

鲜易网是专门针对生鲜食材行业打造的行业B2B平台，主要产品为生鲜肉类、熟食制品、海鲜水产、有机蔬菜、调料产品、特色农产等。集中的品类优势不仅能为供应商提供更加专业、有针对性的服务，同时对于交易而言，细分品类可提供更加精准、更符合行业特征的商品及采购模式。

鲜易控股旗下拥有以食品产业链为主的众品品牌。成立于1993年的众品，产品体系涵盖冷鲜肉、低温肉制品、预制品和综合加工产品。然而在鲜易网看来，这些却不是最核心的资源，最核心的资源是众品在食品产业链的整合能力。鲜易网平台上不仅有众品的猪肉产品系列，还涵盖禽肉、牛羊肉、水产海鲜等动物蛋白，调料品，果蔬等系列产品，鲜易网依托众品在食品产业链的整合能力，保障了源头上的直采和安全。

食品安全是生鲜电商的难点、痛点之一。鲜易控股主导建立的鲜咨达技术服务平台，依托鲜易控股的国家级企业技术中心、博士后科研工作站、CNAS认证实验室、国家猪肉加工研发分中心等科研力量，更重要的是，连接中国食品科学技术协会、中国肉类食品综合研究中心、中国农业科学院、中国质量认证中心等科研院所实现资源共享，建立供应商资质认证体系，对入驻平台的供应商进行资质审核，对交易产品进行品质检验，通过物联网技术应用，监控供应链各环节的产品状态，完善溯源流程。

冷链物流配送体系是生鲜电商发展的重要环节。鲜易控股在全国布局18个多温度带温控仓储基地，总容量180万立方米，拥有标准化冷藏车3 000多辆，所有车辆均配备TMS系统、GPS/GIS跟踪系统、温控设施等物流信息系统。在21个全国性节点城市、17个区域性节点城市，布局干线运输及城市配送网络，形成“群、链、网”结合的服务优势。同时，鲜易控股在全国360个城市规划建设了集采分销平台，进一步扩大了冷链物流服务能力。

公开资料显示，2014年中国生鲜电商的市场在1万亿元规模，但这一市场目前的渗透率仅为约1%。未来5年这一市场的规模将达到1.2万亿元，为了尽可能地抢占这一市场，生鲜电商各自发力，寻找适合自己的路径。鲜易控股利用自身优势资源，整合上下游产业链，打造了一个平台，依托旗下以食品产业链服务为主的众品品牌、以冷链物流服务为主的鲜易供应链、以电子商务服务为主的鲜易网，将生鲜电商O2O的线下能力进一步延伸，保障了生鲜电商从生产到配送入户的每一个环节。

资料来源：解读鲜易控股的完整生态.［2015-12-28］. http://news.163.com/15/1228/16/BBUGTERU00014AED.html.

问题讨论：

1. 鲜易是如何创新的？
2. 冷链物流配送体系对生鲜电商的意义何在？
3. 鲜易为什么要建立完整的产业供应链生态圈？

□ 本章小结

电子商务已成为 21 世纪的主流商务模式，打破了传统贸易形式的时间和空间限制，使企业与消费者、合作伙伴及供应商之间的沟通和交流得到极大的增强，加速了全球信息经济一体化的进程。随着电子商务的进一步推广与应用，物流对电子商务活动的影响日益明显，特别是在电子商务交易活动中，物流是直接服务于最终顾客的，物流服务水平的高低决定了顾客的满意度，同时决定了电子商务能否成功实现。因此，现代物流已成为电子商务成功的关键。本章主要介绍了电子商务的概念和分类、电子商务对物流的影响及其相互关系、电子商务中物流管理的含义、电子商务中物流管理的特点以及电子商务中物流管理的内容以及逆向物流等内容。

图书在版编目（CIP）数据

物流与供应链管理/宋华，于亢亢编著．—3 版．—北京：中国人民大学出版社，2017.1
（21 世纪工商管理系列教材）
ISBN 978-7-300-23600-1

Ⅰ.①物… Ⅱ.①宋…②于… Ⅲ.①物流管理-高等学校-教材②供应链管理-高等学校-教材 Ⅳ.①F252

中国版本图书馆 CIP 数据核字（2016）第 270291 号

普通高等教育“十一五”国家级规划教材
21 世纪工商管理系列教材
物流与供应链管理（第 3 版）
宋　华　于亢亢　编著
Wuliu yu Gongyinglian Guanli

出版发行	中国人民大学出版社		
社　　址	北京中关村大街 31 号	**邮政编码**	100080
电　　话	010－62511242（总编室）		010－62511770（质管部）
	010－82501766（邮购部）		010－62514148（门市部）
	010－62515195（发行公司）		010－62515275（盗版举报）
网　　址	http://www.crup.com.cn		
	http://www.ttrnet.com(人大教研网)		
经　　销	新华书店		
印　　刷	北京鑫丰华彩印有限公司	**版　　次**	2008 年 10 月第 1 版
规　　格	185 mm×260 mm　16 开本		2017 年 1 月第 3 版
印　　张	21.75 插页 1	**印　　次**	2020 年 4 月第 4 次印刷
字　　数	540 000	**定　　价**	39.00 元

教师教学服务说明

中国人民大学出版社工商管理分社以出版经典、高品质的工商管理、财务会计、统计、市场营销、人力资源管理、运营管理、物流管理、旅游管理等领域的各层次教材为宗旨。

为了更好地为一线教师服务，近年来工商管理分社着力建设了一批数字化、立体化的网络教学资源。教师可以通过以下方式获得免费下载教学资源的权限：

在中国人民大学出版社网站 www. crup. com. cn 进行注册，注册后进入“会员中心”，在左侧点击“我的教师认证”，填写相关信息，提交后等待审核。我们将在一个工作日内为您开通相关资源的下载权限。

如您急需教学资源或需要其他帮助，请在工作时间与我们联络：

中国人民大学出版社　工商管理分社

联系电话：010-62515735，82501048，62515782，62515987

电子邮箱：rdcbsjg@crup. com. cn

通讯地址：北京市海淀区中关村大街甲 59 号文化大厦 1501 室（100872）